HUWELIJK, VLEES EN ANDERE OBSESSIES

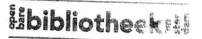

Van Julie Powell verscheen eerder:

Julie en Julia

JULIE POWELL

Huwelijk, vlees en andere obsessies

Vertaald door Annoesjka Oostindiër

2010

Uitgeverij Contact

Amsterdam/Antwerpen

Voor Josh en Jessica,
die over een echt slagershart beschikken:
stevig, gul en groot

© 2009 Julie Powell
© 2010 Nederlandse vertaling Annoesjka Oostindiër
Oorspronkelijke titel *Cleaving*
Oorspronkelijke uitgever Little, Brown and Company
Omslagontwerp Bart van den Tooren
Omslagillustratie (auteursfoto) Ellen Silverman
Typografie binnenwerk Zeno
Illustraties binnenwerk Diana Cone
ISBN 978 90 254 3195 2
D/2010/0108/902
NUR 302
www.uitgeverijcontact.nl

Inhoud

....

Opmerking van de auteur

Bij memoires heeft de schrijfster het voorrecht om haar versie van een verhaal in al zijn facetten te vertellen, en elk van die facetten kan, vergeleken bij de oorspronkelijke gebeurtenis, onvolledig, gemankeerd of te mooi opgepoetst zijn. Met Huwelijk, vlees en andere obsessies *ben ik trouw aan mijn hart, maar het boek is wat fysieke details betreft af en toe wat schimmig. Anderen die deel hebben gehad aan deze gebeurtenissen zullen zich dingen ongetwijfeld anders herinneren. Van hen en van de lezer vraag ik dan ook enig geduld en begrip.*

Proloog

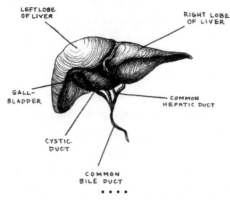

13 FEBRUARI 2008

Zo ziet het er in het echt helemaal niet uit.

Het is meestal nogal een precies werkje en er komt geen bloed aan te pas. In de periode van ruim een jaar dat ik dit heb gedaan, zijn er dagen geweest dat aan het eind van een lange dag de enige vruchten van mijn werk de stukjes smurrie onder mijn schoenzolen waren, of het laagje doorzichtig vet op mijn handen en gezicht. (Het schijnt heel goed te zijn voor je huid.) Dit is dus ongebruikelijk, deze stroopachtige smurrie, mijn armen die tot aan de ellebogen kleddernat zijn, mijn schort vuurrood van het bloed dat al bruin begint te worden.

Ik steek mijn arm nog een keer in de met plastic gevoerde kartonnen doos en haal er een orgaan uit dat zo'n zeven kilo weegt. Een compact, glibberig zwaar geval, een met bloed doordrenkte spons. Als ik het op de werkbank smak, klinkt het als het gespartel van een vis op een scheepsdek en er is een gerede kans dat ik het op de grond laat vallen. Het is een diepe doos en toen ik net iets van de bodem wilde pakken, ben ik met mijn wang langs de bebloede voering gestreken. Ik voel nu dus een plakkerig, opgedroogd korstje aan mijn jukbeen kleven. Ik neem niet de moeite het weg te vegen. En heb ik hier eigenlijk wel iets schoons om het mee af te vegen?

Bovendien geeft het me een lekker lichtzinnig gevoel.

Ik pak het grote, gekromde beenhouwersmes uit de metalen schede die om mijn middel hangt. Meestal gebruik ik een wat kleiner uitbeenmes, een veel delicater geval van vijftien centimeter, met een licht lemmet en een donker rozenhouten heft, dat door al het vet en de lanoline die erin is gewreven satijnzacht aanvoelt. Met dat mesje kun je uitstekend heupgewrichten of spiergroepen opensplijten. Maar met dit zware, bijna dertig centimeter lange lemmet kan ik, terwijl ik met mijn rechterhandpalm stevig op het vlees druk, de lever in één beweging doormidden snijden. Dunne plakken van gelijke dikte. Met het uitbeenmes zou ik zaagbewegingen moeten maken om door dit dikke stuk orgaanvlees te komen en dan krijg je slordige, gekartelde randen. En dat wil je dus niet. Je wilt dat het lemmet er soepeltjes in één keer doorheen glijdt. Gemakkelijk. Volmaakt.

Toen ik meer dan een jaar geleden aan mijn man Eric vertelde dat ik dit wilde doen, snapte hij het niet. 'Slager worden?' vroeg hij met een niet-begrijpende uitdrukking op zijn gezicht, misschien zelfs wel ongemak, terwijl hij zijn neus optrok.

Zijn achterdocht kwetste me. Er was een tijd geweest, niet eens zo lang geleden, dat zijn hart daar geen enkel spoortje van bevatte. Ik wist dat ik het er zelf naar had gemaakt. Maar het voelde gewoon raar dat ik moest proberen het uit te leggen; raar om Eric überhaupt iets te moeten uitleggen. Ik ken hem inmiddels al zestien jaar, bijna letterlijk de helft van mijn leven. Ik kende hem al toen hij nog een mooie, verlegen tiener was, met blauwe ogen, een oversized korte broek, een uitgelubberde trui en afgetrapte Birkenstocks, met in zijn kontzak een paperback vol ezelsoren. En bijna meteen al pikte ik hem eruit, besloot ik dat hij degene was die ik nodig had. Het duurde bijna een heel schooljaar voordat ik hem uit de klauwen van een stel mooie meiden had gered, die altijd in zijn buurt leken rond te hangen – heel lief en schattig had hij natuurlijk niets door –, maar het lukte me. Jezus, op mijn achttiende kon ik de hele wereld aan. Als puntje bij paaltje kwam kreeg ik zo'n beetje alles waar ik mijn zinnen op zette. *Willen. Pakken. Hebben.* Dat was mijn eenvoudige motto. En ik had gelijk – dat ik hem pakte, bedoel ik. We waren als twee puzzelstukjes die in elkaar pasten en we legden ons meteen bij de gedachte neer dat onze twee levens onherroepelijk met elkaar verweven zouden zijn.

Ik snijd nu acht prachtige, bordeauxkleurige plakken lever af. Het doorgesneden orgaanvlees ruikt metalig en maakt de werkbank nog bloederiger. Ik wissel van mes en verwijder heel voorzichtig de dunne, bleke buisjes die de plakken doorrijgen. Goed gebakken lever hoort aan de buitenkant knapperig te zijn en vanbinnen vla-achtig zacht. Die sensuele ervaring, het belangrijkste van een stuk lever, mag niet verstoord worden door iets taais, door iets waarop je moet kauwen. Zes van de plakken zijn voor de blinkende roestvrij stalen vitrine met ruitjes voor in de winkel; de laatste twee leg ik apart om ze straks in te pakken en mee naar huis te nemen voor het Valentijnsdagetentje van morgen. Vroeger dacht ik dat die dag bedoeld was voor dozen bonbons en opzichtige glanzende kaarten, maar door alle openbaringen van de afgelopen paar jaar, te midden van het slachtveld en alle zielenpijn, besef ik dat het leven veel te ingewikkeld is geworden voor dat soort zoete, nietszeggende zaken. Ik weet inmiddels zelfs dat ik dat ook niet erg meer vind.

. . . .

VALENTIJNSLEVER VOOR TWEE PERSONEN

- 50 gram bloem
- 6,5 cm dikke plakken runderlever van goede kwaliteit, ontdaan van eventuele stugge aderen of zenen
- peper en zout naar smaak
- 2 eetlepels boter
- 1 eetlepel extra vergine olijfolie

Strooi wat bloem op een groot bord en wat zout en peper op de leverplakken. Haal ze daar vervolgens door en schud de overtollige bloem eraf.

Verhit de olie en de boter in een koekenpan op hoog vuur. Als de boter niet meer schuimt, doe je de lever erbij.

Bak het vlees zo'n twee minuten, tot zich een knapperige, bruine korst heeft gevormd. Keer de plakken om en herhaal dit. (Maak je geen zorgen dat je ze er te kort in laat zitten. Te doorbakken is namelijk het ergste wat je met lever kunt doen.)

Als je runderlever zo klaarmaakt – en dat blijf ik ondanks die bijna universele schimpscheuten van ongeloof maar tegen mensen herhalen – is het een van de meest... tja, hartstochtelijke dingen die je kunt eten. Ik weet niet precies hoe dat komt. Het is ongelooflijk sexy, maar ook moeilijk. Op de een of andere manier misschien zelfs wel droevig, omdat je niet kunt ontkennen dat er omwille van jouw genot ergens iets uit is gescheurd.

Eric en ik zijn jong getrouwd, maar dat betekent niet dat het een onbezonnen stap was. We kenden elkaar al zeven jaar tegen de tijd dat ik die witte prinsessenjurk van organza aantrok en aan de arm van mijn vader over het klinkerpaadje liep, onder begeleiding van de sprankelende klanken van 'My Baby Just Cares For Me'. We konden zó naar elkaars diepste innerlijk kijken en zien wat daar rondzwom, als zilveren vissen in een helder bergmeer. We waren niet verbonden door seksualiteit of ambitie, hoewel we beide deelden. Nee, wat wij hadden was een diepgaande verstandhouding. Dat zeurstemmetje dat ik al mijn hele leven in mijn hoofd hoor, dat andere mensen misschien verslaving, rusteloosheid of eigenzinnigheid noemen, maar dat voor mij bijna een soort belichaming is van iets wat buiten mijzelf ligt, schalks en verre van goedaardig, maar ook inspirerend en niet helemaal verstoken van eigenbelang – daar geloofde Eric in. Soms was hij er ook bang voor, maar hij geloofde erin. Op mijn negenentwintigste verjaardag, toen we nog in Brooklyn woonden en ik weer eens vastzat in het zoveelste uitzichtloze, slecht betaalde baantje en van mijn man hield – ik klampte me aan hem vast, hij was mijn enige steun en toeverlaat in een wereld waarvan ik dacht dat die mij niets te bieden had –, toen ik ongelukkig was en het ontluikende gevoel had dat ik waarschijnlijk gewoon geen aanleg had voor geluk, begreep Eric dat als die stem iets tegen me zei, ik ernaar moest luisteren.

'Stel dat ik mezelf nou een weg door Julia Childs *De kunst van het koken* heen werk? In iets van een jaar, of zo?'

'Ja. Stel dat?'

'Dat zijn... eens kijken... vijfhonderd recepten? Nee, meer. Dat zou idioot zijn, hè? Toch?'

'Tuurlijk. Maar je zou er een blog van kunnen maken. Ja, moet je doen.' Hij keek niet eens beduusd. Eric kon altijd al voor me invullen wie ik was en waar ik precies toe in staat was.

En dus begon ik aan dat belachelijke kookavontuur – brutaal, stijlvol en moedig. En ik werd beloond. Opeens was ik succesvol. Een boekendeal, een carrière! Gebruikmakend van diezelfde wanhoop en frustratie had ik mijn leven een totaal andere wending gegeven en mezelf van een gedeprimeerde secretaresse in een Schrijfster veranderd. Ik was – dat dacht ik althans – precies wat ik wilde zijn: zelfverzekerd, moedig en goedbetaald. Mensen feliciteerden me met mijn ommekeer, en omdat ik nu een zelfverzekerde vrouw was, nam ik die felicitaties in ontvangst. Stiekem wist ik echter dat ik het allemaal aan Eric te danken had. Hij had een betere versie van mijzelf gezien en me de weg ernaartoe gewezen. Als je me toen had verteld dat hij het niet zou snappen toen het stemmetje weer van zich liet horen, dat ik in staat was alles waar deze hondstrouwe man in geloofde uit te hollen, zou ik je nooit hebben geloofd.

Maar tegen de tijd dat ik die lokroep hiernaartoe had gevolgd, naar deze slagerij twee uur ten noorden van de stad waar ik woonde, had ik inmiddels uit bittere ervaring geleerd dat ik ernaast zat. Want het blijkt dat dingen, zelfs volmaakte dingen, stukjes die in elkaar lijken te passen en die elkaar versterken, kunnen kromtrekken, barsten en veranderen.

Na de lever te hebben gesneden, spoel ik mijn handen even af bij de wasbak achter in de winkel. Om mijn linkerpols, mijn snijhand, draag ik een wat vreemde, onbewerkte leren armband die met één enkel riempje naar de achterkant van mijn handpalm loopt, waar een inkeping zit die tot onder aan mijn wijsvinger doorloopt. Hoewel het leer bijna helemaal is afgesleten, kleven er een paar stugge, spierwitte haren aan. Mensen denken dat dit bandje een soort steunverband is of een therapeutische zwachtel, omdat ik aan het carpaal tunnel-syndroom lijd of vanwege een verstuikte pols, maar voor mij is het eerlijk gezegd een herinnering aan wat ik de afgelopen jaren heb meegemaakt qua huwelijk, vlees en andere obsessies. Ik probeer het bloed eraf te spoelen, maar een deel is al in het leer getrokken. Vervolgens pak ik een porseleinen bord, wit met blauwe korenbloempjes, zo'n bord dat in een pittoreske oude keuken hoort, leg er een absorberend doekje en een vierkant stuk groen slagerspapier op, en rangschik de plakken daar in een mooi bloempatroon op.

Het was verwarrend en onthutsend om zo snel na afloop van dat woelige jaar te merken dat ik weer min of meer terug bij af was. Dat is natuurlijk niet helemaal waar. Ik zou een lompe en verwende indruk maken als ik zou ontkennen dat ik ontzettend veel geluk heb gehad, en niet te vergeten al dat geld en die baanaanbiedingen, het boek dat ik kon gaan schrijven, de fans en de vrienden, en natuurlijk die toegewijde echtgenoot. Eric en ik leken eindelijk in wat rustiger vaarwater te zijn beland na alles wat ik ons het afgelopen jaar had aangedaan. Ik had alle reden om me tevreden, trots en voldaan te voelen. Maar waarom voelde het dan allemaal... tja, ik weet niet, op de een of andere manier als vals spelen? Ik was bang dat ik als ik mezelf zou knijpen, wakker zou worden en dat deze hele droomwereld dan in rook op zou gaan.

Kortom, ik kon mijn geluk niet op, was wat ongedurig en had te veel vrije tijd. Helemaal het verkeerde moment dus voor het telefoontje dat ik in de zomer van 2004 kreeg, een jaar nadat ik mijn kookproject had voltooid, toen ik bezig was bij mijn eerste boek de laatste puntjes op de i te zetten. Een telefoontje van iemand van wie ik al in geen jaren meer had gehoord, een mompelende stem die ik maar half herkende en die ongemakkelijke herinneringen opriep aan een tiental doorwaakte nachten heel lang geleden die ik gelukkig bijna was vergeten. 'Hoi, met mij,' zei hij. 'Ik heb gehoord dat het je voor de wind gaat. Ik woon tegenwoordig in New York. Zullen we een keer iets afspreken?'

Ik besef dat dit allemaal wat verdacht kan klinken: een vrouw in een slagerij in het noorden van de staat New York, die onder het bloed zit en daar volkomen onaangedaan door is en terloops met messen in het rond zwaait en met haar met smurrie bedekte handen liefdevol orgaanvlees betast. Nee, ik ben geen minnares die op heterdaad wordt betrapt tijdens een crime passionel, of een psychopaat die net bezig is zijn slachtoffer ritueel aan stukjes te snijden. Er zijn tijdens het schrijven van deze scène geen menselijke slachtoffers te betreuren geweest, maar ik snap best waarom sommige mensen daar... nou ja, vraagtekens bij zouden zetten. En dan misschien vooral vraagtekens bij mijn gezichtsuitdrukking, die iets anders dan de professionele onverschilligheid toont die ik heel erg probeer uit te stralen. Als je goed kijkt, als je die voorheen witte schort, het bloed en de grote messen die aan mijn heup bungelen even laat voor wat ze zijn en in mijn ogen kijkt, dan vrees ik dat je daar iets onrustbarenders zult zien. Een stiekeme glinstering. Een zekere opwinding. Zoals mijn vriendin Gwen zou zeggen: 'Je zou je bijna gaan afvragen waar ze de lijken laat.'

Het is moeilijk uit te leggen, en dat wordt nog moeilijker door een fenomeen dat ik sinds ik hier werk al herhaalde malen heb opgemerkt: het blijkt dat mensen het heel lastig vinden om aandachtig te luisteren naar een vrouw met een slagersmes in haar hand. Maar echt, die twinkeling in mijn ogen heeft niet te maken met geweld, wraak of wreedheid. Het genot dat ik eraan beleef komt niet – nou ja, niet alleen – door de macht die ik nu heb om te hakken en te snijden en te vernietigen. Het gaat om iets anders, iets kalms en geordends.

Zoals Tinkelbel Wendy soms op een dwaalspoor zet, zo heeft mijn fluisterstemmetje me ook verleid tot allerlei netelige situaties en gebroken harten. Toch vertrouw ik op die stem, omdat die me naar deze opleidingsplek heeft geleid. Mijn toevluchtsoord. Mijn slagerij. Tegenwoordig slijt ik mijn dagen met het uitbenen van vlees – gecontroleerd, behoedzaam en sereen. Ik heb de afgelopen paar woelige jaren naar zekerheid verlangd en hier kom ik aan mijn trekken.

Ik veeg mijn handen af aan een theedoek die ik uit een bak heb gegraaid en breng het porseleinen bord met de glanzende rozet van orgaanvlees naar de voorkant van de winkel. Op weg ernaartoe voel ik een doordringend gezoem bij mijn linkerbil – de BlackBerry die ik in de kontzak van mijn spijkerbroek heb gestopt. Omdat de grote koelcellen achterin het signaal blokkeren, heb ik alleen vóór in de winkel bereik. Hoewel ik als ik eerlijk ben een kleine adrenaline-stoot door mijn borstkas voel gaan elke keer dat ik dit gezoem voel, negeer ik het en loop met het bord naar Hailey, die net aan het afrekenen is met een klant. 'Voor in de vitrine,' mime ik tegen haar.

Ze knikt. Er staat een rij, het begin van de middagspits. 'Kun je 'm er zelf even in zetten? Bovenin moet wel plek zijn.'

'Eh... Waar dan?'

'Naast de ossenstaarten?'

Ik schuif het glazen deurtje van de kast open en buig me voor-over om alle stukken vlees die er al in liggen te herschikken om plaats te maken voor dit nieuwe stuk. De vitrine is propvol, met gerijpte steaks en malse karbonades van Berskhire-varkens, hoog opgetaste schalen vol lamsgehakt en rijen zelfgemaakte kruiden-worst. De eerste dag dat ik hier naar binnen liep, nu bijna anderhalf jaar geleden, vond ik het meteen al prachtig. Nu, als iemand die er een bijdrage aan levert, vind ik het alleen maar nog mooier.

Wanneer ik het deurtje dichtschuif en mijn rug recht, sta ik oog in oog met een bepaald type vrouw. Ze komen af en toe in de win-kel, met hun hoog opgetrokken wenkbrauwen en verbitterde, wijd-uitstaande neusvleugels, alsof ze zojuist de latrines van een vluchte-lingenkamp hebben betreden. Vegetarisch of gewoon vanwege een teer gestel, omdat ze om wat voor reden dan ook gedwongen zijn zich in deze welriekende, maar schuldbewuste tempel van vlees te begeven, stralen ze een hautain soort afkeuring uit, alsof deze plek waar ik van ben gaan houden een bijna ondraaglijk, walgelijk oord is. Ik moet mijn uiterste best doen om beleefd tegen hen te blijven, eerlijk waar.

'Hallo. Kan ik u helpen?'

'Twee kipfilet, zonder vel of bot graag.'

Dit soort vrouwen vraagt altijd om dat soort kipfilet. 'We hebben alleen filet met been. Sorry.'

De vrouw snuift hoorbaar vanwege mijn belediging. Ik probeer – maar slaag daar niet helemaal in – om niet geërgerd naar het plafond op te kijken. Ik zou natuurlijk kunnen aanbieden de filet van het bot te ontdoen. Ik weet inmiddels heel goed hoe je het borst- en het kraakbeen uit dat laffe stukje blank vlees moet halen. Maar het hele idee van velloze, beenloze kipfilets en de saaie, stakerige vrouwen die dat eten, stuit me tegen de borst. Daarom werk ik dus ook niet achter de toonbank; mijn omgang met mensen laat soms wat te wensen over. 'Nou ja, doe dat dan maar,' mompelt ze.

Ik heb me al half omgedraaid om een paar latex handschoenen te pakken, als ze nog iets zegt. 'Eh... sorry, maar, eh...' Ik kijk op van de schaal met kipfilet, recht in het nu ronduit geschokte gezicht van de klant. Ze strijkt ongedurig met haar vinger langs haar wang. 'Je hebt daar een...'

Ik herinner me de bloedveeg op mijn gezicht en besef met een zeker wreed genoegen hoe ik er in haar ogen uit moet zien: bloederig, en mijn haren zitten onder mijn breedgerande, leren hoed natuurlijk helemaal in de war. Ik heb zin om mijn tanden te ontbloten en als een vampier tegen haar te sissen. In plaats daarvan trek ik de handschoenen uit die ik net heb aangetrokken. 'Ik vraag Jesse wel even of hij u wil helpen,' zeg ik vrolijk, met een knikje naar een lange jongen met een bril die achter me staat, die net een boerenpetje heeft opgezet en zijn handen heeft gewassen, zodat hij na zijn lunchpauze weer aan het werk kan gaan. Vervolgens steek ik mijn handen omhoog en draai ze even om, zodat ze de vieze rouwranden onder mijn nagels goed kan zien, alle vlekken en de onherkenbare stukjes drek die aan mijn vingers zitten vastgekoekt, en het bebloede leren riempje om mijn pols. 'Ik ben momenteel een beetje vies.' Ik grijns terwijl ik mijn tanden ontbloot, gewoon om haar een rilling te ontlokken, en keer haar dan de rug toe.

Als ik de handschoenen met een kletsend geluid in de afvalbak gooi, zoemt de BlackBerry in mijn kontzak weer. Ik haal hem eruit zonder me druk te maken over de smurrie waarmee ik een klant zojuist de stuipen op het lijf heb proberen te jagen. (Mijn PDA is net als mijn hoed, mijn sneakers en mijn iPod – die op dit moment in een docking station boven op de stapel vacuümzakken Modest Mouse staat te blèren – doorgaans met een laagje vleessmurrie bedekt. Zelfs de zetting van mijn verlovingsring zit vol vastgekoekte stukjes vlees en vet.)

Een berichtje. Van Eric natuurlijk. 'Hoe gaat-ie?' schrijft hij. Het vlees dat ik 's avonds van hier mee naar huis neem, van deze slagerij waar ik ben opgeleid en heb gewerkt, stemt hem wel iets gunstiger, maar zelfs na een jaar begrijpt mijn man nog steeds niet wat ik probeer te bewijzen, waarom dit zo belangrijk voor me is. Hij is eenzaam. Ik ook. Toch besluit ik niet te antwoorden; nog niet.

In plaats daarvan neem ik een pauze. Het is vier uur en er is verse koffie: de derde pot van vandaag. Ik ben sinds ik bij Fleisher's ben gaan uitbenen nogal een koffiefanaat geworden. En niet alleen omdat de koffie me kwiek houdt gedurende die lange uren dat ik op de been ben. Ook omdat hij mijn vingers opwarmt die steeds in die ijskoude spleten tussen de spieren zitten, en omdat de momenten waarop ik die mok losjes tussen mijn handpalmen klem ontspannend lijken te werken op mijn handen en polsen, die vaak helemaal opgezwollen zijn doordat ik het mes zo stevig vasthoud wanneer ik dat tussen de gewrichten steek en vervolgens omdraai om ze open te splijten.

Ik schenk wat koffie in en omklem de mok met mijn handen, leunend tegen de keukentafel die tegenover het fornuis staat, waar iets verrukkelijks met veel knoflook op staat te pruttelen. De soep van de dag. Ik kijk even in de pan en pak een lepel om wat te proeven. Kruiden en een volle varkensvleessmaak. *Posole.* In deze plek, die noodgedwongen altijd frisjes moet zijn, warmt die me op tot op het bot, op plekken waar zelfs de koffie niet komt. Ik leun tegen het aanrecht aan terwijl mijn handen ontdooien en staar dromerig en vermoeid naar het leeuwendeel van de lever die een paar meter verderop op tafel ligt, zo glad als een steen uit de rivier, maar dan wel veel feller van kleur.

Mensen die bekend zijn met de gruwelijke kanten van de negentiende-eeuwse Britse geschiedenis weten dat een van de theorieën over Jack the Ripper, die bij saloncriminologen nogal populair is, luidt dat de moordenaar slager van beroep was. Ik heb iets aan deze hypothese toegevoegd. Ik ben er inmiddels vrij zeker van dat als ik de lever van een tippelaarster operatief zou willen verwijderen, ik dat ook zou kunnen. Ik moet zelfs bekennen dat ik me wel iets kan voorstellen bij de kick die je daarvan zou krijgen. Begrijp me niet verkeerd – ik wil niet beweren dat prostituees de keel doorsnijden om vervolgens door hun ingewanden te gaan wroeten een prima manier van leven is. Maar merkwaardig genoeg vind ik dat dat slagerselement van wat Jack aanrichtte losstaat van de moorden an sich, van de razernij, de woede. Ik zie het misschien wel als het kleine beetje gezond verstand dat hem nog restte. Misschien was het zijn wanhopige manier om te proberen de stukjes weer in elkaar te passen, of om op z'n minst te begrijpen hoe ze ooit in elkaar hadden gepast. Wanneer ik nu naar dat doorgesneden orgaan op de werkbank kijk, waarvan de werking zo raadselachtig is, maar de vormen zo bevredigend, zo compact, symmetrisch en spiegelglad, voel ik een zekere vrede, een klein stukje inzicht.

Mijn handen zijn blauw van de kou, ik heb een kloppend gevoel in mijn onderrug, mijn linkerpols doet pijn, en in de koelcel achter ligt een torenhoge stapel varkenskarkassen te wachten om te worden uitgebeend voor we over drie uur sluiten. Ik glimlach terwijl ik in mijn koffie staar. Ik ben erg ver van huis. Precies waar ik wil zijn.

DEEL I

Slagersleerling

... En hoe het fluisterde,
'O, kleef aan me vast, want wij zijn verbonden door
symmetrie
En hoe anders onze levens ook zijn verlopen,
Wij vormen samen een ledemaat.'
The Decembrists, 'Red Right Ankle'

Wanneer ga je dit nou 'ns snappen, B? Het leven
van een Doder is heel simpel. Willen. Pakken.
Hebben.
Faith, *Buffy the Vampire Slayer*

1
Liefde en een slagerij

• • • •

ANDERHALF JAAR EERDER – JULI 2006

Ik vermoed dat ik inderdaad te lang in de stad heb gewoond. Een van de kenmerken van New Yorkers is dat ze een alomvattende minachting voor de staat New Jersey hebben opgevat, en ik moet bekennen dat ik daar ook voor ben bezweken. Ik moest een absurde hoeveelheid schroom overwinnen om hiernaartoe te gaan, maar vandaag voert NJ Route 202 me door een verrassend prachtig landschap van glooiende heuvels en krakkemikkige schuren. Mijn BlackBerry heeft hier geen bereik, wat een akelig paniekerig rillinkje in mijn lichaam veroorzaakt, waarbij het net lijkt alsof mijn tanden in hun tandvlees trillen – vast nog zo'n New Yorks trekje dat ik heb opgepikt. Ik druk telkens op het schermpje, dat dan oplicht, zodat ik kan zien hoeveel balkjes bereik ik heb, maar noppes, nada.

Er waait een warm briesje door de openstaande raampjes naar binnen, dat naar kamperfoelie en pasgemaaid gras ruikt, in plaats van naar de dieseldampen en de zure, chemische rook die op de rondweg van New York nog in mijn neusvleugels prikte. Het werkt kalmerend. Ik adem diep in.

De afgelopen paar maanden zijn nogal een beproeving geweest.

Om je de waarheid te zeggen ben ik eigenlijk enorm onder de indruk van slagers. Ik heb al heel lang iets met die vaklui, zoals andere vrouwen dat met brandweermannen hebben. Ach ja, potige Ieren die onder het roet zitten – niks mis mee, toch? Als je daar tenminste van houdt. Maar geef mij maar de sleutelsmeden in plaats van de stormrammen van deze wereld. Als je maar genoeg wilskracht en spieren hebt, kan iedereen een deur intrappen; van dat soort energie heb ik zelf maar al te veel verstand. Omdat ik daar zelf over beschik – niet fysiek, maar psychologisch gezien. Noem me gerust Julie 'de Stoomwals' Powell. Maar een man die een heel varken op zijn schouder kan hijsen en dat beest dan ook nog in een paar minuten in al zijn heerlijke onderdelen kan opdelen? Dat is het soort man wiens talent ik heel goed kan gebruiken.

Ik voel me aangetrokken tot de intieme kennis van een slager. Romantisch ingesteld als ik ben, stel ik me zo voor dat het iets aangeborens is, dat die gekerfde handen bij hun geboorte al wisten hoe ze die flinterdunne plakjes moesten snijden. Ik val voor hun hoffelijke, ouderwetse machismo. Slagers staan bekend om hun oubollige grapjes en seksisme, maar als de man achter de toonbank me 'schat' of 'meissie' noemt, voel ik me eerder gevleid dan beledigd.

Maar bovenal val ik voor hun gezag. Een slager heeft iets volkomen zekers over zich, of hij nu lamskoteletjes aan het doorzagen is met een lintzaag, of zijn klant precies uitlegt hoe hij een prachtige lamskroon moet bereiden. Hij voelt zich zekerder over vlees dan ik ooit over wat dan ook ben geweest. Golvende deltaspieren en die ruwe bolster zijn allemaal leuk en aardig, maar voor mij is de zelfverzekerdheid van een slager het summum van mannelijkheid. Dat is nou iets wat ik bedwelmend exotisch vind, en het lijkt in niets op wat ik ooit heb ervaren. (Nou ja, al een hele tijd niet heb ervaren, niet meer sinds ik klein was. Als ik terugdenk aan de puber die ik was toen ik Eric vond en hem tot me nam, lijkt het wel alsof ik het over een totaal ander iemand heb.)

Misschien sta ik in hun bijzijn dáárom altijd met mijn mond vol tanden.

Als ik opzie tegen een gesprek heb ik de neiging het van tevoren een paar keer in gedachten droog te oefenen – misschien niet de meest efficiënte voorbereidingstechniek. 'Ik wil graag leren hoe je...', 'Ik hoopte dat u me zou kunnen leren hoe...', '... Ik vind wat u doet echt héél interessant...' Getver.

Dit is bij lange na niet de eerste slager aan wie ik deze vraag heb proberen te stellen. Ik heb het een paar weken geleden al bij Ottomanelli gevraagd – mijn allereerste slagerij, toen ik net naar New York was verhuisd, en nog altijd mijn lievelingsplek. Ze hebben een prachtige winkel op Bleecker Street, met hammen en eenden die achter de zorgvuldig gelapte ruiten bungelen, onder een strak gespannen luifel met rood-witte streepjes die net zo netjes oogt als alle botten en al het gesneden en gehakte vlees binnen. Ik was een van hun vaste klanten en de mannen achter de toonbank – volgens mij zijn het broers, allemaal tussen de zestig en de zeventig, met witte jassen die ondanks dagen vol bloed en smurrie kraakhelder zijn – begroeten me nog altijd heel hartelijk als ik er kom. Niet direct zo'n 'Norm!'-begroeting uit *Cheers*, maar zonder meer welgemeend.

Maar toen het me eindelijk lukte om stamelend te vragen of ze behoefte hadden aan een leerling-slager zonder enige ervaring, wimpelden ze me af. Dat is natuurlijk ook niet zo raar. Ze verwezen me door naar een van de kookscholen in het centrum. Ik heb even met dat idee gespeeld, maar die koksopleidingen bleken geen standaardslagersworkshops te geven en ik was niet van plan om twintigduizend dollar neer te tellen voor een opleiding van een jaar in restaurantmanagement en patisseriekunst – mijn idee van de hel op aarde. Ik besloot het eens te proberen bij een aantal andere slagerijen in de stad, of deed een poging daartoe. De helft van de tijd kreeg ik alleen de woorden mijn strot niet eens uit. En als ik daar wel in slaagde, keken de mannen achter de toonbank me aan alsof ik een sneu figuur was en schudden meewarig hun hoofd.

Ik pers mijn lippen op elkaar terwijl ik de smeekbede in gedachten nog een keer afspeel. En dan – misschien is dat ook wel onvermijdelijk – moet ik aan hém denken, degene voor wie het woord 'smeekbede' in het leven lijkt te zijn geroepen, de man die me twee jaar geleden belde voor een lunchafspraak, de man die ik een groot deel van de afgelopen twee jaar heb gesmeekt om aandacht, om bevestiging, seks en liefde. De uitzondering bevestigt de regel van mijn huwelijk; hij is de enige man die toen hij nog maar een jongen met donker haar was, en niet eens heel erg aantrekkelijk, ontdekte dat hij me zover kon krijgen om 's avonds laat ietwat in de war mijn slaapkamerdeur al na één keer kloppen voor hem open te doen. Degene die er negen jaar later achter kwam dat hij daar in feite nog steeds toe in staat was. In de adressenlijst van mijn mobieltje wordt hij weergegeven door een enkele, enorme hoofdletter: D.

Maar nee. Ik ga hem niet binnenlaten. Niet nu. Ik schud krachtig mijn hoofd, alsof ik die ontrouwe gedachten fysiek kan verjagen. *Zoek een slager. Zorg dat hij je leert hoe je doet wat hij doet. Doe het nu.* Ik weet niet waarom ik dit zo graag wil, wat ik te winnen heb als ik leer hoe je dieren in stukken moet snijden. Ja, oké, ik heb iets met slagers, maar het is nog nooit eerder in me opgekomen om te proberen er zelf eentje te worden. Wat bezielt me in godsnaam?

Misschien heb ik ook gewoon wat afleiding nodig. D en ik doen het nu al bijna twee jaar met elkaar. Ik ben bekend met de tekenen van verslaving en ik weet dat dat nu ook het geval is, en dat dat net zo echt of fysiek is als mijn drankverslaving, die trouwens ook verergerd is in de nasleep van alle spanning die overspel met zich meebrengt. En de laatste tijd klopt er iets niet helemaal, er zit iets scheef. Als ik daaraan denk, snak ik al naar een borrel.

Eric weet uiteraard dat ik het met een ander doe, al bijna vanaf het begin van mijn verhouding met D. Erg genoeg weet hij zelfs dat ik verliefd ben. Dat hoef ik hem niet te vertellen. We kunnen elkaars gedachten immers min of meer lezen. Vroeger was ik trots op die bijna paranormale band. Dat mijn man mij zo goed kende, en ik hem, leek het bewijs te zijn dat onze liefde alleszins hoger of beter was dan die van anderen. En toen kwam D. Natuurlijk maakten we er in eerste instantie ruzie over toen Eric erachter kwam. Of beter gezegd: ik huilde en Eric schreeuwde en ging er midden in de nacht vandoor en bleef dan uren weg. Daarna restten er alleen nog uitputting en stilte, en in de maanden daarop hebben we het er amper over gehad. Soms, eigenlijk zelfs het merendeel van de tijd, lijkt alles wel oké te zijn. Maar dan komt dat talent dat we delen weer boven en blijkt dat het geniepigste en dodelijkste wapen uit ons arsenaal te zijn. We kunnen zo in elkaars hart rondpeuren en de flarden van dat smerige, stiekeme verlangen, de onvrede en de schaamte, eruit trekken. Zonder ook maar een blik of een woord te zeggen, kunnen we elkaars gezicht daar lekker in wrijven, zoals we dat ook bij onze hond doen als hij iets op het kleed in de woonkamer heeft gedaan.

Zo zitten we dan bijvoorbeeld voor de tv en de tweede fles wijn is al aangesproken terwijl we een of andere film zitten te kijken die we van internet hebben geplukt. Als we samen zijn heb ik mijn mobieltje altijd op 'stil' staan, zodat Eric het getril niet door de kussens van de bank heen kan voelen. Maar ik sta stijf van de spanning en elke keer dat hij even opstaat om naar de wc te gaan of in de soep te roeren, kijk ik snel op het schermpje van mijn BlackBerry. Als hij terugkomt en weer op de bank gaat zitten, duw ik mijn voetzolen lief bedoeld tegen zijn dijbeen aan, zodat hij denkt dat ik lekker zit en het naar mijn zin heb. Uiteindelijk, onbewust, bouwt de nerveuze spanning zich echter op en voor ik het weet, zit ik met mijn blote voeten tegen zijn broek aan te tikken. 'Wat is er?' vraagt Eric, terwijl hij mijn voeten grijpt om ze in bedwang te houden, maar zonder zijn ogen van het scherm af te wenden. 'Laat hij je vanavond links liggen?' Ik verstijf, de adem stokt me in de keel en ik zwijg, wachtend of er nog meer gaat komen, maar dat is nooit zo. Dat hoeft ook niet. We staren allebei naar de tv alsof er niets is gebeurd, en als D me dan toch een berichtje stuurt, durf ik dat niet te lezen.

Ik doe dat soms ook bij hem. Mijn man gaat 's avonds wel eens uit. 'Een borrel van mijn werk,' zegt hij dan. 'Ik denk dat ik rond negenen wel thuis ben.' En dan is het negen uur, en daarna tien, maar is hij er nog steeds niet. De eerste keer dat dat gebeurde, een maand of twee nadat hij erachter was gekomen dat ik iets met D had, was ik verbaasd en bezorgd. Hij kwam om halfdrie 's nachts thuis en maakte me wakker om berouwvol op te biechten dat hij een afspraakje met een andere vrouw had gehad, maar dat het eens en nooit weer was, hoewel ik hem zei – o, wat een genot om voor één keertje het heilige boontje te kunnen zijn – dat hij het recht had om af te spreken met wie hij maar wilde. Nu ben ik er echter aan gewend en wacht ik niet meer tot hij thuiskomt, omdat dat waarschijnlijk toch pas de volgende ochtend zal zijn. Als hij me belt of mailt, kan ik uit de toon van zijn stem of zijn woordkeus onmiddellijk opmaken of hij een afspraak heeft met de vrouw met wie hij sinds ik het met D doe af en aan iets heeft. Ik ben niet eens boos – eerder tevreden. De sms die ik hem even na elven stuur is altijd heel hoffelijk: *Schat, kun je me even laten weten of je vanavond nog thuiskomt? Ik begrijp het volkomen als dat niet zo is, maar ik wil me gewoon geen zorgen hoeven maken.*

Soms duurt het een kwartier voor hij reageert, soms een uur, of zelfs drie, maar hij sms't altijd hetzelfde terug: *Ik kom snel naar huis. Ik weet dat ik er een zooitje van maak.*

Nee, schrijf ik, poeslief en luchtig, *jij maakt nergens een zooitje van. Veel plezier. Kom maar gewoon thuis wanneer het jou schikt.* En als ik dan de voordeursleutel hoor, doe ik net alsof ik slaap terwijl hij zich uitkleedt en schuldbewust naast me in bed kruipt, maar ik zorg er wel voor dat ik zijn hand even een geruststellend kneepje geef, zodat hij dat weet. 's Ochtends doe ik dan net alsof ik niet doorheb dat hij wil dat ik ga tieren of huilen, laat zien dat ik gekwetst ben en daarmee dat ik van hem hou. Ik pocheer glimlachend een ei voor het ontbijt. Er valt geen onvertogen woord. Zo straf ik hem.

Zodra hij naar zijn werk is, breng ik verslag uit aan Gwen, de vriendin aan wie ik dit allemaal toevertrouw. 'Ik vind het echt niet erg. Weet je, hij geeft om haar. Laat hem nou maar.'

'Nou even serieus, Julie. Ik hou van je, maar ik snap niet waarom Eric bij je blijft. Echt niet.'

Ze zegt alle dingen die een goede vriendin hoort te zeggen, en af en toe biedt ze aan om mijn echtgenoot of mijn minnaar voor me in elkaar te slaan, afhankelijk van wie me op dat moment het ergst het bloed onder de nagels vandaan haalt. Dat is fijn, maar uiteindelijk kan ze zich geen voorstelling maken van de situatie waarin ik verzeild ben geraakt.

'Ik weet het. Ik weet niet sinds wanneer we zo vervelend tegen elkaar zijn gaan doen. Ik bedoel, het is echt niet de hele tijd. Maar...'

'Denk je dat er nog hoop is?'

Daarop moet ik het antwoord schuldig blijven. Ik weet alleen dat Eric inderdaad nog steeds niet bij me weg is. En wat mezelf betreft: hoe erg het ook is, ik kan me geen voorstelling maken van hoeveel pijn het zou doen als ik hem zou moeten verlaten. (Zoals wel vaker in mijn leven, merk ik dat een van de figuren uit die node gemiste televisieserie *Buffy the Vampire Slayer* het het best verwoordt: 'Het is alsof ik mijn arm ben verloren. Of erger nog: mijn romp.') Zo nu en dan heb ik alleen een plekje nodig om me terug te kunnen trekken, weg van deze vernietigende pijn en alle woede, en de laatste tijd ook weg van D's nu eens warme, dan weer koude tegenstrijdige gevoelens, wat aanvoelt alsof ik te strakke kleren heb aangetrokken. Als ik aan 'een toevluchtsoord' denk, komt er ongelooflijk genoeg een beeld bij me boven van blinkend metaal en gladde tegels, het malse rood van een gebraden lamsbout, de doordringende lucht van verstervend rundvlees en het heft van een mes in mijn hand.

Alleen blijk ik nogal iets lastigs te willen, en niet alleen doordat ik van nature doodsbang ben voor mannen in witte jassen. Er zijn gewoon niet meer zoveel slagers, geen echte, niet in dit land. Ongelooflijk, hè? Ik bedoel maar, er zijn tegenwoordig veel meer Amerikanen dan er pakweg honderd jaar geleden waren, en daar zitten een heleboel vleeseters tussen. En toch zijn slagerijen bijna helemaal vervangen door vleesverwerkingsfabrieken, enorme productiebedrijven die beesten opslokken en vacuüm verpakte steaks uitpoepen. Ja, ja, ik weet dat dat een plastische vergelijking is. Het proces is alleen net zo onzichtbaar als dat van je eigen lichaam. We weten donders goed dat er binnen een heleboel zware, vlijmscherpe machines staan, aangezien de mensen die er werken om de haverklap gewond raken of zelfs overlijden. (De vleesverwerkende industrie is een van de gevaarlijkste branches die er in Amerika bestaan en waarschijnlijk werken er daarom ook relatief veel illegalen.) We weten dat er vast en zeker mannen tussen staan die geweldige dingen kunnen met een mes, waarschijnlijk ingepast in het industriele proces, vleselijke raderen in die enorme machinerie, gekleed in maliënkolderschorten, terwijl ze keer op keer dezelfde snee in hetzelfde lichaamsdeel maken, tot hun handen verkrampen en ze vergaan van de pijn in hun rug.

Dat gok ik allemaal maar, want het Grote Vlees heeft niet de gewoonte om de rode loper uit te rollen of backstagepasjes uit te delen. In deze tijd van nanotechnologie en aansprakelijkheid maak je meer kans om een reis door het spijsverteringskanaal van een industrieel vervaardigd kistkalf te maken dan om te mogen aanschouwen hoe datzelfde dier van zijn hoefjes op je bord terechtkomt. En bovendien wil ik dat ook helemaal niet. Ik wil het leren van een kunstenaar, niet van een lopendebandmedewerker.

Dus nadat ik alle mogelijkheden in de stad had uitgeput, pleeg ik een paar telefoontjes en krijg nog een paar namen van enkele slagers die zich verder weg bevinden, van oude rotten die verstand hebben van het echte vak hoe je een dier in vlees kunt omzetten. Naar een van die tips ben ik nu op weg, naar een verafgelegen oord in het zuiden van New Jersey.

Ik neem de bochten iets te snel, zonder af te remmen, zodat ik bij de scherpere draaien voel hoe de zware auto bijna de met gras begroeide berm in wordt geduwd. Pas wanneer ik vlak bij Bucktown ben, ga ik wat zachter rijden. Ik vermoed althans dat ik in de buurt ben van Bucktown. Ik woon inmiddels al vijftien jaar aan de oostkust, nadat ik in Texas op de middelbare school heb gezeten en toen in Massachusetts naar de universiteit ben gegaan – genoeg tijd dus om bekend te zijn met het fenomeen dat stadjes hier niet heel scherp afgebakend zijn. Toch merk ik zo nu en dan dat ik met nostalgie terugdenk aan de beschaafde afstanden van de staat waar ik ben geboren en getogen, zo anders dan deze dorpjes en gemeentes die eindeloos met elkaar verstrengeld zijn en in elkaar overlopen. Dan verlang ik weer even terug naar het lege landschap dat de duidelijk aangegeven bebouwde kommen afbakent, zodat je altijd weet waar je bent – althans, op een wegenkaart. Ik mis die duidelijke scheidslijnen.

Normaal gesproken vind ik autorijden leuk, vooral in mijn eentje. Ik ben die spanning die je voelt als je net je rijbewijs hebt gehaald nooit echt kwijtgeraakt, die vliegeniersdromen die gepaard gaan met vijfentwintig kilometer harder rijden dan de toegestane snelheid en dan soepeltjes langs meer aan de aarde gebonden bestuurders manoeuvreren, wetend dat de afslag die je moet hebben nog kilometers voor je ligt. Dit onderdeel van autorijden vind ik echter niet leuk: het moeten kijken, het gezoek, je ogen tot spleetjes moeten knijpen om de nummers op de brievenbussen te kunnen lezen, de details proberen te achterhalen van die godvergeten plek waarnaar ik op weg ben. Maar misschien geldt dat wel voor iedereen. Ik moet mezelf bedwingen om Eric niet te sms'en, wat ik altijd heb als ik verdwaald ben. Hij is ergens, wil graag helpen, maar ik heb nog steeds geen bereik.

Eindelijk vind ik het dan. Het is teruggetrokkener dan ik had verwacht, meer verplattelandst. Ik heb zo lang in de stad gewoond dat ik zelfs in deze plattelandsomgeving toch een stadsachtige slager had verwacht. Ik stelde me een roodbakstenen winkel voor in het centrum van het dorp, met kraakheldere ruiten waar je de witte tegels en het roestvrij staal van een vleesvitrine doorheen kunt zien. Ik had het grote, wat slordige, oude gebouw met overnaadse planken dat een paar meter van de weg af stond dan ook niet opgemerkt. Aan het schuine dak van de veranda hangt een verweerd bord met een Italiaanse familienaam in onopvallende letters. Ik parkeer met knerpende banden op het kleine niet-geasfalteerde braakliggende terrein ernaast. Tijdens de reis hiernaartoe vanuit Queens heb ik een gelukzalig, doelgericht gevoel gehad, het gevoel dat hoort bij het begin van een zoektocht, als je nog niet bent geconfronteerd met al het gedoe dat erbij hoort. Het afgelopen halfuur heb ik echter geworsteld met de frustratie en de irritatie over dat adres dat ik maar niet kon vinden. Nu ik de auto op de handrem zet en het sleuteltje uit het contact haal, verdwijnt dat allemaal en ervaar ik weer die bekende sensatie van de moed die me in de schoenen zinkt. Nu moet ik daar naar binnen lopen en die lui om een gunst vragen. Om een baan. Dat ik ditmaal twee uur heb afgelegd vanwege dat raaskallende stemmetje in mijn hoofd, maakt het er niet gemakkelijker op.

Het ruikt hier naar bloemen. Ik schraap nog wat wilskracht bij elkaar en sla het portier van de auto dicht. Na de hor achter de voordeur kom ik in een halfduistere winkel, waar het niet direct schoon ruikt, maar ook weer niet onaangenaam – hetzelfde soort geur als in een paardenstal. De plek heeft iets weerzinwekkends, maar ook iets heimelijk opwindends, alsof je een verlaten jachthut binnensluipt. Links van me staat een vrieskast met een glazen ruit tegen een muur aan, met daarin een heleboel slordige stapels bakjes en pakketjes met handgeschreven etiketjes erop. De brede, donkere planken van de houten vloer zijn versleten, zitten vol vlekken en zijn met een dun laagje zaagsel bedekt. De vleesvitrine maakt een nogal geïmproviseerde indruk. De koeling ziet er oud uit, misschien is hij tweedehands, en in plaats van de hoog opgetaste verse stapels rund- en lamsvlees op keurige dienbladen die ik van Ottomanelli gewend ben – versierd met een toefje peterselie – ligt het vlees hier door elkaar en ziet een deel ervan er een beetje grauw en afgepeigerd uit. Het is het einde van een drukke week. Midden achter de toonbank kijkt een blonde vrouw van achter in de dertig me glimlachend aan, en een eindje verderop zie ik een oude, gebogen man keukengaren om zijn dikke, stijve vingers staan te winden. Een van de broers van het bord, uiteraard. Slagers herken je altijd meteen. Hij kijkt op en knikt me toe – niet onaardig, maar een tikkeltje vermoeid. 'Waarmee kunnen we u van dienst zijn?'

En zo ratel ik weer mijn verhaaltje af dat ik het slagersvak wil leren, dat ik er alles voor overheb om elke dag achter die toonbank te kunnen staan en hem zijn ding te zien doen, en dat ik helemaal uit New York ben gekomen om hem dat te vragen. De broer glimlacht treurig. En wederom krijg ik nul op mijn rekest. 'We hebben nu al niet genoeg werk voor iedereen. Mensen hebben geen behoefte meer aan slagers. Als we met pensioen gaan, zullen we de zaak moeten sluiten.' Hij zegt het niet op een onaardige manier, en wie ben ik om hem tegen te spreken? Misschien denkt hij dat ik een dilettant ben, en misschien ben ik dat ook wel. Misschien zal deze irrationele passie als een zeepbel uit elkaar spatten en oplossen in het niets. Misschien denk ik er morgen wel heel anders over en kom ik dan tot de slotsom dat ik echt... weet ik veel... heel erg van hondenraces houd.

Maar als ik íéts over mezelf heb geleerd, dan is het wel dat mijn passies meestal niet vanzelf overgaan. Deden ze dat maar.

Als ik weer in mijn auto stap, bedenk ik opeens dat alle slagers die ik heb gesproken me aan mijn oma doen denken. Die is negentig geworden; ze had eigenlijk nooit last van kwaaltjes en deed zich altijd voor als een opgewekt, vief oud mens. Het duurde eeuwen voor ik doorhad dat dezelfde vrouw die de lekkerste gebraden kip van de hele wereld kon maken, bij wie ik als kind in bed had gelegen, die ik dan 's ochtends al giechelend zonder tanden wakker maakte – 'Wekker wachen!' (dat betekent 'lekker lachen' in peutertaal) – elke dag van haar leven een zwarte wolk boven haar hoofd voelde hangen, door een diepe ontevredenheid over de beperkingen die ze zichzelf had opgelegd toen ze nog een mooie, jonge vrouw was zonder toekomst in Brazoria, Texas, en dat dat tot een soort droogrot van haar verbeelding had geleid. Hoe zou het zijn als je je vak – niet alleen je baan, of je bedrijf, maar het hele vak an sich, waar je altijd je brood mee hebt verdiend – ziet afbrokkelen en in rook opgaan? Ik weet het niet, maar ik weet wel dat mijn oma haar hele leven met een soort zinloosheid heeft geworsteld, wat haar gevoel voor humor verziekte (niet dat ze ooit niet grappig was, maar ze was grappig op een donkere, zure manier), en tot overmatige inname van Tyler-sherry leidde. Dat weet ik omdat ik haar in mijn moeder herken, en steeds vaker voel ik haar ook in mezelf. Ook ik ga ervan drinken – hoewel nog geen sherry – en andere dingen doen, dingen die slecht voor me zijn, kwalijke verlangens waar ik voor zwicht. Mijn angst voor slagers is niets vergeleken bij de angst voor die vloek die door de aderen van de vrouwen in mijn familie lijkt te stromen. Misschien doet de stem die ik hoor dat wel: die probeert me uit alle macht te behoeden voor die onvermijdelijke toekomst. Eén ding wat ik van die stem weet, is dat die liever toegeeft aan duistere verlangens dan het vooruitzicht om die drang te laten dempen en te laten overgaan in bittere berusting. Ik maak rechtsomkeert op het braakliggende terrein en rijd naar huis.

Een paar kilometer voor ik bij de snelweg ben, kom ik over een heuvel en begint de BlackBerry in de bekerhouder opeens als een gek te zoemen. Ik wil dolgraag weten wie het is, maar voel ook een soort steek. Ik ben verbaasd dat ik bijna teleurgesteld ben dat hij het weer doet.

Twee berichtjes, twee mannen.

Het eerste: 'Hoe is 't vlees?'

Het tweede: 'Hmm.'

Praten alle mensen zo tegen elkaar, in dit soort codes? Ik weet ze allebei perfect te ontcijferen. Het ene trekt aan me met duizenden strengen van angst, verplichting, liefde, bezorgdheid en schuldgevoel. Het andere met één enkele alwetende ruk, de geheime keelklank die me in het gareel brengt.

Mijn antwoord voor beiden luidt hetzelfde: *Ik kom eraan.*

2
Uitgebeend

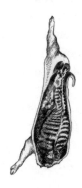

En dan, een maand later, vind ik het.

De zoveelste tip heeft me verleid tot nog een lange autorit, dit-maal helemaal naar het noorden, naar Kingston, midden in de Catskills. Ik ga vroeg van huis in mijn Outback. (Ja, ik ben tegen-woordig een vrouw van drieëndertig die in een zilverkleurige Out-back rijdt, een nieuwe. Op de een of andere manier zijn hippe, kleurrijke brikken op wielen net als hippe, kleurrijke, viezige op-kamertjes een van de dingen geworden die ik zonder het te mer-ken ben ontgroeid.) Wanneer ik de auto eindelijk parkeer, geld in de parkeermeter doe en de glazen voordeur van de winkel in Wall Street open, sta ik weer stijf van de zenuwen en koester weinig hoop. Maar zodra ik binnen ben, weet ik het: dit is het.

Fleisher's is meer dan zomaar een slagerij. Het is bijna een markt, met planken vol geurzeepjes van rundertalg; op de grond staan manden met groenten van het land en aan de muur hangen T-shirts die je kunt kopen, met daarop de tekst: 100% GRASETERS, LOKAAL GEFOKT. De plek is zowel wereldvreemd als onontkoom-baar. Het zou een buurtslagerij kunnen zijn, of een politieke be-weging vermomd als buurtslagerij; hoe dan ook is het niet direct de slagerij uit mijn dromen. Het is iets anders, een plek die ik me eigenlijk niet had kunnen voorstellen.

Ik stel mezelf voor aan de man achter de toonbank: een grote vent met zo'n pornosnor uit de jaren zeventig, blauwe pretogen achter een stalen brilletje, en een lange, roodbruine vlecht die vanonder een zwarte Kangol-pet langs zijn rug omlaaghangt. Hij is verrassend jong, niet veel ouder dan ik. Misschien dat dat me over de streep trekt. 'Ik heet Julie en ik...' Op het laatst laat ik mijn zorgvuldig geformuleerde bewoordingen varen en zeg gewoon: 'Nou, eerlijk gezegd wil ik gewoon leren hoe je van een koe een steak maakt.'

Opgetrokken wenkbrauwen. En dan: 'Cool.'

De slager heet Joshua. Hij nodigt me uit om achterin te komen kijken hoe hij een varken in stukken snijdt. En dan geeft hij me de lekkerste varkenskarbonade die ik ooit heb geproefd.

'Oké, *chica*, jij gaat deze grote jongens uitbenen.' Josh werpt op weg naar het kantoortje aan de voorkant twee angstaanjagend grote stukken varken op de werkbank, boven op de stapel die er al ligt. De achterpoten, inclusief de hoeven – hebben varkens eigenlijk hoeven? En noem je die zo? –, met pokdalig vel dat doorregen is met donkere aderen, waar hier en daar nog een stugge haar aan kleeft. Ze lijken een beetje op gigantische varkensdrumsticks, en dat zijn het ook. 'Kijk maar hoe Tom het doet,' roept hij me over zijn schouder toe. 'Hij zal je wel laten zien hoe het moet.'

Het is mijn eerste dag als slagersleerling. Ik ben om zes uur opgestaan. Ja, ik weet het: voor de gemiddelde loonslaaf is dat niet afschuwelijk vroeg, maar soms is opstaan alleen al een hele klus. Ik zweer dat ik als ik geen hond had die uitgelaten moest worden en katten die eten wilden, gewoon zou blijven liggen. Eric heeft last van hetzelfde probleem. Hij verroerde zich amper toen ik uit bed gleed en ging douchen. Ik zat om zeven uur al achter het stuur en nu, om vijf voor negen, bind ik een witte schort voor die ik uit een oude plastic wasmand heb gevist, en pak een mes van het magnetische rek aan de muur.

Josh komt weer langslopen. Hij banjert altijd door de winkel, van de toonbank naar het kantoortje, naar de koelcellen in de keuken en vandaar weer door naar de trap achterin – om de vitrine in orde te maken, wat facturen te pakken, karkassen te halen die uitgebeend moeten worden, te controleren hoe de worsten ervoor staan, en dan achter, buiten, even een sigaretje te roken. Het is een boom van een kerel, met bijbehorende stem en altijd een opgewekt scheldwoord paraat. Hij is net een beest in een goed ontworpen, ruime dierentuin: relatief comfortabel, maar toch geneigd tot rusteloos ijsberen. Ik probeer me even voor te stellen wat er zou gebeuren als je deze man in een pak en met een stropdas om in een kantoortuin zou zetten; ik schiet bijna hardop in de lach.

'Heb je je deksel?' vraagt hij zonder een moment stil te blijven staan, met een kort tikje tegen zijn eigen petje.

'Jazeker heb ik dat!' Ik ga op een holletje terug naar de tafel en stoelen achter in de winkel, waar ik mijn spullen naast de voorste koelcel heb neergelegd. Ik ben er best trots op dat ik op mijn eerste dag niet ben vergeten om een hoed mee te nemen, en nog een goede ook: een bruine leren bush-hoed uit Nieuw-Zeeland, die me perfect staat. Ik draag hem nonchalant en zwierig, half scheef over mijn voorhoofd. Ik heb dit dierbare bezit vaak genoeg verloren en weer teruggevonden om even aan de volgende wijze uitspraak te denken: 'God zorgt voor dwazen en dronkaards.' Ik heb ook heel wat dromen gehad waarin deze hoed een belangrijke rol speelde, dus het idee om hem de hele dag op te hebben, elke dag, om mijn haren in bedwang te houden terwijl ik leer hoe je grote dieren in stukken snijdt – die sexy, jongensachtige uitstraling van bravoure die deze hoed me zal geven – is stiekem best spannend. Ik zet hem op en ren bijna terug naar de werkbank, waar Tom, een lange man die een beetje gebogen loopt, en een zwarte snor en een sullige grijns heeft, al een tweede poot naar de rand van de tafel trekt. Tom is een meesterslager, doet dit al zijn hele leven en heeft het vak van zijn vader geleerd. Toen Josh een paar jaar geleden besloot deze winkel te beginnen, wist hij er niet veel meer van dan wat hij tijdens de paar bezoekjes aan de koosjere slagerij van zijn opa in Brooklyn had opgepikt, waar hij als kind wel eens kwam. Hij huurde Tom dus niet alleen in om vlees te snijden, maar ook om hemzelf en zijn personeel op te leiden. En daar hoor ik nu dus ook bij, min of meer.

'Je begint met de poot er hier af te halen.' Hij houdt de hoef in zijn linkerhand en het mes in zijn rechter, om vervolgens dwars door het eerste gewricht te snijden, waarbij hij de poot er in een soepele, spiraalvormige beweging in één keer af trekt. Hij gooit hem op tafel. 'Toe maar. Het is doodeenvoudig.'

Ik trek een poot naar me toe, voel even om zeker te weten waar het gewricht zit en maak een ronde snee in het stugge vel en het vlees. Helaas heb ik het verkeerd ingeschat, want ik voel alleen maar bot. 'Shit,' mompel ik.

Tom kijkt me grijnzend aan. 'Wrikken. Je moet 'm op en neer wrikken.'

Als ik de poot op en neer beweeg, snap ik wat hij bedoelt. Als je dat doet, voel je namelijk beter waar het draaipunt van het gewricht zit, en na wat geprik en gepor voel ik kraakbeen en ik duw de punt van mijn lemmet erin, tussen het bot door. Nog wat gezaag en de poot is eraf. Het ziet er niet mooi uit, maar ik heb het 'm wel geflikt. 'Oké.'

'Nu de schenkel eraf. Als je een prof bent, kun je dat met de lintzaag doen.'

'O, maar ik bén een prof. Ik koester profaspiraties.'

'Neuh. Dit is hoe vaklui het doen.' Hij steekt het lemmet met een glijdende beweging gewoon door het vel heen, dwars door wat de onderkant van de kont zou zijn, om het stuk te markeren dat hij gaat uitbenen. Vervolgens pakt hij zijn uitbeenmes op een andere manier vast, zodat zijn pink onder aan het heft rust, met het scherpe lemmet naar zich toe. Zijn elleboog bevindt zich in een rechte hoek terwijl hij het mes door het vlees trekt, helemaal door tot op het blad van de werkbank – een gehavend, houten blad, ik denk van essenhout, van 1 meter 20 bij 1 meter 80, met metalen poten met wieltjes eronder – en dan stuit hij, wederom zonder enige hapering, op het gewricht. Dat weet hij met wat puntige, haakse snijbewegingen door te krijgen, en hij maakt het geheel vervolgens af door in één jaap dwars door het vlees aan de andere kant te snijden. En voilà, de achterschenkel wordt opzijgelegd.

'En dit noem je een pistoolgreep.' Ik knik, hoewel ik niet helemaal snap wat het met vuurwapens te maken heeft; het ziet er eerder uit als de greep van een doldwaze seriemoordenaar in een horrorfilm. Hij maakt een soort snelle draai met zijn hand, waarbij hij het mes met het lemmet naar voren tot aan de liesstreek doortrekt. 'Het wordt ook wel "de weduwemaker" genoemd,' grinnikt hij. 'Je moet namelijk wel uitkijken wat je doet. Met de kracht die je erop uitoefent, kan het als het losschiet recht in je eigen lijf terechtkomen.'

'Misschien kun je me beter de lintzaag laten zien.'

'Mietje! Kom op, toe maar. Dat trucje leer ik je later wel, maar je moet eerst de echte manier onder de knie hebben. Met die lintzaag ben je trouwens meteen dood.'

'O, nou, goed dan...' En dus stort ik me op de klus en probeer te wennen aan deze nieuwe manier van het mes vasthouden. Ik vind het zelfs fijner, het voelt krachtiger. En dat, besef ik, is nu juist het gevaarlijke. Ik kan op deze manier veel meer kracht zetten met het lemmet en het met mijn biceps naar me toe trekken. Ik snap nu wat Tom bedoelt: als ik iets te enthousiast zou trekken, zou dat vervelende gevolgen kunnen hebben. Voor de zekerheid doe ik een stapje opzij en begin dan pas te snijden. Weer stuit ik alleen maar op bot en weer moet ik eerst wat rondporren voor ik het gewricht heb gevonden. Daarna kan ik de punt van het mes in de kleine, ronde ruimte tussen de twee botten steken, een kom en bol die door de witte pezen als een hecht echtpaar met elkaar verweven zijn. (Ik zorg dat ik die melodramatische metafoor zo snel mogelijk uit mijn hoofd zet.) Mijn mes maakt onaangename piepgeluidjes op het kraakbeen en het bot, maar ik kom er wel doorheen. De rand is gerafeld, het vel wat afgeschaafd, maar de achterschenkel is eraf. 'Oké.' Ik adem diep uit. 'En nu?'

Tom is al met zijn derde bezig en ligt continu op me voor. Ik vermoed dat hij zich uitslooft. 'Nu moet je de huid eraf stropen, maar het vet laten zitten.' Hij doet het een keer voor. Hij maakt het stugge, enigszins doorzichtige vel aan één kant los en duwt het lemmet, terwijl hij de flap met zijn duim en wijsvinger straktrekt, in één brede zwaaibeweging van zich af, er vlak onder, zodat het vel gemakkelijk loslaat. Er zit een dikke laag vet onder, wit en plakkerig, als een soort marshmallowpasta. Hij trekt het vel in één stuk van de hele ham af – het is nu als zodanig herkenbaar – en er blijven bijna geen witte vetrestjes aan kleven. Die vent uit *Silence of the Lambs* die zo dol was op vrouwenhuid, zou onder de indruk van hem zijn. Ik in ieder geval wel.

Ik hoef natuurlijk niet te vertellen dat het mij lang niet zo elegant afgaat, maar ik merk wel al snel dat dit klusje me een zekere voldoening geeft. De manier waarop het mes, als je precies de juiste hoeveelheid druk uitoefent, met een prettig schraapgeluid als bij het schaatsen, onder het vel door glijdt heeft iets. Het is een handigheidje dat je even moet doorhebben, en als je het goed doet, merk je dat ook meteen. Met een bijna onbetamelijk plezier fluister ik ondertussen zachtjes: 'Jaaa, dát bedoel ik nou.'

Maar ik doe het niet altijd goed. Soms kom ik in de vetlaag terecht of prik ik het vel kapot, en dan laat het alleen maar in een paar slordige stukken los. Geen vrouwenhuidkostuum voor mij dus.

Vervolgens haal ik de achtervoet eraf, een soort vleeskap van wat denk ik ooit de kont van het varken was. Tom laat me zien hoe je het vlies kunt vinden. 'Het geheim zit 'm in de vliezen. Als je een vlies kunt volgen, kun je alles uitbenen.'

Dus... Tussen twee naast elkaar gelegen spieren – of je het nu over een varken, een rund of, neem ik aan, jezelf hebt – blijkt een dun laagje weefsel te zitten dat ze verbindt: duidelijk, draderig en gemakkelijk door te snijden. Het lijkt eigenlijk wel een beetje op wat er zou gebeuren als je twee vellen stevig roze knutselpapier met rubbercementlijm aan elkaar zou plakken en dan voordat de lijm is opgedroogd weer van elkaar trekt. Ik weet niet hoe een bioloog of arts dit spul zou noemen, maar in de vleesverwerkende industrie noem je dat dus een vlies, of een naad. Vliezen hebben iets magisch; dat is wat slachten tot iets elegants kan maken. Als je weet wat je aan het doen bent, kun je twee spieren zo prachtig van elkaar halen, glad en onbeschadigd, met de punt van een mes van twaalfenhalve centimeter, of zelfs gewoon met je vingers. Ik maak maar heel langzaam vorderingen, maar als ik de bovenbil er met mijn rechterhand af trek, kan ik aan de hand van al die duidelijke verbindingsdraden heel goed zien hoe het vlies loopt. En hoe bedeesd ik er ook in prik, ze vallen voor mijn ogen praktisch van elkaar.

'Hé, niet zo voorzichtig! Het is een varken! Je kunt het niet verkloten!' kakelt Tom. Hij heeft een nasale, altijd vrolijke stem en in zijn woorden klinkt een licht 'New Yawkese'-accent door. Hij lijkt op, en klinkt als, een muppet. 'Hup, hup, wel een beetje aanpoten!'

Ik ben echter gebiologeerd door de langzame, eenvoudige afstroopbeweging. Alsof de spieren al van meet af aan wisten dat het zo zou eindigen, met dit onvermijdelijke uiteenvallen. Het raakt me eigenlijk wel, hoewel ik donders goed weet dat ik dat beter niet hardop kan zeggen. Het is triest, maar ook een opluchting om te weten dat twee dingen die zozeer gehecht zijn met zo weinig geweld van elkaar kunnen worden gehaald, en dat je dan twee gladde oppervlaktes overhoudt, geen bloederige flarden.

En zo is de bovenbil nu dus los. Daar zullen later koteletten voor in de vitrine van worden gesneden, of ze worden tot schnitzel opgebakken, of opgerold voor gevulde involtini. Voorlopig wordt hij echter in de voorste koelcel opgeborgen, tot de vitrine weer moet worden bijgevuld.

'En dat is het. De rest wordt vermalen. Daar wordt alleen nog worst van gemaakt.'

Op de werkbank staat een witte plastic bak vol varkensvlees dat in grove repen is gesneden. Juan zal straks het vlees in grote, witte Cryovac-vacuümzakken stoppen. Hij is een forse kerel met een brede borstkas, die denk ik net iets jonger is dan ik. Vanwege zijn glimlach vind ik hem meteen al aardig, hoewel ik hem amper heb gesproken, alleen even een 'hallo' toen Josh hem vanochtend aan me voorstelde als 'de enige op deze hele plek met een stel hersens. En dan heb ik het ook over mezelf.'

'Gave hoed,' zegt hij nu tegen me.

'Dank je!' Ik merk dat ik blij sta te blozen. Het ís ook een mooie hoed.

Tom is zo goed als klaar met zijn stapel. Hij laat nog een achtervoet voor me liggen om op te oefenen, terwijl hij doorgaat met een schouder. Hij ratelt maar door. 'Trek nu het staartbeen eruit, dat ronde geval daar.'

'Staartbeen? Maar dat is toch helemaal niet zo'n krulding?' En die bottenkom met een gat in het midden, die uit het dikke uiteinde van de bovenbil steekt, hoort toch eerder bij het bekken dan bij een staart? Het ziet eruit als iets wat, als het eenmaal ontdaan is van vlees en dan een maand of twee in de woestijn heeft gelegen, door Georgia O'Keeffe zou kunnen zijn geschilderd, en dan zou je door de gladde, witte ronding de strakblauwe hemel van New Mexico zien.

Tom heeft me net laten zien hoe ik het stuk er met behulp van een vleeshaak uit kan trekken. Met de dikke knobbel van de drumstick naar me toe schep ik het hompje vlees uit het midden van het gat en schraap aan de achterkant van het bot het vlees vervolgens van de bovenste rand. Dan kan ik het uiteinde van de vleeshaak over de rand heen haken en dan weer terugsteken door het middelste gat. Het is een C-vormige stalen haak ongeveer ter grootte van mijn opgekrulde duim en wijsvinger, met aan de ene kant een vlijmscherpe punt en aan de andere een oranje plastic greep. Ik hou hem vast zoals je dat bij een fietsstuur zou doen, waarbij de onderkant van de haak tussen mijn wijs- en middelvinger door steekt. Zo heb ik beter grip op het bot en kan ik ervoor zorgen dat de zwaartekracht me een handje helpt.

Terwijl ik het oranje heft van dit dunne, kleine gereedschap dat zo koud en gemakkelijk in mijn handpalm past omlaagtrek, komt het bot steeds losser te zitten. Ik probeer het met mijn geschraap en gezaag een beetje aan te moedigen, zodat de pezen die met de afgeronde rand van het dijbot zijn verbonden hun greep laten verslappen. Naarmate het bot losser komt te zitten, laat de rest ook steeds gemakkelijker los, tot ik uiteindelijk amper nog het mes nodig heb en alleen maar met de haak naar me toe en naar beneden hoef te trekken.

'Bewaren we de botten?'

'Jazeker! *Altijd de botten bewaren!*' buldert Tom. (Behalve dat Tom hier bij Fleisher's werkt en mensen opleidt, geeft hij ook les aan het Culinary Institute of America, de CIA in Hyde Park, hier vlakbij, en daar heeft hij dus ook die grappige, bulderende manier van spreken aangeleerd.)

'Hou je bek!' brult Josh terug. (Ik weet niet zeker hoe Josh aan zijn bulderende stemgeluid komt, maar kolere zeg, wat kan die schreeuwen.)

'Josh, wil je alsjeblieft ophouden met dat geschreeuw?' gilt Jessica, zijn veel kleinere vrouw, die zich met alle facturen in het kantoor heeft verschanst. 'Verdomme! De winkel is open!'

Ja, ik vind het hier leuk.

Als het staartstuk eruit is, is de rest eigenlijk een peulenschil. Er zitten in de vleeshomp nu nog twee botten aan elkaar vast, allebei met een soort Flinstones-achtige vorm, zoiets wat Pebbles in haar haren zou hebben gestoken (maar dan uiteraard groter). Ik prik door het vlees aan de bovenkant, waar het glanzende witte uiteinde van een van die botten uit steekt, en snijd langs de rand omlaag tot aan het volgende gewricht en het stuk over de hele lengte openligt. En dan naar binnen, waarbij ik de vingers van mijn rechterhand diep in de vleesscheur steek die ik zojuist heb gemaakt. Ik tuur erin terwijl ik met mijn linkerhand, mijn snijhand, beide kanten van het bot schoonschraap. Het vlees is koud doordat het zo lang in de koelcel heeft gelegen, dus ik haal mijn handen er af en toe even uit om ze heen en weer te wapperen en in mijn handpalmen te blazen.

'Kijk uit,' zegt Tom. 'Als je vingers verkleumd zijn, kun je er zonder dat je het merkt eentje kwijtraken. En vingerworst aan de man brengen is niet echt gemakkelijk.' (Tom vindt dat zelf reuze grappig.)

Ik moet onwillekeurig even aan worstvingers denken. Alleen zie ik dan eerder een stoere bink voor me, met een brede borstkas en zo'n voetbalshirt, die zich met zijn grijpgrage, vlezige klauwen aan een aantrekkelijk bakvis vergrijpt. Ik dwaal af en stel me zo voor dat de eerste meisjesstudent in de jaren vijftig die de zin 'Blijf met je worstvingers van me af!' uitsprak misschien wel een slagersdochter is geweest.

Langzaam leg ik de botten bloot, peuter ze los, en dan is het enige wat er nog over is een slordige berg varkensvlees van zo'n zeven kilo. Dat snijd ik met mijn grote beenhouwersmes in flinke brokken. Toen Tom me dat ongelooflijk indrukwekkende mes uit zijn eigen verzameling overhandigde en me vertelde hoe het heette, had ik eigenlijk stiekem mijn ogen ten hemel willen slaan. (Met die grote hakmessen, schedes en maliënkolderhandschoenen lijkt het soms wel alsof het slagersvak is bedacht door een stel door testosteron vergiftigde *Dungeons & Dragons*-nerds.) Nog meer vlees voor de worst.

'Klaar.'

'Mooi zo. Daar ligt je volgende.'

En dus stort ik me op de tweede. Het is heerlijk te merken hoeveel sneller deze al gaat; ik hou wel van steile leercurves. Tom is klaar en gaat straks weg naar de avondcursus die hij geeft, en dus sta ik nu bijna de hele tijd in mijn eentje achter de tafel. Alleen Aaron komt af en toe langs, op weg van de winkel, die hij voor zijn rekening neemt, naar de keuken, waar hij de rosbief in de oven en de pruttelende pan met runderbouillon op het vuur in de gaten houdt. 'Hoe gaat-ie, Jules?' roept hij overdreven uitbundig. 'Mag ik je trouwens Jules noemen?'

'Ik reageer zo'n beetje overal op.'

Hij kijkt me aan terwijl hij zijn wenkbrauwen heel nadrukkelijk optrekt. 'Overal? Daar moet ik dan 'ns goed over nadenken.'

Aaron is afgestudeerd aan de CIA – de kookschool dus, niet de CIA van de explosieve sigaren en de geheime wapenleveranties – en is ongeveer van mijn leeftijd, met opgeknipt kort donker haar, opvallende blauwe ogen en een bijna tastbaar enthousiasme. Ik ken hem amper, maar ik ken wel een paar andere ex-CIA'ers, en hij heeft diezelfde uitstraling: jongensachtig heftig en nogal onder de indruk van zichzelf. Zeg maar een afgestudeerde van Harvard, maar dan zonder al die poen. Ik mag hem wel, hoewel hij best intimiderend is. Ik probeer hem dat vooral niet te laten merken en trakteer

hem nu op opgetrokken wenkbrauwen van mijn kant. 'Ga je gang.'
Ik heb geen idee waar we het over hebben. Het is niet meer dan een
lukrake toespeling, kleedkamertaal zonder een onderwerp.

Ik ben bijna klaar met mijn aandeel als Josh terugkomt met een
half varken – bijna veertig kilo schoon aan de haak –, dat nonchalant over zijn schouder hangt. Zonder iets te zeggen legt hij het
op de werkbank en pakt zijn mes uit de metalen schede die met
een roze fietsslot om zijn middel zit gegespt. 'Yo, *Uncle Sweet Tits*!'
roept hij naar Aaron, die in de oven in de keuken wat kippenbotten
door elkaar staat te husselen. 'Je gaat eraan!' Jesse, de slungelige
jongen die voor in de winkel werkt – hij is rustig, leest *Harper's* en
Wired, en wordt altijd meedogenloos gepest met de groene thee
die hij drinkt – leunt tegen de vitrine aan en slaat de boel gade.
Hij weet klaarblijkelijk wat er gaat komen. Josh wijst met zijn mes
naar de klok aan de muur zoals Babe Ruth op Wrigley Field met
zijn honkbalknuppel naar de tribune in het midden van het veld
gebaart. En begint.

Met één ruk trekt hij de nieren en het niervet los. Hij gaat naar
binnen en beent de haas uit, die onderop tegen de ruggengraat
zit, en gooit hem op tafel. Met dikke, maar behendige vingers telt
hij vijf ribben omlaag vanaf de schouder, steekt de punt van zijn
mes voorzichtig tussen twee wervels en als die eenmaal uit elkaar
zijn, snijdt hij de schouder met een brede, uitwaaierende pistoolgreep los van de lende, helemaal tot op het tafelblad. Hij pakt de
slagersbijl, een soort groot uitgevallen hakbijl, en doorklieft met
drie zwaaibewegingen de ribben op een paar centimeter van de
driehoekige vleeskolom die langs de buitenrand van de ribbenkast
loopt, tegen de ruggengraat aan. Als hij het bot heeft doorkliefd,
legt hij de zaag weg, pakt zijn mes weer op en snijdt ermee langs de
bijlsporen die hij net heeft gemaakt, weer helemaal tot op het tafelblad. Zodra hij de ribben heeft gehad, snijdt hij heel dicht langs de
ruggengraat, in de richting van het heupgewricht, en zo scheidt hij
de maag van de lende. Vervolgens trekt hij het karkas naar de rand
van de werkbank, zodat de achterpoot daaroverheen bungelt, leunt
met zijn flinke onderarm zwaar op de lende op de tafel en duwt dan

opeens heel hard op de hoef onder zijn andere arm, waarbij hij dus echt behoorlijk veel druk uitoefent. Ik hoor een harde knal. Het heupgewricht is gespleten. Nog een schrapende snee tot aan het tafelblad en de achterpoot is los van de lende en zou, als Josh hem tenminste niet stevig in zijn klauwen had, op de grond zijn gevallen.

Hij gooit het stuk ham met een vlezige smak op tafel en kijkt naar de klok. 'Hé, mietje!' roept hij. 'Eén vijfentwintig!'

('Godverdomme! We hebben klanten!' roept Jessica, zonder dat ze zo te horen verwacht dat er naar haar geluisterd wordt.)

Aaron steekt zijn hoofd om de hoek van de keuken. 'Shit, hé. Echt?'

'Hebbes!' Hij steekt zijn middelvinger met een veelbetekenend opwaarts gebaar vlak onder zijn middel omhoog. 'Recht in je hol.'

Aaron schudt zijn hoofd, terwijl er ergens bij het fornuis een kookwekker afgaat. 'Oké dan, jongen. Ik ga je te grazen nemen.' Hij wijst met het vettige uiteinde van een vleesthermometer naar Josh. 'Ik waarschuw je. Je moet niet gaan kutten met Chocoladedonder.' (Aaron en Josh, de twee voorzitters van de Bijnamencommissie, zijn het blijkbaar niet helemaal eens over Aarons roepnaam.)

Jessica loopt in haar gewatteerde oranje vest en spijkerbroek, met haar krullenbos in een slordige staart boven op haar hoofd, naar achteren toe. Ze werpt me een veelbetekenende blik toe en mompelt in het voorbijgaan: 'Jezus christus!', wat zowel geërgerd als liefdevol klinkt.

Ik vind het hier écht leuk.

Ik ga terug naar de restanten van mijn varkensbil... en meteen daarna schiet het puntje van mijn mes in het vlees van mijn duim. Ik schrik vooral, want pijn doet het niet echt. Ik ruk mijn hand uit het vlees. 'Shit!' fluister ik.

Josh werpt me een vriendelijke blik toe. 'Ben je al een vinger kwijt, genie?'

Het stelt niets voor. Er welt alleen wel bloed op door de gladde, doorschijnende glimlach van de zijwaartse snee. 'Het is niks.'

Jessica roept van achteren: 'O ja, alsjeblieft, laat die onbetaalde,

onverzekerde leerling er meteen al de eerste dag een vinger af hakken.'

'Het is niks.'

'Laat 'ns zien.' Hij grijpt mijn hand ruw vast en inspecteert die.
'Man, dat is niks!'

'Dat zei ik toch?'

'Kom maar.' Hij leidt me door de keuken naar achteren, waar
op een plank boven de grote roestvrij stalen horecagootsteen een
schoenendoos vol verbandspullen staat. 'Spoel maar goed schoon,'
zegt hij terwijl hij de doos doorzoekt. Als ik klaar ben met het spoelen en afdrogen van mijn hand – er stroomt nog steeds meer bloed
uit dan je zou verwachten – doet hij er een druppel van iets uit een
donkergroen flesje op. 'Oregano-olie', staat erop het etiket.

'Wat is dat voor hippietroep?' Dat een braaf meisje als ik op haar
eerste dag al een grote mond opzet tegen de baas, geeft aan hoezeer
Josh mensen op hun gemak kan stellen.

'Daar is jodium helemaal niks bij.' Hij plakt een pleister op de
snee. 'En trek een handschoen aan. Ik wil niet hebben dat mijn
vlees straks onder jouw bloed zit.'

Ik help de rest van de dag waar ik kan en leer de fijne kneepjes van
het uitbenen van varkensschouders en snijd zelfs mijn eerste eigen
halve varken in stukken. (Wat mij uiteraard aanzienlijk meer tijd
kost dan één minuut en vijfentwintig seconden.) Ik klaag luid en
duidelijk over de handschoen die ik nu opeens aan moet. 'Nu snap
ik waarom mannen een gloeiende hekel hebben aan condooms.'
Ik zeg dat niet alleen omdat het waar is – ik ben verbaasd hoezeer
dat dunne laagje latex tussen mijn huid en het vlees me een onhan-
diger gevoel geeft, me minder zeker van mijn zaak maakt –, maar
ook, natuurlijk, omdat ik wil dat ze weten dat ik een van hen ben en
net zo schunnig kan zijn. Mijn snee blijft verbazingwekkend lang
bloeden. Als het eindelijk ophoudt, zitten twee pleisters en de vingers van twee handschoenen onder het bloed. Stiekem ben ik daar
zelfs een beetje trots op.

Later, bij het opruimen aan het eind van de dag, leer ik hoe je de vacumeermachine moet bedienen, waarmee het uitgebeende vlees vacuüm wordt verpakt voor in de koelcel, voordat het in stukken wordt gesneden voor de vitrine of naar Juan gaat. Als worstmaker van de winkel heeft hij achterin een eigen koninkrijkje. Ik schraap de werkbank eerst met een metalen krabber schoon en veeg er daarna met een handdoek die in een chlooroplossing is geweekt nog eens goed overheen, voor ik er een dikke laag grof zeezout op strooi, dat in de barsten en spleten moet worden gewreven. Om halfacht ligt mijn schort in de wasmand, hangt mijn leren hoed aan een haakje in het toilet en loop ik naar buiten met een zak vol vlees waar Josh niets voor wilde hebben.

('O, kom op, zeg. Dit kun je me toch niet zomaar geven?' 'Pleur op. Je hebt tienenhalf uur gratis gewerkt.' 'Maar jij bent degene die mij een gunst bewijst. Je leert het me. En ik kan er geen kloot van.' 'Als je die creditcard nou niet opbergt, steek ik 'm in je reet.')

Op weg naar de voordeur roept Aaron of ik nog zin heb in een biertje voor ik wegga.

'Neuh, ik moet naar huis.'

Aaron trekt er eentje voor zichzelf open, een soort donker lokaal brouwsel. 'Helemaal naar de stad? Mijn god.'

Ik haal mijn schouders op. 'Valt wel mee, hoor. Zo ver is het niet.'

'En gaan we je nog terugzien, Jules?'

'O ja. Zeker weten.'

Lichamelijk ben ik volkomen uitgeput wanneer ik in de auto stap. Mijn handen doen pijn, mijn rug schreeuwt het uit, mijn huid glanst van het varkensvet en mijn haar is slap en futloos vanwege de hoed die ik de hele dag op heb gehad. Aangezien deze eenzame lange rit me niet helemaal lekker zit, haal ik bij een tankstation een paar cola lights. Mijn hoofd blijft maar malen en de twee uur durende rit terug naar Queens, waarbij het op dit uur van de dag lekker rustig is op de weg, is precies de overgang die ik nodig heb om enigszins tot bedaren te komen. Ik glijd over de snelweg en hou de snelheidsmeter net onder de 130. Ik heb mijn iPod ingeplugd en luister naar de Old 97's terwijl ik met mijn duim snel een berichtje op mijn BlackBerry tik. (Wat zou het gênant zijn als ik nu om het leven kom omdat ik van de weg ben geraakt vanwege een sms'je, hoewel ik waarschijnlijk niet de eerste zal zijn.) Ik geef Eric mijn aanrijtijd door – hij heeft me vandaag een paar berichtjes gestuurd, maar ik heb het te druk gehad om te antwoorden, en bovendien heb ik gemerkt dat het bereik in de winkel belabberd is – en kwebbel wat over mijn fantastische eerste dag. Hij antwoordt direct. Ik zie hem zo voor me: op de bank, kijkend naar *NewsHour with Jim Lehrer*, zijn mobieltje bij de hand, wachtend op mij. 'Dat is super, lieverd. Rij voorzichtig, oké?'

Ik babbel ook tegen D, die ander, en dat geklets is van een geheel andere orde: zelfbewust, gevat, flirterig, soms regelrecht schunnig. Vroeger, niet eens zo heel lang geleden, had hij daar in gelijke bewoordingen op geantwoord, precies de juiste snaren rakend in ons cybervoorspel. Zijn antwoorden zijn de laatste tijd echter wat karig en vanavond geeft hij zelfs geen kik.

Als ik om halftien thuiskom, sta ik nog steeds te stuiteren. Door de cola light, zo blijkt, die onnodig was en misschien zelfs wel heel dom, want ik lijd nu niet alleen aan een overdosis cafeïne, maar moet ook ontzettend nodig naar de wc. Ik ren met twee treden tegelijk de trap op, rammel met de sleutel in het slot en gooi de voordeur met een zwierig gebaar open.

'Mama is thuis!' roept Eric. Onze vijftig kilo zware Robert, een kruising tussen een Duitse herder en een rottweiler, begroet me op zijn gebruikelijke manier bij de deur, met zijn staart die als een langzame metronoom kwispelt, waarvan Eric en ik waarschijnlijk de enigen zijn die dat herkennen als een teken van enthousiasme. Hij snuffelt aan mijn tas terwijl Eric me omhelst. 'Mijn god, wat stink jij naar vlees.'

'Is het echt zo erg?'

Hij houdt me op een armlengte afstand en trekt zijn neus op, niet zozeer uit walging als wel enigszins onthutst. 'Eh... Ja.' Robert likt ondertussen mijn schoenen schoon.

'Nou, sorry hoor, maar ik heb wel karbonades bij me!'

Eric ontfermt zich over het vlees terwijl ik naar de badkamer ga en even later op een van de krukken in de keuken plaatsneem en een fles rode Portugese wijn opentrek. Eric doet altijd de karbonades en bereidt ze het liefst in een romige paprikasaus. (Eric is een irritant mager mannetje met een roomobsessie, die hij uiterst onattent aan zijn almaar uitdijende vrouw opdringt.) Het recept vereist een heleboel paprika's, een heleboel vet (hij giet het overtollige vet, anders dan anderen misschien zouden doen, nooit af, al moet ik hem nagegeven dat het ontwortelde varkensvlees dat we meestal eten ook weinig vocht afgeeft), vermout en minimaal een deciliter room. Voor de meeste karbonades is dat een prachtige manier om aan hun einde te komen, maar in dit geval zou dat een kwestie zijn van de natuur proberen te overtreffen. 'Ik kan je verzekeren dat dit vlees echt ongelooflijk is. Je hoeft er echt niets aan te doen.'

En dus maakt Eric de karbonades vanavond op een nieuwe, eenvoudige manier.

. . . .

ERICS VARKENSKARBONADE VAN FLEISHER'S
- ❧ 1/2 eetlepel zonnebloemolie
- ❧ 2 varkenskarbonades van 2,5 cm dik
- ❧ zout en peper

Verwarm de oven voor op 180 graden. Zet een zware, ovenbestendige koekenpan op hoog vuur. Verhit de olie tot hij bijna rookt.

(Heerlijk hè, als recepten het hebben over 'bijna rookt'? Dat doet me denken aan een verhaal van Samuel Beckett over een toneelaanwijzing, waarbij een deur 'onmerkbaar op een kier' moet staan. Je kunt de pot op, Beckett. De olie mag best een beetje roken. Of niet. Zorg er gewoon voor dat hij goed heet is.)

Leg de karbonades in de pan en bak ze tot ze goudbruin zijn, een paar minuten per kant.

Maak de karbonades 'af' door ze daarna nog zo'n vijf tot tien minuten in de hete oven te zetten. Om te weten wanneer ze klaar zijn kun je de temperatuur aan de binnenkant opmeten met een kerntemperatuurmeter. Die zou dan, in tegenstelling tot wat de Voedsel en Waren Autoriteit je wijsmaakt, rond de vijftig graden moeten zijn. De temperatuur stijgt bovendien nog als je het vlees even laat rusten. Als je echt verstand van varkensvlees hebt, kun je er ook met je vinger op drukken om te voelen of het vlees onder het dichtgeschroeide laagje steviger is geworden, maar ook nog een beetje meegeeft. Of je doet gewoon wat Eric doet: vals spelen. Hij snijdt hem doormidden en bekijkt het sap erin, dat bijna doorzichtig hoort te zijn, met slechts een vleugje roze, en naar het vlees, dat zijn lichte blosje moet hebben behouden.

Laat het vijf minuten staan. Breng op smaak met zout en peper. Genoeg voor twee personen.

Terwijl Eric kookt, zit ik te babbelen over Josh, Tom, Jessica, Aaron, Juan en Jesse, en dat varkensvel, 'en moet je nou kijken, mijn eerste snee!' (Ik duw mijn bepleisterde vinger in zijn gezicht.) 'En dit is dus Berkshire-varkensvlees, dat is een oud ras, en, en, en, en, en... Ik ben een beetje opgefokt, hè?'

'Een beetje, ja.' Hij grijnst naar me met grote, opengesperde ogen, waarmee hij een soort nepteleurstelling uitstraalt, maar wat juist betekent dat hij helemaal niet teleurgesteld is. Ik ben er nog steeds niet goed in geslaagd om Eric uit te leggen waarom ik dit nou wil doen. Ik snap het zelf amper.

Hoewel we pas laat aan de wijn zijn begonnen, weten we zoals gewoonlijk twee flessen soldaat te maken. De karbonades zijn, zoals ik Eric heb beloofd, een openbaring: mals en vol van smaak, een totaal ander beest dan wat je in de supermarkt koopt, wat natuurlijk ook zo is. 'Jezus christus,' fluistert hij. 'Dit is toch het allerlekkerste in de hele godvergeten wereld?'

Ik glimlach om een pijnlijke herinnering die in me opkomt te verbergen: 'Ik denk het wel, ja.'

Natuurlijk eet ik wel eens met andere mensen. Ik kook voor andere mensen en ik neem hen mee naar mijn favoriete restaurants.

Dat is een van de manieren waarop ik dingen deel en communiceer met de mensen van wie ik hou, waarschijnlijk de voornaamste manier, afgezien van boeken dan misschien. (Zo zijn mijn vader en ik bijvoorbeeld heel ongecompliceerd dol op elkaar, maar zonder dat we dat ook uitspreken. Wat wij doen, is lezen. Een van mijn lievelingsherinneringen van heel vroeger is dat ik hem 's ochtends het Doonesbury-stripje uit de krant voorlas, dat ik toen zelf overigens nog niet helemaal snapte, alleen maar om hem aan het lachen te maken. En de laatste keer dat ik hem belde, was het eerste wat hij zei: 'Heb je de laatste van Richard Price al gelezen? Echt geweldig.' Zo vertellen we elkaar dat we van elkaar houden.) En er is niemand met wie ik zo heerlijk dingen kan delen als met Eric. We eten onthullende varkenskarbonade, we lezen onthullende romans, en als onze ogen elkaar ontmoeten, is ons wederzijdse begrip van dat genot volkomen compleet. Dan zijn we één persoon die toevallig in twee lichamen huist. Zo'n sterke verbinding heb ik met niemand anders.

Dus waarom zit ik nu dan angstig aan mijn irritant stille Black-Berry te frunniken? Waarom ga ik naar de wc om D achter Erics rug om te sms'en en hem te vertellen dat ik naar hem smacht, dat ik van hem hou? Waarom besteed ik zoveel tijd aan me eenzaam voelen?

Eric ziet me als zijn geliefde. De Julie die ik bij hem ben is energiek, zowel te sterk als te zwak, iemand die je moet verwennen en vrezen, in toom moet houden en op wie je kunt vertrouwen. De Julie die D kent is net een beetje anders. Een medesamenzweerder. Een speelkameraadje. Schalks, sexy, opwindend amoreel. Iemand tegen wie je terwijl je in haar glijdt, wat beantwoord wordt door een kleine spiersamentrekking, zou murmelen: 'Dit is toch het allerlekkerste in de hele godvergeten wereld?' De Julie die ik me voel als ik bij D ben is een onbekende, stimulerend, iemand bij wie ik voortdurend in de buurt wil zijn, zowel spannend als beangstigend. Maar wie is de echte Julie: het lieve, hoteldebotelmeisje, of de zwoele vrouw die naar je knipoogt? Ik weet het tegenwoordig echt niet meer, niet sinds D me die eerste keer op zijn bed wierp.

Gelukkig doet de wijn zijn werk. Die en een hete douche vouwen mijn gierende zenuwen en verwarde tegenspraak samen tot een gevoel van uitputting, zodat ik uiteindelijk toch in slaap val. Ik vind dat de avond best goed eindigt. We gaan samen naar bed, lepeltje-lepeltje; dus niet zo'n avond waarbij ik het al eerder voor gezien hou en Eric aan zijn lot overlaat.

Maar terwijl ik slaap gebeurt er iets, iets atypisch beslists. Iets wat ik inmiddels wel had kunnen verwachten, maar waar ik toch dwars doorheen snurk. Een van die typische aanvallen van mijn man, als hij om vier uur 's nachts wakker schrikt, met verdenkingen die zijn droom hem heeft ingegeven, en hij stilletjes op kousenvoeten op zoek gaat naar mijn rode BlackBerry Pearl...

Pakweg drie jaar geleden zou deze verhouding van D en mij helemaal niet mogelijk zijn geweest. Niet omdat ik toen een beter, stabieler mens was. Niet omdat ik zeventig uur per week in een kantoorcel doorbracht, hoewel dat zeker niet bevorderlijk was. Nee, er is een eenvoudige, technologische uitvinding die hier voor de volle honderd procent voor verantwoordelijk is: het sms'je.

Je zult inmiddels al wel hebben opgemerkt dat ik iemand ben die een onevenredig percentage van haar interpersoonlijke communicatie met haar duimen voert. Dat is een relatief nieuwe ontwikkeling. Ik heb in het verleden altijd een soort fobie voor telefoons gehad, wat alleen maar verergerde door al die secretaressebaantjes, waarvan het laatste ertoe had geleid dat ik telefoons als een soort onvoorspelbare en potentieel hardvochtige wilde beesten was gaan zien. Tot 2003 had ik niet eens een mobieltje. Een van de dingen die me nog heel duidelijk voor de geest staan, is dat ik op 11 september door het centrum van New York liep en me verbaasde over al die mensen die daar ronddoolden terwijl ze verbluft naar de schermpjes op hun niet-werkende mobieltjes staarden. Zodra ik er echter een had, werd ik verliefd op dat prachtige nieuwe ding dat 'sms'en' heette.

Veel mensen zullen beweren dat e-mail, sms'jes, chatten en al die andere dingen het menselijke vermogen tot hoffelijke communicatie hebben tenietgedaan. Daar ben ik het niet mee eens. Ik durf zelfs te beweren dat we aan het begin van een nieuw, gouden schrijftijdperk staan. En dat is nog een reden waarom ik mijn mobiel niet als telefoon gebruik. Waarom zou ik in een koptelefoontje gaan stamelen als ik ook een zorgvuldig verwoord gevat epistel kan schrijven? Met geschreven woorden kan ik een ander overtuigen, plagen, verleiden. Mijn woorden zijn wat me begeerlijk maakt. Het is dus geen wonder dat ik mijn mobiel amper gebruik om ook echt met mensen te praten.

Eigenlijk voerden D en ik al meteen vanaf het begin het merendeel van ons geflirt en geplan in de virtuele ruimte, ofwel via mail, of, later, via sms'jes, die als we niet bij elkaar waren, snel en verwoed van de een naar de ander vlogen. Dezelfde techniek die Eric en ik gebruikten om het over de boodschappen te hebben of willekeurige momenten van vertedering te delen – *Ik zag Parkey Posey net in de speeltuin op een stel kinderen passen! ... O ja, kun jij keukenrollen kopen?* – werd tussen D en mij schunnig gemompel, betraand gesmacht en postcoïtaal gezucht, wat ik als ik me even kon afzonderen allemaal op mijn BlackBerry-schermpje las en intikte. (Eric zal wel hebben gedacht dat mijn blaas opeens drastisch was gekrompen, omdat ik opeens zo vaak naar de wc moest.) We ondertekenden onze epistels met belachelijke pseudoniemen (Ingritte Frottage, Laine Cable), we verzonnen uitgebreide verhalen over grappige wanhoopsmomenten en de romantische onvermijdelijkheid hiervan, en we wisten riskante afspraakjes te maken. We geilden elkaar op met woorden. Dat waren onze wapens. Dat was ons speelgoed. Bericht na bericht verscheen knipperend in mijn postvak, als ruimteschepen die op warpsnelheid in mijn bestaan opdoken. Het gezoem van mijn telefoon bracht een reactie teweeg waar Pavlov nog een puntje aan zou kunnen zuigen: een hartslag van 160 en rode vlekken in mijn hals. En dat alles voor woorden, voor D's woorden en de mijne. Die maakten iets wat anders misschien gewoon smakeloos was geweest, tot iets verbodens exotisch. Ze gaven poëtische kracht aan iets wat anders niet meer dan een slechte soap was geweest. Woorden waarover ik me kon buigen, die ik 's nachts kon analyseren, als ik niet kon slapen, omdat ik dan het liefst uit bed wilde springen en naar dat van hem rennen.

Maar ja, dat is nu ook juist het lastige aan woorden, hè? Dat ze bewaard worden, vindbaar zijn. Bewijsmateriaal. Wie weet of mijn verhouding met D zonder al die geheime berichtjes zo'n lang leven beschoren zou zijn geweest, of überhaupt ooit van de grond zou was gekomen. Maar zelfs als dat wel het geval was geweest, dan zou zij nog niet zo snel aan het licht zijn gekomen. Eric zou zijn vermoedens hebben gehad, maar me niet voor het blok hebben willen zetten, en wie weet hoe lang dat had kunnen doorgaan. Als die onderstroom van woorden niet ontdekt was, had ik smoesjes kunnen blijven verzinnen om de sporen op mijn lichaam en het glazige waas in mijn ogen te verklaren. Maar zoals gezegd had hij bar weinig nodig om achter de waarheid te komen. Het waterpeil stond te hoog, hij hoefde amper te zoeken. Hij kon zo in mijn mail omdat hij hetzelfde wachtwoord heeft (de naam van onze oudste kat). Hij kon zo in mijn BlackBerry kijken, en omdat ik oude berichtjes graag herlees, schoon ik die maar zelden op. Ik was zo schaamteloos onoplettend dat het bijna wreed was. Toen hij zijn verdenkingen niet langer kon wegslikken en mijn gedrag gewoon niet meer met een onschuldige reden kon worden verklaard, viel mijn virtuele broodkruimelspoor van schuld voor hem heel gemakkelijk te volgen. Mijn vuurrode telefoon klapte uit de school en mijn mailprogramma opende zich gewillig voor zijn gretig tikkende vingers.

Ik ben er inmiddels aan gewend geraakt en heb me erbij neergelegd dat mijn man mijn gangen nagaat. Ik heb geleerd mijn sporen uit te wissen. Deze keer viel ik echter in slaap voor ik D's epistel, dat eindelijk dan heel laat die avond toch nog werd afgeleverd, kon onderscheppen: *Ik hou ook van jou, lieverd. Welterusten. xoh~D.*

Die 'h' is ons codewoord om de traditionele x'jes en o'tjes iets stouts te geven, maar dat is zeker geen geheimschrift. Geen enkele code zou goed genoeg zijn geweest. D zou me in binair schrift hebben kunnen sms'en, want het kengetal uit Portland, dat hij twee jaar nadat hij naar New York is verhuisd nog steeds gebruikt (en dat je dus bij elk berichtje of telefoontje van hem ziet) was op zich al genoeg.

De volgende ochtend heb ik niet door dat er iets mis is (ik bedoel iets urgents, want alles is natuurlijk mis; de afgelopen twee jaar is alles al mis, stilletjes of explosief), tot nadat ik de katten hun voer heb gegeven. Eric staat onder de douche, we hebben elkaar nog geen goedemorgen gewenst. Ik pak mijn mobiel, die op het aanrecht ligt, omdat ik dat ding als een dwangneuroot continu check, maar zie geen ongelezen berichtjes. Ik klik hem open en zie dat er wel een ongelezen berichtje is – althans, ongelezen door mij. Ik ken het inmiddels: dat gevoel alsof het water je aan de lippen staat.

De douche wordt uitgezet. Ik stap de badkamer in, waarvan de deur duidelijk zichtbaar op een kier staat, en pak een handdoek van een van de haakjes, terwijl hij de deur openschuift en zijn voet op de natte vloer zet.

(Behalve dat de afvoer van onze badkuip chronisch verstopt is, zit er ook nog een hardnekkige lekkage. Ons nieuwe appartement is prachtig, met hoge plafonds, onafgewerkte stenen muren en een dakraam in de keuken. Er is echter ook iets gaande wat met water te maken heeft, iets wat mijn van nature bijgelovige hersenen onrust baart. Vocht dat op plekken doorsijpelt waar dat niet hoort en op plaatsen blijft hangen waar het eigenlijk zou moeten wegstromen. Ik moet mezelf telkens voorhouden dat het aan de leidingen ligt, dat het dak lekt. Ik heb heel wat dagen en nachten snikkend van verwarring, schuldgevoel en frustratie doorgebracht, maar met tranen, hoe verwoed je die ook probeert te onderdrukken, kun je een verflaag echt niet verkloten.)

Zodra ik zie dat hij mijn blik ontwijkt, weet ik hoe het ervoor staat. En ik weet dat ik me eigenlijk moet omkeren en naar de gang moet lopen – laat hem maar naar mij komen met zijn aanklacht. Ik weet dat ik kwaad zou moeten zijn, dat ik het hem niet gemakkelijk moet maken. Ik wéét wel dat ik kwaad zou moeten zijn, maar ik voel geen woede. In plaats daarvan bied ik mijn hoofd zoals gewoonlijk gewillig aan voor zijn toorn. 'Gaat het?'

Hij zucht en blijft even met zijn blonde druppende haren naar zijn voeten staren. Ik heb Erics voeten altijd al aantrekkelijk gevonden; op de middelbare school viel het me al op hoe belachelijk mooi die er in zijn hippiesandalen uitzagen. Maar dan kreunt hij, pakt hij me ruw bij mijn armen beet en schudt me even door elkaar. 'Ons huwelijk loopt op de klippen en we praten er niet eens over!'

Daar heb ik niets op te zeggen, helemaal niets. En hij heeft nog gelijk ook.

3
Fajita-smart

'Als hij je liever *Team America* laat zien dan zijn lul, weet je dat het voorbij is.'

D maakt zich een voorstelling van de manier waarop ik op een dag zal vertellen hoe we het uitmaakten. Ik lig op dat moment in zijn armen. Met een glimlach. En ik lach ook wanneer hij dat zegt. 'Dat is een goeie. Die ga ik van je pikken.'

Het voelt helemaal niet alsof het uit is – aanvankelijk niet.

Ik heb je al iets verteld over vliezen, de netwerken van bindweefsel die spieren met elkaar verbinden, maar ze tegelijkertijd afbakenen. Het lastige is dat die vliezen zowel dik als dun kunnen zijn. Zo is het vliesje van een runderhaas bijvoorbeeld heel erg dun en dus ook moeilijk te volgen. Je raakt gemakkelijk de weg kwijt, en dat is niet goed voor je zenuwen, aangezien de haas het allerduurste stuk vlees is – bij Fleisher's zo'n 39 dollar per pond. Als je het vlies in de ene richting kwijt bent, is dat een verspilling van de haas, waarvan je per beest maar zo'n drieënhalve kilo hebt. Als je het in de andere richting kwijtraakt, bij het bredere middenstuk van de spier, wat chateaubriand wordt genoemd, of aan het uiteinde, waar de tournedos zit, kun je die verminken. En dat is ook al zo'n duur onderdeel en eentje dat koks met een kort lontje niet gehavend willen kopen.

Het spreekt voor zich dat beginnende slagers niet snel gevraagd zal worden een paar hazen te snijden.

Ik heb er tot nu toe eentje mogen doen, onder streng toezicht van Tom. Het is een langgerekte spierkolom die dicht tegen de lende aan ligt en taps toeloopt naar het voorste deel van de snit, waar hij zich aan de andere kant bij de heup aan de dunne lende vastklampt. Ik gebruik het puntje van het mes en mijn nagels, buig voorover om goed te kunnen zien wat ik tot nu toe heb gedaan en blijf peuteren, terwijl ik ondertussen ook probeer te voorkomen dat het vlees scheurt of dat ik kostbare flarden laat zitten. Uiteindelijk laat het wel los van de ruggengraat, maar niet zonder tegenzin. Het klampt zich vast aan zijn bottenkribbe. Bij de dikkere bovenkant, vooral vlak onder het staartstuk, zit het heel vast. Ik moet me moediger voordoen dan ik me voel en eronder zien te komen, vlak langs de zilverkleurige bovenkant van de dikke lende schaven en 'm zo zien los te krijgen. Ik krijg er niet alles uit. Dat is denk ik ook onvermijdelijk als je te maken hebt met twee dingen die zo vastberaden één zijn. Tegen de tijd dat ik klaar ben, stink ik naar paniekerig zweet en doet mijn snijhand pijn, net als vlak na een auto-ongeluk dat je ternauwernood hebt overleefd – een bijna-botsing of een afschuwelijke glijpartij vanwege ijzel –, als je beseft dat je je aan het stuur hebt vastgeklampt alsof het een reddingsvest was.

D is een geweldige verhalenverteller. Dat heb ik jaren geleden tijdens die paar nachten in mijn studentenkamer ontdekt, en ik heb het herontdekt toen hij negen jaar later naar New York was verhuisd en me heel gemakkelijk weer zijn bed in wist te praten. Hij houdt ervan om (nou ja, hield daarvan, want het ziet ernaar uit dat ik moet gaan wennen aan die kolere verleden tijd) de lakens helemaal omhoog te trekken en dan ineengestrengeld en bezweet in bed te blijven liggen, terwijl hij verhalen en theorieën oplepelt over de romantische logica achter de reis die ons uiteindelijk naar deze onvermijdelijke middag heeft gevoerd. Volgens hem was het voorbestemd. Ik zie het nog haarscherp voor me, dat gesprek van meer dan een jaar geleden toen hij zijn theorie uit de doeken deed.

'Het was overduidelijk al vanaf het allereerste begin voorbestemd.'

Ik lag liefdevol te staren naar de kneuzing die zijn tanden op mijn bovenarm hadden achtergelaten. 'Hoezo?'

'Nou, wat denk je van de eerste keer dat ik jou zag, om maar iets te noemen? Toen je samen met Eric bij mijn ouders voor de deur stond, toen hij bezig was met zijn verkenningstocht langs potentiele universiteiten?' Eric zat een klas lager dan ik en legde zijn grote eindexamenjaartournee langs alle universiteiten dus af tijdens mijn eerste studiejaar. D woonde in het stadje waar ik studeerde, maar ging naar een universiteit iets verderop. (Dit is allemaal zo ingewikkeld, incestueus en grenzeloos dat ik buiten adem raak en de moed me al in de schoenen zinkt als ik zelfs maar een poging doe om alles op een rijtje te zetten. Alsof je alle verhaallijnen van een aflevering van *Buffy* probeert uit te leggen als je al in het zesde seizoen zit.)

'Mijn brave ouders staan dus met enige regelmaat hun logeerkamer af aan potentiële toekomstige studenten en schrikken er niet voor terug om hun zoon dan het vuile werk te laten opknappen. Dus ik ben degene die belast is met de taak om die Eric op te vangen. Ik zit de hele dag te wachten. En dan staat die jongen opeens voor de deur met een ontzettend sexy meisje.' Op dat moment bijt hij in mijn schouder, tot ik een kreet slaak, en duwt zijn naakte voorkant tegen mijn naakte achterkant.

'Ooo, wat heb jij daar?'

'Val me niet in de rede, ik ben aan het woord.' Hij duwt zijn vingers in mijn haren en trekt me ruw achterover. 'En die jongen zegt: "O nee, dank je, dat is niet nodig. Ik logeer bij mijn vriendín." Aha, dus zo zit de vork in de steel...'

'Daar kan ik me niets van herinneren.'

'Ben je dat vergeten?' Hij zit nu boven op me, haakt een arm onder mijn knie en trekt die naar zijn schouder.

'Hmm...'

Wat ik me nog herinner is dat ik die slanke, donkere jongen die later D zou worden in eerste instantie helemaal niet opmerkte, tot ik vier jaar later op een feestje aan hem werd voorgesteld. Eric, aan wie ik tot op dat moment hondstrouw was geweest, zat in zijn derde, tevens uitwisselingsjaar in het buitenland. Ik schreef hem lange, warrige brieven en stuurde menig troostpakketje op. Ik dacht helemaal niet aan de jongen die even verderop op een andere universiteit zat.

Tot ik op een avond, kort voor mijn afstuderen, op een of ander feestje op die andere universiteit werd uitgenodigd. Er vloeide natuurlijk heel wat drank, en toen, verre van natuurlijk, maar zelfs rampzalig maar ook heerlijk genoeg, werd er gezoend, een deur dichtgedaan, werd Al Green op zijn hippe, retro-pick-up opgezet, wat onvermijdelijk tot seks leidde. D en ik zijn het nooit eens geworden over wie nou wie heeft verleid; hij zegt dat ik het was, ik zeg hij. Maar ik denk dat de werkelijke vraag eerder 'Waarom?' is dan 'Wie?' Als je het mij vraagt, wijt ik het aan de hormonen. Ik vond die slungelige jongen met zijn duistere blik, Mick Jagger-lippen en terugwijkende kin niet eens aantrekkelijk. Ik ga je niet vertellen over de schrikreactie in mijn aderen toen ik hem op de deur hoorde kloppen, wetend dat hij het was, want op dat uur kon het onmogelijk iemand anders zijn. Ik ga je niet vertellen over de geluiden die hij me liet maken, ondanks mijn gêne en de dunne wandjes van mijn studentenkamer.

Overdag sprak ik hem nooit, hoewel we 's nachts heel wat af kletsten. Daar was mijn schuldgevoel te groot voor. Ik heb hem niet eens fatsoenlijk gedag gezegd toen ik afstudeerde. Ik heb alleen wel een fotootje van die dag dat ik verhuisde. Dat heeft mijn vader genomen, en tot op de dag van vandaag weet ik niet waarom. Het is een rare, onscherpe foto, zonder dat hij ergens op heeft scherpgesteld – gewoon een niet al te best beeld van mij, terwijl ik bezig ben met het opruimen van een heleboel troep, ogenschijnlijk ongevoelig voor de jongen die me een paar meter verderop, aan de rand van de foto, zit aan te gapen. Feit is dat mijn hart door zijn aanwezigheid als een gek tekeerging. En dat ik zo naar deed kwam doordat ik totaal van de kaart was.

Je zou denken dat het daarmee einde verhaal was.

Hazen zijn moeilijk, maar raar genoeg geldt dat niet voor de long-haas. Dat is een fluitje van een cent – althans, als je die handmatig uitbeent, want in sommige landen wordt dit stuk vaak gewoon weggegooid. Een lap vlees dat in een dik wit vlies is verpakt, niet het gebruikelijke, halfopgedroogde rubberen cement, maar eerder een soort envelop van brokkelig antiek papier. Het hele geval ligt plat langs een stevige reep wit vet en ribbot. Longhazen snijden is wat je uitbeners laat doen die geen benul hebben van waar ze mee bezig zijn. Het is overduidelijk een spier, duur noch kwetsbaar, en het vergt geen vingervlugge staaltjes mesvaardigheid om 'm eruit te krijgen. Je hebt zelfs amper een mes nodig. Het enige wat je hoeft te doen is grip krijgen op één kant van de flap, met de muis van je andere hand heel hard op het vet drukken en dan kun je 'm er zo – *rrrritss* – uit trekken, terwijl je hoogstens op het allerlaatst je mes gebruikt om een onwillig vezeltje of twee los te snijden. Ja, longhazen zijn een makkie. En ik kan het weten, want ik heb de afgelopen week tientallen longhazen van tientallen runderflanken af gescheurd. Je krijgt er een zekere routine in. Net als heel veel pleisters van heel veel knieën af scheuren.

Dit is niet de eerste keer dat D en ik het uitmaken.

De eerste keer – als je tenminste niet die keer meetelt toen ik net was afgestudeerd en zonder hem ook maar een afscheidsblik waardig te keuren in de SUV van mijn ouders stapte – was vlak nadat Eric stiekem mijn mail had gelezen en het keiharde bewijs van D daar had aangetroffen, een paar maanden nadat onze verhouding was begonnen.

We maakten het uit in een kroeg – in het buurtcafé waar Eric en ik vaak naartoe gingen, in Long Island City in Queens. D had zodra hij mijn sms'je had ontvangen de metro gepakt. ('Hij weet 't,' had ik geschreven, met mijn geweldige gevoel voor melodrama.) Ik weet nog dat ik Robert de Hond had meegenomen, meer als alibi voor het geval Eric thuiskwam en me daar niet aantrof dan met het welzijn van mijn huisdier in gedachten. Ik weet nog dat ik ontzettend moest huilen en dat we heel veel hebben gezoend en dat de barkeeper, die Eric en mij natuurlijk kent en weet dat D niet Eric is, daar het zijne van vond.

Ik was degene die het uitmaakte. 'Ik moet proberen mijn huwelijk te redden,' zei ik. D sprak me niet tegen. Hij veegde de tranen van mijn gezicht, wat ik heel lief vond. 'Ik wil Eric niet kwetsen,' ging ik verder.

D knikte en trok me in een tedere omhelzing stevig tegen zich aan. Hij huilde niet, maar het scheelde zo te zien weinig.

'We kunnen elkaar dus niet meer zien.'

We bleven nog een hele tijd bij de metro-ingang dralen. (Robert de Hond vond al dat gewacht maar onzin, maar legde zich er schoorvoetend bij neer.) We omhelsden elkaar, zoenden en meer van dat soort handtastelijkheden, en stelden ons nogal aan. En ik dacht steeds maar aan hoe dit allemaal was begonnen. Eén vrijpartij op een middag, en toen nog een, niet meer dan een vriendelijke uitwisseling van lichaamsvloeistoffen. Ik vroeg me af waarom dit zo moeilijk was, terwijl afscheid nemen van hem dat niet zou moeten zijn. En dus zei ik voor het eerst dat ik van hem hield, waardoor er even een wat rare, weifelende blik over zijn gezicht gleed, net alsof ik door een waas van dieseluitlaatgassen naar hem keek.

'Misschien kunnen we morgen nog wel iets afspreken,' zei ik. 'Aangezien we dat toch al van plan waren.'

D sprak me niet tegen.

'Maar dat is dan echt de laatste keer.'

Wie hield ik nu helemaal voor de gek?

Elke koe heeft trouwens twee longhazen, op elke flank eentje, vlak naast de vinkenlap en de vang, die je vanuit het borstbeen snijdt. En terwijl ik die zin schrijf, voel ik al duizenden ogen glazig worden met een blik van 'dat hoefde ik echt niet te weten, hoor'. De twee stukken eronder worden dunne borst en naborst genoemd. De ene is net wat dikker en breder dan de andere en de ene schijnt lekkerder te zijn, maar ik haal ze altijd door elkaar. (Ook ik heb zo nu en dan last van een glazige blik.) Josh heeft het me al een paar keer uitgelegd en ik wil het liever niet nog een keer hoeven vragen, hoewel ik het dus nog steeds niet zeker weet. Wat ik wel weet is dat de longhaas en de omloop de spieren van het middenrif vormen, dat de borstholte scheidt van de maag, en ervoor zorgen dat het beest kan in- en uitademen.

Hoe dan ook gaat het er dus om dat je heel veel mogelijkheden hebt, zelfs bij slechts één dier (en je hebt er nooit maar eentje, want Josh brengt altijd minstens drie hele stieren mee terug van het slachthuis), om die trek- en duwbeweging bij het uitbenen van longhazen te oefenen. Zet wat lekkere muziek op de iPod op. Eminem is bijvoorbeeld een goeie, iets met een lekker stevig machogehalte. Zorg dat je nonchalant kletst terwijl je bezig bent, bijna zonder te kijken wat je aan het doen bent, terwijl je ondertussen schunnige Michael Jackson-moppen uitwisselt. ('Wat vindt Michael Jackson zo lekker aan honderdachtjarigen? Dat ze met honderd zijn!') En zorg zo dat je een hele stapel longhazen bij elkaar snijdt. Om ze eetbaar te maken zul je die later nog moeten pareren, wat trouwens géén leuk werkje is. Stel dat klusje dus zo lang mogelijk uit.

De tweede keer dat D en ik het uitmaakten, was ongeveer een jaar nadat het de eerste keer geen stand had gehouden. Tegen die tijd was de strekking van deze hele klerezooi inmiddels veranderd. Toen Eric eenmaal van D's bestaan wist, hadden we maandenlang met veel tranen gebekvecht over wat onze volgende stap zou zijn. Veel stellen zouden het bijltje erbij neer hebben gegooid, maar wij huilden daarentegen af en toe, dronken, keken heel veel televisie en gingen 's avonds samen naar bed, behalve als hij wegbleef, want rond die tijd kreeg Eric dus die vriendin en bleef hij soms de hele nacht zonder enige uitleg van huis. Dan kwam hij de volgende ochtend met hangende pootjes naar huis, wat in feite iets heel anders was, namelijk eerder een soort vergeldingsmaatregel. Rond diezelfde tijd kreeg ik vanwege een luchtweginfectie een hoestdrankje met codeïne voorgeschreven, dat ik erg lekker bleek te vinden. Afgezien van de kortstondige ontsnapping van een middagje met D was dat namelijk het enige wat me het gevoel gaf dat het allemaal misschien op een dag toch nog goed zou komen – tot

Eric me dwong het door de gootsteen te spoelen.

We besloten uiteindelijk tot een proefscheiding. Ik huurde een flatje bij 86th en York Avenue, en zo leidde ik vier maanden lang een krap en stilletjes aangenaam, zij het wat eenzaam bestaan in die wat suffe uithoek van Manhattan. Ik vond het heerlijk dat ik een eigen plek had, hoe klein ook. Ik genoot van de keren, die minder vaak voorkwamen dan me lief was, dat D naar mij kwam en dan de hele nacht bleef, net alsof we een gewoon stel waren. En ik genoot van de eetafspraakjes met Eric, het gevoel dat ik ongedwongen van zijn gezelschap kon genieten, dat ik hem had gemist. Maar toen, na vier maanden van de huurovereenkomst die ik voor een halfjaar was aangegaan, zette de huisbazin me opeens op straat, niet omdat de buren hadden geklaagd over de onbetamelijke geluiden om drie uur 's nachts – hoewel ze dat wel hadden gedaan –, maar omdat ze zich had bedacht en die ruimte zelf weer nodig had. Ik stond letterlijk op straat. Ik zou nog in geen miljoen jaar hebben voorgesteld om bij D in te trekken. Niet alleen omdat zijn hoongelach tot in de wijde omtrek te horen zou zijn geweest, maar ook omdat het flesje bier dat hij me had aangeboden de tweede keer dat ik bij hem langsging nog steeds op dezelfde plek in de vensterbank stond. Ik had denk ik best een ander appartement kunnen vinden. Dat vond ik alleen nogal ver gaan voor een proefscheiding, want zo was mijn vertrek immers bedoeld. Uiteindelijk kon ik de trekker niet overhalen. En zo ging ik dus ogenschijnlijk vanwege de grillen van de onroerendgoedmarkt in New York weer terug naar Eric.

De tweede keer dat we het uitmaakten verliep bijna hetzelfde als de eerste keer, alleen met wat minder hoge verwachtingen over de kans van slagen. Ik deed het op uitdrukkelijk verzoek van Eric. Hij had het inmiddels uitgemaakt met zijn vriendin en ging er – terecht – van uit dat ik zijn voorbeeld diende te volgen. Ik wist dat dat niet meer dan redelijk was, maar alleen al de gedachte dat ik D moest opgeven maakte me zo rebels en prikkelbaar als een kind dat ten onrechte straf krijgt. We zaten die ochtend samen op de grond tegen mijn futonmatras geleund, die al opgevouwen was en klaar om in de boedelbak te worden geladen. Ik was nog verhit van de

Laatste Seks die We Ooit Zouden Hebben. Ik moest weer huilen. 'Het is niet eerlijk!'

Hij streelde mijn haar.

'Het slaat nergens op om het uit te maken met iemand met wie je het helemaal niet wilt uitmaken!'

Ik had mijn hoofd tegen zijn borst aan gevlijd en zijn kin rustte op mijn hoofd, terwijl hij me kalmpjes suste alsof ik zes was en zojuist mijn ijsje had laten vallen. Die keer hoefde hij zijn tranen niet eens weg te slikken. Ik vermoed dat hij wist dat zijn seksleven niet aan het begin van een lange periode van droogte stond.

Ik heb het toen ongeveer een week volgehouden.

Zoals ik dus al zei is het moeilijke, of eigenlijk het meest frustrerende van longhazen het schoonmaken. De dikke vezel waardoor de spier zo eenvoudig te verwijderen valt, is tegelijkertijd zo dik dat je die niet kunt eten, of dat het althans niet echt leuk is om hem op te eten. Je moet hem er dus uit halen, maar dat wil-ie niet en hij blijft zich vastbesloten vastklampen. Je kunt een deel ervan met je vingers lospeuteren, wat best leuk is, een beetje zoals nagellak eraf pulken, maar dan wel bij een nagel die tien centimeter breed en zestig centimeter lang is. En net als bij nagellak zijn sommige stukjes heel weerbarstig. Het geschraap is bovendien best gevaarlijk, omdat je soms ook hele stukken vlees meetrekt, en als dat op een plaats gebeurt waar de spier heel dun is, kun je het hele ding in tweeën scheuren. Dan is het dus tijd voor het mes.

Longhazen hebben een zeer stevige, diep gelegen vezelstructuur, die over de volle lengte langs de smalle spier loopt. Je kunt longhazen het best even marineren voor je ze braadt en je moet ze altijd dwars op de draad snijden, omdat die anders behoorlijk taai kan zijn. Elk risico op taai vlees is het echter dubbel en dwars waard, want om de een of andere reden is het verschil in smaak tussen gewoon vlees uit de supermarkt en dat van een 'blije koe' die zijn hele leven gras heeft gegeten vooral bij dit stuk vlees heel goed te merken. Het is een duistere, geconcentreerde, bijna leverachtige smaak waar niet iedereen van houdt, maar die ik walgelijk lekker vind. Jessica heeft me destijds uitgelegd hoe ik de eerste longhaas die ik van Fleisher's mee naar huis kreeg moest bereiden. Dat gaat als volgt, en het resultaat van dit bijna gênant gemakkelijke recept is een ongelooflijk lekker stuk vlees.

• • • •

JESSICA'S DOODEENVOUDIGE LONGHAASSALADE

- ❧ 1,7 deciliter balsamicoazijn
- ❧ 50 milliliter extra vergine olijfolie
- ❧ een paar takjes verse rozemarijn
- ❧ 3-4 teentjes geperste knoflook
- ❧ 1 longhaas
- ❧ rucola, spinazie of welke andere groene sla je ook maar lekker vindt
- ❧ pecorino, *asagio*, parmezaan of een andere harde, zoute kaassoort
- ❧ zeezout en vers gemalen peper

Meng de azijn, olijfolie, knoflook en rozemarijn in een bakblik met antiaanbaklaag, waarbij je de takjes met je vingers versnippert voor de marinade. Laat het vlees daar mimimaal drie kwartier op kamertemperatuur in marineren en draai het een paar keer om.

(Je kunt de longhaas ook in een paar stukken snijden als je geen pan hebt die groot genoeg is om de hele lap met marinade te bedekken. Longhazen zijn nogal lang en dus niet altijd even handig.)

Als het vlees gemarineerd is, hoef je alleen een grote koekenpan boven hoog vuur te verhitten, tot het moment dat een druppel water op de bodem meteen als een gek over de bodem stuitert. Haal het vlees uit de marinade, schud het overtollige vocht er voorzichtig af en leg het in de pan. Het zal nogal angstaanjagend sissen en spetteren. Braad het vlees zo'n negentig seconden per kant, tot beide kanten mooi bruin zijn, waarbij je het dus één keer omdraait. Haal het vlees uit de pan en laat het vijf tot tien minuten rusten.

Serveersuggestie: Leg wat rucola of andere sla op twee borden. Snijd de longhaas in dunne plakjes, dwars op de draad, en verdeel die over de sla. Rasp er wat kaas overheen. Ik gebruik het liefst een brede kaasrasp voor van die lekkere, grove krullen, maar dat mag je zelf bepalen. Strooi er zout en vooral peper naar smaak over. Genoeg voor twee personen, inclusief wat restjes.

Doodeenvoudig dus. Als je tenminste een slager hebt die het vlees voor je schoonmaakt, wat niet zo gênant eenvoudig is.

Om de longhaas te pareren moet je heel voorzichtig langs die draad snijden, omdat je anders te veel vlees verspilt. En het kost echt even tijd om die vezelige stukjes vlees behoedzaam los te snijden en te bepalen wat nou echt 'schoon' genoeg is.

Ik zal eerlijk bekennen dat ik soms, als ik al te lang longhazen aan het pareren ben, voor de gemakkelijkste weg kies. Dan zeg ik tegen mezelf, misschien wel gewoon uit eigenbelang, dat er niet zoiets als brandschoon bestaat. En als Slavendrijver Aaron even niet kijkt, rol ik de longhaas op met de mooiste kant naar buiten, verstop de paar laatste taaie witte flarden en zet hem snel in de vitrine in de winkel, waar hij niet zo minutieus zal worden bestudeerd. Dat doe ik dan steels, schuldbewust. Soms kan ik echt even niet nog meer van dat eindeloze, pietluttige gefrunnik aan.

Deze laatste breuk is niet zoals alle andere. Het duurt uren – vanuit D's standpunt misschien zelfs wel maanden –, maar uiteindelijk is het een kwestie van snel en wreed uitmaken.

Op een zaterdagmiddag begin oktober besluit ik tijdens de twee uur lange rit terug naar de stad vanuit Kingston dat er iets moet gebeuren. D en ik hebben al een paar maanden niet meer geneukt, niet echt. Hij zegt steeds dat hij het megadruk heeft, en ik moet eerlijk zeggen dat ik het er met mijn huwelijk en ook nog continu dat hele eind naar het noorden moeten rijden voor mijn slachtwerk niet makkelijker op maak. Sinds hij meer dan een maand geleden van zijn laatste dienstreis is teruggekeerd, hebben we in parken en cafés afgesproken, gezoend en gegiecheld, lieve woordjes gelispeld en als een stel berenjongen met elkaar geknuffeld, maar van echte seks is het welgeteld één keer gekomen en zelfs toen alleen nog maar omdat ik hem met een walgelijk dure hotelkamer aan de overkant van zijn werk wist te verleiden. En nu? Gaat hij voorstellen dat er geld aan te pas moet komen? Nee, het is welletjes. En dus sms ik hem en zet hem voor het blok: *Ik kom morgen naar je toe. Op welk nummer woon je ook alweer?*

(Hij heeft zijn oude flat net moeten verlaten en heeft de eigenaardige keuze gemaakt om naar een appartement iets verderop in dezelfde straat te verhuizen, in die Murray Hill-wijk die ik zo verschrikkelijk saai vind. Raar hoor, hoe je je aan sommige dingen kunt hechten. Hoe dan ook, ik heb zijn nieuwe plek dus nog niet gezien en dat is dus het smoesje dat ik aanvoer om mezelf bij hem uit te nodigen.)

Ik voel me opperbest als ik in de lift naar zijn appartement stap. Daar sta ik dan; ik ga ervoor, ga opeisen wat ik vind dat me toekomt. Ik ben geen gedweeë, zanikende, overspelige vrouw! Als hij de deur opendoet, kijk ik hem grijnzend aan en weet zijn overduidelijk dubbelzinnige glimlach handig te negeren. Ik grijp zijn hand vast wanneer hij me rondleidt door zijn nogal deprimerende nieuwe appartement. Als hij de deur naar zijn zonnige kamertje dat nog vol met verhuisdozen staat heeft dichtgedaan, laten we ons op het bed ploffen. Het bed is hetzelfde gebleven, maar nu het in dit veel krappere kamertje is geperst en tegen de muur staat, lijkt het stukken minder: een twijfelaar in plaats van het enorme tweepersoonsbed. We beginnen meteen aan het serieuze zoenwerk. Na twee jaar is dat nog steeds ongelooflijk lekker en lijkt dat het onrustbarende schuldgevoel tegenover Eric en de nare, kleine gaatjes van zelfverachting die mijn snakkende behoefte naar D steeds weer in me oproept waard te zijn.

Maar er klopt iets niet; zelfs ik, die me expres van den domme houd, moet dat uiteindelijk bekennen. Ik stort me keer op keer op de knoopjes van zijn overhemd en de gesp van zijn riem, maar hij weet mijn handtastelijkheden handig te ontwijken. Hij doet af en toe een halfhartige uitval naar me, maar hij probeert zijn hand niet eens onder mijn blouse te krijgen. (Hoogst merkwaardig! D is namelijk wat je 'een borstenman' zou noemen.) Na een tijdje houdt het zoenen ook op, en hoewel ik aanvallen blijf uitvoeren, is het duidelijk dat er gepraat gaat worden. En dat wordt een steeds frustrerender gesprek, niet over de verrukkelijk smerige dingen die we elkaar graag aandoen, maar over films. Over animatiefilms! D is ronduit onthutst dat ik *Team America* nog nooit heb gezien. En daar komt de laptop.

Briesend en wel geef ik hem even zijn zin. Hij lacht keihard. Datzelfde lachje als wanneer hij zich heel wat voelt, wat, zo bedenk ik heel gemeen, vaker voorkomt dan hij eigenlijk verdient. Ik vind het helemaal niet zo grappig. Ik weet het ongeveer een kwartier vol te houden voor ik me luid zuchtend op mijn zij laat zakken. Hij drukt op de spatiebalk om de film op pauze te zetten.

'Wat is er?'

'Niks.'

'Dat is overduidelijk gelogen.' Hij lacht naar me. D wordt nooit boos, niet echt, hoogstens een beetje neerbuigend geërgerd. Hij blijft glimlachen, hoe kwaad ik ook word, en om je de waarheid te zeggen ben ik vaak te kwaad geworden, heb ik te veel van hem gevraagd. Ik wilde zekerheid, een besluit – dat had ik nodig. Alleen is hij van meet af aan de verkeerde geweest om dat van te verlangen. Volgens mij waren we allebei gelukkiger toen ik hem nog niet had gezegd dat ik van hem hield, toen dat nog verborgen was.

Ik ga op mijn rug liggen en kan ondanks mijn irritatie een klein glimlachje in reactie op het zijne niet onderdrukken. 'Wat is hier in godsnaam aan de hand? Wat heeft dit voor zin?'

'Hoe bedoel je?'

'Dit! Wat heeft een hartstochtelijke verhouding nou verdomme voor zin als er geen seks aan te pas komt?'

En dus praten we, terwijl ik nog steeds in zijn armen lig.

'Hoor eens, ik trek het niet meer. Alleen al het idee jou kwijt te moeten raken...'

'Mij kwijtraken? Je gaat me helemaal niet kwijtraken.'

'Maar ik ben inmiddels doodsbang dat als we nu nog met elkaar neuken, je kwaad op me zult zijn omdat ik niet voldoe aan je verwachtingen – dat ik niet grappig, of geweldig, of zelfs maar goed in bed ben.'

Ik lach en duw mezelf tegen zijn zij aan. 'Doe niet zo gek.'

'Of dat het misschien juist wél geweldig zal zijn, en dan scheiden jij en Eric en geef je mij de schuld dat jouw huwelijk is gestrand op het moment dat je beseft dat ik toch niet de hoofdprijs ben, en dan worden we allebei alleen maar verbitterd en ik raak mijn tanden kwijt, en jij schaamt je de rest van ons leven alleen nog maar voor me.'

Ik geef hem een stomp. 'Nu verzin je alleen maar lulpraatjes omwille van het lullen. En hoe kom je eigenlijk aan die obsessie met je tanden?'

Dit zou moeten uitmonden in Ruzieseks. Ik hoor nu iets heel erg boos, kregeligs, ultimatumachtigs te zeggen, waardoor hem niets anders rest dan me op mijn buik te gooien en me keihard te nemen. Dat is het afgelopen jaar diverse malen gebeurd; ik kijk al bijna uit naar ruzies. Maar ditmaal gebeurt dat dus niet. Ditmaal praat en praat en praat hij alleen maar. En het duurt heel lang, echt pijnlijk lang voor ik doorheb wat er aan de hand is. Hij herhaalt zelfs zijn eigen, onsterfelijke *Team America*-zinnetje, en nog snap ik het niet. Maar dan valt het kwartje opeens. Hij zegt niet dat hij nu geen seks met me wil. Of volgende week. Of tot ik gelukkiger ben, minder behoeftig. Hij zegt dat het nooit meer zal gebeuren. Echt helemaal nooit meer.

In paniek kruip ik van het bed af, alsof ik deze plotselinge openbaring als een akelig kriebelbeest van me af kan schudden. Met mijn rug tegen het raam gedrukt, zodat ik zo veel mogelijk afstand tussen ons schep, staar ik hem aan. Hij ligt nog steeds plat op zijn rug en glimlacht ook nog steeds naar me. Hij maakt een gebaar dat me de afgelopen twee jaar maar al te bekend is geworden. Zonder zijn hoofd van het kussen op te tillen steekt hij zijn armen als een hongerige baby naar me uit, terwijl hij met wapperende handen naar zijn borst wijst en zijn wenkbrauwen optrekt alsof hij heel erg ontdaan is, en dan jankt hij naar me met wijd opengesperde ogen, zachte lippen en een halfopen mond. Het is een irritant, verterend, loom gebaar van verlangen. In het verleden heeft dat er altijd toe geleid dat ik me weer troostend in zijn armen nestel en begerig lach. Nu zie ik echter voor het eerst wat het echt betekent: *Laat me je nog eventjes vasthouden.*

Maar het zal nooit betekenen wat jij wilt dat het betekent.

O, jezus!

Als ik begin te snikken, komt hij niet meteen naar me toe. Hij weet dat het eindelijk tot me is doorgedrongen, iets wat ik al lange tijd heb genegeerd, iets wat hij al wel wist. Ik huil en huil, en niet het soort snikken dat ik hiervoor ook wel eens heb gedaan, niet blèrend en ergens, diep vanbinnen, lekker. Dit is het koudste, eenzaamste gevoel van de hele wereld.

Nu zal ik deel gaan uitmaken van een van D's andere favoriete postcoïtale sprookjes. Niet het romantische epos over hoe de sterren in conjunctie stonden en ons samenbrachten, maar de litanie van D's Gekke Exen. De blondine met de lange benen die Herbert en J. Edgar Hoover niet uit elkaar kon houden. De schuchtere Spaanse uitwisselingsstudente die uiteindelijk erg onder de indruk bleek van zijn geslachtsdeel. De saaie, wat oudere studente met wie hij bijna was getrouwd. En nu dat gekke, vastklamperige, getrouwde wijf.

'Ik kan dit niet. Nee. Ik moet gaan.' Ik pak mijn tas als hij me opeens probeert te omhelzen. Maar ik kan het niet hebben. Ik krimp ineen. Ik ben niet boos – o nee, hoe heerlijk zou het zijn om dat nu te voelen! Ik ben gewoon... kapot. Ik hunkerde naar zekerheid, en nu ik die heb, kan ik niet meer ademen omdat de last te zwaar op me drukt.

Hij brengt me naar beneden en houdt een taxi voor me aan. Hij veegt mijn tranen weg, huilt zelfs een beetje. Ik heb hem nog nooit zien huilen, maar het maakt nu niet meer uit. Hij kust me nog een keer terwijl de taxichauffeur wacht, waar mijn hart even van opbloeit en dan verwelkt.

Mijn broer had toen hij ongeveer elf was een jonge leguaan: Geraldo. Toen we op een avond met het hele gezin thuiskwamen van een etentje was hij meteen doorgelopen naar zijn kamer. Wij stonden nog in de keuken toen hij snikkend weer naar beneden kwam rennen. 'Geraldo is dood!'

Het arme beestje was grijs en voelde koud aan, maar leefde nog wel. Mijn moeder nam hem in haar handen en probeerde hem met haar warme adem in leven te houden, hem te helpen ademen. Het dier werd eventjes weer groen en leek wat op te knappen, maar dat duurde slechts een paar seconden, waarna mijn moeder weer op hem moest blazen. Dat moment staat me veel helderder voor de geest dan menige andere jeugdherinnering. We zaten allemaal bij elkaar te huilen en probeerden genoeg adem te verzamelen om het arme dier in leven te houden. Zo voelt mijn hart nu ook: net een godvergeten hagedis, waar iemand volkomen zinloze reanimatie op aan het uitvoeren is.

Eerst denk ik dat ik degene ben die de breuk heeft veroorzaakt. Ik heb een knoop doorgehakt. Pijnlijk, maar wel definitief. En op zich biedt dat wat troost. Ik ben even bezig alle bloederige stukjes weg te vegen voor ik besef dat ik niets heb losgerukt, maar degene bén die los is gerukt. En ik pulk en pulk en pulk aan die vastzittende draadjes die aan me blijven kleven. Soms schieten ze me opeens in het verkeerde keelgat. Dan kan een tandartsbezoek al genoeg zijn. (D is altijd al geobsedeerd geweest door zijn gebit, een knipoog naar Woody Allen, wat me irriteerde maar wat ik ook wel weer grappig vond.) Of een etalageruit van een juwelier. (Zales. We hebben een keer voor deze winkel gezoend, zo hartstochtelijk dat de eigenaar naar buiten kwam en ons tot een impulsieve aankoop probeerde te verleiden.) Of een trui of lingeriesetje waar hij ooit zo dol op was. (Op een ochtend in de badkamer van een hotel trek ik mijn bh aan. Hij staat achter me, met zijn handen op mijn heupen. Hij heeft die blik in zijn ogen terwijl hij me in de spiegel aankijkt. 'Dat kleedt precies goed af en aan, hè?') *Team America* uiteraard. Dus iets waarvan ik eerst dacht dat het netjes en definitief zou zijn, wordt eindeloos opgerekt. De stad is nu zijn lichaam – al die uithoeken, cafés, restaurants en ongeïnspireerde straathoeken die zulke duidelijke verlangens in mij oproepen. Hij heeft deel uitgemaakt van mijn spierweefsel en mijn botten, één van de gewrichten waar ik me twee jaar lang aan heb vastgeklampt – met tien jaar meer of minder – en nu is hij weg. En ik sms en schrijf en pleeg telefoontjes die onbeantwoord blijven. Ik pulk en ik pulk en ik pulk.

Echt volmaakt schoon bestaat helemaal niet. Niet echt.

4
Worst stoppen

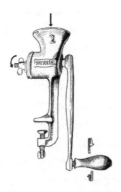

Toen mijn broer en ik allebei op de middelbare school zaten – ik zat in het eindexamenjaar, hij een klas lager – kreeg een van ons voor zijn verjaardag een keer zo'n doosje met koelkastpoëzie. Je kent ze wel: die doorzichtige doosjes met een heleboel koelkastmagneetjes met woorden die je dan zelf kunt rangschikken. Mijn broer, die nooit blijk gaf van enige interesse in het schrijven van welke tekst dan ook, bleek een virtuoos in koelkastpoëzie te zijn. In de jaren erop zou ik elke keer dat ik van de universiteit thuiskwam meteen doorlopen naar de koelkast om zijn laatste meesterwerken te kunnen lezen. (En die bestaan tot op de dag van vandaag nog in de garage, waar onze oude koelkast naartoe is verbannen nadat mijn moeder had besloten zo'n sexy roestvrijstalen model te kopen.) Zijn gedichten konden gevat, bondig en absurd zijn (*'Wie heeft dat mes in bed gelegd, joh?'* – een van mijn favoriete), maar misschien was een van zijn beste wel deze:

> *Ik wilde een leven van*
> *Stralend blauwe luchten*
> *Diamanten en wellustige*
> *Voorjaarsschaduwen.*
> *Ik heb een apparaat*
> *Waarmee je worst kunt maken.*

Juan is me aan het leren hoe je zoete Italiaanse worst maakt. We zijn in het kamertje achter in de winkel, niet veel meer dan een bijkeukentje en een bezemkast ineen: Juans domein. De ruimte wordt gedomineerd door de vleesmolen, een roestvrijstalen geval van zo'n anderhalve meter hoog. Je stopt het vlees in een grote bak aan de bovenkant, waarvan de bodem naar één kant afloopt. Er onderin zit een gat, een soort gootsteenafvoerputje, waar het maalmechanisme in zit. Aan de onderkant van de machine zit weer een andere opening, waar Juan een metalen rooster op heeft gemonteerd, zeg maar een groot badputje. We staan allebei op een vrieskist aan weerszijden van de vleesbak tot onze ellebogen in het vlees. In vlees en ijs. De vleesbrokken zijn zo'n dertien centimeter lang en acht centimeter breed, die we uit grote vacuümzakken halen met daarop de tekst 'varkensresten' en vanuit de koelcel hiernaartoe hebben gesleept. Het ijs komt uit een machine die in een hoek van de keuken staat. Ik snap eigenlijk niet precies waarom dat ijs nodig is, maar je schijnt het er goed door te moeten mengen.

Ik heb een bijzonder slechte doorbloeding. Dat is een van die hardnekkige kwaaltjes waar ik mijn hele leven al mee kamp. Op de middelbare school in Texas gingen we vaak met een groepje naar de Blue Hole, vlak bij Wimberley. Ik dacht dat het privéterrein was, maar wie de eigenaar ook was, die had daar in ieder geval een soort armoedig parkje van gemaakt, met wat toiletgebouwtjes en touwschommels over de rivier heen. Je kon het water niet direct blauw noemen – het water in Texas neigt meestal naar groen –, maar het was verrekte koud, wat iets te maken had met bronnen in de rivierbedding of zoiets. Ik kan me nog goed herinneren dat Paul, een vriend van me, een keer voorstelde daarnaartoe te gaan, alleen wel wat vroeger in het jaar dan gebruikelijk. Ik geloof dat het maart was, wat in Texas een uiterst aantrekkelijke maand is: zonovergoten dagen, koele nachten en overal blauwe lupine. Eerlijk gezegd is het een van de beste maanden die Texas te bieden heeft, en hoeveel plaatsen ter wereld ken jij waarvan je kunt zeggen dat maart er een hoogtepunt is? Maar ik moet ook zeggen dat zelfs in Texas maart wat vroeg is om in ijskoud bronwater te gaan zwemmen. Maar we gingen toch en schommelden onszelf met stoere vastberadenheid in het adembenemende water, waar we rondplasten, vloekten en ons natuurlijk stoerder voordeden dan we waren, zoals pubers dat doen, en toen ik op de kant stapte... was ik blauw. Niet bleek of wasachtig, maar echt blauw. Of zoals Paul het destijds omschreef, 'blauw zoals de schurken in stripverhalen'.

Het vlees-ijsmengsel is tien keer kouder dan de Blue Hole. Ik weet zeker dat je dat wetenschappelijk zou kunnen aantonen, maar aangezien ik het daarvoor noodzakelijke gereedschap en het reisgeld ontbeer, zal ik moeten afgaan op de blauwige teint die mijn handen hebben aangenomen.

'Hoe hou je dit in godsnaam vol?' vraag ik Juan.

Hij haalt alleen even zijn schouders op. 'Koud, hè? Hou je handen maar even onder de warme kraan.'

Goh, goed idee.

Behalve dat dat godsgruwelijk veel pijn doet. Mijn god. Het voelt alsof mijn handen eraf gaan vallen. Wanneer het branderige gevoel eenmaal is weggetrokken, doen ze het alleen wel weer. Ik trek een paar handschoenen aan en ga weer aan het werk. Juan is bezig het vlees te malen. Dit is het gemakkelijke deel. Hij hoeft alleen maar op een grote knop te drukken, waarop het vlees in het maalmechaniek onderin verdwijnt, om even later in een witte plastic bak die op een derde vrieskist staat weer tevoorschijn te komen. Het komt er als roze strengen uit, die me doen denken aan een soort griezelig speelgoed: Sweeney Todds Kapsalon van Play-Doh©. Ik ga weer terug naar mijn plek boven op de vrieskist en duw het vlees in de richting van het maalapparaat. Wel een beetje voorzichtig, want ik blijk een soort fobie te hebben voor alles wat maalt en fantaseer er lustig op los, over bloederige vingers die naar binnen getrokken en vermalen worden.

Ik zorg dus op een wat nuffige manier dat het vlees onderin terechtkomt, maar uiteindelijk gaat het wel allemaal in de strot van het maalapparaat.

Als het glibberige vlees er allemaal in is verdwenen, drukt Juan nog een keer op de knop om de machine uit te zetten. Hij hijst de bak vol vlees – vijfendertig kilo in totaal – op zijn schouder en deponeert het vervolgens weer in de metalen bak van de vleesmolen. Ik doe er nog wat scheppen ijs bij en roer, terwijl hij het rooster bij het mondstuk omwisselt voor een bijna identiek exemplaar, maar met gaatjes die ongeveer half zo groot zijn. En drukt vervolgens weer op de grote knop. Weer duwen we het vlees erdoorheen, zodat het nog wat fijner wordt vermalen, en dan nog een keer, met een rooster met nog kleinere gaatjes erin. En dan gaat het vlees nóg een keer in de bak van het apparaat. Ditmaal strooi ik het kruidenmengsel erbij dat Juan van tevoren heeft afgewogen: een bak van acht kilo met venkelzaad, salie, knoflook, zout, uienpoeder, basilicum, peterselie en witte peper. Ik duw mijn armen er weer bijna tot aan mijn oksels in en roer het varkensvlees, dat nu een dikke puree is, net zo lang door tot alle kruiden er goed doorheen gehusseld zijn. Ondertussen vervangt Juan het laatste metalen rooster voor een mondstuk van zo'n vijftien centimeter lang, dat aan de bovenkant breder is dan aan het uiteinde. Als hij met gespreide benen op de vrieskist voor de opvangbak gaat zitten, wijst die tuit loodrecht naar zijn sleutelbeen.

Uit een plastic Tupperware-bak haalt hij uit een melkig watermengsel een stel 'middenstukken', oftewel worstomhulsels, wat natuurlijk gewoon heel goed schoongemaakte darmen zijn. En dat 'midden' slaat uiteraard op het middelste gedeelte van de darmen. Worstenvel wordt in het geval van grotere worsten, zoals gedroogde salami's, soms ook gemaakt van de dikke darm van een varken, lam of rund. Die worden in het Engels *bungs* genoemd, oftewel 'aars', wat mijns inziens wel wat eufemistischer zou mogen.

Juan zoekt het uiteinde van het omhulsel en blaast er zachtjes op, zoals je dat bij de versafdeling van de supermarkt bij een plastic zak doet. Het omhulsel is minstens anderhalve meter lang, dun, bleek en doorschijnend. Als hij het eenmaal met twee vingers kan openhouden, stroopt hij het heel stevig over het mondstuk, het zogenoemde 'stophoorntje', met een vlugge op- en neergaande beweging die me gênant bekend voorkomt.

(Een tijdje geleden zei Jessica al: 'Mannen zijn gewoon de beste worstmakers. Ze hebben de benodigde bewegingen immers al sinds hun twaalfde geoefend.' En ik, nog steeds zo kwetsbaar, met een huid zo dun als die van een amfibie die net uit het ei is gekropen, word weer overvallen door zo'n herinneringsflits, iets wat me tegenwoordig wel vaker overkomt, en denk terug aan een lome middagpauze een hele tijd geleden: *'Dus als je de hel van de puberteit omschrijft als de periode tussen het moment dat je precies beseft wat je eigenlijk wilt doen'* – zijn mond beweegt langzaam langs mijn dij omlaag naar wat hij eigenlijk wil doen – *'en het moment dat je voor het eerst de kans krijgt om dat te doen, dan duurde mijn hel vijf lange jaren. Tien zijn was klote. Natuurlijk heb ik mezelf wel weten te vermaken...'*)

Ik schud de herinnering van me af, terwijl Juan het volgende omhulsel er al omheen heeft gedaan en op de knop van de vleesmolen drukt. Op dat moment schiet het vlees door het uiteinde van het mondstuk omlaag in het omhulsel en het hele stuk worst valt als een dikke vlecht in de bak eronder, daarbij geholpen door nog een op- en neergaande handbeweging van Juan, maar dan het omgekeerde van wat hij net deed. Zo zorgt hij ervoor dat het omhulsel van het stophoorntje af glijdt en gevuld met vlees in de bak belandt. Juan is een heel goede worstmaker en weet dus aan de hand van de snelheid waarmee de plooien van het omhulsel dat hij over het mondstuk heeft gedaan zich ontvouwen, wanneer hij het apparaat moet uitzetten. Onvermijdelijk schiet er wanneer het laatste stukje omhulsel eraf is, toch nog een laatste splets roze varkensvlees uit het stophoorntje, dat hij in het kommetje van zijn handen opvangt en teruggooit in de bovenste bak van de molen, alvorens een volgend omhulsel te bevestigen en het hele procedé opnieuw te doorlopen.

Ja, oké, het is waar dat ik sinds ik het heb uitgemaakt erg vaak aan D en aan seks denk, dus misschien ben ik geneigd hier iets meer achter te zoeken, maar het ligt toch niet helemaal aan mij? 'Wauw. Dat is...'

Juan grijnst alleen maar en knikt. 'Ja, ik weet 't.'

Goh, ik ben blij dat ik niet de enige ben.

'Wacht maar tot je een keer bloedworst hebt gemaakt.'

'Bloedworst? Maken jullie dat dan?'

'Af en toe. Mijn moeder heeft me toen ik laatst bij haar was ge-leerd hoe het moest. Ik zal het je wel een keer laten zien. Vooral door die vulling, met al het bloed, zien de omhulsels er... ik weet niet... aderig en...' Hij vormt met zijn duimen en wijsvingers een soort grote 'O' en blaast ondertussen krachtig zijn wangen bol.

'Oké, oké, genoeg!'

Ik vind worst maken echt geen probleem, en die snuiten, lippen en achterwerken kunnen me niets schelen. (Hoewel ik weet dat Fleisher's alleen goed, schoon vlees en vet in zijn worsten stopt.) Maar op dat moment bedenk ik dat ik nu misschien wel nooit meer een stuk worst zal kunnen eten, hoe heerlijk ook, zonder ergens een klein steekje te voelen dat ik dat liever op de een of andere manier met D's penis zou doen. Ik weet het, dat is zo ontzettend grof dat zelfs ik – niet direct een preuts meisje – ineenkrimp als ik dat op-schrijf. Maar ja, zo maak je dus worst.

Als Juan de vijfendertig kilo varkensvlees heeft veranderd in een grote, krioelende bak vol zoete Italiaanse worst, zet hij die in de koelcel, zodat hij kan rusten. Later zullen we de gevulde omhulsels in worstjes van tien centimeter verdelen. Maar eerst even een kof-fiepauze om onze handen aan onze mokken te verwarmen.

We leunen tegen het aanrecht en wapperen onze verkleumde vingers heen en weer terwijl we luisteren naar Juans cd-verzame-ling: een combinatie van latino-pop en Nashville- countrymuziek. Op dit moment luisteren we naar Dolly Partons 'Little Sparrow'. We zeggen geen van beiden iets. Juan en ik hebben de neiging in korte salvo's te praten, meestal over ditjes en datjes. Zo hebben we het vaak over muziek. Als Texaanse die in New York woont, heb ik behalve mijn directe familie bar weinig mensen met wie ik het over countrymuziek kan hebben. Of ik vraag hem naar zijn mening over een geknapte vacuümzak, of hij denkt dat het vlees erin nog goed is.

(Juan heeft de betrouwbaarste neus in de winkel, een nogal

dubieuze eer, aangezien dat betekent dat mensen naar hem toe komen met hun ontdooide kalkoen, die ze vervolgens met gespreide, bungelende poten onder zijn neus duwen en dan zeggen: 'Hier, ruik jij 'ns.' Misschien is dat ook wel de reden dat hij de beste proever is. Fleisher's verkoopt ook 'soep van de dag', waar Jessica en Juan samen verantwoordelijk voor zijn. Zo was Jessica een keer een soort runderbouillon aan het maken, die ze min of meer al doende verzon, en het was duidelijk dat er een ingrediënt ontbrak. Ik had het ook al geproefd en we hadden het erover, of het nu dit of dat moest zijn wat net dat ene extra smaakje zou toevoegen. Uiteindelijk riepen we Juan erbij. Hij nam een hap en zei toen echt letterlijk, terwijl hij zijn vinger omhoogstak: 'Aha!' Vervolgens zette hij een pannetje water op, deed er vier gedroogde *guajillo's* in, die hij er meteen weer uit haalde, stampte de zacht geworden pepers fijn in een vijzel en deed die bij het mengsel. Het resultaat was een rokerige, pittige, perfecte bouillon.

Maar hij is ook iemand bij wie een stilte nooit ongemakkelijk aanvoelt. En die valt ook nu – tot Juan opeens begint te grinniken.

'Wat is er?' vraag ik, al glimlachend omdat ik weet dat er een grappige anekdote gaat komen.

En hij vertelt me een verhaal. Het duurt even voor ik doorheb waar hij het over heeft. Juan spreekt vloeiend Engels, maar heeft wel een behoorlijk accent en hij praat ook nog eens vrij zacht, dus mis ik wel eens een woordje. Hoe dan ook, hij vertelt me nu over een lange wandeling door de kou, en ik denk in eerste instantie dat hij het heeft over de wandeling naar zijn werk.

(Dat ging ongeveer zo: Ik had Josh een keer aan Juan horen vragen of hij een winterjas had. 'Verdomme, ik ga een jas voor je kopen. Ik vind het verschrikkelijk dat je zonder fatsoenlijke jas in dit weer naar je werk komt lopen.' En dat terwijl Josh nog geen tien minuten daarvoor slap van het lachen had gelegen nadat hij iemand voor de grap in de koelcel had opgesloten.)

Juan zegt iets over midden in de nacht stoppen om even wat te slapen en ik begin langzaam te begrijpen wat hij me aan het vertellen is en ik geneer me stom genoeg een beetje, alsof hij iets intiems met me deelt terwijl we elkaar daar eigenlijk nog niet goed genoeg voor kennen.

'Toen ik wakker werd, was het zo koud dat ik dacht dat ik dood zou gaan. Ik voelde mijn handen niet meer. Ik lag daar langzaam te bevriezen en toen keek ik omhoog naar de hemel en er waren ontzettend veel sterren. Het was prachtig. Als ik het nu koud heb, denk ik daar dus altijd aan.' Hij begint weer te lachen.

'Waar was dat dan?' vraag ik, enigszins onzeker hoe ik moet reageren op zijn ontboezeming, hoe terloops hij die ook heeft verteld.

'Ik dacht in Arizona.'

'In de woestijn,' is mijn suffe antwoord, 'kan het 's nachts heel koud zijn.'

'Ja.'

Stiekem voel ik me sinds die spuitende worst een beetje zielig. Omdat mijn huwelijk op de klippen dreigt te lopen, omdat ik mijn minnaar kwijt ben, omdat ik er niet jonger op word en misschien wel nooit meer seks zal hebben. En dan vertelt Juan me dit verhaal over 's nachts de grens oversteken, zo'n loodzware, onzekere en angstige ervaring waar rijke toeristen – echt waar – geld voor betalen om daar dan een Disney-versie van te kunnen ervaren. En hij vertelt me dat nu gewoon met een glimlach, omdat dat de enige manier is waarop hij zijn moeder kan bezoeken.

En ik denk: ik moet me echt niet zo aanstellen.

· · · ·

BLOEDWORST VAN JUANS MOEDER

- ❧ circa 4 liter ongezouten varkensbloed, zo vers mogelijk
- ❧ 450 gram varkensspek in kleine blokjes
- ❧ circa 4 eetlepels koosjer zout
- ❧ circa 3 eetlepels grof gemalen zwarte peper
- ❧ een kwart gesnipperde ui
- ❧ 200 gram fijngesneden Spaanse peper, zonder de zaadjes
- ❧ 75 gram versnipperde muntblaadjes
- ❧ een bak van een liter met 'varkensdarmen' (van de slager – die je samen met het bloed en het spek bestelt)

❦ keukengaren, verdeeld in stukjes van acht centimeter

❦ speciaal keukengereedschap: een handmatige worstvuller, wat neerkomt op een metalen houder met onderin een mondstuk, die je ofwel in je hand kunt vasthouden of ergens op kunt monteren. Je kunt het ook met een spuitzak proberen.

Als het bloed niet vlak van tevoren uit het beest is gestroomd, zal het gestold zijn en dan moet je het dus eerst weer vloeibaar maken met een blender, keukenmachine of staafmixer. Roer er daarna het varkensspek en alle andere ingrediënten door. Het zal heel smeuïg zijn en je zult je afvragen hoe je hier ooit iets vasts van kunt maken. Ik geef je geen ongelijk.

Pak een stuk omhulsel van ruim anderhalve meter en stroop het om het mondstuk heen met de hierboven omschreven op- en neergaande beweging. Maak met het garen een knoop in het uiteinde en er vlak boven, voor de zekerheid, nog eentje.

Schep het bloedmengsel boven een groot bakblik in de kom van de molen, terwijl je met je andere hand het omhulsel, dat steeds voller wordt, van het mondstuk af haalt. Als de brokken vet boven in de trechter blijven steken, kun je die er met een houten lepel of spatel doorheen duwen. Dit gaat allemaal een stuk gemakkelijker als je meer dan twee handen hebt. Worst maken is net als de daad waar het zo op lijkt altijd leuker met z'n tweeën.

Zorg dat je nog tien centimeter overhoudt van het omhulsel en stop dan. Terwijl de een het lege uiteinde omhooghoudt, verdeelt de ander het stuk worst in kleinere stukken. Als je aan de onderkant nog zo'n tien, twaalf centimeter overhebt, sla je hem dubbel en maak je er een knoop in. Herhaal dat tot je het hele omhulsel hebt gehad. Boven aan de laatste maak je weer een knoop in het uiteinde van het omhulsel. De worsten zullen nu aanvoelen als, tja... als varkensdarmen gevuld met bloed.

Leg de worsten in een pan met kokend water en pocheer ze circa tien minuten. Dat is best lastig; het water moet net tegen de kook aan zitten. Na zo'n vijf minuten kun je beginnen met kijken of ze gaar zijn. Haal met een vleestang voorzichtig een worstje uit het water. Raak eerst de buitenkant aan. De worst zou hard moeten aanvoelen. Prik vervolgens met een cocktailprikker of naald in de worst. Hij is klaar als er doorschijnend vocht in plaats van bloed uit het gaatje drupt. Haal de worst uit de pan en laat hem op kamertemperatuur afkoelen.

In een ideale wereld zou dit recept genoeg moeten zijn voor zo'n twee dozijn worstjes van circa tien centimeter. Gekookte worst is door de vulling echter kwetsbaar, vooral bloedworst, dus je zult heel wat worstjes verprutsen doordat ze knappen – waardoor je nogal een verontrustende troep in het water krijgt – en nog veel meer doordat je ze te kort hebt gekookt (die kun je wel opbakken en als een soort chorizo gebruiken). De worstjes die wél lukken, zijn heerlijk: pittig en vol van smaak, terwijl de munt er een verrassend fris vleugje aan geeft. Dan zul je merken dat je tevreden bent met de paar worstjes die je hebt en niet bij de pakken hoeven neerzitten.

5
Gebroken

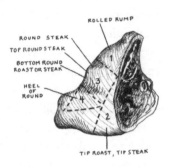

'Als je een moersleutel kunt ontwijken, kun je ook een bal ontwijken.' Normaal gesproken citeer ik niet uit films van Vince Vaughn, maar deze uitspraak komt opeens in me op als ik aan mijn vierde achtervoet van de dag begin. Ik werk nu een paar maanden in de winkel en ik ben sterker dan ik was, maar tegen runderachtervoeten ben ik nog steeds niet opgewassen. Na op deze klerestukken te hebben geoefend zullen de bovenbilletjes van een varken een fluitje van een cent zijn.

De achtervoet, oftewel de 'stomp' van een rund, is een enorm ding en zit duidelijker in elkaar dan veel andere stukken vlees. Bovendien weegt hij minstens vijftig kilo. Ook op andere manieren laten ze weinig aan duidelijkheid te wensen over. Een hele hoop stukken zitten aan elkaar vast, maar die hebben allemaal ook iets aangenaam eigens. De spieren hebben eenvoudige vormen, zoals plastic blokjes met verschillende vormpjes voor peuters, die ze dan in de bijpassende uitsparingen van een doos moeten stoppen: de bovenbil een ovaal, de dunne lende een rechthoek, de achtermuis een cilinder en het peeseind een driehoek. De achtervoet van een rund uitbenen is verrukkelijk duidelijk werk, maar alleen al door het gewicht is het ook zwaar.

De pols van mijn linkerhand, mijn snijhand, is inmiddels zichtbaar dikker dan mijn rechter, door de spierontwikkeling, maar ook door een chronische zwelling. Mijn linkerduim schiet af en toe op slot en ik weet nog dat mijn oma daar ook wel eens last van had.

(Zij loste dat op door er even mee tegen het tafelblad aan te tikken, en als ik dan een gezicht trok, begon ze kakelend te lachen. Ze was dan misschien een manisch-depressieve alcoholist, maar zoals alle vrouwen in mijn familie uit eigen ervaring weten, betekent dat nog niet dat ze geen gevoel voor humor had. Of dat ze niet stoer was: ze zette koffie door een paar eetlepels oploskoffie in een steelpannetje met kokend water te scheppen, wat ze dan vijf minuten liet doorkoken, om het vervolgens in een mok vol koffieaanslag te schenken. O ja, en hoewel ze vijftig jaar lang heeft gerookt en de laatste vijftien jaar van haar leven eigenlijk op perziken uit blik leefde, aangevuld met wat Pepperidge Farm-koekjes, Tyler-sherry en Napolitana-ijs, heeft ze nooit last gehad van ernstige kwalen, afgezien van zo nu en dan wat oprispingen. Ze is uiteindelijk ook pas op haar negentigste gestorven, eigenlijk vooral aan pure koppigheid.)

Soms heb ik na een dag van verwoed snijden zo'n vlijmende pijn in mijn pols dat ik er niet van kan slapen. Mijn handen en armen zitten onder de schrammen en schaafwonden – vooral van de dunne werveltjes, die randjes aan de ruggengraat van een varkenskarkas die recht overeind staan, een soort dunne glasscherven die verschrikkelijk striemen. Ik merk dat al die littekens, net als die welke D op me heeft achtergelaten, me een pervers genot schenken, als een gecodeerd dagboek van mijn ervaringen. Josh en ik hebben het de laatste tijd vaak over tatoeages. Zijn armen zitten al behoorlijk vol en hij wil graag met me mee als ik heb besloten wat ik ter ere van deze slagersonderneming wil laten zetten.

Het is woensdagmiddag en rustig, dus Jesse heeft zich bij me gevoegd voor wat snijoefeningen. Hij werkt meestal achter de toonbank en heeft dus amper tijd voor de snijtafel. Hij en ik, de leerling-slagers, storten ons samen op de achtervoeten terwijl Aaron en Tom zich op de voorvoeten werpen. Die laatste zijn de meest uitdagende snit om uit te benen. Aaron, Josh en Tom staan vaak met z'n drieën te ruziën over wat nou precies de beste techniek is. Ik hou me er voorlopig maar verre van. Ik kan zonder begeleiding nog geen schouderstuk te lijf gaan en beperk me dus tot achtervoeten. Uit Josh' iPod klinkt nu de Jackson 5. (Josh' muziekverzameling is nogal een ratjetoe: opera, mierzoete popmuziek, Eminem en wereldmuziek. Ik ben vooral dol op zijn filmmuziek van pornofilms uit de jaren zeventig. Dat zijn namelijk geweldige deunen, die je zo kunt meeneuriën, met een heleboel van dat lachwekkende *wakka chikka*. En een stel slagers te zien uitbenen onder begeleiding van de muziek uit *Debbie Does Dollars* is trouwens een onvergetelijke ervaring.)

Ik begin met het losbreken van de schenkel. Met een enorme ruk pak ik het smalste deel van de achtervoet – als dit een kip was, zou dit het handvat van de drumstick zijn – en draai hem om, zodat die half over de tafelrand uitsteekt. Ik controleer even of er niemand in de buurt staat van het mes en snijd dan door de dikke pees op het punt waar die uit de spier komt en zich open en bloot uitstrekt naar de botknobbel aan de onderkant van de schenkel. En dat allemaal in één zagende snijbeweging van me af, omdat het lemmet altijd even omhoogkomt als je loskomt. Vervolgens volg ik het vlies van de schenkelspier tot het punt waarvan ik vermoed dat het gewricht daar zou moeten zitten. Om dat te vinden, duw ik met mijn duim heel hard op het vlees en het vet, en grijp het uiteinde van het bot om het even heen en weer te wrikken. Mijn vierde achtervoet van de dag, en eindelijk voel ik als ik de punt van het mes erin steek ditmaal al meteen het luide *krak* van het gewricht. 'Hebbes!' mompel ik terwijl ik mijn mes er dieper in steek en de zenen doorsnijd, zodat ik het gewricht kan opensplijten. De schenkel laat los in mijn hand en er druppelt een stroompje zijdezacht gewrichtsvocht op de grond. Ik gooi hem aan de andere kant op tafel. De binnenkant van de kop van het gewricht is spierwit, drijfnat van de smeervloeistof en superglad. Ik kan de neiging nooit weerstaan om met mijn vinger even door die kraakbenen kom te strijken.

'Vertel nog eens waar precies. Ik kom op de fiets wel eens in die buurt.'

Jesse vraagt me naar het appartement dat ik net heb gehuurd, ongeveer een kwartier van Kingston vandaan. Eric vindt het natuurlijk maar niks dat ik dat heb gedaan, maar het is veel te vermoeiend om elke dag vanuit de stad helemaal hierheen te komen en het kost ook veel te veel benzine, en bovendien – ach ja, wie houd ik nu helemaal voor de gek? – kijk ik uit naar de avonden in mijn eentje. Om te kunnen ontsnappen aan de ruzies die geen ruzies zijn, de verwijtende stiltes. Het is een eenvoudig, mooi en vaak koud stel kamers op de eerste verdieping van een ietwat vervallen victoriaans pand. Toen Eric en ik uit elkaar waren, heb ik hem nooit verteld dat ik het de helft van de tijd wel lekker vond om een plek voor mezelf te hebben. Dat ik gewoon tot tien uur kon uitslapen, of als ik dat wilde pas om vier uur 's nachts naar bed kon gaan, om voor mezelf te koken en te kunnen lezen in een kamer waar verder niemand woonde. Hoewel deze ruimte twee keer zo groot is als het flatje dat ik in Yorkville onderhuurde en in een zogenaamd dorpje in *upstate* New York ligt – dat uit niet veel meer bestaat dan een postkantoortje, een vrijwillige brandweer en een bocht in de weg –, doet het me denken aan mijn allereerste eigen kamer, aan het eenvoudige genot van op jezelf wonen.

'In Rifton.' Die naam is een beetje problematisch, net iets té ironisch, alsof ik niet al vaak genoeg herinnerd word aan de gapende leegte die in mijn leven is ontstaan. 'Even ten zuiden van hier, een afslag van de 213. Vlak bij New Paltz, voorbij Rosendale.'

'Oké... Daar kun je inderdaad geweldig fietsen. Heb je een fiets?'

'Nee.'

Iedereen in de winkel lijkt wielrenner te zijn, zelfs Josh, hoewel ik me hem niet op een fiets kan voorstellen. (Hij verkoopt zelfs fietsshirts met daarop de anatomische kaart van vlees, zodat je kunt zien waar mijn klapstuk, mijn lende en mijn vang zit. Soms draag ik die bij het uitbenen, en volgens Aaron zie ik er dan uit als een soort superheld, waarmee hij zonder het met zoveel woorden te zeggen bedoelt dat het een felgekleurd shirt is dat heel strak zit en als je het ritsje half openlaat, zoals ik dus doe, heb je een behoorlijke decolleté.) Vooral Tom en Jesse hebben het altijd over hun laatste fietsavonturen. Ik heb me tot nu toe weten te drukken. Dat klinkt onaardig, maar zo bedoel ik het niet. Ik durf het gewoon niet zo goed aan.

Ik heb een vleeshaak gepakt en ben bezig het staartstuk eruit te trekken, wat anders dan de naam doet vermoeden dus gewoon het heupbot is. Het komt op hetzelfde neer als bij de achterbil van een varken, alleen wat groter en dus ook moeilijker. Ik weet de haak door de opening in het bot te krijgen.

'Je mag er wel een keer eentje van me lenen.'

Ik brom iets onverstaanbaars terwijl ik met mijn rechterhand trek en met het mes in mijn linkerhand langs de onderkant schraap. 'Dank je, dat is heel aardig, maar ik kan eigenlijk niet fietsen.'

'Iedereen kan fietsen.'

'Ja, nou, ik dus niet. Het is echt belachelijk. Het zal wel een of ander kinderding zijn dat ik heb onderdrukt.'

'Ben je vroeger aangerand door een Gazelle?' roept Tom.

'Zoiets, ja.' Ik probeer iets te bedenken wat goed genoeg is voor deze sfeer van kleedkamerpraat, om hen af te leiden van de fietsuit- nodiging waarvan ik vrees dat die eraan zit te komen. 'Jongens, neem nooit snoep aan van een onbekend banaanzadel.'

'Dat heb ik dus echt niet gehoord, hè.' Aaron kreunt, terwijl ie- dereen behalve Jesse in prepuberaal gegrinnik uitbarst, want hij houdt niet echt van kleedkamerpraat en neemt genoegen met luis- teren, hoewel hij zo nu en dan wel even grijnst.

De laatste tijd heb ik soms het gevoel dat ik buitensporig veel energie stop in het vermijden van afspraakjes en ik snap zelf niet eens waarom. Nou ja, afgezien van het feit dat ik inderdaad een behoorlijk suf figuur sla op een fiets. Ik vind deze lui aardig, heel aardig. Jesse is lief en rustig, hij heeft een leuke lach, voert graag politieke discussies en weet vaak wel een of andere holistische re- medie, en dat zonder als een minkukel of fanaat te klinken. Soms is hij wel een beetje... tja, zweverig, en hij is snel afgeleid en beweegt nogal langzaam. Josh en Aaron zijn recht voor z'n raap, allebei fa- natiek ambitieus, en Jesse werkt hen dan soms ook op de zenuwen. Af en toe moeten ze hem gewoon even in de koelcel opsluiten en het licht uitdoen, of kijken hoe lang ze hem aan de lijn kunnen houden met een neptelefoontje. Zo heeft Aaron hem een keer op zijn vrije dag tien minuten aan de praat weten te houden door zijn stem te verdraaien en een valse naam op te geven. Hij beweerde dat de kalkoen die hij bij ons had gekocht echt drie vleugels had. Jesses koosnaampje is '1480', een bedenksel van Josh, omdat hij weigert te geloven dat iemand die zo'n hoge SAT-testscore heeft toch zo geflipt kan zijn. Maar hij ligt erg goed bij de klanten, kent hun namen en op de een of andere manier lukt het hem altijd even een praatje met hen te maken, ook als het druk is. Ik vind het leuk als hij er is. De werkbank staat continu bloot aan een voortdurende stroom testosteron, en hoewel ik het normaal gesproken wel leuk vind om een van de jongens te zijn, waarbij iedereen de rest probeert af te troeven met nog plattere praatjes, ben ik soms heel blij dat Jesse zo rustig en aardig is. Dus waarom zou ik niet ingaan op zijn uitnodiging om te gaan fietsen? Of om na het werk iets te gaan drinken? Waarom sla ik Josh' en Jessica's uitnodiging om bij hen te komen eten eigenlijk steevast af, net als Aarons weekenduitstapjes? (Hij is nu trouwens een snorrenwedstrijd in de winkel aan het organiseren. Hij laat een enorme, afschuwelijke krulsnor staan en doet dat met de voorzichtigheid waarmee Mr. Miyagi een bonsai snoeit. Hij trakteert ons op eindeloze verhalen over het kammen, waxen, en het in vorm brengen ervan. 'We hebben thuis een aparte badkamer speciaal voor mijn snor,' zegt hij, en ik geloof hem nog ook.) Het heeft niet alleen met vermoeidheid te maken, wat ik altijd als smoesje aanvoer, of met het feit dat ik heel graag naar de stad wil, terug naar mijn man en huisdieren. Er speelt ook iets anders.

Het bot is los en gedeponeerd in het daarvoor bestemde 'bottenblik', dat gevoerd is met een stevige vuilniszak en aan één kant van de werkbank staat. Ik ben nu klaar voor de platte bil, een ovaal stuk vlees ter grootte van een wieldop. Dat is een deel van de billen van het rund, aan één kant dik, waar het net nog aan het staartbeen vastzat, dat naar de rand toe steeds dunner wordt, met de spier die onder bij de schenkel taps toeloopt. Ik begin bij dat dunste deel, trek de spier omhoog en tik voorzichtig tegen de vezels eronder, tot het vlees er bijna vanzelf uit 'rolt'. Ik snijd een stukje van de buitenste vetlaag weg en haal de muis eraf, wat een ander, kleiner stuk vlees van de bilpartij is en een soort... tja, hoe zal ik het zeggen, gewoon een soort vleeskapje is.

Ik ben veel verder dan Jesse, wat ook niet verwonderlijk is. Hij krijgt maar weinig snijoefening en ik werk hier nu al drie maanden, drie tot vier dagen per week, tien uur per dag. Niet dat ik al die tijd aan deze werkbank doorbreng, natuurlijk. Je hebt ook nog de vacumeermachine, de bestellingen van de groothandel die in orde moeten worden gemaakt, de koelcellen en de vriezers die gecontroleerd moeten worden, en natuurlijk ook gewoon wat rondlummelen. Ik heb echter genoeg uren gemaakt om een redelijke snelheid te hebben opgebouwd. Iedereen is weer in stilte verzonken en is geconcentreerd aan het werk. De enige geluiden zijn de muziek van de iPod – we zijn overgestapt op Madonna in haar jonge jaren –, het kletsende geluid van vlees op hout of in plastic bakken, en het gekletter van botten in het blik. Ik trek het grote beenbot los en peuter de ovale kogelbiefstuk van de zijkant van het vierhoekige onderste stuk los. Vervolgens trek ik de dikke, geaderde reep vet in het midden eruit, met al die plakkerige klieren. En dan het kegelvormige peeseind. Al dat vlees (behalve de reep vet, want die gooi je weg) wordt meteen verpakt. Ik moet de zilverkleurige ketting aan de schuine kant van het onderste stuk er nog wel af halen. Misschien dat Aaron me zal vragen om dat te gebruiken voor de rosbief die hij me (onder streng toezicht) zal laten maken. Aarons methode om rosbief voor in de winkel te braden is nooit helemaal hetzelfde. Op dit moment gaat het ongeveer zo:

· · · ·

AARONS ROSBIEF

❋ 3 kilo rosbief (van de achtermuis, platte bil of het spierstuk, ontdaan van het zilveren vliesje, maar met het vet er nog aan)

❋ zout en peper

❋ 3 eetlepels zonnebloemolie

❧ 1 ui, gesneden in ringen van 3,5 cm

❧ 4 gekneusde tenen knoflook

❧ 6 mergpijpen van circa 5 cm

❧ 3 eetlepels boter, in dunne plakjes gesneden

Verwarm de oven voor op 150 graden.

Bind het vlees met slagersgaren in een keurige, gelijkmatige rechthoek, of vraag je slager dat voor je te doen. Bestrooi het stuk vlees aan alle kanten met flink wat zout en peper.

Verwarm de olie in een grote ovenbestendige braadslede op hoog vuur, tot hij dat beckettiaanse 'bijna-rookpunt' heeft bereikt. Schroei het vlees dicht en let vooral goed op dat de kant met het vet een mooi bruin korstje krijgt. Haal het vlees uit de pan, leg het op een bord en draai dan pas het vuur uit. Fruit de ui en knoflook in de nog hete braadslede. Leg de mergpijpen erbovenop, en het vlees, met de vetkant naar boven, daar weer bovenop. En leg dan als laatste de plakjes boter op de stapel. Zet de braadslede ongeveer anderhalf uur in de oven en vergeet het vlees niet elk kwartier even te bedruipen. Zorg dat er zo veel mogelijk van het rijke sap uit de botten door het vlees wordt opgenomen.

Het vlees is klaar als de kerntemperatuurmeter die je in het midden steekt 55 graden aangeeft. Haal de braadslede uit de oven en laat het vlees op kamertemperatuur afkoelen. Snijd het dan in dunne plakken. Genoeg proviand om een klein leger van rosbiefsandwiches te kunnen voorzien.

O ja, en als je daarmee klaar bent, smeer je het merg uit die mergpijpjes met een snufje zout op een boterham voor een goddelijk hapje.

Dat ga ik straks allemaal doen. Ik moet eerst nog de taaie pezen van het uiteinde van het peeseind en van het bovenste deel van de schenkel verwijderen. Die zijn voor in de vleesmolen. Ik pees door. Het liedje dat in mijn nostalgische gedachten weerklinkt is niet hetzelfde als wat er op de iPod op staat, maar eentje dat daar wel vaker zit, een oude rockabilly-deun van de Old 97's die ik ooit, maar half schertsend, tot D's *theme song* heb omgedoopt. *I don't want to get you all worked up. Except secretly I do. I'd be lyin' if I said I didn't have designs on you.*

Ik geniet van de plotselinge kletspraatjes aan tafel, die afgewisseld worden met doodse stiltes. Dat ritme voelt aan als echt werk, met prettige collega's. Aan het einde van de dag, zodra ik mijn leren schaapherdershoed heb afgezet, mijn handen en messen heb gewassen, de werkbank is schoongeboend en met zout is besprenkeld, begint dat vredige gevoel echter al te verdwijnen. Als ik door de deur naar buiten loop zal die hunkerende behoefte weer als een aambeeld op me neerdalen.

'Jules, drink je nog even wat mee? "Moedermelk." Die komt hier uit de buurt. We hebben achter nog een half fust staan dat op moet.'

En dus blijf ik en drink samen met Jesse, Aaron en Josh wat van het bier, dat donkerder is dan ik gewend ben, en bitterder. We praten over van alles en nog wat – niets belangrijks, gewoon wat geouwehoer over snorren en kansrijke presidentskandidaten. Er staat ook een glas voor Juan, maar die kan zich nog niet bij ons voegen. Hij moet nog afwassen, en de lintzaag en de vleesmolen uit elkaar halen en schoonmaken. Hij moet nog kilometers afleggen voor hij naar bed kan. Net als ik, op mijn bescheiden manier.

'Zeg, Jules? Wist je dat slagers in Parijs hun eigen taaltje hebben?'

'Waar heb je het over?'

'Nou, een soort dialect. Net als potjeslatijn. Het heet *louchébem*. Ze draaien de lettergrepen om. Zodat ze de klanten kunnen afzeiken.'

Josh strijkt met zijn vingers door zijn lange rode haar om de klitten eruit te halen en maakt vervolgens een nieuwe vlecht. 'Hebben ze ook een uitdrukking voor "Krijg de klere, klootzak"?'

'Dat moet ik opzoeken.'

Ik vraag, terwijl ik nu al spijt heb omdat ik weet hoe de rest van mijn avond zal verlopen: 'En hebben ze ook een woord voor "gek wijf"?'

'Vast wel. Hmm. Ik geloof dat ik een koosnaampje voel opbor-relen...'

Ik zou elk van deze mannen, in wiens gezelschap ik graag ver-keer, kunnen uitnodigen om ergens in de buurt nog even iets te gaan drinken. Maar dat doe ik niet. Ik ga na één biertje weg. We sluiten af en ik loop in mijn eentje naar mijn auto.

Behalve de winkel is geen enkele plek vandaag de dag nog echt veilig. Ik wil net in mijn Outback stappen als mijn telefoon gaat. 'Ik moet je wat vragen: zie je hem nog steeds?'

'Wat? Nee! Nee... Ik... Ik heb hem niet eens gesproken. Hij wil niet...' Ik kan Eric niet de waarheid vertellen. Ik kan hem niet ver-tellen *dat hij niet meer met me wil praten en dat ik dat vreselijk vind.* 'Hoezo kom je daar nu opeens mee?'

'Weet je? Laat maar. Wat je ook zegt, ik zou je toch niet geloven. Ik wil het niet eens weten.'

'Ik heb helemaal niks... Sorry. Het spijt me.'

Eric en ik hebben al in geen maanden meer gevreeën. En hoe-wel D weg is, me al wekenlang niet meer te woord wil staan, on-danks of vanwege de wanhopige, smekende sms'jes waar onze laat-ste 'nu is het echt menens'-breuk, me niet van kon weerhouden, is hij er natuurlijk nog steeds, woont hij als het ware bij ons in. Eric raakt me niet meer aan. En ik kan hem evenmin aanraken. Eerlijk gezegd is Erics liefde, het feit dat hij zo lief is, een marteling voor me, een continu soort steek. Als we nu met elkaar zouden slapen – in de zin van seks hebben uiteraard, want als ik thuis ben slapen we altijd in hetzelfde bed – zou hij dat te duidelijk merken. En dat zou hij niet trekken. En dat weet ik, omdat ik er zelf bijna aan kapotga. Het voelt vreselijk om dat alleen al aan mezelf te moeten opbiech-ten. Als iets wat continu aan mijn botten knaagt.

Maar ik smacht naar hem, echt, en het lukt me maar niet om dat gevoel de mond te snoeren. Het is alsof je in een donkere kelder bent beland en met je handen wanhopig langs de muren klauwt, op zoek naar het lichtknopje, maar daar alleen maar klamme stenen en spinnenwebben aantreft. En het gaat niet alleen om D. Nou ja, misschien ook wel. Het is moeilijk om daarachter te komen. Want ja, ik droom inderdaad dat ik weer in zijn bed word verwelkomd, en over verzoening; alleen wordt die droom zo langzamerhand te pijnlijk. En als het zo'n pijn doet, is het tijd voor de volgende aanpak: genees-de-hoofdpijn-door-je-vingers-tussen-de-deur-te-klemmen.

Er zijn wel meer mensen die van een lichte vorm van onderwerping houden. Daar hoef je niet meteen stennis over te trappen. Ik vond het altijd al wel interessant, maar dan vooral op een theoretische manier, zeg maar. Het voelde gewoon zo... Nou ja, in de praktijk voelde het gewoon wat suf. Althans, bij de paar keer dat Eric en ik het probeerden. Ik ging ervan uit dat het een verlangen is dat vooral werkt als je erover fantaseert. Maar toen kwam D.

'Kom met me mee naar huis.'

Ik herinner me de allereerste keer nog, toen ik het zeker wist. In november 2004 stonden we op een middag voor een broodjeszaak op de hoek van 12th en University Place. We hadden onze vriendschappelijke lunch achter de rug, die was uitgegroeid tot iets anders. Maar dit was de plek waar onze wegen hadden moeten scheiden. Ik was al te lang van huis geweest.

'Ik kom morgen. Echt waar. Vandaag kan gewoon niet. Ik moet de hond uitlaten.' Ik probeerde me halfslachtig uit zijn omhelzing te bevrijden, maar hij hield zijn handen stevig in elkaar gestrengeld tegen mijn onderrug.

'Als je nu niet meekomt, zul je je bedenken. Kom nou.'

Ik was opgewonden en buiten adem, er klaar voor. D mocht dan beweren dat de tijd begon te dringen, dat ik een volwassen vrouw was die moest worden overgehaald, die in staat was om van gedachten te veranderen, maar in werkelijkheid wist hij donders goed, vanaf het moment dat hij me hier op deze hoek had gezoend, wachtend tot het voetgangerslicht op groen sprong, dat het hem die dag voor het eerst zou lukken om me mee te krijgen naar zijn appartement in Murray Hill. En dat hij niet eens al te veel moeite hoefde te doen. Hij probeerde die zelfverzekerde glinstering in zijn ogen niet eens te verhullen.

Al mijn hele korte leven was ik op het moment dat het er echt toe deed, degene die koos wat of wie ik wilde, en ik zorgde er wel voor dat ik ook mijn zin kreeg. Julie de Stoomwals. Zo ben ik aan mijn man gekomen, aan mijn nieuwe carrière. Maar nu was ik degene die gewild, gepakt en genomen werd. Ik was niet opgewassen tegen die zelfverzekerdheid. Vond die zelfs wel leuk.

'Oké. Maar ik kan maar even blijven. Eén uur. Meer niet.'

'Prima. Kom maar mee dan.'

Zo is hij nu eenmaal. Hij lijkt geen last te hebben van onzekerheid, geen enkele scrupule. Die twee maanden voordat Eric achter onze verhouding kwam, had D geen last van wat voor gewetensbezwaren dan ook. Hij kwam maar al te graag naar etentjes waar ik hem maar al te graag voor uitnodigde, wilde maar al te graag voetjevrijen of veelbetekenende blikken uitwisselen, bleef zelfs maar al te graag een keer bij ons op de bank slapen zodat we in het holst van de nacht konden vrijen, om de volgende ochtend lekker met ons te gaan ontbijten, waarbij hij zijn *eggs Benedict* met smaak opat, terwijl hij daar samen met zijn minnares en haar man in een cafeetje om de hoek zat. (Zijn minnares! Ik vond het heerlijk om dat woord door mijn gedachten te laten dwalen, het in stiekeme mailtjes of sms'jes te gebruiken – maar wel altijd met ironische aanhalingstekens – om het op mijn tong te proeven, hoewel ik het nooit harder dan fluisterend uitsprak, en dan nog alleen tegen mezelf.)

'Kom nou. Kom met me mee.'

'Ga jij maar vast. Ik kom eraan.'

Ik deed eindelijk iets waar ik me voor had moeten schamen, en voor het eerst in lange tijd voelde ik helemaal geen duister schuldgevoel dat mijn hart samenkneep. Ik was duizelig. Losbandig. Ik had een *minnaar*.

'Daar ben je dan eindelijk.' D deed naakt de deur open.

'Zo snel als ik kon.'

Hij duwde me tegen de muur, nam me zowat in de hal voor hij mijn kleren had kunnen uittrekken. Droeg me – en ik ben zwaar, verre van licht en lenig – langs de gesloten deur van zijn huisgenoot (ik verkoos te geloven dat die niet thuis was) naar zijn slaapkamer. Gooide me op het bed, knielde voor me neer om mijn zwarte laarzen met hoge hakken open te ritsen. Trok zijn wenkbrauwen op, zowel ironisch als oprecht, spannend geil. 'Rrrauww...'

'Hou alsjeblieft op. Ik heb ontzettend stomme geruite sokken aan.' Erics sokken, nota bene.

'Maar moet je kijken wat ik nu te zien krijg,' zei hij, wijzend naar de rode leren voering van mijn laarzen. 'Rrrraaaaauwwww.'

Uren later, toen ik opstond om me aan te kleden, trok hij me terug op bed, rukte aan mijn enkel terwijl ik over zijn slaapkamervloer kroop op zoek naar mijn ondergoed, de andere laars, een gebroken kettinkje. Hij sloeg me op mijn billen, beet me, hard, maakte donkere, vlekkerige blauwe plekken over mijn hele lichaam, die ik zorgvuldig moest verbergen en die even duidelijk waren als de beetsporen die een haai in een surfplank achterlaat. Hij had me door.

Niet dat ik het hem moeilijk maakte. Onder invloed van D bood ik mezelf als een lichtzinnige straatmadelief aan. De eerste keer dat hij me in mijn gezicht sloeg was ik immers geketend in de boeien die ik hem zelf had gegeven. Maar eigenlijk was het niet dat slaan zelf, maar die glinstering in zijn ogen wanneer hij me sloeg, die volstrekte zelfverzekerdheid dat hij het goed had geraden. Mijn tintelende wang deed me naar adem happen, maar het was zijn beslistheid die me bevrijdde.

Praktisch gesproken ben ik een geslaagd iemand. Alleen hadden al die dingen die me een zelfverzekerd en onafhankelijk gevoel hadden moeten geven dat niet gedaan. Nee, dat was D geweest. Toen hij me glimlachend afranselde voelde ik me pas vurig, sterk – geëmancipeerd.

Maar nu is hij weg en blijk ik nog in mijn proeftijd te hebben gezeten. Weg vrijheid en hallo knarsend schuldgevoel. Ik zou er bijna onpasselijk van worden.

Eric belt me terug als ik ten zuiden van Rosedale net van de snelweg af ben en over de bochtige weg naar Rifton rijd. 'Hoor eens, sorry van daarnet.'

'Laat maar. Het spijt me als je denkt dat ik iets verkeerds heb gedaan.' Ik kan niet voorkomen dat er een klein beetje rancune in mijn woorden doorsijpelt. En dat is ook niet alleen maar verkeerd;

rancune kan heel handig zijn om berouw te maskeren.

'Ik weet het, je hebt niets gedaan, dat weet ik. Sorry. Ik denk dat ik er gewoon even niet meer tegen kon dat je daar de hele tijd zit. Robert mist je.'

Ik heb de afgelopen paar maanden drie, vier nachten per week hier in mijn huurflatje gezeten. Ik heb altijd al geloofd in de helende kracht van afstand. Afwezigheid versterkt enzovoort...

'Ik wou dat het je niet zo dwarszat. Ik wil dit doen, dit slagersgedoe, en ik ga het ook doen, en daar is niets mis mee en het heeft niets met jou of met ons te maken.' Ik begin emotioneel te worden, en een tikkeltje zelfingenomen. Ik protesteer iets te hard.

'Lieverd, ik wil ook echt begrip tonen, maar je hebt gelijk. Ik snap het niet. Niet dat ik het niet probeer, maar...'

'Oké. Het spijt me. Kun je niet gewoon...'

'Ja, ja, het gaat prima met me. Ik red het wel. Ik mis je alleen en...'

'Weet ik. Sorry. Ik denk trouwens dat de verbinding het elk moment kan begeven.' Zijn stem aan de andere kant van de lijn valt inderdaad af en toe weg en wordt steeds zachter. 'Slaap lekker. Ik hou van je. Echt waar.'

'Weet ik. Ik hou ook van jou.'

Als ik 's avonds alleen in mijn kille flatje ben, in de kale keuken, het woonkamertje en de wit-blauw geverfde slaapkamer, maak ik meestal nog iets te eten klaar. Een steak, wat worst of een karbonade. Ik trek de eerste fles wijn open. Dit zijn de laatste stukjes van het eenvoudige puzzeldeel van mijn dag. Het is negen uur en ik ben op een stoned-achtige manier moe, wat betekent dat ik nog lang geen slaap heb. Mijn pols klopt met een soort zeurende pijn. Ik duw een paar kussens tegen de muur om tegenaan te leunen, vul mijn wijnglas nog een keer bij, haal mijn laptop tevoorschijn en stop er een dvd in.

'Wat is een "stuwadoor"?'

Wat die zin precies betekent doet er even niet toe. Of nee, het doet er bij Eric en mij juist heel veel toe, maar jij hoeft niet te weten waarom dat zinnetje zo geweldig is. Waarom ik dat zo, uit het niets, zonder een bepaalde reden, kan opzeggen en dat Eric dan bij me is. Wat er wel toe doet is dat die onnavolgbare televisieserie, *Buffy the Vampire Slayer*, die al jaren geleden is afgelopen, een bijzondere toetssteen vormt van onze privétaal als stel. Alleen al ernaar kijken voelt als thuiskomen. En vanavond, na ons gespannen, afgebroken gesprek voelt het bijna als een soort verontschuldiging, als een verklaring van trouw. Als ik naar *Buffy* kijk ben ik helemaal van hem. Dit is een van de weinige stukjes popcultuur die er niet onmiddellijk voor zorgen dat ik aan D moet denken – die zowel een filmfanaat als fan van *South Park* is. Ik bekijk drie afleveringen achter elkaar.

Tegen die tijd is het al na elven. Ik zet de computer uit, zet de inmiddels tweede, halflege fles syrah op mijn nachtkastje, knip het lampje uit en ga liggen, terwijl ik de lakens ongedurig over me heen trek. Ik merk meteen al dat het geen zin heeft. Ik haal de laptop weer tevoorschijn en log in op mijn chatsite. Gelukkig is Gwen online.

Julie: Ha. Hoe is-ie? Je zit toch niet meer op je werk, hè?
    Gwen: Nee, gelukkig niet. Ben bij Matt.

Gwen lijkt na jarenlange pech eindelijk een vriendje te hebben gevonden dat bij haar past. Ze blijft natuurlijk Gwen, dus het is nog steeds allemaal even heftig, en ze ergert zich nog steeds wel eens, maar ze gaan samen op reis en op bezoek bij elkaars ouders, en hij koopt kleren voor haar en repareert haar computer en het schijnt dat ze aan allerlei soorten seks doen. Ik doe heel erg mijn best om daar niet verbitterd over te zijn.

Gwen: En bij jou?
    Julie: Ik zit in het noorden. Voel me behoorlijk klote.
    Gwen: Ziek?
    Julie: Nee. Het gebruikelijke. D. Ik heb hem daar een paar uur naar de achtergrond kunnen verdringen, maar als ik eenmaal in bed lig...

Gwen: O, Julie. Wanneer loos je die eikel nou 'ns?

Julie: Ik snap 't gewoon niet. Waarom heeft hij zo'n hekel aan me?

Gwen: Moet ik het je nog duidelijker maken? Hij. Is. Een. Eikel... Ik zou hem graag op zijn bek willen slaan.

Julie: Dat zou super zijn.

Gwen: Hé, ik heb net eindelijk *Match Point* gezien. Scarlett Johansson is een soort combi van D en jou. Jij bent het dronken, hysterische deel en hij is het deel dat vermoord moet worden.

Julie: Heel grappig. Maar ik zou hem natuurlijk zo weer terugnemen.

Gwen: Nu wil ik jou op je bek slaan.

Julie: Bedankt.

Gwen: Zeg, lieve schat, ik moet gaan... Matt en ik gaan... Nou ja... ik moet gaan.

Julie: Begrepen.

Gwen: Veel liefs. Zorg goed voor jezelf.

Julie: Dank je. Veel liefs terug.

Godverdomme. Dat was niet genoeg. Ik schenk mezelf nog een glas in om net nog dat beetje duffer te worden om te kunnen slapen en struin dan een poosje rond op internet. Ik zoek dat ene, die foto's en goedkope filmpjes die je even afleiden: machteloze vrouwen die zijn vastgebonden en erom vragen, mannen die weigeren ze hun zin te geven, dominant, zelfverzekerd. Ik vind dat iets onnozels erotisch hebben. Mijn lichaam reageert erop, ook al houden mijn hersens het al snel voor gezien en krijg ik behoefte om me te wassen. Ik probeer me te richten op excentrieke scenario's, beelden van exotische, smakeloze vernedering, maar mijn hersens stoeien alleen maar wat loom als een verveelde kat met die brokjes en keren dan onverbiddelijk terug naar het gebruikelijke, maar gevaarlijkere foerageerterrein.

Een koel, sardonisch gezicht, het niet-aantrekkelijke, met zijn koele ogen en volle Rolling Stones-lippen dat ik inmiddels kan dromen. Het dichtgegroeide gaatje met de kiezelvormige cyste dat in zijn linkeroorlelletje nog voelbaar is, een restant van zijn tienerjaren als rockgod. De manier waarop hij zijn kleren uittrekt, uiterst bedachtzaam, heel anders dan mijn eigen ongeduldige strippen. Een nuchtere ruk aan mijn heupen, die me naar die lippen toe trekt, een manier van geven die aanvoelt als iets wat hij zich toe-eigent, alsof ik word leeggehaald. Een diepe, geamuseerde stem, met een ronkende toon erin die de adem in mijn keel doet stokken.

Voor D het uitmaakte gaven we ons af en toe over aan telefoonseks. Dat was een gemakkelijke manier om de schaarse momenten dat ik alleen was te benutten, wanneer het ons heel erg hoog zat maar een afspraakje er niet in zat. Niet dat we dan vunzige dingen tegen elkaar zeiden. We maakten er een spel van om naar elkaar te luisteren, probeerden ons op elkaar af te stemmen. Voor mij was dat een veel uitdagender spel dan voor D, eigenlijk vooral omdat ik een waardeloze pokerspeler ben. Hoe heimelijk ik ook probeerde te zijn, er ontglipte me altijd wel een kreun, een 'O, fuck', of mijn hijgende, haperende adem stokte, zodat hij wist dat ik op het randje zat. Terwijl ik afgezien van een minimale hapering in zijn ademhaling, het sneller wordende kletsende geluid dat ik door de hoorn amper kon horen, af en toe een huivering die hij onmiddellijk smoorde door op zijn lip te bijten, niets had om op af te gaan. En aan het eind speelden we soms vals. Dan zei hij iets, voor het eerst nadat we elkaar hadden begroet. Fluisterend, dringend maar afgemeten, bijna kwaad, eerder dwingend dan vragend. *Zeg dan wanneer. Nu?*

'Ja, alsjeblieft, nu alsjeblieft...' Zijn naam klinkt als een snik, de herinnering aan de geluiden aan de andere kant van de lijn zorgt ervoor dat mijn spieren zich spannen en samentrekken. De pezen in mijn pols en wijsvinger kloppen en vervolgens huil ik mezelf in slaap. Maar het lukte me tenminste wel, met mijn hand tussen mijn dijen geklemd, niet voor het genot, maar als troost, zoals een klein kind zou kunnen doen.

De volgende ochtend sta ik met lodderige ogen en paarse wijnlippen weer op. In mijn keel zitten nog een paar verdrietige hikjes die eruit moeten. Ik neem een douche, trek een schone spijkerbroek aan en een van de zwarte Fleisher's-T-shirts die ik altijd naar de winkel draag ('ONS VLEES VALT NIET TE VERSLAAN!'), en tegen de tijd dat ik in de klamme herfstlucht sta en in mijn Outback stap, voel ik me al wat rustiger. Normaal gesproken zou ik nu naar de winkel rijden voor nog een dag vol schrammen, schuine grapjes en snijwerk. Vandaag word ik echter elders verwacht. Ik heb een afspraak met een varken.

6

Magere Hans

Het is een prachtige ochtend eind november en de hemel boven de nabijgelegen Shawagunks-heuvelrug is hartverscheurend blauw. De ochtendzon glinstert op de felgekleurde ronddwarrelende bladeren van de bomen die het groene veld omzomen, waar ik via een kort modderpad in het voetspoor van een zootje ongeregeld naartoe ben gelopen. Het zijn vooral twintigers, studenten van de CIA. Midden in het weiland staat een veekraal met een houten hek, met daarin vijf varkens die lekker achter elkaar aan rennen en in de modder wroeten. Zodra er iemand in de buurt van het hek komt, om o en ah te roepen of een foto te maken, komen ze met gespitste oren en opgerichte kop naar het hek toe. Een paar meter verderop staat een oude Oostenrijker in een overall een klein kaliber geweer te laden.

Ik ben hier vanwege Aaron. Elk najaar organiseert de CIA een uitje voor studenten om hen een ouderwetse varkensslachting te laten zien en hen daaraan te laten meedoen. Het uitje wordt geleid door een van de ervaren docenten, ene Hans, die volgens Aaron ooit het Europese kampioenschap uitbenen heeft gewonnen. (Zou dat echt bestaan? Het zou leuk zijn als de winnaar dan een band kreeg.) Hij heeft me verteld waar en wanneer ik me moet melden: om acht uur op een zijweggetje vlak bij Mohonk Mountain House, een prachtig, zij het ietwat *Shining*-achtig historisch vakantieoord.

Aaron moet zelf in de winkel zijn en kan tot zijn grote spijt dus niet van de partij zijn, maar tegen mij had hij gezegd: 'Je moet echt gaan. Je moet Hans een keer aan het werk zien, die man is een kunstenaar.'

Ik wou dat hij hier was. Ik ken hier niemand en voel me een indringer, alsof iemand me elk moment zal ontmaskeren en vragen wat ik hier eigenlijk te zoeken heb.

Dit is mijn allereerste slachting ooit. Sinds ik met dit hele slagersgedoe ben begonnen heb ik reikhalzend uitgekeken naar zo'n mogelijkheid, maar het is niet eens zo gemakkelijk om het doden van een dier omwille van zijn vlees te mogen bijwonen. Bij het Grote Vlees laten ze je echt niet binnen. Ze zien je al aankomen. Zelfs de slachthuizen waar Josh zaken mee doet, kleine firma's die het heel nauw nemen met hygiëne en humaniteit, weigeren me in de buurt te laten komen en geven hun adres niet eens aan mensen die niet tot hun klantenkring behoren. Ze koesteren een ziekelijke angst voor dierenactivisten, een vrees die ik lachwekkend overdreven vind, maar nu ik erover nadenk zullen ze wel hun redenen hebben. Ik heb in mijn eerste boek een stuk geschreven over het koken van kreeft en kreeg toen diverse waanzinnige en grammaticaal niet helemaal lekkere brieven, dus kun je nagaan wat abattoirs voor hun kiezen krijgen.

Ik blijf even met een voet op het houten hek staan kijken, terwijl ik bedenk dat deze dieren straks dood zullen zijn en dat hun vlees misschien wel heel letterlijk op mijn bord zal belanden. (De boer van wie de ten dode opgeschreven dieren van vandaag zijn, is een van Josh' leveranciers.) Ik heb eigenlijk altijd al iets met varkens gehad. En niet alleen met die schattige Chinese hangbuikzwijntjes, hoewel ik er maar wat graag zo eentje zou willen. Ik hou wel van zwijnen. Ik vind het leuk dat ze zowel vies als slim zijn, dat ze bijvoorbeeld behoorlijk agressief kunnen zijn, maar er op zijn tijd ook van genieten als je ze even achter hun oren krauwt. Je zou een varken zeg maar mijn machtsdier kunnen noemen. Echt, het is eigenlijk zonde dat ze zo lekker smaken, maar dat is natuurlijk ook een deel van de reden dat ik iets met ze heb.

Naast me staan meer mensen te kijken, en waarschijnlijk spelen dezelfde gedachten door hun hoofd. Aangezien ze nog jong zijn en een koksopleiding volgen, en ook vrienden en/of concurrenten van elkaar zijn, bestaan hun gesprekken uit een flinke dosis ontwijkende bravoure en hebben ze de neiging elkaar qua kennis en onverschilligheid steeds de loef af te willen steken. Ik geloof hen alleen niet. Er hangt een bepaalde zweem in de lucht, een tastbaar gevoel van verwachting, en niet alleen vanwege het aanstaande culinaire kunststukje. We staan op het punt – en voor de meesten van ons is dat de eerste keer – een gewelddadige dood te aanschouwen. Een moord, als je moord omschrijft als het moedwillig doden van een onschuldig wezen. En we zijn allemaal nerveus, opgewonden en een beetje geagiteerd.

In reactie op iemands roep schaart de hele groep zich – we zijn denk ik met z'n dertigen – rond de veewagen die een eindje verderop staat, met nog twee zwijnen erin, die door een metalen hekwerk in het midden van elkaar gescheiden zijn. Op de vloer van de wagen ligt stro. Hans heeft in de ene hand een geweer en in de andere een metalen bakje met voer, maakt het hek achter in de kar open en loopt naar het eerste beest toe. Dat loopt niet weg. Wanneer hij het bakje op de grond zet, trippelt het varken er ogenblikkelijk naartoe en begint te eten. Hans plaatst het geweer tegen de voorkant van zijn kop.

Als het geweer afgaat, klinkt dat net als het ontkurken van een champagnefles. De theorie luidt – en ik weet niet helemaal of ik daar intrap – dat de schedel van een varken zo dik is dat het kleine kaliber hem alleen maar verdooft; het houweel dat meteen daarna in zijn slagader wordt gestoken is pas de echte doodssteek.

Hans duwt het houweel erin en trekt het beest in één ruk op het gras. De kring nieuwsgierige toeschouwers, die het schot van dichtbij wilde zien, deinst achteruit.

Nu weet ik dat het eigenlijk 'bloeden als een zwijn' zou moeten zijn. Terwijl het bloed uit zijn keel spuit, bewegen de poten van het beest heftig op en neer. Door de kracht van zijn spasmes draait hij als een breakdancer rondjes op het gras. En dat alles terwijl het akelig stil is. Niks geen afschuwelijk gekrijs. We staan niet te kijken naar bewust lijden, maar slechts naar de aangeboren behoefte van elk levend wezen om zich aan het leven vast te klampen. Net alsof je kijkt naar een patiënt die, hoewel hersendood, toch naar adem hapt wanneer hij van de beademing af wordt gehaald. In zijn doodsstrijd bevuilt het varken zichzelf met zijn eigen bloed, dat nog steeds in grote hoeveelheden uit hem blijft stromen, in het hoge gras verdwijnt en als water door de aarde wordt opgenomen.

Hoewel het veel langer lijkt, duurt het ongeveer een minuut voor het dier uiteindelijk stilligt. Hans knoopt de achterpoten bij elkaar en trekt de lus strak. Hij wijst twee studenten uit de groep aan, gebaart naar het touw en zegt: 'Breng 'm maar daarheen.'

Twee jongens pakken het touw en trekken het dode varken naar een oude porseleinen badkuip die even verderop in het gras is ingegraven. (Ik schat dat er drie keer zoveel jongens als meisjes zijn.)

Aan beide uiteinden van de tobbe ligt een touw. Als de studenten het lichaam een duw geven, valt het met een zware bons, zoals dode dingen doen, boven op de touwen in de tobbe. Die lopen nu dus onder het varkenslijk door: het ene bij zijn schouder, het andere bij zijn achterpoten. Terwijl de rest van ons zich eromheen schaart, beginnen een paar andere vrijwilligers emmers vol heet water te scheppen uit een vat ter grootte van een jacuzzi dat op een groot houten fornuis staat. Ze kiepen de emmers leeg bij het varken, tot de tobbe halfvol is. Op aanwijzingen van Hans pakken vier jongens de uiteinden van de touwen en trekken die vervolgens van links naar rechts, alsof ze aan het touwtrekken zijn, zodat het varken om zijn as draait. Tegen de tijd dat er geen stoom meer van het water komt, beginnen de stugge haren los te laten, en die drijven nu dus op het oppervlak. Het touw heeft twee lange, kale schaafplekken gemaakt en de huid eronder is opgezwollen, wit en zacht. Er zijn vier man voor nodig om het beest weer uit de badkuip te halen en op een stuk krakkemikkig triplex te leggen.

Als Hans om nieuwe vrijwilligers vraagt, zetten minstens zes mensen een stap naar voren. Ik niet. Ik maak mezelf wijs dat de studenten voorgaan, die hiervoor immers collegegeld hebben betaald en ook een legitieme reden hebben voor hun aanwezigheid. En als ik eerlijk ben voel ik diep vanbinnen ook dat ik geen deel wil uitmaken van deze slachting, voel ik me als toeschouwer in plaats van deelnemer op de een of andere manier minder laakbaar. Wat natuurlijk nergens op slaat.

De vrijwilligers knielen naast het varken op de grond, met rubberen krabbers in de vorm van een kopje in de aanslag. Terwijl ze schrapen, ontstaan er naast hen grote, zompige bergen haar die zachtjes op het briesje bewegen, terwijl het lijk lilt en siddert. De vetlaag onder de huid golft als bij een te dikke jogger en de poten maaien door de lucht alsof het varken nog leeft en probeert te ontsnappen. Als het haar er allemaal af is, wat nog geen vijf minuten duurt, ligt het dier er bleek en opgezwollen bij, al meer vlees dan dier.

Het karkas wordt naar een nabijgelegen schuurtje met een overdekt platje van beton gebracht. Aan een houten balk hangt een ketting aan een katrol, waar twee forse jongens de achterpoten van het varken aan bevestigen en het daarna omhoogtrekken. Het zwijn bungelt nu vlak boven de grond.

Nu komt het punt waarop de slachting slagerswerk wordt. Hans haalt met een sissend geluid het mes een paar keer over het aanzetstaal – een verre van imposant geval dat niet veel groter is dan wat ik in de winkel gebruik – en splijt het varken dan zonder verdere plichtplegingen in tweeën. Hij steekt zijn hand in de flap die van kop tot staart reikt, schept de bleke ingewanden eruit en gooit die in een grote emmer. Dan volgen de lever en het hart, dat zo-even nog efficiënt genoeg werkte om in een paar seconden al het bloed uit de wond in zijn nek te pompen. Dan de maag en de longen, inclusief de luchtpijp, die door de keel omhoog worden getrokken, eindigend bij de blauwe tong, die met één haal uit de bodem van zijn bek wordt losgesneden. Hij snijdt de kop er met een soepele beweging af en legt die opzij. Het lege karkas dat overblijft, met de randen van de gapende maag die als een stel gordijnen openhangen, lijkt nu bijna exact op dat waar ik elke dag bij Fleisher's mee geconfronteerd word.

De CIA geeft wel slagerscursussen, maar niet echt uitgebreide. De meeste studenten volgen iets van zeven lessen vleesverwerking, die slechts voor een deel uit praktijkoefeningen bestaan, dus wat na drie maanden voor mij gesneden koek is, is voor hen nog mateloos fascinerend. Nadat het varken met een trefzekere uithaal van de slagerszaag doormidden is gezaagd, buigen ze zich om de beurt naar voren om de zijkanten te bestuderen. Ze wijzen elkaar op de spareribs en vragen zich af waar de procureur zit. (Bij zijn schouder, had ik hun kunnen vertellen, maar dat doe ik niet. Dezelfde spier die bij runderen onderrib wordt genoemd.) Ik zet een stapje achteruit, zodat ze er goed bij kunnen. Ik vind het zo eigenlijk wel welletjes. Het varken is van een vrolijk, knorrend boerderijdier in iets veranderd wat ik al ken, en dat in nog geen tien minuten.

Hans staat zijn geweer alweer te laden.

Ik dwing mezelf te blijven kijken terwijl er nog een dier wordt 'verwerkt'. Als Hans het hok van het tweede varken binnengaat, weigert het op te staan en blijft het vastberaden met zijn kin tussen zijn poten naar hem op liggen kijken. Het zwijn is zo te zien niet in paniek, maar het lijkt zo sterk op Robert de Hond wanneer ik thuiskom en ontdek dat hij in de afvalbak heeft zitten wroeten dat ik mezelf betrap op de gedachte dat het doorheeft dat het foute boel is.

Ik vind eigenlijk dat ik langer moet blijven en het moet uitzitten – ze hebben nog vijf dieren te gaan –, maar ik loop toch terug naar het pad waar mijn auto staat. Ik heb mijn slachting gezien, en twee waren meer dan genoeg.

Ik ga terug naar de winkel, een halfuur rijden op deze prachtige ochtend, en ben er nog voor openingstijd. Bij binnenkomst begroet Josh me met de woorden: 'Terug van het slagveld. En? Gebrandmerkt voor het leven? Het is best zwaar, hè?'

Ik zet een gezicht op alsof ik zwaar getraumatiseerd ben. 'Best heftig, ja.'

De waarheid ligt echter ingewikkelder. Volgens mij ben ik vooral ontdaan omdat ik niet echt ontdaan ben. Ik heb net gezien hoe een beest gedood en kapotgesneden werd, en dat doet me niet eens echt veel.

Wanneer ik mijn schort omknoop, komt Aaron naar me toe lopen met iets onherkenbaars aan een vork gespietst. 'Proef eens.'

'Wat is dat?'

'Proef nou maar gewoon.'

'Is het iets smerigs?'

'Nee.' Hij trekt een wenkbrauw op. 'Maar als het dat wel was, zou ik je het niet vertellen.'

Ik open mijn mond en sluit braaf mijn ogen. Hij stopt het brokje in mijn mond. Ik kauw.

'Hmm, niet vies. Wat is dat?'

Aaron grijnst. 'Hart.'

'Hart?'

'Een stukje gegrild runderhart. Lekker?'

'Ja. Het spijt me, maar je zult toch echt meer uit de kast moeten halen als je me van mijn stuk wilt krijgen.'

Aaron trekt een onschuldig gezicht van 'Wie, ik?'. 'Ik probeer je helemaal niet van je stuk te brengen. Ik probeer je juist iets bij te brengen. Opvoeden heet dat!'

'Mm-mm.'

'Julie?' Jessica draagt nettere kleren dan anders: een strakke spij-kerbroek met leren laarzen en een mooi zwart topje met een wijde col. Ze heeft haar pluishaar eens niet in een slordige staart opge-stoken; want het hangt nu los en is duidelijk geföhnd. Volgens mij heeft ze zich zelfs opgemaakt. Ze ziet er alleen niet bepaald geluk-kig uit.

'Vanwaar zo netjes?'

'Ik moet straks naar een van de restaurants waaraan we leveren. Josh... kan niet. Of wil niet. Heb je zin om mee te gaan? Het is een superplek en ik vermoed dat er wel een gratis etentje te regelen valt.'

'Zeker weten!' Ik slik mijn brokje hart door.

Het restaurant ligt zo'n anderhalf uur rijden van Kingston. Het zou iets korter zijn als we met de Mini van Josh de snelheidsduivel zouden gaan, maar vanavond zitten Jessica en ik met z'n tweeën in hun grote rode bestelbus. Ik klap het spiegeltje in de zonneklep open en kijk even. 'Nee hè, ik zie er niet uit.'

'Ach joh, je ziet er prima uit.'

'Dank je wel, maar dat is echt, echt niet waar.' Behalve de spijkerbroek en het Fleisher's-T-shirt dat ik aanheb, heb ik geen andere kleren in de winkel liggen. Mijn haar zit in de war en plakt aan mijn schedel van het zweet, mijn gezicht vertoont geen spoortje make-up en is rood aangelopen vanwege alle inspanningen van vandaag. En ik stink. Ik probeer met mijn vingers mijn haar te fatsoeneren, maar geef het al snel op en leun achterover in mijn stoel, terwijl Jessica de rotonde naar de tolweg van New York op rijdt.

'Ik heb trouwens veel gehoord over die tent, maar ik ben zo'n beetje de enige die er nog nooit is geweest. Zelfs Eric is er geweest, met zijn ex.'

'Zijn ex? Maar ik dacht dat jullie al praktisch vanaf de peuterschool bij elkaar waren?'

'Ja... Nou, eh...'

Jessica werpt een snelle blik opzij. 'O, oké.'

Ik grijns schaapachtig. Ik heb me tot nu toe heel goed gehouden, maar het zat eraan te komen. Met al die dingen die door mijn lichaam kolken, kon ik er donder op zeggen dat het op een gegeven moment naar buiten zou glippen. Het is eerlijk gezegd best een opluchting. Continu op je tong moeten bijten is nogal vermoeiend. 'Ach ja. De afgelopen paar jaar zijn nogal turbulent geweest.'

Als de sluisdeuren van het vrouwenonderonsje eenmaal geopend zijn, is er geen houden meer aan. We zijn nog geen halfuur op pad of ik heb zowel Erics als mijn eigen misstappen uit de doeken gedaan, me beklaagd over het verlies van mijn minnaar en mijn voorkeur voor kinky seks opgebiecht.

'Wauw. Als Josh een ander zou hebben, denk ik niet dat ik dat zou trekken. Ik trek het nu af en toe al niet.'

'Klopt. Wat is er de laatste tijd met jullie aan de hand? Als ik tenminste zo vrij mag zijn. Jesse vertelde dat jullie elkaar gister in de haren zijn gevlogen.' Josh en Jessica doen geen moeite hun onenigheid voor collega's te verbergen. Soms gaan ze vlak naast de werkbank tegen elkaar tekeer en staan daar woedend te schreeuwen en te tieren, waarna ze allebei in tegenovergestelde richting weglopen, binnensmonds hun walging kenbaar makend, terwijl wij in het neerdalende stof achterblijven. Naderhand, als het eenmaal voorbij is, heeft Josh het altijd over 'mama en papa die ruziemaken in het bijzijn van de kinderen'.

Jessica kijkt me veelbetekenend aan. 'Ach ja. Man en vrouw op een en dezelfde werkplek... Ik probeerde hem zover te krijgen om aandacht te besteden aan iets wat hij liever ontloopt, en toen flipte hij gewoon. Hij was over de rooie dat hij vanavond niet mee kon omdat hij tot over zijn oren in het werk zit. Alsof ik daar iets aan kan doen.' Het is bijna donker en de wolken hoog in de lucht beginnen al paars te kleuren. Jessica neemt de afslag naar Tarrytown.

'Ik ben verbaasd dat jullie zo ruzie kunnen maken. Eric en ik hebben haast nooit ruzie. Zelfs tijdens dieptepunten...'

'Is dat fijn?'

'Ik weet het niet. Wel makkelijker. Hoewel ik me wel nog die keer herinner dat hij midden in de nacht was wezen slaapwande-len, en toen ik de volgende ochtend wakker werd, zag ik dat hij alle messen uit mijn messenblok had getrokken en keurig naast elkaar op het aanrecht had gelegd...'

Jessica werpt weer een snelle blik mijn kant op. 'Oké, ja, dat is inderdaad geschift.'

'Ik denk dat hij zich gewoon schuldig voelde omdat hij een van mijn messen kapot had gemaakt toen hij daarmee in een plank stak.'

'En waarom had hij dat dan gedaan?'

'Omdat hij boos was. Volgens mij roep ik dat in hem op. Soms denk ik dat ik hem op het slechte pad heb gebracht. Toen ik hem leerde kennen, was hij een heel lief, rustig jochie.'

'Je weet dat dat nergens op slaat, hè?'

'Nee, dat zal wel niet.'

We rijden nu een oprijlaan met grind op die naar een groot bak-stenen gebouw leidt. Zo te zien de personeelsingang van het restau-rant. 'Nou ja, elk huwelijk heeft zo'n eigen hel, hè?' We stappen uit en gooien de portieren van het busje achter ons dicht. Het ruikt buiten vagelijk naar mest. Ik ben me weer even sterk bewust van mijn futloze, platte haar en mijn schoenen en T-shirt vol vleesvlekken.

Terwijl zij gewoon meteen naar binnen loopt. Dat zou ik dus echt nooit doen: gewoon een drukke tent in lopen met allemaal mensen die in de weer zijn met allerlei belangrijke dingen, op zoek naar degene voor wie ik kom. Ik ben meer het type dat overdonderd op de drempel blijft dralen, maar ik loop nu toch maar door de smalle, betegelde hal achter haar aan naar een deuropening.

'Ha, die Dan. Heb je even?'

De chef-kok is een slanke man met volle lippen, een hoog voorhoofd en een lange neus. En grote, donkere ogen. Hij werpt Jessica een lome glimlach toe. 'Jazeker.' Hij steekt een hand met lange vingers uit, kijkt haar recht aan op de manier waarop sommige mensen dat doen, en wendt zich dan tot mij.

'Dit is Julie. Ze is in de leer bij ons in de winkel.'

'Aangenaam.' Hij schudt ook mij de hand en kijkt mij eveneens doordringend aan. 'Trek maar een stoel bij, dames.'

Dat doen we. Nu hij weet wie ik ben, heeft Dan alleen nog maar oog voor Jessica. Ik zit daar dus maar gewoon een beetje en probeer zowel oplettend als klein te lijken, terwijl zij het over abattoirs, begrotingen en vergunningen van de Voedsel en Waren Autoriteit hebben. Het duurt ongeveer een kwartier. Ik vermaak mezelf door ondertussen naar de restaurantmedewerkers te kijken die in hun kokstenue de felverlichte keuken voor het kantoortje in en uit rennen, en soms sla ik Dan gade terwijl hij met Jessica praat. Ik ken zijn manier van doen, herken die maar al te intiem: het oogcontact, je strak aankijken en dan even wegkijken, zijn vingers die de zijkanten van de voorwerpen op zijn bureau beroeren, zijn diepe gegrinnik dat net geamuseerd genoeg klinkt. Ik val voor dat soort gedrag, maar Jessica lijkt onaangedaan. Ze lacht alleen hard als Dan iets zegt wat echt grappig is en ze knipoogt vrolijk of troeft hem speels af zonder een spoortje van verlegenheid of strategie. Ik benijd haar.

'Ik moet nu echt terug naar het strijdtoneel, maar bedankt dat je even langskwam. Jullie blijven toch wel eten?'

'Graag, dat zou heerlijk zijn.'

'Mooi, ik zal 'ns kijken wat we in elkaar kunnen flansen.'

Jessica kijkt me veelbetekenend aan wanneer we de gastvrouw volgen naar het restaurant. In het boterzachte licht valt des te meer op dat ik eruitzie als een verfomfaaide amazone.

'Wat is er?'

'Hij. Dat hij wel iets in elkaar zal flansen. Wacht maar, je snapt zo wel wat ik bedoel.'

En dat snap ik inderdaad. Jessica en ik werken ons in de tweeënhalf uur daarna door onnoemelijke gangen van verrukkelijk eten heen: piepkleine venkelbolletjes op cocktailprikkers, varkenskarbonades die zo pietepeuterig zijn dat we er bijna bang van worden (had dit varkentje de baarmoeder al verlaten?) en flinterdunne stukjes appel. Twee uur later kan ik me echt niet meer herinneren wat we allemaal hebben gehad. Ik ben een behoorlijk grote eter, maar hier kan zelfs ik niet tegenop. Maar er komt een moment dat die marathon helemáál de moeite waard blijkt: de varkensbonbon.

Dat is een piepklein, volmaakt blokje van tweeënhalve centimeter. We krijgen te horen dat het varkenshart is, maar het donkere reepje vlees lijkt helemaal niet op het stukje hart dat Aaron eerder vandaag in mijn mond heeft gestopt. Het heeft eerder iets romigs, zoals paté. Het blokje zit tussen twee onmogelijk dunne chocoladewafeltjes geperst. Jessica en ik vertrouwen het niet helemaal. We pakken de bonbon van ons bord en stoppen hem tegelijkertijd in onze mond.

Heb je wel eens een orgasme gekregen van eten? Het lijkt nogal veel op de traditionele variant: je verliest alle controle, je kreunt onbetamelijk en het is nogal gênant om in het openbaar te ervaren. Als Jessica en ik de varkensbonbon op onze tong laten smelten bereiken we allebei gelijktijdig een hoogtepunt.

'Jezusmina...'

'O mijn god!'

Jessica gooit haar hoofd in haar nek. Ik grom en sla met mijn handpalmen op tafel. Onze blikken ontmoeten elkaar en het is pure magie.

Vijf seconden later, nog steeds wat verhit, hebben we de koppen bij elkaar gestoken en bespreken onze strategie. Omdat je, als je eenmaal je eerste varkensbonbon hebt gehad, de rest van je leven bezig kunt zijn met er meer van zien te bemachtigen.

'Het kan nooit alleen maar hart zijn. Daar is de vulling te smeuïg voor. Ik vermoed dat er wat lever in zit, en room...'

'Klopt. Maar hij is toch ook vlezig en donker. En dan die wafeltjes of koekjes, of wat het ook mag wezen; die waren zo dun en krokant, bijna als het krokante laagje om een chocoladesnoepje.'

'Maar het was maar een klein beetje zoetig...'

We rijden in stilte terug, terwijl we allebei vechten tegen het slaapverwekkende effect van vijftien gangen machogastheervoedsel. Ik leun met mijn hoofd tegen het koele raampje en staar in het luchtledig. 'Weet je, ik weet niet eens of hij van die maaltijd zou hebben genoten. Of hij het überhaupt zou hebben opgemerkt.'

'Wie? Eric? Of, nee... hoe-heet-ie, die andere vent?'

'Ja. Hij leek nooit echt om eten te geven. Eigenlijk leek hij om helemaal niets te geven waar ik om gaf. Het was altijd alleen maar een soort beleefde klotebelangstelling.'

'Goh, klinkt leuk, zeg.'

'Maar het was altijd een enorme kick als hij iets dan ook echt op prijs stelde. Ik herinner me dat ik hem een keer een kort filmpje liet zien dat ik mooi vond, en dat vond hij geweldig.'

'Wat aardig van hem,' sneert Jessica. Ik haal mijn schouders op. 'Zou Eric het leuk hebben gevonden? Zou hij varkenshartbonbons lekker vinden?'

'Ben jíj gek? Die zou uit zijn dak zijn gegaan. Die zou zichzelf helemaal misselijk hebben gegeten aan al dat eten.'

'Tja. Je deelt dingen met de mensen die ze met je willen delen. Die het snappen. Anders is er toch niks aan?'

'Ja, ik denk het wel.'

Tegen de tijd dat Jessica me in Rifton voor mijn deur afzet, is het al bijna twaalf uur. 'Dank je wel voor het etentje en het meerijden en zo.'

'Dank je wel dat je mijn copiloot wilde zijn. Ik zie je morgen.

Heb je een lift nodig, omdat je auto nog bij de winkel staat?'

'Als dat niet al te veel moeite is, zou dat heel fijn zijn.'

'Prima, tot morgen dan.'

'Oké.' Ik stap uit en wil het portier al achter me dichtslaan als me nog iets te binnen schiet. 'O ja, en eh... het is misschien een beetje raar, maar zou je alles waar we het vanavond over hebben gehad voor je willen houden? Ik heb liever niet dat de hele winkel het straks weet.'

'Ik hou mijn mond zolang jij je mond houdt.' Jessica zwaait, keert om en rijdt terug in de richting waar we vandaan zijn gekomen. Ik steek mijn hand in mijn zak voor mijn sleutels.

Leeg. Ik doe mijn tas open en doorzoek die. Niets. Wacht even, wacht even... Hoe kan dat nou? Ik doorzoek alles nog een keer. Nog steeds niets. Ik snap het niet, ik snap het echt niet...

En dan een verblindend inzicht. Mijn sleutelbos. Die heb ik aan Josh gegeven, zodat hij mijn auto van de parkeerplaats voor overdag kon verzetten. Mijn sleutelbos, je weet wel, die met al mijn sleutels eraan.

Het is opmerkelijk hoe vaak dit me al is overkomen. In de ruim twee jaar sinds dit hele gedoe met D is begonnen, heb ik mezelf denk ik al een stuk of zes keer buitengesloten. Eén keer heb ik in Queens geprobeerd door het raam van ons appartement op de eerste etage te klimmen door op twee melkkratjes te gaan staan. De blauwe plek op mijn heup toen ik van de kratjes af donderde was zo groot en donker dat zelfs Eric dat met zijn koortsachtige, boze fantasieën niet kon toeschrijven aan ruige seks met een andere man. Ik weet behoorlijk zeker dat hier een nogal ingewikkeld systeem van schuldgevoel en zelfkastijding aan ten grondslag ligt.

Ik heb onderburen, maar hoewel ik een paar keer klop en aanbel, levert dat alleen een blaffende hond op. Nadat ik die strategie heb verworpen, loop ik naar de achterkant van het gebouw, op zoek naar een manier om binnen te komen. Ik vind een gammele ladder die tot aan de dakrand reikt, en na die te hebben bestegen, zie ik dat ik op deze manier in ieder geval bij mijn keukenraam kan komen.

Helaas is dat raam potdicht. Ik trek en trek, maar het heeft geen zin. Ik overweeg even om het ruitje in te slaan, maar het afschuwelijke visioen dat ik dan op de een of andere manier per ongeluk mijn polsen tot op het bot zal openhalen aan de scherven, doemt telkens voor mijn ogen op en dus verwerp ik ook die optie. Ondertussen is mijn angst dat ik de buren wakker maak verdwenen, dat ze me zullen hebben neergeschoten voor ik kan uitleggen wie ik ben. Ik probeer dus niet meer op mijn tenen te lopen en stamp zelfs een beetje. Er gaat echter nergens een lampje aan en ik hoor ook geen enkele stem. Zelfs de hond blaft niet meer.

Ik ga op het dak zitten. Het begint koud te worden. Best wel koud. Ik haal mijn BlackBerry uit mijn zak en zie tot mijn verbazing dat, hoewel de accu bijna leeg is, ik wel twee bereikbalkjes heb. Het is halfeen. Ik scroll door de namenlijst en druk op de verbindingstoets wanneer ik bij *keten&boei* ben. De voicemail. 'Raad 'ns waar ik ben? Wedden dat je het niet raadt? Ik zit op het dak van mijn flatgebouw. Ik heb mezelf buitengesloten. En – hé, kijk nou – het begint te sneeuwen. Ik weet niet zeker wat ik je wil vragen hieraan te doen, maar als je dit hoort, bel me dan even, oké?'

Ik ga naar een ander nummer in mijn adresboek, eentje met een kengetal aan de westkust. Hij gaat één keer over voor hij naar de voicemail overschakelt. Ik weet dat D wakker is: hij gaat nooit voor twee, drie uur naar bed. Hij heeft niet eens zijn eigen bericht ingesproken; het is niet meer dan een computerstem die me vertelt dat degene die ik bel onbereikbaar is. Ik mompel een paar woorden in mijn telefoon, terwijl ik steeds huileriger begin te klinken en waarschijnlijk ook meer aangeschoten dan ik in werkelijkheid ben, over dat ik mezelf heb buitengesloten, op het dak zit, het koud heb, moe ben en hem zo mis. Ik weet natuurlijk best dat hij niet zal terugbellen, hoewel ik elke keer dat ik in zo'n situatie verkeer weer denk: is dít het soort situatie dat hem zal raken?

Eric belt me terug wanneer ik halverwege de ladder terug naar beneden ben. Ik zucht. Zijn timing is altijd waardeloos.

'Hé schat, waarom ga je niet gewoon naar een hotel?'

'Ik heb geen auto. Die staat nog bij de winkel. Wacht, je valt weg – mijn telefoon is bijna leeg. Shit.'

'Oké, ik bel wel een taxi voor je. Wat is je adres ook alweer?'

'Hoe kun jij nou een taxi voor me bellen?' Ik sta inmiddels weer voor mijn huis in een glanzende sneeuwcirkel onder de straatlantaarn en schuif koppig met mijn voet door het dunne laagje dat steeds dikker wordt. Er komt geen auto voorbij en de straat is uitgestorven.

'Heb je wel eens gehoord van dat geweldige iets dat internet heet? Ik vind wel een bedrijf bij jou in de buurt en bel je dan terug, oké? Als je niets van me hoort...'

'Nee, want dat zal ik niet. Ik zei toch dat mijn telefoon bijna leeg is?'

'Oké. Nou, hoe dan ook, ik ga een taxi voor je regelen. Bel me als je in een motel zit. Ik hou van je.'

Ik hang op zonder afscheid te nemen, alsof deze hele ellende zijn schuld is.

De taxi komt pas na een uur, omdat hij helemaal vanuit Kingston moest komen. 'Hallo,' zegt de chauffeur wanneer ik instap. 'Gestrand?'

'Ik heb mezelf buitengesloten.'

'Kolere. Waar wil je naartoe?'

'Zit er niet een hotel in de buurt van New Paltz? Vlak bij de snelweg?'

'Ja, Motel 87. Dat moet lukken.'

'Super.' Ik leun van pure vermoeidheid achterover in mijn stoel. 'Dat zou heel fijn zijn.'

En dat motel wordt het dus, en het is precies wat je zou verwachten van zo'n plek aan de snelweg: zompig geel licht in de badkamer en groezelige vloerbedekking. Maar er staat een bed en het is er warm. Tegen de tijd dat ik de sleutel in mijn kamerdeur steek en op bed plof is het al na tweeën. Ik pak de telefoon en bel mijn man. Ik hoor meteen dat ik hem wakker bel.

'Met mij. Ik lig bijna veilig onder de wol.'

'Mooi zo, schatje.'

'Dank je wel. Ik bel je morgenochtend.'

'Oké.' Zijn stem heeft een soort weifelende ruis, waarvan ik weet dat het betekent dat hij eigenlijk half slaapt. 'Welterusten, lieverd.'

'Ja, jij ook.'

Het lukt me nog net mijn kleren uit te trekken, maar mijn contactlenzen hou ik in terwijl ik naakt onder de smoezelige sprei kruip. De volgende ochtend neem ik een douche en kan met het motelzeepje, maar helaas geen shampoo, eindelijk de vleesstank van me af wassen. Daarna bel ik Jessica.

'Er is gisteravond nadat je me hebt afgezet iets nogal grappigs gebeurd...' Ik vertel haar het hele verhaal met zo weinig mogelijk details.

'Stomme idioot. Waarom heb je me dan niet gebeld? Je had zo bij ons kunnen logeren.'

'Ik wilde je niet vragen om zo laat nog dat hele stuk weer een keer te moeten rijden.' Eerlijk gezegd was het niet eens in me opgekomen om haar te bellen. Waarom eigenlijk niet? Waarom denk ik er altijd alleen maar aan diezelfde twee mannen op afstand te bellen, in plaats van de vrouw die dichtbij is en me waarschijnlijk het best uit de brand kan helpen?

'Nou, dat is dan heel dom van je. Je zit in Motel 87, hè? Bij afslag 18?'

'Ja, inderdaad. Sorry.'

'Is niet erg. Ik ben er rond negenen.'

'Dank je wel, Jessica.'

'Geen probleem, tot straks.'

Die ochtend sta ik rond tien uur in de winkel alweer lamsvlees te snijden. Mijn haar is nog steeds niet schoon, ik draag dezelfde kleren als gisteren en ben moe tot op het bot. Het snijden is het enige wat me op de been houdt.

7
Opus misselijk

Aaron is een ribkarbonade tot casselerrib aan het snijden voor de vitrine en ik sta aan tafel spareribs los te peuteren wanneer hij me roept. 'Hé, Jules, wil je even met de lintzaag oefenen?'

De lintzaag is een apparaat van twee meter hoog, met een dun, rechtopstaand, gekarteld, strak gespannen metalen lemmet. De kartels wijzen naar voren, in de richting van een stevig metalen blad, dat weer tegen een glijdende plaat aan zit, en dat allemaal min of meer op aanrechthoogte. 'Eh...' Ik voel me nog niet helemaal op mijn gemak bij dat ding en zou elektrische apparaten niet direct mijn natuurlijke vrienden willen noemen. Ik wil alleen niet afgaan in het bijzijn van Aaron en dus zeg ik: 'Ja, goed.'

Hij legt me voor de zoveelste keer uit hoe dit vrij afschrikwekkende apparaat werkt. Hij haalt de stekker uit het stopcontact, opent een paar vakjes aan de onder- en bovenkant en laat me zien dat het blad in feite gewoon een lange riem van flexibel metaal is, die om twee tandwielen zit. Als je die riem uit de machine haalt om hem schoon te maken, kun je hem in zijn volle lengte uitrekken, en dan heb je een cirkel die zo groot is dat ik er met gespreide armen en benen in zou kunnen staan, zoals Da Vinci's *Man van Vitruvius*. Aaron doet voor hoe je het blad vastzet en losmaakt, hoe je knopjes kunt aandraaien en handgrepen kunt vastklikken, zodat je zeker weet dat alles veilig en op de juiste plaats zit.

(Aaron is een ontzettende pietlut. Als hij voordoet hoe je een karkas uitbeent, hoe je de perfecte rosbief maakt, of hoe je een aanzetstaal gebruikt, is hij duizelingwekkend gedetailleerd. Hij heeft wel eens commentaar geleverd op mijn houding toen ik bij het fornuis in een pan soep stond te roeren.)

Als hij alles heeft gecontroleerd en er honderd procent zeker van is dat ik uit mijn hoofd weet hoe het apparaat precies werkt en hoe ik de zaag uit elkaar haal en weer in elkaar moet zetten, (wat uiteraard niet het geval is), leidt hij me naar de zijkant van de machine, steekt de stekker weer in het stopcontact en wijst naar een grote rode hendel links bovenin.

'Als je aan deze rode hendel trekt, begint het zaagblad te draaien. Je gaat hier staan, zo, aan de zijkant – ga nooit, maar dan ook nooit vóór het blad staan, want als er dan iets gebeurt, als het blad aan een bot blijft haken, of het gaat sneller dan je denkt en je valt erin, dan is het dus einde verhaal. Dus zorg dat je altijd aan de zijkant staat, oké?'

'Begrepen.'

'Oké. Vervolgens leun je tegen deze glijdende plaat aan. Je moet je heupen er echt stevig tegenaan duwen, jezelf als het ware verankeren.' Hij heeft de korte kant van een varkensrib tegen een metalen rand op de glijplaat gelegd. 'Zorg dat wat je ook snijdt zo stabiel mogelijk ligt, met het platste stuk van het vlees naar onder.' Hij laat het me zien door het stuk vlees heen en weer te rollen, tot op het puntige uiteinde van de ribben. 'Als je het zo snijdt, zo op de rand laat rusten, dan wordt het gegrepen door het blad, valt het om, en dan verlies je je grip erop en kun je er donder op zeggen dat je een lichaamsdeel kwijtraakt. Zo dus, plat neerleggen.'

Hij zet de machine nog niet aan en laat me eerst zien hoe hij door druk uit te oefenen met zijn heupen de plaat van voor naar achter kan duwen, terwijl hij het vlees stevig vasthoudt, op een veilige afstand van de zaag. Hij zorgt dat het zo ligt dat je de ribben en de ruggengraat kunt doorklieven. 'En blijf achteroverleunen. Maak er een soepele beweging van, niet te snel, niet te langzaam. En als je wilt stoppen hoef je alleen maar die rode knop weer in te drukken. Duidelijk?'

'Duidelijk.' Ik ben er niet helemaal zeker van.

'Oké, probeer maar.'

'Eh... Oké. Het is wel een beetje eng.' Maar als hij aan de kant gaat, neem ik zijn plaats naast het apparaat in, duw mijn heupbotten tegen de rand van de plaat aan, pak de ribben en druk die stevig plat op de plaat.

'Je hoeft niet bang te zijn. Het gaat om respect. Respect voor de lintzaag.'

'Klaar.' Ik haal een keer diep adem en trek de hendel naar me toe. De zaag gaat met een jankend geluid aan en ik begin te snijden. Al heel snel heb ik een stuk of wat karbonades gezaagd. De geur van verschroeid vlees hangt in de lucht. Mijn vingers komen gevaarlijk dicht bij het blad. De laatste paar durf ik niet meer aan. Ik druk op de knop en laat de zaag tollend tot stilstand komen. Aaron snijdt het restje dat er nog over is door, waarbij hij een veel nonchalantere houding aanneemt dan die waarvan hij mij net heeft proberen te doordringen. Maar als je de leraar bent, zul je de kantjes er wel vanaf mogen lopen.

Aaron vindt het hele idee dat hij een leerling heeft nogal kicken. En ik, de niet tot inkeer gekomen student die altijd de beste van de klas wilde zijn, geniet van het leerling-zijn. Waar we volgens mij allebei erg van genieten, hoewel stilzwijgend, zijn de keren dat hij met een stalen gezicht mij over mijn nek probeert te laten gaan, en van mijn sterke maag en hardnekkige verzet daartegen. Elke dag dat we varkenskarkassen binnenkrijgen komen er samen met de rest van het bruikbare slachtafval ook varkenskoppen in kartonnen dozen, en die bieden hem diverse mogelijkheden om te kijken of hij me kan breken. De allereerste keer haalt hij ze uit de dozen en stalt ze naast elkaar uit op de werkbank.

(Natuurlijk kan Josh het niet laten om een van de koppen als een masker voor zijn hoofd te houden, gewoon voor de gein. Ik maak een foto van hem.)

'Oké, dan gaan we nu de wangen eruit halen.'

Ik knipper niet eens met mijn ogen. 'Prima.'

Varkenswangen lijken precies op die van een mens: een soort vlezige bolletjes. Je kunt het als je wilt op je eigen gezicht voelen terwijl je de volgende beschrijving leest: je begint bij het kaakgewricht, steekt het mes diep onder het jukbeen, dan omlaag naar de boventanden, met een soort bochtje bij de mondhoeken, en dan volg je de kaak vervolgens weer omhoog terug naar het kaakgewricht. Wat je dan overhoudt, is een niet helemaal volmaakt rond brokje vlees en vet zo groot als je handpalm, dat Josh aan restaurants in de stad kan verkopen omdat varkenswangen een van de goddelijkste dingen blijken te zijn die er bestaan. Als je er ooit de hand op weet te leggen, kun je ze zo klaarmaken:

· · · ·

Gesmoorde varkenswang

- ❦ 2 eetlepels zonnebloemolie
- ❦ 1 eetlepel boter
- ❦ 4 varkenswangen
- ❦ 2 middelgrote uien, in grove stukken gesneden
- ❦ 6 knoflooktenen
- ❦ 6 pomodori, in grote stukken
- ❦ 2 takjes verse rozemarijn of 1 theelepel gedroogde
- ❦ 2 takjes verse tijm of 1 theelepel gedroogde
- ❦ 2 laurierblaadjes
- ❦ zout en peper naar smaak
- ❦ een kleine halve liter droge rode wijn

Verwarm de oven voor op 165 graden.

Verhit de olie en de boter in een vuurvaste braadpan op een middelhoog vuur tot het 'bijna rook'-moment. Bak de wangen aan beide kanten en zet ze even apart. Doe de uien en de knoflook in de pan en fruit die tot ze goudkleurig zijn. Voeg de tomaten en de kruiden er al roerend aan toe, tot de tomaten vocht af beginnen te geven. Dat duurt een paar minuten. Leg de wangen weer terug in de pan en schenk de wijn erbij. Breng het geheel aan de kook, doe dan het deksel erop en zet de pan ongeveer drie uur in de oven, tot het gerecht smeuïg en mals is. Genoeg voor vier personen.

Polenta of noedels smaken er heel goed bij. Vertel je gasten die over een wat minder sterke maag beschikken niet wat je hun hebt voorgezet.

Aaron laat me één keer zien hoe ik de wangen eruit moet snijden en vervolgens pak ik zonder aarzelen het mes. Ik ben er sinds ik hier werk achter gekomen dat ik vergeleken bij de meeste mensen in de winkel, zelfs bij sommigen die hier werken, opmerkelijk goed tegen dit soort dingen bestand ben. Eén ding zit me alleen wel dwars. Dus wanneer ik Josh weer zie, roep ik hem, maar niet zonder eerst te kijken of Aaron ons kan horen.

'Zou het... Tja, eh... zou het kunnen dat ik nu zeg maar in zijn hersens zou snijden? Ik neem aan dat ik dat moet voorkomen. Of, eh... ik weet niet, z'n ogen of zo?'

Josh werpt een peinzende blik op de varkenskop. Ik laat hem zien waarom ik denk dat wanneer ik in de bovenkant van de wang snijd, ik akelig dicht bij bepaalde gevoelige plekken kom.

'Ik denk niet dat dat je zou lukken.' Hij klinkt niet helemaal zeker van zijn zaak.

De winkel staat vol klanten: het is vrijdagmiddag en dan is het altijd druk. Josh werpt een blik over zijn schouder naar de lange rij. We zijn bij Fleisher's niet zo van het verontschuldigen, maar we hebben wel oog voor onze clientèle, van wie sommigen over een nogal teer gestel beschikken. Jessica kan inmiddels niet meer bijhouden hoeveel klachten ze hebben gehad van geschokte moeders die hun bloedjes van kinderen niet hebben kunnen uitleggen waarom die mannen in witte jassen uit de vrachtwagen die voor de deur van de winkel staat geparkeerd tevoorschijn komen met hele, gevilde lammetjes op hun schouders; met grote ogen, de bek geopend, zodat je niet alleen hun tanden kunt zien, maar ook de tong die eruit hangt (van de lammeren dus, niet van die mannen).

'Maar als je dat wel doet, dan moet je dit doen.' Hij zegt het onkarakteristiek ingehouden, bijna fluisterend. 'Leg dan langzaam je mes neer, doe je schort af, ga naar de wc en kots.'

'Dat zou ik denk ik ook doen.'

Maar ik snijd nooit in de hersens, en even later ben ik als een volleerde slager druk bezig met het ontwangen van varkenskoppen. Op een perverse manier vind ik het eigenlijk wel leuk werk. Ik vind het leuk om die koppen bij de oren te pakken en ze om te draaien, zodat hun snuit mijn kant op wijst. Net als het blootleggen van de scherpe tanden en een glimp opvangen van hoe het kaakbot er onder het vlees uitziet. Net als de keurige pakjes vlees die het resultaat zijn van al dat werk.

'Goed zo,' zegt Aaron. Misschien verbeeld ik het me, maar het is alsof ik hem kan zíén nadenken over welk volgend leuk klusje hij nu weer voor me kan verzinnen. 'Snijd die oren er ook maar af. Die kunnen we roken en verkopen als snacks voor de hond.'

'Prima.' Twee snelle halen met het mes en ze zijn eraf. Je kunt de witte buisjes van het gehoorkanaal nu goed zien.

'Mooi zo.' Hij loopt naar de keuken, terwijl ik me op het plattere uitvoerwerk richt: de lever en nieren in zakken stoppen voor in de vriezer en een paar karkassen uitbenen, wat ik nog steeds bij lange na niet kan in één minuut en vijfentwintig seconden, maar waar ik me inmiddels wel behoorlijk vertrouwd mee voel. De schouder van de lende, de lende en de maag van elkaar, de lende van de bil, en dan alle stukken in het daartoe bestemde boodschappenkarretje proppen en daarmee naar de koelcel, wat er aangenaam gruwelijk uitziet, als de winkeldroom van een psychopaat.

Aaron komt even later terug en ik zie aan de glinstering in zijn ogen, die zijn zogenaamd professionele uitdrukking niet kan verhullen, dat hij een nieuwe uitdaging voor me heeft bedacht.

'Oké, Jules. Ik heb even met Josh overlegd. We gaan hoofdkaas maken.'

'Prima.'

Nu is 'hoofdkaas' volgens mij misschien wel de ongelukkigst gekozen culinaire term die er bestaat. Want hoewel de meeste mensen wit zullen wegtrekken als ze horen wat dat is – het vlees van een gekookte varkenskop, gemalen, gekruid en dan bedekt met gelei –, is het veel minder smerig dan de beelden die voor je geestesoog opdoemen als je de woorden 'hoofd' en 'kaas' zo dicht bij elkaar ziet staan. Ik weet dat al en ga ervan uit dat ik dat wat er gaat komen wel aankan, aangezien het niets te maken heeft met de onduidelijke, bleke, wrongelachtige smurrie uit het binnenste van een varkensschedel. 'Hoe doe je dat?'

'We moeten die koppen eerst een week in de pekel zetten. Er staan achter bij het aanrecht een paar grote witte emmers. Haal er maar een paar, en dan zal ik je uitleggen hoe je pekel maakt.'

Ik volg Aarons aanwijzingen op en maak in de emmers een mengsel van water, zout, ciderazijn en kruiden. Zodra ik de eerste kop heb gepakt en in de emmer probeer te doen, blijkt dat die echter bij lange na niet past.

'Oké, dan snijden we ze doormidden met een zaag. Lukt dat?'

'Tuurlijk.'

'Er is wel een trucje voor.' Uiteraard. 'Ik zal het je laten zien.' Aaron pakt een kop, legt hem bij de zaag, gaat vóór het zaagblad staan (ik dacht dat dat ten strengste verboden was!), draait de kop zodat die op de rand van zijn snuit rust (dat is dus niet de stabielste, platste manier waarop je die kunt vasthouden), met de bek naar zich toe, en buigt zich dan naar voren (naar voren!) om die open te trekken. Hij laat me de scherpe voortanden aan de voorkant van het gekartelde gehemelte zien.

'Die tanden zijn nog harder dan de ijzerzaag. Je moet dus stoppen voor je bij de tanden bent, de kop dan naar achteren schuiven en het zaakje met een hakmes afmaken. Anders kan het zaagblad breken, en als dat ding losraakt en als een zweep in de rondte gaat zwiepen, ben je er geweest.'

Ik doe heel erg mijn best om niet te reageren op de nogal plastische beelden die nu in mijn hoofd opdoemen. 'Begrepen.'

'Oké. Ga je gang. Ik kijk wel terwijl jij de eerste doet.'

Ik wil net aan de hendel trekken om de zaag aan te zetten als Josh naar me toe komt en me vol afgrijzen vraagt: 'Wat ben jij in godsnaam aan het doen? Als je dat doorsnijdt, kom je bij zijn hersenen en dan verpest je de pekel.'

'Die gaat Jules er juist uit halen,' antwoordt Aaron zonder dat er in zijn stem ook maar een spoortje van leedvermaak doorklinkt bij het vooruitzicht dat zijn leerling straks varkenshersenen eruit gaat scheppen.

Josh' wenkbrauwen schieten bijna omhoog tot aan zijn haargrens terwijl hij op een hoge zangerige toon 'Ooooké' zegt, waarin zijn twijfel duidelijk doorklinkt.

En dus gaat de zaag aan, terwijl ik de kop bij zijn blootgelegde jukbeenderen pak, naar voren buig en heel erg níet denk aan de mogelijkheid dat ik mijn evenwicht verlies en voorover val en dan mijn eigen gezicht doormidden zaag. Ik duw de kop voorzichtig onder het draaiende blad door. Van de kin omhoog tot de plek waar ik me zo voorstel dat het onderste deel van zijn voortanden zit. Ik zet een stap achteruit, weg van het blad, en druk op de rode knop om het gevaarlijke getol te stoppen. Vervolgens pak ik beide kanten van de inkeping die ik zojuist heb aangebracht vast en trek de schedel zo in twee stukken van elkaar. Hij zit nu alleen nog vast op de plaats waar het gehemelte en de lippen nog niet zijn doorgesneden.

'Klaar.'

Die gespleten kop is best een indrukwekkend gezicht, omdat je de binnenkant van zijn bek met die rij tanden nu mooi kunt zien, en hoe ontzettend dik het bot van de schedel is (nee, ik denk inderdaad niet dat ik daar per ongeluk doorheen zou snijden tijdens het verwijderen van de wang en ik geloof Hans' bewering nu ook dat die kogel van klein kaliber niet door het bot heen dringt), en de twee verrassend kleine hersenhelften, die bleek en nattig als oesters in hun schelp genesteld liggen. Voor Aaron het me kan zeggen lepel ik ze er met mijn handpalmen uit. 'En klaar is Kees.'

Jesse staat half gefascineerd, maar ook een beetje geschrokken toe te kijken. 'Wauw.'

Ik hou de hersenen naar Aaron op. 'Wil je deze nog ergens voor bewaren?'

'Gooi maar weg,' zegt hij op nonchalante toon. En dat doe ik, waarbij ik ze dus met een even nonchalant gebaar in de afvalbak gooi. Ik moet bekennen dat al die nonchalance deels gespeeld is, maar ik walg ook weer niet echt van wat ik zojuist heb gedaan. De hersenen waren keurige organen en zagen er precies zo uit als je zou verwachten.

'Zie je wel? Zo gemakkelijk is het nou. Hak nu dat voorste deel maar door met een hakmes.' Hij schuift de bijna gespleten kop over de werkbank naar de lintzaag om het me te laten zien. 'Als je met het hakmes zwaait, moet je zorgen dat je andere hand zich altijd achter je rug bevindt. Zorg dat je hand er niet bij in de buurt ligt.' Aaron zegt het niet, maar ik vermoed dat hij best een beetje van me onder de indruk is. Hè, verdorie, dat zou hij in ieder geval wel moeten zijn.

En zo werk ik de vier koppen die we hebben af, al zagend, leeg-scheppend en hakkend. Dat laatste gaat me wat minder goed af, net zoals ik nooit goed ben geweest in een bal raken met een honkbal-knuppel of een biljartbal met een keu. Bij een hakmes draait het om brute kracht, niet om vlijmscherpe precisie. Je gebruik het om te hakken, om het bot kapot te slaan, waarbij je het boven je hoofd naar voren zwaait naar datgene wat je eraf wilt houwen. Dat vergt vooral kracht, maar ook wel een beetje nauwkeurigheid. Meestal lukt het me slechts om één van die twee dingen te doen, áls ik daar al in slaag. Met mijn rechterhand heel zelfbewust achter op mijn rug – je instinct zegt dat je het vlees er juist mee wilt vasthouden, maar Aaron heeft gelijk: ik mik veel te slecht om het risico te lopen dat mijn hand zich in de buurt van dat hakmes bevindt – zwaai ik het mes naar voren en hak. Ik heb een paar pogingen nodig. Eerst ben ik te voorzichtig, dan sla ik mis. Gelukkig maken een paar slor-dige, asymmetrische hakplekken in dit geval niet uit. Ik leg de kop-pen in de emmers pekel, druk de deksels erop en zet de datum van vandaag met een viltstift op een stuk tape. En nu zullen ze pakweg een week onaangeroerd in een hoek van de koelcel blijven staan.

Die week daagt Aaron mijn ijzeren maag niet meer uit. Wel laat hij me een stukje rauw rundvlees uit de vleesmolen proeven, waar-bij we het brokje tegelijkertijd in onze mond stoppen. 'Smaakt zoet, hè?'

Inderdaad. 'Ja. Lekker.'

Hij bakt een 'bont en blauwe' steak: héél kort op een héél hoog vuur, zodat de buitenkant zwart verkoold is en de binnenkant nog koud.

'Precies zoals ik 'm lekker vind,' zeg ik. Dat is niet eens echt gelogen. Wellicht overdreven, maar misschien niet eens.

En dan is het tijd voor hoofdkaas fase II. Dinsdagochtend vroeg haalt Aaron de varkenskoppen uit hun pekelbad. Het vlees is nu bleek, opgezwollen en ruikt wat zurig. We pakken de grootste bouillonpan van de hele keuken: een opmerkelijk groot ding, ik denk wel zo'n tachtig centimeter in doorsnee en zo hoog dat ik als hij op het fornuis staat op mijn tenen moet gaan staan om erin te kunnen kijken. Daar brengen we een heleboel liter varkensbouillon in aan de kook en we doen de koppen erbij, tot de pan tot de rand gevuld is met afgrijselijke, grijnzende, vlezige halve schedels, met de ogen er nog in, die nu echter omfloerst en gekrompen zijn, en daar in de rijke bouillon op en neer deinen. De pan blijft de hele dag pruttelen. Aaron vist ze er 's avonds pas uit, zodat ze de hele nacht op grote bakblikken kunnen uitlekken.

De volgende dag verzamelen we al het vlees, dat nu bijna vanzelf van het bot valt. We pakken kaken en schedels op, de harde, gekartelde gehemeltes, losse tanden, kraakbeenknobbels en gekrompen oogbollen.

Ik moet bekennen dat ik wat moeite heb met die ogen, maar dat ga ik echt niet laten blijken. Ik graai gretig met mijn vingers door de resten, terwijl Aaron de bouillon door kaasdoek zeeft en hem nog een keer op het vuur zet, tot hij een gelatineachtige substantie heeft, die eenmaal afgekoeld geschikt is om het vlees te bedekken dat ik eraf heb gepulkt.

Tegen de tijd dat de hoofdkaas klaar is, hebben ze in de winkel alle karbonades, rollades en varkensoor-hondentraktaties verkocht van de laatste vier varkens die Josh had binnengekregen, dus het wordt tijd voor een nieuwe zending. Als de karkassen ditmaal binnenkomen, samen met de bijbehorende kartonnen dozen vol extra stukken, begin ik meteen met het uitpakken van de koppen. Ik trek ze aan hun oren uit de dozen, gooi ze op tafel en snijd de wangen eruit. Er is een bestelling uit de stad die haast heeft en morgenochtend klaar moet zijn. Aaron staat naast me aan tafel en probeert zijn uitbeenrecord te verbeteren. ('Vandaag ga ik het in zestig seconden doen, Josh!')

Ik ben halverwege mijn derde kop als mijn mes in een zacht stukje glijdt. Ik ben niet bedacht op de smurrie die onverwacht omhoogspuit, die de kleur en de consistentie van guacamole heeft en ook een avocadokleurige veeg op mijn mes heeft achtergelaten als ik dat eruit trek. Ik blijf even volkomen verbluft staan kijken.

'Ik... Eh... Wat is... eh...?'

Aaron werpt een blik mijn kant op en verstijft alsof hij een wild dier in de aanval ziet staan. Langzaam, zonder zijn stem te verheffen, zegt hij: 'Gooi die kop maar weg. En ga je mes en je handen wassen.'

Ik slaak nu pas een soort piepje en laat mijn mes op tafel kletteren. 'Wat is het dan?'

'Dat is... een geïnfecteerde klier, of zoiets... Gooi 'm nou maar gewoon weg.'

Dat doe ik. En loop daarna snel door naar de spoelbak om zowel mijn mes als mijn handen met heet water en heel veel zeep te wassen, maar ik kan het kokhalzen niet onderdrukken.

Aaron staat te lachen als ik terugkom bij de werkbank. 'Jules, je ging echt als een klein meisje tekeer.'

'Alsjeblieft, zeg. Jij vond het net zo weerzinwekkend.' Maar de toon waarop hij me plaagt staat me wel aan, want door mij te pesten probeert hij zijn eigen walging te bedwingen.

'Getver!'

'Hou je bek.'

8

Zo dom als het achtereind van een varken

'Wat een lekker sletje ben jij, zeg.'

'Hou je bek.' Ik sta op een weinig aantrekkelijke manier in de hal van een onbekende, met mijn handen tegen de muur, een opgestroopte rok en gespreide benen naar een groezelige laag verf op de muur voor me te staren. 'Doe het nou maar gewoon. Nu meteen. Wat je maar wilt.'

Nu heb ik echt een dieptepunt bereikt, denk ik bij mezelf, terwijl ik hoor dat iemand achter me een condoomverpakking openscheurt. Na een paar maanden van wikken en wegen heb ik dan toch toegegeven aan een zielige fantasie waarmee ik mezelf heb afgeleid sinds D me niet meer te woord wil staan. Het heeft niets met genot, troost of verlangen te maken. Het gaat om minachting, voor mezelf en voor elke man die zo stom is om mij te willen. En die minachting voelt als een opluchting.

De man rukt mijn onderbroek omlaag en doet zijn vieze, brute, korte ding. Met zijn hete adem mompelt hij vunzige, domme onbenulligheden in mijn oor. Ik knijp mijn ogen dicht en concentreer me op D. Wat zou hij me vroeger met een totaal andere verbijsterende kracht tegen de muur hebben gesmakt en mijn rok omhoog hebben getrokken. Wanneer mijn verlangen hem te veel werd, toen hij me vooral de mond moest snoeren. Hoeveel beter alles daarna dan tussen ons was.

Het is in drie minuten gebeurd. Na vijf minuten sta ik weer op straat met een onderlijf dat pijn doet en mijn BlackBerry in een van mijn trillende handen.

Ik ben echt ten einde raad. Heb net de slechtste seks ooit gehad met een volslagen onbekende, alleen maar om jou uit mijn hoofd te krijgen. Het hielp niet eens. Ik weet dat je niks met me te maken wilt hebben, maar ik heb hulp nodig. Alsjeblieft. XxxxxoHH-j

Die avond ben ik thuis bij Eric en sta pancetta te snijden voor de pasta. Het mes in mijn hand trilt niet en ik ben in staat om te glimlachen en te praten op een manier die, als je er niet al te goed op let, heel natuurlijk lijkt te zijn. Het trillen is niet weg, maar zit nu onderhuids en zorgt ervoor dat mijn oogbollen in hun kassen spartelen. Wanneer de BlackBerry die op de keukentafel ligt begint te zoemen, stokt de adem in mijn keel en als ik 'm probeer te pakken, stoot ik de snijplank bijna op de grond. Het is Gwen maar. 'Ha.'

'Hallo daar.' Gwens stem klinkt raar, een tikkeltje gespannen en opmerkelijk bezorgd. 'Ik belde alleen maar even om te horen hoe het met je is.'

'Eh... Prima.' Ik heb Gwen niet verteld over de ervaring van die middag. Dat heb ik aan niemand behalve D verteld. 'Hoezo?'

'O, gewoon, zomaar. Ik dacht... Ik vond gewoon dat ik je weer 'ns moest bellen. Om te vragen of je het allemaal nog wel trekt. We hebben elkaar al een tijdje niet gesproken.'

Ik werp een blik op Eric. Hij zit aan de andere kant van de kamer met een glas wijn naar Jim Lehrer te kijken. Ik neem een slok van mijn eigen wijn en probeer zo terloops mogelijk te antwoorden. 'O, ja hoor, bedankt. Het gaat prima met me. Eric en ik staan te koken. Heb je zin om langs te komen? Het is maar een eenvoudige pasta.'

'Nee, dank je. Maar een andere keer graag. Ben je morgen online?'

'Tuurlijk.' Ik weet nu bijna zeker dat zij het weet en hoe ze dat weet. Ik weet alleen niet wat dat betekent.

'Oké. Dan praten we dan wel. En, eh... ik hou van je, Julie.'

'Eh... ja, ik ook van jou.'

'Nou, nog een prettige avond dan. En wees een beetje lief voor jezelf.'

'Doe ik. Dag.'

Als ik mijn telefoon laat zakken en op de toets druk om het gesprek te beëindigen, zie ik dat mijn hand weer trilt. Door al dat slagerswerk voelt mijn hand tegenwoordig wel vaker moe aan. Eric wendt zijn hoofd af van het televisiescherm. 'Was dat Gwen? Wat had ze?'

'Ze wilde gewoon even weten hoe het met me was. Ik denk dat ze over een paar dagen komt eten. Wil je nog wat wijn?' vraag ik, en ik schenk mezelf nog een keer in. Ik loop naar hem toe en schenk het laatste restje wijn in zijn glas.

Ik kan tegenwoordig behoorlijk goed rollades opbinden, en daar ben ik erg mee in mijn sas. Is er iets wat het wezen van het slagersvak duidelijker weergeeft dan dit? Het vereist behoedzaamheid, en soms doet het pijn. Het garen kan in je handen snijden en je bloedtoevoer afknellen, maar de wervelende beweging van mijn vingers terwijl ik vlug een knoop maak en die straktrek, is elegant en uiterst vrouwelijk.

Hoe dichterbij de feestdagen komen, hoe meer oefening ik in het opbinden krijg, omdat mensen nu allerlei chique rollades voor hun feestmaaltijden bestellen. Thanksgiving schijnt een waar gekkenhuis te zijn, met lange rijen voor de deur. Een hoop klanten zijn bovendien chagrijnig en staan een beetje gespannen te wachten tot ze hun kalkoenen van topkwaliteit, een of andere paté voor bij de borrel of het spek voor bij de witlof kunnen ophalen. Het personeel van Fleisher's maakt van die hele bezoeking elk jaar blijkbaar iets feestelijks, iedereen verkleedt zich als een of ander halfbezopen iets en Jessica deelt plastic bekertjes bier uit. Dit jaar zal Hailey, de hartverscheurend jonge, nieuwste aanwinst achter de toonbank – mooi, tenger en ongelooflijk lief; Josh heeft haar het koosnaampje 'Schmailey' gegeven – de bestellingen aanslaan en alle rusteloze monsters in de harten van de bezorgde, doorjakkerende koks sussen. Kon ik dat maar.

In plaats daarvan vieren Eric en ik die feestdag nota bene in het Franse Dijon, met zijn vader en stiefmoeder. Eric doet mee met de marathon van Beaujolais. Niet dat hij ooit echt serieus heeft hardgelopen, maar sinds ons huwelijk zo'n ontzettende pestzooi is geworden, is hij daar opeens mee begonnen. Hij heeft de marathon van New York al gedaan en is vastbesloten er nog een paar op zijn conto te schrijven. Op de dag van de wedstrijd staan we hem op een middeleeuwse klinkerstraat boven aan een steile heuvel midden in het stadje Beaujolais bij de finish op te wachten.

'Hoe ging het?' vraag ik, na hem een zoen op zijn zweterige wang te hebben gegeven.

'Goed! Nogal suf, eerlijk gezegd.' Hij laat zich op een stoel op het terrasje vallen aan het tafeltje dat zijn moeder en ik vlak bij de eindstreep hebben weten te bemachtigen. 'De Beaujolais-marathon is niet direct de plek om je eigen record te verbreken. Je rent echt letterlijk trap op, trap af naar allerlei wijnkelders.'

'Dat meen je niet!' Jo Anns toon is zoals altijd uitbundig. Haar favoriete gemoedsstemming is verrukking over de wonderen die het universum allemaal te bieden heeft.

'Ik heb niet eens wijn gedronken, waar ik eigenlijk best spijt van heb.'

'Deelden ze tijdens de marathon wijn uit?'

'O, ja.'

Nadat hij zo'n wedstrijd heeft gerend ziet Eric er merkwaardig genoeg totaal niet uit alsof hij voor de poorten van de dood staat, hoewel het de rest van de dag meestal wel lijkt alsof zijn hersenfuncties zijn aangetast. Zijn uithoudingsvermogen is voorbeeldig. Ik denk echt dat het rennen hem helpt alles een beetje op een rijtje te krijgen; nou ja, voor zover je bij een van ons überhaupt nog kan spreken van goed bij ons hoofd zijn.

'Ik kreeg dit trouwens.' Hij steekt het glanzende zilveren bekertje omhoog dat aan een lintje om zijn nek hangt. 'Wat zou het zijn?'

'Volgens mij een *tastevin*. Een soort pretentieus sommelierglas.'

'Bestaan er dan ook onpretentieuze sommelierglazen?'

'Daar zeg je zowat.'

We logeren in een prachtig plattelandshotel in een oud huis met zonovergoten kamers en een typische, verwaande Franse eigenaresse. Eric en ik vinden het helemaal geweldig. Het betekent alleen wel dat ik continu bij hem en zijn ouders ben. Ik voel me tegelijkertijd zowel eenzaam als overstelpt. Volgens mij heeft Eric daar ook last van. Wanneer ik zijn blik opvang als hij niet doorheeft dat ik naar hem kijk, staan zijn ogen op de een of andere manier zowel mat als vochtig. Soms lijkt het alsof we niet meer zo boos op elkaar zijn, wat ook logisch is nu zowel D als zijn minnares uit beeld is. Maar ik vraag me af of hij nog verlangt naar de vrouw met wie hij het heeft uitgemaakt. Wie ze ook was, als iémand begrijpt hoe troostend een eenvoudige romance kan zijn, dan ben ik het wel.

Als ik een internetcafé zie stuur ik het zoveelste mailtje. Het is net zo'n automatische handeling geworden als niesen.

Ik denk steeds hoe leuk wij het hier samen zouden hebben, lekker lui rondlummelend en dat soort ongein... Nou ja, ik doe nu net alsof je op een dag weer tegen me zult praten en we dan weer samen zijn en dit alles alleen maar een grappig verhaal is dat we elkaar vertellen... xohxohxoh

Ik probeer niet te hopen op een antwoord, en krijg dat ook inderdaad niet.

De avondmaaltijd van Thanksgiving omvat verscheidene gangen in een sterrenrestaurant in een klein dorp. Ik ben er niet helemaal met mijn gedachten bij en weet naderhand niet meer wat we gegeten hebben. Wat me tenminste wel bespaard wordt is 's middags naar een footballwedstrijd te moeten kijken, het deel van Thanksgiving waar ik altijd vreselijk tegen opzie. De oorsprong van deze diepgewortelde fobie voor alles wat met kijksport te maken heeft is me nog steeds niet helemaal duidelijk, maar het gevolg is wel dat ik amper in dezelfde kamer kan zitten als er daar een televisie aanstaat waarop allerlei statistieken en herhalingen worden uitgezonden. Dat is een van de weinige dingen waarin Eric en ik absoluut niet op elkaar lijken. Dit jaar rent hij om de paar uur naar buiten om ergens via internet de stand te checken, iets wat ik allang best vind.

's Avonds struinen Eric en ik door de koude, natte straten van Dijon. Het is een sombere stad, maar met een soort ingehouden melancholie die maar al te goed bij onze stemming past. Ik ben weer begonnen met roken na een tijdje (bijna helemaal) te zijn gestopt. Frankrijk lijkt daar de uitgelezen plek voor.

'Ik moet bekennen dat het je wel staat. Erg sexy.'

Hoewel Eric in principe afkeurend staat tegenover deze gewoonte, draagt hij er in feite ook een steentje aan bij. Volgens mij vindt hij een vrouw die rookt eigenlijk wel aantrekkelijk, net als een vrouw met een martiniglas in haar hand. Het past goed bij zijn duistere gevoeligheid. Hij kan ook makkelijk zeggen dat het er sexy uitziet; ik trek toch alleen maar met een vertwijfelde blik mijn neus op, wat hij met een verdrietige, lieve glimlach beantwoordt. We spelen allebei het spelletje mee, en weten dat ook donders goed.

'O, wauw. Moet je die zien.'

In een winkel zie ik twee mannelijke etalagepoppen met twee sjaals om in een heel fel, abstract bloempatroon, de ene oranje met karmozijnrood en grijs, de andere hemelsblauw met zeegroen en grijs.

'Die blauwe zou je fantastisch staan.' *En die rode is D op het lijf geschreven.* 'Zou je die dragen?'

'Hij is erg gewaagd, maar ik vind 'm wel mooi. Maar, eh... Ik ga echt geen sjaal van driehonderd dollar kopen.'

'Dat is wel een beetje van de gekke, ja.'

Later ga ik alleen terug. Ik streel verlangend over het prachtige zachte weefsel. Kan ik het me veroorloven om twee sjaals van driehonderd dollar per stuk te kopen? Ben ik helemaal gek geworden? Uiteindelijk fluister ik: 'Ze kunnen de pot op', pak er eentje en loop ermee naar de kassa.

'Een uitstekende keuze, deze rode,' zegt de knappe jonge man in het Engels, terwijl hij de sjaal in vloeipapier wikkelt.

'Bedankt,' zeg ik zonder te zeggen wat ik denk, want dat is: *Het is juist een heel erg slechte keus.*

De maandag nadat we zijn teruggekomen uit Frankrijk geef ik me over aan mijn eerste echte stalksessie. Ik heb mezelf in no time wijsgemaakt dat dat best mag, want ik heb hem al zo lang op de meer gebruikelijke, minder indringende manieren proberen te bereiken. Ik waarschuw hem vooraf via een sms'je dat ik er zal zijn en dat ik een cadeautje voor hem heb. Ik sta anderhalf uur op wacht voor de deur van zijn kantoorgebouw. Als hij eindelijk naar buiten komt en ik hem zie, verschijnt er onwillekeurig een kleffe grijns op mijn gezicht. Hij vertrekt het zijne alleen maar alsof hij pijn heeft, loopt door en maakt me met een enkel ongeduldig hoofdgebaar duidelijk dat ik hem mag volgen. We lopen een tijdje in stilte naast elkaar door de stad. Hij draagt een leren jas die ik niet ken en de karmozijnrode gebreide muts die ik in gedachten had toen ik deze sjaal kocht.

'Wat wil je van me?' Hij houdt niet in, kijkt me niet aan. De woede straalt als het geronk van een stationair draaiend busje van hem af; ik voel de trillingen in mijn borstkas. Ik heb hem nog nooit echt kwaad gezien. Ik vind het doodeng en ga ervan stamelen en blozen.

'Ik wilde alleen maar... Ik weet niet. Ik wilde alleen... Nou ja, die totale stilte opeens. Je lijkt opeens een hekel aan me te hebben en ik snap niet waarom. Ik dacht alleen dat als ik zou snappen wat er gebeurd is, ik me misschien beter zou voelen.'

'Nou, wat denk jíj dat er gebeurd is?'

Dit is D ten voeten uit. Hij ontlokt mij antwoorden, zonder zelf het achterste van zijn tong te laten zien. Ik noem dat altijd zijn socratische methode. Ik voel me net een schoolmeisje met geschaafde knieën, maar het is me nog nooit gelukt om zijn manier van redeneren om te buigen en hem op andere gedachten te brengen.

'Ik weet niet. Het kan niet de afschuwelijke, anonieme seks zijn. De reden voor die afschuwelijke, anonieme seks was namelijk die stilte.'

'Je had afschuwelijke, anonieme seks en hebt dat vervolgens ook nog aan me verteld. Waarom heb je dat in godsnaam gedaan?'

'Ik wilde...'

'Waarom zou ik zo'n soort relatie willen?'

'Ik...' Ik ben zo verbouwereerd dat ik niets meer weet uit te brengen. Zo'n reactie had ik echt nooit verwacht. Niet van hem, niet van de onkwetsbare, ongenaakbare D. Een duizelingwekkend moment lang voel ik bijna iets van opwinding.

We blijven aan de zuidkant van Union Square staan, bij het zebrapad, tegenover 14th Street, waar de Whole Foods zit. Ze zijn bezig de kerstmarkt op te bouwen die daar van Thanksgiving tot kerst wordt gehouden. We gaan tegen een fel geverfd triplexwandje staan, zodat we niemand voor de voeten lopen. 'Hoor eens, ik ben niet echt boos.' Hij praat zo zachtjes dat ik me naar hem toe moet buigen om hem te kunnen verstaan. Ik heb zo'n ontzettende zin om het gladde leer van zijn revers te betasten dat het voelt alsof ik vecht tegen de zwaartekracht.

'Dat ben je wel.' Ik blijf even staan, afschuwelijk genoeg weer niet in staat om iets te zeggen. Rond mijn bonkende hart spannen de draadjes zich strak.

'Heeft Gwen je gebeld?'

Ik knik snel en kijk, op zoek naar vergeving of bezorgdheid, hoopvol in zijn ogen – en wat zijn dat een mooie ogen, zelfs als hij boos is. 'Ja... Ze heeft niets gezegd over... Ze wilde alleen even weten hoe het met me ging.'

'Mooi zo.' Hij weigert me aan te kijken en blijft naar zijn schoenen staren. 'Ik wilde zeker weten of alles wel goed met je was.'

'Ik ben... Ik... Dank je wel.'

'Ik kan gewoon niet...' Ik versta maar de helft. Ik hoor iets over 'niet in staat ben te beantwoorden aan', een frase die ik meteen aangrijp als mogelijk verschrikkelijk, maar ook potentieel hoopgevend. 'Niet in staat zijn te beantwoorden', dat kan ik wel hebben. Ik kan het hem gemakkelijk maken om te beantwoorden, en ik hoef ook helemaal geen beantwoording! Maar ik durf niets te zeggen en dan zegt hij: 'Ik moet nog lunchen en dan terug naar mijn werk.'

Ik knik verwoed, gehoorzaam. 'Ja. Ga maar. Eten.'

'Ik wil je graag omhelzen, maar...' Zijn woorden worden overstemd door het geraas van het verkeer en ik kan er geen chocola van maken.

'Sorry, wat zei je?'

'Ik wil je graag omhelzen, maar ik denk dat ik dat beter niet kan doen!' Kortaf.

'O. Oké. Prima.'

'Ik moet nu echt gaan.'

'Ja. Oké.' Ik probeer het tasje met de sjaal in zijn handen te duwen, maar hij schenkt me alleen nog maar een laatste, enigszins ongelovige blik en draait zich dan om.

Het lukt me nog net om daar niet meteen op de stoep in elkaar te zakken. Dat gebeurt pas anderhalve straat verderop, aan de voet van het standbeeld van Gandhi, vlak bij de kruising van 15th en Union Square West. Zo standaard. Ik zou mijn eigen *New Yorker*-cartoon moeten hebben.

Doordat ik Thanksgiving bij Fleisher's heb gemist, moet ik die uren inhalen, zowel voor mezelf als voor Josh, en dat betekent dat ik vanaf nu tot kerstavond aan één stuk doorwerk. Mijn ouders en mijn broer komen tijdens de feestdagen over vanuit Texas en omdat ze een vakantiehuisje vlak bij mijn flatje hebben gehuurd, kan ik dus tijd met hen doorbrengen, maar ook de noodzakelijke uurtjes in de winkel klokken. De kerstmaaltijd zal bestaan uit een zogenoemde varkenskroon, die ik zelf ga snijden en opbinden.

Maar daar is het nu nog wat te vroeg voor. Voorlopig sta ik alleen maar een platte bil voor Aaron op te binden. Ik neem de kokervormige spoel met rolladetouw mee naar de werkbank. Ik leg het vierkante spierstuk, dat ik met één haal van mijn mes uit de vacuümzak heb bevrijd, met de korte kant van het rechthoekige vlees naar me toe op tafel. Ik haal een flink stuk garen van de spoel en duw die onder het vlees door, zodat er zich een lus om het vlees vormt, van de voor- naar de achterkant. Met mijn rechterhand span ik het garen aan de bovenkant strak en maak met mijn linkerduim en wijsvinger een lus door het andere uiteinde, dat onder het vlees vandaan piept, en dan overlangs en eronderdoor. Dezelfde draaiende beweging die ik met mijn duim en wijsvinger maak, herhaal ik vervolgens overlangs, onder de lus door en tussen de eerste knoop en de aanstaande tweede, die ik nu ga maken. Vervolgens knijp ik met mijn linkerhand de knoop met twee lusjes tussen mijn vingers en trek het touw er dan heel voorzichtig doorheen, tot het zich straktrekt. Ik trek niet te snel, want dan blijft de knoop steken voor hij om het vlees vastzit. Als het garen het vlees eenmaal enigszins bij elkaar heeft geperst, maar dus niet te strak, draai ik mijn duim en wijsvinger nog een laatste keer om en maak een bovenhandse knoop. En dan nog een keer aantrekken, als extra steun. Ik snijd het garen door, zodat het los is van de spoel, en heb aan de voorkant nu twee keurige knoopjes en twee witte, wat rafelige uiteindjes draad, die als de staartjes van een klein meisje omhoogsteken.

Dit duurt al met al nog geen tien seconden. En dat is niet eens echt snel. Ik ben eerder nauwkeurig – of nee, ik denk dat ik beter 'aarzelend' kan zeggen.

De volgende lus gaat ook over de volle lengte van het vlees heen, maar haaks op het andere stuk garen, zodat het niet onder de rollade kan terechtkomen. Het is best lastig om de lus in precies de juiste hoek te krijgen, maar ik ben er inmiddels wat bedrevener in. Ik moet mijn hoofd alleen nog wel opzijbuigen om te kunnen zien wat ik aan het doen ben. Wederom trek ik het touw niet te strak aan, want als er te veel druk op staat, kan het knappen wanneer ik straks bijna klaar ben.

Vervolgens til ik de rollade op, draai hem een kwartslag, en leg hem weer neer. Uiteindelijk moet de hele rollade met stukken garen omwikkeld zijn, ongeveer om de anderhalve centimeter. Dan zal de rollade er door het vlees dat tussen het strakgespannen draad uitpuilt uitzien alsof het allemaal kleine schijven zijn, net een soort vlezig rupsje. Een beeld dat we niet met onze klanten zullen delen. Ik begin in het midden en schuif het touw langs de onderkant, tot ik bij het midden ben. Lus, lus, straktrekken, lus, aantrekken, doorsnijden. En van daaruit werk ik naar buiten toe. Eerst een lus links van het midden en dan eentje aan de rechterkant. Als ik helemaal links of rechts zou zijn begonnen en van daaruit naar de andere kant toe had gewerkt, is dat net alsof je tandpasta uit de onderkant van de tube omhoogperst, wat voor tandpasta de juiste manier is, maar voor rundvlees dus niet. Als ik straks klaar ben, is het de bedoeling dat ik een gelijkmatige koker heb, die ook gelijkmatig kan worden verhit, niet een soort opeengepropte rollade die er aan de ene kant scharminkelig uitziet en waar het vlees er aan de andere kant juist uitpuilt.

Zodra ik klaar ben met het opbinden, kijk ik stiekem even op de klok. Twee minuten. Ik doe nog steeds dubbel zo lang over het opbinden van een rollade dan Josh en Aaron doen over het uitbenen van een varkenshelft. (Josh heeft Aarons score van achtenvijftig seconden pas nog met twee seconden verbeterd. Er komen inmiddels al stopwatches aan te pas en de kwalificatierondes duren langer.)

Josh loopt weer langs me, hij is altijd ergens naar op weg. 'Dat is perfect, Julie! Je bent mijn heldin.'

'Mm-mm.' Dat klinkt misschien als een gigantisch compliment, ware het niet dat Josh die uitdrukking zo'n vijf keer per dag gebruikt. Maar de rollade ziet er inderdaad best mooi uit. Ik beeld me even in dat ik de mooiste van de hele winkel maak, maar zal dat natuurlijk nooit hardop zeggen. Ik breng hem samen met wat mergpijpen terug naar de keuken – dat wil zeggen, met wat stukken uit het middenstuk van de schenkel, dat met de lintzaag in plakken van vijf centimeter is gesneden. Ik wrijf de rollade goed in met peper en zout, en braad hem even aan op hoog vuur, voor ik hem boven op de stukken schenkel leg en in de oven zet.

Dan was ik mijn handen en sta met een kop koffie even te niksen. Juan is bezig met een nieuwe, 'Marokkaanse' kip-lamsworst. Hij heeft een deel van de laatste portie opgebakken voor hij het in het omhulsel gaat doen. Op een gifgroen bord ligt een hoopje gehakt met een langzaam afkoelend plasje vet eronder. Ik neem een hapje.

'Mmm. Wat is dit, Juan? Lekker!'

Juan haalt zijn schouders op. 'Gedroogde abrikozen, koriander, kurkuma, gember... Ik weet niet precies. Volgens mij ontbreekt er nog iets.'

'O ja?'

Hij haalt nog een keer zijn schouders op en wrijft over zijn kin. Hij laat een sikje staan voor de grote gezichtshaarwedstrijd die Aaron voor de lente heeft gepland. We nemen allebei nog een hapje van de worst en staren geconcentreerd naar het bord. Dan knikt hij. 'Nog een beetje kaneel, denk ik.'

'Jules?' Aaron gebaart of ik even naar de werkbank wil komen.

Hij heeft een soort lamscarré in zijn hand. 'Heb je de kookwekker gezet?'

'Ja. Eén uur en twintig minuten, toch?'

'Op welke temperatuur?' Hij vraagt het alsof het een onaangekondigde mondelinge overhoring is.

'Op honderdvijftig.'

'En wat zou de thermometer dan moeten aangeven?'

'Zestig?'

Aaron buigt zijn hoofd opzij en kijkt me eventjes alleen maar aan terwijl hij 'aaaahhh...' zegt. Inmiddels weet ik – nou ja, daar ben ik vrij zeker van – dat dit zijn zuigende 'flipgeluidje' is, wat hij altijd maakt als hij over eventuele aanpassingen nadenkt. Aan de andere kant zou hij het ook licht bestraffend kunnen bedoelen, omdat ik het niet goed heb onthouden. Dat zou vervelend zijn, maar niet onwaarschijnlijk, aangezien hij die flipgeluidjes voortdurend maakt en ik het soms best lastig vind om al die veranderingen te onthouden. 'Laten we 't maar eens op vijfenvijftig proberen. Nadat je 'm uit de oven hebt gehaald, gaart-ie toch nog na.'

'Je bent net een studieboek met armen. Dat wéét ik toch?'

'Hè? Wat?'

'Dat is uit *Buff*... Laat maar. Gewoon een riedeltje van me.'

'En vergeet 'm niet te bedruipen, hè? Al die sappen uit het merg moeten goed in het vlees trekken.'

'Yep.'

'Oké, en dan nu...' Hij gooit de ribben op tafel. 'Nu ga je oefenen voor je kerstkroon. Je gaat iets maken wat een "halve kroon" wordt genoemd. Bij een kroon gebruik je meestal beide racks, maar ditmaal dus maar eentje.'

(Een 'rack', de ribstukken dus, is de zoveelste verschrikkelijk eufemistische term in het slagersvak, omdat het de suggestie wekt dat de bloederige kooi die ooit de tere ingewanden van een beest heeft gehuisvest tot iets kan worden omgevormd waaraan je je hoed kunt ophangen.)

'Ik praat je er wel doorheen.' Hij schuift het stuk rib naar me toe. 'Je moet eerst de ribben van elkaar scheiden. Met de lintzaag.'

Hij laat me zien hoe je de ruggengraat tussen de ribben moet doorklieven door het roterende blad te gebruiken om de schonkige rand van de ribben eraf te schrapen en het teveel aan bot te verwijderen. Dan moet ik volgens hem het ribstuk platleggen, met de bolle kant van de ribben naar beneden, met mijn handen beide kanten van het vlees stevig vastpakken en dan met het zaagblad de wervels 'inkerven'. Ik moet ze dus een klein eindje doorzagen, tot op de plek waar de ribben samenkomen, zonder daarbij te diep in het middelste van de karbonades te snijden. Ik maak me inmiddels geen zorgen meer over recht voor het snijdblad staan, denk er niet langer aan dat ik mijn hand eraf kan zagen, of dat er een bot in het gezicht van een ander kan zwiepen. Nou ja, niet al te veel. Tenslotte geldt hier 'respect voor de lintzaag'. Ik ben binnen een minuut klaar. Het rack is nog steeds heel, maar de wervels zijn tussen elke rib doorkliefd, wat het lange stuk zo flexibel als een accordeon maakt.

'En nu moet je de uiteinden van de ribbotten tongen.'

Ik kijk Aaron niet half scheel aan als hij dat zegt, omdat ik weet dat hij niet dát soort tongen bedoelt, maar 'frenchen'. Bij slagers betekent dat dat je de botten van een ribstuk schoonschraapt en blootlegt. Uiteindelijk steken die dan trots in een cirkel uit het opgebonden vlees omhoog. Aaron doet het bij de eerste rib voor. Hij begint ermee alle vier de kanten van het bot met zijn mes in te kerven, omdat je het hardnekkige vliesje waarmee het aan het vlees vastzit moet beschadigen. Vanaf de plek waar hij die inkeping heeft gemaakt, snijdt hij het bot aan weerszijden helemaal door. Dan, als het stuk rib eenmaal is ingekerfd, windt hij er een stuk keukengaren omheen, dwars door het intercostale schouderstuk, en maakt er een slagersknoop in. Hij trekt hem strak, draait het garen dan vervolgens een paar keer om zijn handpalm en geeft er een stevige ruk aan, langs de hele bovenkant van het bot. Al het vlees valt er dan in één brok af en het been is prachtig glad en droog. 'Heel simpel.' Hij schept de vleesbrokjes bij elkaar en gooit ze in de bak lamsvlees die voor Juans worsten zijn bedoeld. 'Probeer het maar.'

Mij gaat het niet zo gemakkelijk af. Ik kerf het bot in, maak inkepingen in het vlees, krijg het garen om de ribben heen en trek en trek en trek. Maar het garen blijft aan die koppige stukken steken. En bovendien trekt het zich elke keer dat ik ruk strakker om mijn hand, waardoor er twee diepe richels ontstaan aan de onderkant van mijn pink en in het vlezige deel van mijn duim. Er begint al snel bloed uit te druipen. Ik zeg daar natuurlijk niets van, maar het doet wel pijn en ik weet dat ik nu weifel, bang om mezelf nog meer pijn te doen.

En dan breekt het garen. 'Shit,' mompel ik binnensmonds, hopelijk zo zacht dat Aaron het niet kan horen. Hij staat een eindje verderop en heeft me aan mijn lot overgelaten. Ik trek het garen dat in mijn vlees zit gesnoerd eraf, knip het nu zinloze lusje van de vlezige ribben af en loop dan zo snel en tersluiks mogelijk naar de verbandtrommel voor een paar pleisters. Op de terugweg naar de werkbank pak ik uit een bak onder het aanrecht een snijhandschoen. We gebruiken die lompe dingen amper (als een dun laagje latex je snijvaardigheid al beïnvloedt, moet je nagaan wat een dikke laag gevlochten roestvrij staal dan doet), maar ik trek de handschoen toch aan en probeer het nog eens. Ofwel Aaron heeft mijn korte afwezigheid opgemerkt, ofwel hij heeft mijn gevloek gehoord, ofwel hij ziet mijn handschoen nu. Hij zegt niets, maar blijft wel staan kijken. En dat werkt mij weer op de zenuwen.

Ik knoop nog een stukje garen om het ribstuk heen. En trek. Er gebeurt niets. 'Godver.'

'Maak gebruik van de traagheid van massa. Begin met het garen gespannen van je af te houden. Trek het dan pas een keer hard naar je toe, met het bot mee. Zo.' Hij pakt het stuk van me over.

'Ik kan het...'

'Rustig maar. Ik ga het niet doen, ik wil het je alleen laten zien.' Met het garen in zijn vuist geklemd loopt hij de verschillende bewegingen door, te beginnen met zijn arm recht vooruit gestrekt, tot voorbij het uiteinde van het ribstuk. En dan brengt hij zijn arm langzaam naar voren, tot zijn elleboog zich weer naast zijn lichaam bevindt. 'Maar in plaats van het garen gewoon horizontaal naar je toe te trekken, trek je het een stukje omhoog, zodat je het langs de opgaande kromming van de ribben trekt. Anders strijd je zowel tegen het bot als tegen het vlees. Daarom breekt het ook.'

'Aha. Oké. Ik snap het.' Ik pak het garen van hem over. En trek weer.

En nog een keer.

En nog een keer.

Bij de vierde poging komt het vlees er eindelijk af. En het getongde stuk rib is prachtig wit en volmaakt kaal. Het is me gelukt!

'O mijn god.'

'Nu heb je 'm door.'

'Volgens mij heb ik nog nooit zoiets lekkers gedaan.'

'Nou niet te hard van stapel lopen, hè?'

'Oké, je hebt gelijk. Ik kan nog wel één of twee dingen bedenken. Maar met mijn kleren aan? In een slagerij? Nou, dit dus.'

Maar zo lekker wordt het nooit meer. Het volgende bot is te dik voor deze techniek. Het garen knapt één keer, twee keer, en driemaal is scheepsrecht.

Josh wacht tot Aaron de keuken uit is en zegt dan: 'Je moet niet naar die idioot luisteren, hoor. Gebruik gewoon je mes maar, net als ieder normaal mens.' En dus maak ik de rest van het ribstuk op de suffe, langzame manier schoon, door te schrapen en te schrapen, waarbij ik er niet helemaal in slaag om alle restjes eraf te krijgen. Het is verre van verheffend, maar als ik het rack op zijn kant leg, ombuig tot een cirkel en dan vastbind met nog zo'n ruk waarmee ik mijn eigen huid bijna openhaal, wat een beetje lijkt op het insnoeren van een schone jongedame uit het Zuiden in haar korset, ziet de lamskroon er echt prachtig en supervrouwelijk uit. 'Een lust voor het oog,' zegt Aaron terwijl hij het vlees in de vitrine legt. Tussen de meer alledaagse varkenskarbonades ziet het er alleen nogal dellerig uit. Terwijl ik ernaar kijk voel ik me bijna net zo blootgesteld als een getongd bot, alsof iemand die nu de winkel in komt zo al een paar conclusies kan trekken over degene die dat braadstuk heeft gemaakt.

'Jules, je bent het bedruipen niet vergeten, hè?'

'Shit. Ja. Sorry.'

Ik wil graag zien wie mijn sexy kleine vrouwenkroontje zal

kopen, maar als het verkocht wordt, ben ik helaas achter bezig het merg uit een aantal botten te schrapen, die tot voor kort als rekje voor de rosbief hebben gediend. Ik beleg er een paar toastjes mee.

'En? Hoe staat het met vlees?'

'Goed. Ik ben alleen volkomen op. Ik ben op weg naar huis – ik bedoel, Rifton. De verbinding kan het trouwens elk moment begeven.'

'Oké. Ik mis je.'

'Ik mis jou ook.'

Tijdens onze scheiding, toen ik een kamer onderhuurde in York-ville, was dat mijn thuis geworden. Ik kocht een felgekleurde futon, een nieuwe breedbeeldtelevisie en had uit Queens een paar bor-den, pannen en schalen meegenomen. Mijn keuken was piepklein, nog kleiner dan die waarin ik een paar jaar terug 524 recepten van Julia Child had klaargemaakt – en dat wil wat zeggen. Ik vond het alleen niet erg, omdat het mijn keuken was. Er zaten twee raam-pjes in die uitkeken op een groene strook hemelbomen en over-woekerde stadstuintjes in het midden van het huizenblok. Ik kon zo bij andere mensen naar binnen kijken, naar de vrouw die in haar onderbroek en bh elke ochtend zorgvuldig haar bed opmaakte, en naar de wat chaotischer beslommeringen in de ontbijthoek van het gezin van vier. Ik had kiekjes van Eric, mijn huisdieren en mijn fa-milie opgehangen, en het fotootje dat mijn vader lang geleden van D had gemaakt – kleine herinneringen aan mijn verleden en mijn banden met de rest van de wereld. Maar dat flatje was echt alleen voor mij.

Dat had Eric niet. Hij had ons oude, afschuwelijke appartement, dat gedurende mijn vier maanden van afwezigheid al snel een ze-kere mannelijke onfrisheid kreeg. Met overrijpe bananen, niet al-leen in de keuken, maar ook op het dressoir en in zijn werktas. In het kleed zaten platgestampte kattenbakkorrels. In het grote raam in de voorkamer was op raadselachtige wijze opeens een barst ge-komen – geen haarscheurtje afkomstig van een stukje grind dat door een bestelwagen die door Jackson Avenue denderde omhoog was gestuiterd, maar een lange, rechte fistel, dwars door het midden van de ruit, parallel aan een kier in het linoleum die over de hele lengte van het appartement liep. Wij dachten dat dat door een of andere fout in de fundering kwam, wat misschien ook de reden was voor de zorgwekkende manier waarop de trap naar de voordeur beneden het leek te begeven, met een heleboel kieren op de plaats waar de treden samenkomen, die steeds groter leken te worden.

Ik hou mijn telefoon tegen mijn oor tijdens mijn gesprek met Eric, in weerwil van de wet en de verkeersveiligheid. 'Heb je plannen voor vanavond?'

'Ach, je kent het wel: het huis schoonmaken, bier, *Battlestar Galactica*. En jij? Een etentje bij Josh en Jess?'

'Neuh. Steak. Wijn. Slapen.'

Maar wat voor Eric erger was dan de troep en de wanhoop, was de onvermijdelijke stroom herinneringen die alles opriep. We zijn allebei een soort hamsters en we hebben meer dan tien jaar samengewoond. Ons appartement barst dus uit zijn voegen van alle zooi die we in de loop der jaren hebben verzameld: boeken, fotoalbums, meubels, kunstvoorwerpen en nog meer boeken. En daar kon hij niet aan ontsnappen. Terwijl ik vredig in mijn nonnencel zat, bevond hij zich op een plek waar hij niet om zich heen kon kijken zonder eraan te worden herinnerd wat er precies uit elkaar dreigde te vallen.

'Kun je me verstaan, lieverd?'

'Amper... Je valt telkens weg.'

'Oké, nou, ik bel je later vanavond wel.'

'Goed, lieverd. Tot over een paar dagen.'

En nu doe ik het hem dus weer aan. Technisch gesproken zijn we niet gescheiden. Toch ben ik op de vlucht.

'Ik hou van je.'

'Ik hou ook van j...' En dan wordt de verbinding verbroken.

Het is bijna Kerstmis. We zijn van plan om 's middags allemaal naar de winkel te gaan. Mijn ouders en broer huren een auto op het vliegveld, Eric en Robert de Hond gaan in een andere auto. Dan geef ik hun een uitgebreide rondleiding door de slagerij en rijden we vervolgens als een toom fossiele brandstofslurpende ganzen met drie verschillende auto's naar hun vakantiehuisje. Nadat ik eerst samen met Eric op de vloer van mijn flatje alle cadeautjes heb ingepakt, kunnen we daar dan samenzijn en gaan mijn moeder en ik koken, zal ik stoeien met mijn broer, kruiswoordraadsels oplossen met mijn vader, mijn hond over zijn buik aaien, en dan gaan we de kerstboom versieren en zal ik mezelf toestaan weer deel uit te maken van een echte familie.

Tot die tijd wentel ik mezelf in eenzaamheid. Niet dat ik er iets constructiefs mee doe. Soms zit ik gewoon een beetje uit het raam te staren. Of laat ik mijn tranen de vrije loop. Ik neem mijn toevlucht tot wat stalking en maak mezelf wijs, wat stalkers waarschijnlijk altijd doen, dat het eigenlijk heel charmant is en uiteindelijk ook onweerstaanbaar zal zijn. Ik stop de sjaal die ik nu al bijna een maand koester in een doos. Ik koop een grote zuurstok en bevestig die aan een witte doek, wat, zo vind ik zelf althans, een schattige manier is om duidelijk te maken dat ik vrede wil sluiten of me wil overgeven. Ik denk er echt serieus over na, alsof dit ooit een rationele keuze kan zijn, naar welk adres ik het troostpakketje zal sturen. Naar zijn werk? Zijn huis? Het adres van zijn moeder? Ik besluit uiteindelijk – hoewel 'besluiten' hier misschien een absurd woord lijkt – dat die laatste het meest logisch is. Op een ochtend ga ik op weg naar mijn werk even langs bij het postkantoortje in Rifton en stuur het pakketje op naar Massachusetts. Als ik het uit handen geef, moet ik een brok schaamte en angst wegslikken, maar ook iets van wilde hoop en verwachting.

Josh en Jessica zijn joods en doen dus niet aan al dat kerstgedoe en benadrukken dat Thanksgiving zakelijk gezien voor hen een veel belangrijker dag is. En na een kort dipje na die feestdag is de klandizie ook weer wat aangetrokken.

Josh – daarbij in belangrijke mate bijgestaan door Aaron, Juan en Tom – is nog steeds bezig met het perfectioneren van de kippenleverpaté, de dubbelgerookte bacon, de gebraden kalkoen, gerookte varkenskarbonades en eindeloos verschillend veel soorten worst, waaronder braadworst, zoete, Italiaanse, chorizo, merguez en Thaise kip. Elke portie is net weer wat anders, tot hij tevreden is met het resultaat. Josh heeft ook een extra uitbener ingehuurd: Colin, een boom van een kerel met rood haar, die aan de CIA is afgestudeerd en ook nog ex-marinier is. Ik kon het al meteen met hem vinden toen we erachter kwamen dat we allebei van Willie Nelson en Hank Williams III hielden. We hebben achter in de winkel net samen een van de kasten schoongemaakt, waar we grote klinkhaken hebben bevestigd. Daar hangen nu een heleboel worsten aan te drogen: dikke salami's en iele *jerky sticks* – er wordt hier heel wat op los geëxperimenteerd. Ze vinden gretig aftrek onder de klanten, vooral nu, in deze tijd van borrels en feestjes. Ik kruid runderhazen en verpak ze in rotszout, om ze daar na een week uit te halen, als ze helemaal bruin en verdroogd zijn. Dan veeg ik het zout eraf en bind ze op zoals Tom me dat heeft geleerd, met een lang stuk keukengaren en een lusje aan het uiteinde. Die gaan in de rookkast, waar ze uiteindelijk als *bresaola* uit tevoorschijn zullen komen. Ik proef een hapje van de leverworst, rechtstreeks uit de snijmachine waar Josh zo trots op is: een grote stalen bak op wieltjes, met messen als die van een ronddraaiende ventilator, maar dan echt vlijmscherp. Ze veranderen het vlees in een paar seconden in een plakkerige roze puree. We bespreken of er meer zout in de leverworst moet. Ja, dat moet.

· · · ·

JOSH' LEVERWORST

Josh maakt zijn leverworst natuurlijk in gigahoeveelheden tegelijk, maar als je een keukenmachine hebt, kun je de verhoudingen thuis gemakkelijk aanpassen voor zo'n anderhalve kilo.

- ❧ 0,5 kilo varkenslever, in een paar stukken gesneden
- ❧ 1 kilo varkensmaag, in een paar stukken gesneden
- ❧ 1/2 theelepel majoraan
- ❧ 1/2 theelepe salie
- ❧ 1/2 theelepel witte peper

- 1/2 theelepel nootmuskaat
- 1/4 theelepel gemberpoeder
- 4 eetlepels fijngehakte ui
- een klein handje uiensnippers
- 2 theelepels zout

Verwarm de oven voor op 180 graden. Leg de varkenslever en maag op een bakblik en zet dat in de oven tot het vlees rood tot roze is. Dat betekent dat er nog net een beetje bloed uit de lever stroomt, terwijl het vlees toch doorbakken is, maar nog wel mooi roze van kleur en de sappen niet helemaal doorzichtig meer zijn. Laat het pakweg vijf minuten afkoelen.

Doe het maagvlees en de lever met alle andere ingrediënten in de keukenmachine. Pureer het op hoge snelheid tot een glad mengsel. Stop zo nu en dan even om de zijkanten van de bak schoon te schrapen.

Laat het mengsel op kamertemperatuur komen en zet het dan in een afgesloten bak in de koelkast.

Ik ben hele lammeren aan het uitbenen. Eerst haal ik de kop eraf (Juan neemt er soms eentje mee naar huis; ik moet hem toch eens vragen wat hij daarmee doet). Dan volgen de achterpoten van de beesten (en het zijn nog echt beesten, gevild, schoongemaakt en zonder hoefjes, maar toch nog heel herkenbaar). Dat doe ik door ze heel eenvoudig op hun rug te laten balanceren, zodat hun achterpoten over de tafelrand bungelen. Vanaf de zijkant van de gapende buikholte snijd ik door de ruggengraat omlaag tot vlak boven de heupbotten. Ik steek mijn hand in het gat, druk stevig op de ruggengraat zodat die op de tafel verankerd ligt en grijp dan met mijn andere hand de enkels van het lam vast, of hoe je dat bij zo'n beest ook noemt, en trek die met een ruk omlaag, zodat de ruggengraat met een heerlijk *krak*-geluid breekt.

Josh doet wel eens een walsje met zo'n lam. Zonder oogleden en met die kop die dan zo achterover hangt, ziet het dier eruit als een afzichtelijke debutante die last heeft van een akelige appelflauwte.

Ik snijd, snijd en snijd. Biefstukken, schouders, ribben, lenden. Ik been hammen uit, peuter ribben los, breek gewrichten en snijd, snijd en snijd. Uren sta ik daar aan die werkbank. Ik verrek van de pijn in mijn rug en mijn ogen branden. Mijn vingers zijn half bevroren. En niet te vergeten mijn pols. Mijn pols...

'Jules, heb je al geluncht?'

'Ik heb niet zo'n trek.'

'Jules, je neemt nu pauze.'

'Het gaat wel.'

Josh besluit zijn gezag te laten gelden. Hij gaat voor me staan en fluistert: 'Julie, als je dat klotemes nu niet neerlegt, laat ik je nooit meer in de buurt van deze tafel komen.' En dan brult hij opeens: 'En ga nu godverdomme een boterham eten!'

Dus doe ik schoorvoetend mijn schort en hoed af en pak een van de boterhammen uit de witte papieren zak die Josh bij de broodjeszaak hiernaast heeft gehaald. (Josh regelt voortdurend eten voor zijn personeel: boterhammen, chinees, spareribs. Tenminste, als hij Aaron niet weet te strikken voor 'een familie-etentje'. Ik vind dat echt te ver gaan en voel me er een beetje ongemakkelijk bij, net als wanneer hij me stapels vlees mee naar huis geeft waar ik niet voor mag betalen. Met wat hij mij laat doen zou ik hém op een etentje moeten trakteren.) Ik ga aan de gebutste ronde tafel achter in de winkel zitten, pak de boterhammen uit en begin halfhartig te kauwen. Ik drink water uit een grote plastic beker. Ik besef dat ik de hele dag nog niets heb gedronken en merk nu ik even op adem kom pas dat ik uitgedroogd ben. En dat alles pijn doet. Ik heb het gevoel alsof ik hier, in deze keiharde stoel, zo in slaap zou kunnen vallen. Waarom heb ik dat 's avonds in mijn eenzame kamertje nooit?

Aaron ploft naast me neer. Behalve zijn boterham heeft hij ook wat kippensoep gepakt uit de grote pan die op het fornuis staat te pruttelen.

'Hoe gaat-ie, Jules? Je zit nogal wezenloos voor je uit te staren.'

Ik merk het zelf ook en besef hoe merkwaardig intens ik naar een linoleumtegel een paar meter van mijn voeten zit te kijken. 'Ehm.' Ik kauw langzaam door.

'Het is pas halfvier! Het zit er nog lang niet op!'

'Ik weet het, ik weet het. Het gaat wel. Jezus, wat is dit een lekkere boterham.'

'Wat zit erop?'

'Geen idee.' Ik kijk buitensporig lang naar de boterham voor mijn neus. De tijd lijkt wel een soort toffee. Ik hoor dat ik raar praat, dat ik vreemde stiltes laat vallen. 'Iets wits. Kalkoen.'

'O ja, help me herinneren dat we die kalkoenen nog moeten uitbenen. Die liggen al een paar dagen in de koelkast te ontdooien. Die zouden nu wel goed moeten zijn.'

'Goh, kalkoenen uitbenen. Dat klinkt...' Ik probeer op het woord te komen. 'Moeilijk.'

'Een dag niets geleerd is een dag niet geleefd.' Hij staat op om nog wat soep te pakken. Als hij langs me loopt, laat het blauw-witte blokpatroon van zijn kokskleding mijn ogen trillen in hun kassen. Zodra hij terugkomt en weer gaat zitten, zegt hij: 'En morgen gaan we je kroonstuk maken.'

'O, ja. Cool.'

'Hé, Aaron, mag ik nu pauze nemen?' Jesse komt van de toonbank onze kant op en knoopt zijn schort al los.

'Nog vijf minuutjes, Jesse.' Aaron brengt zijn bord en bestek naar de gootsteen en loopt met grote passen naar de achterdeur. Hij gaat nu een sjekkie rollen en dat zittend op het metalen trapje in het steegje achter oproken. 'Drie minuten.'

Jesse kijkt even over zijn schouder naar de winkel, waar Hailey de enige klant staat te helpen. Even respijt van alle drukte. Hij blijft daar een tijdje langs de toonbank naar de voordeur staan staren. 'Ik ben kapot.'

Als hij mij een blik toewerpt, kijk ik eerder naar zijn borstkas dan naar zijn gezicht – half verdoofd, zwijgend – maar ik knik een paar keer afwezig als zo'n wiebelpop nadat je er een tikje tegen hebt gegeven.

'Maar zo te zien geldt dat ook voor jou.'

'... Jaaa.'

Het lijkt veel korter dan drie minuten voor de grote deur van de nooduitgang achter dichtklapt en Aaron even vrolijk en opgeruimd als altijd weer terug is. 'Alle kalkoenen verzamelen!'

Kalkoen uitbenen is niet direct een nachtelijk treinritje aan boord van de Oriënt Express naar Parijs, maar het is ook weer geen kruisweg. De eerste keer dat ik een eend moest uitbenen staat me nog helder voor de geest. Het was een angstaanjagende ervaring, maar als je het eenmaal met succes hebt volbracht, geeft het ook ontzettend veel voldoening. De kalkoenen zijn vergelijkbaar, alleen groter, minder kwetsbaar en daardoor ook minder eng. Je begint met het mes langs de ruggengraat te snijden en van daaruit werk je via de ribbenkast omlaag naar de borstkas, waarbij je de rand van het mes dicht tegen het bot aan houdt, zodat je niet in het vlees snijdt of – belangrijker nog – door het vel. Bij de poot haal je het vlees van het dijbot, dat je aan het karkas laat zitten, en je trekt het heupbot los bij het gewricht van de drumstick. Als het vlees eenmaal los is van de drumstick, kun je je mes er gewoon van onderen in steken en het bot er keurig uit trekken, net alsof je een shirt uitdoet en het tegelijkertijd binnenstebuiten keert. De vleugel haal je min of meer op dezelfde manier los, hoewel die iets lastiger is om los te wrikken. Je doet hetzelfde aan de andere kant, tot het skelet alleen nog maar via het dunne reepje kraakbeen dat midden over de borst loopt aan het vel vastzit. Dat is het enige echt vervelende stukje, omdat het vel daar heel dun is en je niet wilt dat het scheurt – vooral niet als je voor Aaron werkt, die een behoorlijke pietlut is als het op dit soort finesses aankomt. Zolang je maar voorzichtig bent, zul je het er meestal wel zonder kleerscheuren van afbrengen. En dat is het dan. De botten gaan in een bak om bouillon van te trekken, het vlees moet je een beetje opkalefateren, (want iedereen die ooit op een *Oktoberfest* is geweest weet dat kalkoenpoten flinke zenen kunnen bevatten) dus die moet je eruit halen en klaar is Kees. Niks aan.

Nou ja... Deze kalkoenen, die nog over zijn van de Thanksgiving-drukte en sinds die tijd in de vriezer hebben liggen te verpieteren, zijn ondanks de paar dagen in de koelkast verre van ontdooid. Colin en ik staan gebroederlijk naast elkaar en proberen de vogels een voor een open te krijgen. Sommige zijn zo hard dat je je mes er niet eens in kunt steken. Met andere valt wel te werken, maar niet zonder dat je vingers binnen een paar minuten tot op het bot verkleumd zijn. Ik moet heel vaak een handenwapperpauze houden en er heel wild mee rond zwaaien om de bloedsomloop weer op gang te brengen, wat maar een gedeeltelijke zegening is, aangezien het bloed de vriespijn verandert in een vlijmende pijn. 'Godsamme nog aan toe. Au!'

Colin heeft zijn handen onder de warme kraan gestoken en vertrekt zijn gezicht op een veel mannelijkere, meer onderkoelde manier dan ik. Hij gooit me een paar latex handschoenen toe uit de doos onder het aanrecht. 'In tijden van nood...'

En die handschoenen helpen inderdaad een beetje. Er liggen alleen zo ontzettend veel kalkoenen – ik schat wel een dozijn als ik zo naar die uitpuilende bak kijk. En die zijn allemaal godvergeten koud. Na zo'n drie vogels gebeurt dan ook het onvermijdelijke. De punt van mijn mes glijdt weg, dwars door het latex en in mijn duim. En ik zie het pas als ik mijn hand uit het beest trek om hem even op te warmen. 'Godver.' Colin kijkt alleen even op en maakt een meelevend gebaar. Daar ga ik weer: handschoenen in de afvalemmer en dan maar weer naar het aanrecht en de verbanddoos.

Om de een of andere reden horen bij verschillende dieren ook verschillende soorten pijn en infecties. Varkens zijn het ergst. Even tegen een bot aan schrapen en je hebt meteen een felrode striem die opzwelt en vreselijk jeukt. De wond prikt als een gek als je hem onder de kraan houdt en het litteken blijft heel lang zitten, soms zelfs wekenlang. Rundvlees kost mij daarentegen nooit een centje pijn. Kalkoen zit daar ergens tussenin. Ik druk op de wond, die nogal diep is, om het bloeden te stelpen. Alleen wil het blijkbaar niet gestelpt worden. Ik merk dat ik paniekerig van het ene been op het andere sta te wippen. Hoewel mijn hersenen redelijk goed bestand zijn tegen snijwonden, schrikt mijn lichaam nog steeds terug voor de aanblik van mijn eigen bloed. Ik word vaak een beetje duizelig en mijn hart gaat als een razende tekeer. Ik doe mijn best om deze gênante fysieke tekenen van teergevoeligheid te onderdrukken. Een zwakke maag is namelijk een teken van zwakte. En dus adem ik een paar keer diep in en probeer mezelf te dwingen om op te houden met dat suffe dansje, alsof ik een klein kind ben dat naar de wc moet. Als het bloed eindelijk wat lijkt op te drogen, doe ik er wat oregano-olie op – hippierotzooi of niet, het lijkt infecties inderdaad te voorkomen – en plak er stevig een pleister op. Die moet ik onmiddellijk weer vervangen, omdat het bloed er na een paar seconden alweer doorheen komt. Nog maar even wat drukken dan. Ik besluit te gaan zitten. Dit is natuurlijk helemaal niet ernstig – het stelt niets voor. Ik moet nu alleen echt eventjes gaan zitten.

Josh vertelt wel eens verhalen over de periode dat de winkel net open was, toen hij het vak zelf nog moest leren. Behalve dat hij zich nog vaag kon herinneren dat hij wel eens in de koosjere slagerij van zijn opa in Brooklyn was geweest, had hij tot hij samen met Jessica op het waanzinnige idee kwam om een slagerij in Kingston te openen eigenlijk geen enkele slagerservaring. En ze besloten ook niet om met Fleisher's te beginnen omdat ze zulke grote vleeseters waren. Integendeel, Josh was al zeventien jaar veganist en hield die flauwekul zelfs nog tot een halfjaar nadat ze de winkel hadden geopend vol, tot Jess uiteindelijk op haar strepen ging staan. 'Het kan niet zo zijn dat ik hier de enige in de winkel ben die weet hoe vlees smaakt.' (Het spreekt voor zich dat Josh inmiddels een hartstochtelijke bekeerling is. Zo heeft hij een T-shirt met daarop de tekst: SPEK – HET OVERGANGSVLEES.)

Nee, ze besloten Fleisher's te beginnen omdat ze eigenlijk gewoon een stel hippies zijn. Nou ja, *nouvelle* hippies. Vleeshippies. Wat stukken cooler is. Vleeshippies doen dingen als dissertaties schrijven over pornografie en in hun eentje door India trekken (Jessica) en begin jaren negentig als fietskoerier werken in Manhattan en vrienden van vroeger in Vermont kennen die legale hasjplanten hebben (Josh). Ze zijn zo nodig bereid alles op alles te zetten om slagerijen te openen waar je alleen maar hormoonvrij, met gras en graan gevoed, op een humane manier gefokt vlees uit de streek kunt krijgen, maar steken daarbij niet onder stoelen of banken dat ze daar zelf schatrijk van hopen te worden. Ze wagen zich in achterbuurten om vlees uit te delen aan oude mannetjes met voedselbonnen en een chronisch ijzertekort, en geven jassen en auto's aan berooide werknemers. Ze trekken evenzeer hun neus op voor mensen met Hummers als voor hypocriete vegetariërs. Ze zijn hartstochtelijk, uitgesproken, sterk, sceptisch, optimistisch en grof in de mond. Zo zou ik ook wel willen zijn.

Maar goed, dus toen Fleisher's in 2004 zijn deuren opende, waren Josh en Jessica de enigen die er vlees uitbeenden en hun stinkende best deden dat ook aan de man te brengen. Josh huurde Tom in om te leren wat hij moest weten, en met Toms mentorschap en een hele hoop oefening kreeg hij het al snel onder de knie. Hij had ervaring als *chef de partie*, dus hij wist wel íéts van vlees, en misschien zit het slagersvak sommige mensen ook wel in het bloed. Het merendeel van de tijd was hij echter alleen in de winkel, omringd door bergen vlees, en stond dan uren achtereen te snijden. Josh zweert dat hij toen een keer een mes dwars door zijn hand heeft geslagen en dat die toen vastzat aan de werkbank. Ik weet niet of ik dat wel geloof. Allereerst omdat Josh wel vaker overdrijft, en ten tweede omdat ik me niet kan voorstellen wat hij dan wel niet moet hebben gedaan om dat voor elkaar te krijgen. Maar hij houdt vol dat het echt gebeurd is en ook dat hij zijn hand toen heeft losgetrokken en bloedend als een rund zelf naar het ziekenhuis is gereden.

Dit kleine ongelukje van mij behoort dus absoluut tot de categorie 'geen man overboord'. En dat herhaal ik daarom nog maar eens terwijl ik me probeer te vermannen. Het bloeden stopt uiteindelijk ook, min of meer. Ik plak er nog een pleister op en ditmaal is dat voldoende.

Om de een of andere reden vind ik het nadat ik mezelf heb gesneden altijd weer even moeilijk om terug te gaan naar de werkbank. Ik blijf met een kop koffie dralen, ga naar de wc en sta een tijdje met mijn iPod te pielen. Ik kan Colin alleen niet nog langer in zijn eentje laten met die bevroren klotevogels, en dus ga ik na een poosje toch maar terug. We zijn er uiteindelijk in iets van een uur doorheen, afgezien van de exemplaren die nog steeds stijf bevroren zijn.

'Zijn jullie klaar?' Aaron beschikt over het zeldzame talent om plotseling uit het niets op te duiken, zoals onderwijzers op de lagere school ook altijd ogen in hun achterhoofd hebben. 'Oké, dan gaan we daar nu gegrilde rollades van maken voor in de vitrine.' Hij pakt een van de uitgebeende kalkoenen, die nu niet meer dan een slappe lap vlees is, met aan de ene kant een slordige warboel roze vlees en aan de andere alleen maar gelig kippenvel. Hij bestrooit de roze kant royaal met zout en peper. Vervolgens laat hij ons zien hoe je de lap vlees schuin oprolt tot een soort dik stokbrood, zodat het witte vlees van de borst en het donkerdere van de poten gelijkmatig verdeeld zijn. Hij propt de slordige loshangende stukken netjes naar binnen, maar de rollade ziet er akelig slap uit en ik zie dat Aaron zijn wil ook niet gemakkelijk aan het vlees weet op te leggen. Pas na een paar keer proberen heeft hij een vorm die ermee door kan. Dan bindt hij 'm op, net zoals ik net nog met die platte bil heb gedaan: één lus verticaal overlangs, dan eentje horizontaal en dan een heleboel korte lusjes eromheen, tot hij een lange, dunne, volmaakt gouden kalkoenstaaf heeft.

Hij doet er al met al nog geen kwartier over. Ik ga ervan uit dat ik er dan dus ruimschoots drie kwartier voor nodig heb.

En dat klopt, bij de eerste althans. Het blijkt dat je kalkoenrollade maken zou kunnen vergelijken met pogingen om een stel katten in het gareel te krijgen. Alleen al het ding überhaupt oprollen is alsof je met een demonstrant te maken hebt die gelooft in passief verzet. Er is altijd wel ergens een stuk poot of een bungelend hompje vlees dat niet wil meewerken en mijn pogingen dwarsboomt om zich te voegen naar de status-quo van het staafdom.

Als ik het vlees dan toch eindelijk in een soort rol heb gekregen die lijkt op wat Aaron net heeft voorgedaan, is het lastig om die ook zo te houden, terwijl ik het keukengaren eronderdoor schuif en probeer vast te maken. De eerste paar keer trek ik het te strak aan en wordt de staaf tot een soort slordige u-vorm samengeperst. Dan weer glijdt het lusje eraf en raakt het garen in de knoop. Of ik doe het niet strak genoeg en laat het garen los als ik de kalkoen fatsoeneer voor de tweede lus. Uiteindelijk lukt het me de juiste hoeveelheid druk uit te oefenen en de eerste twee lussen goed vast te krijgen. Nu door met de kortere lusjes overlangs. Weer is het vadsige samenpersen een probleem. Ik heb nu niet met één spier te maken, zoals bij die platte bil van net, die een spier is met zijn eigen logica en vorm. Nee, ik moet nu een smerige massa gehakt en gesneden vlees aan een logica van mezelf (of van Aaron) onderwerpen.

Het is een frustrerend klusje, dat improvisatie vereist. Het is een continu geduw en aanmoedigen van vlees om te zorgen dat het zich naar jouw wensen voegt. Kalkoen is ook plakkeriger dan rund- of varkensvlees en het garen is dus al snel bedekt met een laagje kleverige smurrie, waardoor de knopen blijven steken voor ze vast genoeg zitten. Er gaat een hoop garen doorheen dat regelrecht in de afvalbak verdwijnt. In een poging het bewijsmateriaal van mijn mislukking voor Aaron te verstoppen, leg ik er wat botjes bovenop om de rafelige draadjes te verbergen.

Maar als ik uiteindelijk alles toch heb vastzitten, en ook stevig en gelijkmatig, heb ik het gevoel dat ik een hele prestatie heb geleverd. Ik ben niet de beeldhouwer die het gezicht dat al in het marmer zat eruit heeft weten te halen. Nee, ik ben een trainer die een wilde hengst heeft getemd, gecastreerd en veilig genoeg heeft gemaakt om kleine kinderen op zomerkamp in een stoffige dressuurbak rondjes op zijn rug te laten rijden.

Na de eerste rollade wordt het ook echt gemakkelijker. Ik pas mijn buitengewone knooptechniek aan deze nieuwe uitdaging aan en voor ik het weet, lever ik ze af met een snelheid die die van Aaron evenaart. (Misschien zelfs nog wel sneller. Ik durf nauwelijks toe te geven dat ik ontzettend competitief ben geworden en dat ik apetrots ben op deze niet-geringe prestatie. Blijkbaar zijn vrouwen ook vatbaar voor testosteronvergiftiging.)

'Dat ziet er best mooi uit,' zegt Colin.

'Dank je.'

'Veel beter dan de mijne.'

'Misschien wel, ja.' Ik ben blij dat hij dat zegt. Ik voelde me al een beetje schuldig omdat dat mij met enig leedvermaak al was opgevallen: dat de mijne er inderdaad iets beter uitzien dan die van hem.

'Weet je, ik zat net te denken,' mijmert Colin terwijl zijn dikke vingers doorgaan met het verfijnde knoopwerk. 'Volgens mij schiet ik als ik voortaan het woord "slachten" lees uit mijn slof.'

'Hoe bedoel je?'

'Nou, ik lees heel veel geschiedenisboeken. Militaire geschiedenisboeken. En dan kom je zinnen tegen over "de slachtpartijen op het slagveld", alsof slachten automatisch betekent dat iets bloederig en goor is en... ik weet niet... zeg maar, ongeschoold. Eerlijk gezegd stoot dat me tegen de borst. Slachten is namelijk het tegenovergestelde.'

Die Colin is echt een leuke kerel. 'Ik weet precies wat je bedoelt.'

'Wat een prachtig kunstwerkje, Jules,' zegt Aaron, die naar de werkbank is gekomen om twee rollades op te halen. 'Als je klaar bent kun je de rest verpakken. Die kunnen in de koelcel voor later.'

'Oké.' Ik maak die dag nog zes rollades, wat ik later vier met wat Moedermelk-bier. En wat ijs voor op mijn linkerpols.

Natuurlijk weet ik best dat Fleisher's een betoverende plek is. Maar na er een paar maanden lang dag in dag uit te hebben gewerkt, is die magie een soort gloed op de achtergrond geworden, een geluksgevoel waar ik niet meer bij stilsta.

Zo worden we als we Robert de Hond uitlaten op straat wel eens staande gehouden door een vreemde. 'Kolere, wat een joekel van een beest!' En dan kijk ik naar Robert en zie ik eigenlijk pas weer hoe hij er écht uitziet en dan denk ik: god ja, hij is inderdaad heel groot. Zo gaat het ook wanneer ik mensen de winkel voor het eerst laat zien. Wat ik inmiddels voor lief neem, is voor nieuwkomers nog iets volslagen onbekends. Alleen de vitrine met zijn stapels bontgekleurd vlees is al reden genoeg voor open monden van verbijstering, met al die grote hompen rood vlees, braadstukken, lamsgehakt, varkenskarbonades, lamscarrés, worsten en leverpaté. Als ik de chromen handgreep van de koelcel achterin opentrek en bezoekers een blik gun op de varkenskarkassen die daar bungelen als kleren in een volle kledingkast, is het voor mij ook weer even alsof het de allereerste keer is – een perverse versie van *De leeuw, de heks en de kleerkast*. Ik merk dat ik terugdenk aan iets wat ik de allereerste dag hier dacht: dat als ik door al dat dicht op elkaar hangende vlees zou durven te lopen, het me niet zou verbazen als ik aan de andere kant op een volkomen andere wereld zou stuiten.

'Dit is echt... niet te geloven.'

'Goed, hè?' Ik weet nooit hoe mijn moeder op nieuwe dingen zal reageren, hoewel ik er in de loop der jaren genoeg energie in heb gestoken om te proberen daarachter te komen. Genoeg om daarmee een middelgrote stad van stroom te kunnen voorzien.

'Zoiets heb ik echt nog nooit gezien. Het is... Tja, het is echt goed, zeg.'

En zo lopen zij, mijn vader en mijn broer achter me aan door de winkel. Ik vertel hun over de salamikast, de vleesmolen en alle andere gerechten die we in de winkel zelf klaarmaken, zoals de soep, de geroosterde kalkoen, de paté en de kiphachee. Aaron en Colin staan vlees te snijden aan tafel, Josh en Jessica staan samen met Hailey en Jesse achter de toonbank omdat het vandaag behoorlijk druk is, en Juan staat gehakt in te pakken voor restaurants in de stad. Grote plastic vacuümzakken van vijf kilo die hij nu bijna met zijn ogen dicht zou kunnen vullen, waarbij hij de weegschaal alleen maar gebruikt om te checken of hij het goed heeft. (Als je wel eens in een slagerij of een kaaswinkel of zo hebt gewerkt, weet je hoe triomfantelijk je je kunt voelen als je je het vlees op de weegschaal legt en al meteen de gewenste hoeveelheid hebt. Dat is mij een paar keer gelukt, en dan bereid ik me stiekem altijd voor op de confetti die uit het plafond zal neerdalen en het getetter van feesttoetertjes. Voor Juan is dat echter niets bijzonders.) Hoewel iedereen het druk heeft, vinden ze het prima dat er een horde vleestoeristen door de winkel stampt. Er wordt geglimlacht en ik stel iedereen aan elkaar voor. Dat is al één ding waarin Fleisher's verschilt van een standaard ouderwetse slagerij: niemand is kortaangebonden.

'Je hebt een toffe dochter,' zegt Josh tegen mijn moeder. 'Ze is echt verrekte cool.'

'O!' Mijn moeder is niet zozeer ontzet door zijn taalgebruik als wel door zijn enthousiasme. 'Ja, dat weet ik.'

'Kijk 'ns.' Hij dwingt me mijn arm op te tillen en mijn spierballen te spannen. 'Zo hard als steen,' zegt hij terwijl hij in mijn biceps knijpt.

'Alsjeblieft, zeg.' Maar hoewel hij verschrikkelijk overdrijft sta ik mezelf toe me toch even gevleid te voelen. Normaal gesproken zou ik als mijn moeder me zo zag, met mijn vettige huid, futloze, platte haar en rood aangelopen gezicht (waarop je door het gebrek aan make-up nu heel goed kunt zien dat ik aanleg heb voor rosacea), en mijn slobberige T-shirt en witte schort, waardoor ik nog meer dan normaal op een worstje lijk, me behoorlijk ongemakkelijk, zelfs beschaamd voelen. Maar hier in de winkel merk ik dat het me niet echt boeit.

'En dit,' zeg ik terwijl ik de voorste koelkast opentrek en naar een groot, slordig pakket wijs dat ik zelf nonchalant in slagerspapier heb gewikkeld en waar ik met een zwarte viltstift mijn naam op heb gekalkt, 'is ons kerstdiner. Ik ga 'm vanmiddag opbinden. Dat wordt echt een prachtig ding. Dat beloof ik.'

Eerlijk gezegd ben ik daar helemaal niet zo zeker van, maar Aaron heeft me verzekerd dat het een fluitje van een cent is. Nou ja, we zien wel. Ik heb nog te veel werk liggen en kan dus niet meteen met hen meerijden naar het vakantiehuisje. Als zij en Eric – die buiten geduldig met Robert heeft staan wachten – eenmaal zijn vertrokken om het huisje te bezichtigen, kan ik weer aan het werk.

In dat witte papier zitten twee paar varkensribstukken, in totaal twaalf ribben, bij elkaar zo'n zeven kilo vlees en botten. Ik weet inmiddels hoe je een lamskroon moet maken, maar dit is van een ietwat ander niveau dan de sierlijke halve kroon die ik eerder heb gemaakt. De eerste stap, de ruggengraat doorklieven, is iets waar ik me nog niet helemaal lekker bij voel en dus vraag ik Aaron het me nog een keer uit te leggen. Anders dan ander, meer rechttoe rechtaan gebruik van de grote, enge lintzaag, moet je bij het doorsnijden van de wervels al doende improviseren. Je past de snijrichting naar eigen inzicht aan, in plaats van het vlees stevig op de werkbank te verankeren en erdoorheen te rauzen. Meestal snijd ik het niet zo dicht op het bot als zou moeten, omdat ik te weifelend te werk ga. Ik hou het vlees aan de uiteinden vast en kap net als bij het lamsvlees alle wervels tussen de ribben door, maar niet diep genoeg om het middelste stuk erachter te verbreken. Dat geeft het ribstuk de flexibiliteit die het nodig heeft als ik het straks in een soort halve varkensdonuthelft wil buigen.

Vervolgens moet ik de ribuiteinden helemaal kaal maken. Ik ben er vrij zeker van dat ik dat wel kan, dus ik pak de klos slagersgaren, de snijhandschoenen en mijn mes.

Twaalf ribben en veertig minuten later heb ik het tongen redelijk onder de knie. (Ja ja, ik weet het, ik vind dat nog steeds vunzig klinken.) Bij het knopen en trekken breekt het garen nog steeds heel vaak en zelfs met die handschoen aan is mijn handpalm nog rood en gezwollen doordat het touw erin heeft gesneden. Ook heb ik vaker niet dan wel de stukjes vlees die ik eraf krijg op de grond in plaats van op tafel laten vallen, terwijl het eigenlijk in de bak voor de vleesmolen had moeten belanden. Maar ik heb het enigszins onder de knie en ik hoef er bij slechts twee of drie wat dikkere botten mijn toevlucht toe te nemen het vlees er uiteindelijk toch maar slordig met mijn mes af te schrapen. Nu hoef ik de twee ribstukken alleen nog samen te binden tot een kroon. Ik weet ze allebei in een halve cirkel om te buigen en terwijl Aaron me helpt ze in bedwang te houden, bind ik ze aan elkaar. Hetzelfde concept als eerder: je maakt een lus om het ribbenkorset, spant het garen strak met je rechterhand, terwijl je met je linker eroverheen, eronderdoor en erdoorheen gaat. Schuif de knoop dan naar onderen, een klein stukje maar, en dan eroverheen, eronderdoor en erdoorheen. Geef een stevige ruk aan het uiteinde van het garen, waarbij je de knoop in je linkerhand vastklemt, tot het middelste stuk van de kroon goed vastzit. Dan is het heel even de vraag of het garen het zal houden, omdat de ribben zich natuurlijk aan de geforceerde kromming waaraan Aaron ze onderwerpt proberen te ontworstelen. Maar hij houdt ze stevig vast en ik trek het hard en strak aan, en dan is het in een mum van tijd gepiept. De kroon heeft nu ongeveer dezelfde omtrek als het deksel van een ronde vuilnisbak, met de witte ribbotten uitgespreid aan de bovenkant en de mollige middenstukken van de ribben onderop, zoals een te strak zittende spijkerbroek waar je vetrollen als een muffin overheen hangen, voor zover dat ook maar enigszins verleidelijk is. Maar dit stuk vlees is een plaatje.

Ik heb nu alleen geen tijd om mijn handwerk te bewonderen. 'Gefeliciteerd, Jules.'

'Dank je.'

'Verpak hem maar en leg hem achter in de koelkast. En maak de tafel dan even schoon, zodat we hier wat rund kunnen neerleggen.' (Je mag varkens- en rundvlees niet tegelijkertijd op hetzelfde oppervlak snijden. Volgens Josh leidt dat tot kruisbesmetting, en dat is verboden. Ik snap dat niet helemaal en ik geloof het ook niet echt; maar ja, zo zijn de regels. Ik werk hier ook maar.) 'De vermoeiden zullen geen rust kennen. Kom op, lui varken. Hé, dat was een leuke, hè – lui varken?'

'Heel geestig, ja.'

We doen de rest van de middag ontzettend ons best om te voorkomen dat de vitrine leegraakt, terwijl een gestage stroom klanten door de winkel banjert en druk en opgewonden over de naderende feestdagen babbelt. Ik moet eigenlijk weg en mijn ouders helpen zich te installeren en Eric even wat rust gunnen van 'Robert-plicht' – wat je niet echt hard werken kunt noemen, aangezien Robert vooral een meter van je voeten op de grond wil liggen en af en toe een wind laat of bedelt tot je hem over zijn buik krauwt. Eric heeft de laatste tijd echter veel meer dan zijn aandeel op zich genomen en dat hele eenoudergedoe kan best een emotionele last zijn. Met alle horecabestellingen en de vraag naar kerstbiefstuk kan ik nu alleen onmogelijk gaan. Het is al bijna acht uur voor we alles aan kant hebben en klaar voor de volgende dag – en over twee dagen is het kerst. Ik trek bijna een sprintje naar mijn auto, die twee straten verderop op een gratis parkeerterrein staat. Ik heb twee braadkippen bij me voor het avondeten.

Mijn moeder heeft zich al in de keuken van het vakantiehuisje verschanst als ik binnenkom en heeft een eenvoudige salade in elkaar gedraaid. Ze zit met een gin-jus binnen handbereik aan de eetkamertafel te wachten en bladert door een kookboek om het boodschappenlijstje samen te stellen voor de spectaculaire maaltijden die we al hebben gepland. (Mam en ik zijn in de loop der jaren steeds beter geworden om ons tijdens de feestdagen niet helemaal het leplazarus te koken. We maken dus geen soepjes vooraf meer met zelfgemaakte broodstengels, geen zes bijgerechtjes voor bij de gepekelde kalkoen, en ook geen vijf desserts meer voor een feestmaaltijd voor zes personen. Maar we houden ons natuurlijk niet helemaal in.) Eric is buiten op de veranda met Robert, die niet naar binnen mag, en mijn vader en broer hebben de legpuzzel al tevoorschijn gehaald. 'Ik heb wat kip meegenomen. Die hoeft alleen nog even te worden opgewarmd in de oven.'

'Daar staat het maïsbrood al in, op tweehonderd graden. Ik heb uiteindelijk maar besloten dat nu al te maken, zodat het vanavond kan staan en morgen oud genoeg is als vulling voor het vlees. Nog een paar minuten.'

'Oké, wat kan ik ondertussen doen?' Ik trek een fles rode wijn open en schenk mezelf een flink glas in. Ik moet een beetje opschieten, want het is al rijkelijk laat voor mijn eerste borrel.

'Meehelpen met het bedenken van het menu. Ik wilde die cranberrytaart maken die we toen die keer met Thanksgiving in Virginia hebben gehad. Die van Martha. Ik kan 'm alleen niet vinden.'

'Goed, maar ik ga eerst even kijken hoe het met Eric en Rob is.'

'Oké.' En dan, als ik langs haar loop, op weg naar de achterdeur: 'Jeetje, je ruikt écht naar vlees.'

'Ja, dat hoor ik wel vaker.'

Eric zit met een dikke jas op een rotanstoel in het duister een boek van Dashiel Hammett te lezen bij het kleine beetje licht dat door het raampje van de keukendeur schijnt. Robert ligt met zijn kop op zijn poten naast zijn waterbak op de grond en ziet er zoals altijd melancholiek uit. Het lukt hem nog net op te kijken en hij begroet me vervolgens door driemaal met zijn staart op de grond te slaan. 'Hé, schat. Hoe staat het hier?'

'Prima, hoor. Goed.' Ik strijk met mijn hand door Erics haar en hij duwt zijn hoofd even tegen mijn heup.

'Wil je iets drinken?'

'Lekker.'

'Wijn? Een wodka-tonic? Een Weller?' (Dat is mijn vaders lievelingswhisky, en aangezien je die hier niet zo makkelijk kunt krijgen, neemt hij die altijd zelf mee.)

'Mmm! Een Weller, graag!'

'Komt eraan.'

Ik haal zijn borrel – gewoon een paar flinke slokken in een rood plastic bekertje. 'Weet je, we kunnen moeilijk de feestdagen doorbrengen terwijl we om de beurt buiten bij de hond moeten zitten.'

'Maar er mogen geen honden binnen. En ik ga hem niet alleen in jouw appartement laten terwijl wij hier zijn. Het is kerst.'

'Maar hij weet toch niet dat het kerst is? Hoe dan ook, volgens mij moeten we hem gewoon binnenlaten.'

'En als je moeder dan gezeur krijgt met de eigenaresse?'

'Hij zal echt niet de boel onderkakken of op de bank liggen of zo.'

'En al dat haar dan?' Hij steekt zijn hand uit naar Roberts opgeheven buik – Eric is een veel betere buikaaier dan ik, een veel liefdevollere ouder – en ja hoor: er waait inderdaad een pluizig plukje op. Ik zucht. Zoals je inmiddels weet, ben ik een behoorlijk gehoorzaam meisje, maar vergeleken bij Eric lijk ik soms wel op Johnny Rotten.

We staan op een zachte herfstavond op de stoep voor een trattoria in Greenwich Village te wachten tot er een tafeltje vrijkomt. Leunend tegen een hekje, knuffelend, strelend en glimlachen tonend die en plein public eigenlijk te intiem zijn. Voor iedereen is het overduidelijk dat dit stel ergens in de komende paar uur met elkaar naar bed zal gaan. We worden onderbroken door een mij volslagen onbekende vrouw van middelbare leeftijd die me met een ietwat schaapachtige blik opneemt. 'Pardon, maar... ben jij niet Julie Powell?'

'Eh... Ja. Hallo.' Dat gebeurt echt maar heel af en toe. Iemand die mijn boek heeft gelezen en me op de een of andere manier herkent. Meestal is dat best leuk. Het lastige is alleen dat dat eerste boek onder meer gaat over de weldadig zoete betrouwbaarheid van de in-

nige liefde die ik voor mijn volmaakte echtgenoot koester en over hoe
volmaakt die relatie is. Niet dat wat ik toen schreef een leugen was.
Alleen liggen de zaken nu wat ingewikkelder. Of misschien was dat
altijd al zo, maar had ik dat gewoon niet door. Hoe dan ook heb ik
een relatie verprutst die mensen die ik niet eens ken als een soort
voorbeeld zien, en als je dan voor een restaurant van Mario Batali
met een vreemde man staat te flikflooien, is dat niet direct iets waar
je op zit te wachten. Mijn hersens maken overuren terwijl de vrouw
doorbabbelt over mijn boek, over hoe geweldig ze het vond en dat ze
het aan een goede vriendin heeft gegeven, en me vervolgens vraagt
waar ik nu aan werk. Misschien dat ze D niet eens zal aanspreken.

Maar dat doet ze natuurlijk wel. Ze steekt haar hand naar hem uit
en zegt: 'En dan moet jij de lankmoedige...'

Soepeltjes, zonder een moment te aarzelen, pakt D haar hand ste-
vig vast terwijl hij haar een brede glimlach toewerpt; een glimlach die
niet meer zou kunnen verschillen van de lieve, verlegen, wat scheve
glimlach van die van mijn man. 'Eric. Jazeker, de enige echte.'

Nerveus als ik ben barst ik bijna recht in haar gezicht in lachen
uit. Ik zal er wel volkomen verdwaasd uitzien, met mijn schichtige
oogopslag en opgeplakte nepglimlach. Nu is D geen woeste rebel,
doet hij niet aan autoraces, trapt geen ruzies in cafés en snuift ook
geen coke van het achterwerk van een stripper... (niet vaak... dat ik
weet...), maar met zijn enigszins schalkse glimlach en zijn leugentje
om bestwil weet hij me een opwindend, wild gevoel te bezorgen. Ik sta
te trillen op mijn benen; ik kan niet wachten tot we weer thuis zijn.

Deze hele opwindende herinnering spoelt over me heen en is
alweer weggevloeid (waarna ik me uitgeput en verzopen voel, zoals
altijd na dit soort herinneringsflitsen) tegen de tijd dat Eric is opgestaan en de hondenharen van zijn broek heeft gestreken.

'Nou,' zeg ik, waarbij ik het overweldigende verlangen erg genoeg in irritatie omzet, 'we moeten er wel iets op bedenken, want
zo kan het niet langer.'

'Oké, oké.' Hij pikt mijn ergernis natuurlijk meteen op en weet
hoe mijn stemming van het ene moment op het andere kan om-
slaan. Vooral de laatste tijd, maar eigenlijk heb ik dat altijd al gehad.

In een gulle bui heeft hij me ooit 'humeurig en mooi' genoemd. Maar nu voelt hij zich verre van gul, en waarom zou hij ook? 'Misschien kunnen we hem in het trapgat van de kelder zetten. En dan de deuropening met een paar stoelen of een bankje of zoiets blokkeren.'

'Goed. Ja, laten we dat maar doen.' Ik vind het vreselijk als ik zo bits doe tegen Eric, zelfs als hij dat verdient, maar vooral als dat niet zo is, en niet alleen omdat het niet aardig is om zo bits te doen. Mijn moeder doet dat namelijk ook heel vaak en ik vind het vreselijk als ik datzelfde toontje in mijn eigen stem hoor. En dat komt wederom niet alleen doordat ik de neiging heb mijn vader te verdedigen als mijn moeder op hem zit te vitten, hoewel dat wel zo is. Het komt ook doordat ik in die onnodige uitvallen van haar iets proef van een maar al te bekend gevoel in mijn lijf, van ongelukkig-zijn, van ontevredenheid.

Ik verander op slag van toon en ben een en al verontschuldiging. 'Dat is een goed idee.'

'Julie? Kom je nog? Ik heb echt even je mening nodig.'

'Ja, mam. We komen eraan. We gaan Rob in de kelderopening zetten. Dat is toch wel goed, hè?'

We verplaatsen Rob. Hij sjokt mee met die typische uitdrukking op zijn kop als hij zich ergens bij neerlegt. Zo kijkt hij ook altijd als hij met onverwachte veranderingen te maken krijgt. Tegen die tijd heeft mijn moeder het maïsbrood uit de oven gehaald, dat nu staat af te koelen, de oven lager gezet en de in folie gewikkelde kippen erin gelegd. Het is al bijna negen uur. Als ik tegenover mijn moeder ga zitten om haar mee te helpen met de beslissing of we nu de sperziebonen met sjalotjes of de witlof met pecannoten en knoflook moeten maken, en of de appeltaart met reuzelkorst die we wel eens maken in deze kleine keuken niet te veel gedoe is, voel ik opeens hoe ontzettend moe ik ben. Mijn voeten en mijn rug kloppen en als ik een pen pak om een boodschappenlijstje op de achterkant van een envelop te maken – 'Au! Shit!' –, klettert die uit mijn verstijfde vingers op de grond, terwijl ik mijn pols omklem waarin zojuist iets op een heel pijnlijke manier is gesprongen.

'Wat is er met jou aan de hand?'

'Jezus.' Ik schud mijn hand heen en weer en beweeg mijn stijve vingers. De eerste scheut is alweer weggetrokken, maar het lijkt net alsof er een trillende pianosnaar van mijn vingers naar mijn elleboog loopt. 'Ik geloof dat mijn hand het voor gezien houdt.'

'Laat 'ns zien.' Ik steek mijn beide handen naar haar uit. Ze pakte ze in de hare en vergelijkt ze door de binnenkant van mijn polsen te bekijken. Er is nu niets subtiels meer aan. Mijn linkerpols is duidelijk dikker dan de andere en heeft ook een iets andere kleur: bleker. Als mijn moeder haar duim onder op mijn pols duwt, schieten mijn middelste twee vingers in een spasme omhoog en krullen zich schokkerig naar mijn handpalm toe. Ik vertrek mijn gezicht van de pijn.

'Lieverd, dat is carpaal tunnel-syndroom.'

Ik haal mijn schouders op. 'Oké, maar ik weet niet wat je daaraan kunt doen.'

'Nou, tot het over is moet je in ieder geval niet meer doen wat je nu doet. Maar dat ga je natuurlijk niet doen.'

'Nee, inderdaad.'

Ze staat op, loopt naar de koelkast, pakt wat ijsblokjes uit de zak in de vriezer en stopt die in een boterhamzakje. (Mijn familie heeft altijd en overal een ijsblokjesvoorraad. Dat staat steevast op het boodschappenlijstje dat we automatisch afvinken zodra we op een nieuwe plek aankomen: sinaasappelsap, notenmelange en ijsblokjes, gevolgd door een tripje naar de slijterij voor wat gin, Jack Daniel's voor mijn vader, als hij geen fles Weller heeft meegenomen, Tanqueray voor mijn moeder en wodka of rode wijn voor Eric en mij.) 'Maar doe er dan in ieder geval wat ijs op. Ik ben daarvoor geopereerd, weet je nog? Het is echt niet niks wat je daar hebt.'

'Oké, al goed.' En ik gehoorzaam braaf. Ik hou het ijszakje er tijdens de hele maaltijd tegenaan. Mijn moeder is zeer te spreken over de kip, en daar heeft ze gelijk in, want die is ook fantastisch. Hij ruikt verrukkelijk en het kruidenmengsel dat in het vel is getrokken, een mengsel dat Juan heeft geperfectioneerd, is topgeheim, maar ik heb me voorgenomen het op een dag aan hem te ontfutselen.

Nadat we hebben gegeten gaan mijn vader, moeder en broer samen met Eric bij de stapel puzzelstukjes op de vloer naast de salontafel zitten. Dit jaar zijn het 2500 stukjes die een typisch Polynesisch tafereel afbeelden, wat op het eerste gezicht best gemakkelijk lijkt, tot je het water en de Gauguin-achtige schaduwen ziet. Ik heb voor puzzelen nooit zoveel uithoudingsvermogen gehad als de rest van mijn familie – vooral mijn broer en Eric – en bovendien is mijn pols nu heel sikkeneurig geworden en bijt me zodra ik ook maar iets ambitieus probeer meteen toe, zoals wanneer ik met mijn duim en wijsvinger een stukje gekleurd bordkarton probeer te pakken. Dus ga ik maar op de bank liggen staren naar de opengeslagen pagina's van een boek dat op mijn opgetrokken knieën rust, nippend aan mijn vierde of vijfde glas wijn, tot mijn oogleden vastberaden omlaagzakken en ik opschrik door het glas in mijn hand dat gevaarlijk begint over te hellen. Ik weet genoeg: bedtijd. Ik zet het glas, dat gelukkig in mijn keel is geleegd in plaats van op de bekleding van de bank in het vakantiehuisje van mijn ouders, in de gootsteen. Als ik een stap achteruitzet, stoot ik hard tegen de hoek van het aanrecht aan. 'Volgens mij moeten we naar bed.'

We wensen elkaar wat warrig welterusten. Iedereen heeft zijn laatste oortje versnoept; ik was niet de enige die op de bank lag te knikkebollen.

Als we de koele buitenlucht in stappen, merk ik dat Eric mijn bovenarm net iets te hard vasthoudt, en dat irriteert me, hoewel ik op de hobbelige ondergrond best wat steun kan gebruiken. 'Wat is er?'

Hij geeft een ruk aan mijn arm alsof hij de enige is die voorkomt dat ik op de ijzige stoep onderuitga. Robert loopt naast ons en heeft niets in de gaten. Zo nu en dan neemt hij een hap sneeuw. 'Waarom moet je toch altijd half bezopen zijn?'

'Hè? Wat heb ik dan gedaan? En waarom doe je zo gemeen?'

'Laat maar. Ik heb niks gezegd. Kom, ik breng je wel naar huis.'

Het lukt ons om de koude halve kilometer naar mijn appartement af te leggen, waarna we de donkere trap bestijgen en ons op bed laten ploffen, nadat Eric me eerst gedwongen heeft een glas water en een paar aspirines in te nemen.

Als de drank echter eenmaal is uitgewerkt, keert de pijn in alle hevigheid terug. Om drie uur ben ik dan ook klaarwakker. Om een liedje van Kris Kristofferson te parafraseren: hoe ik mijn hand ook hou, het doet altijd pijn. Mijn gedachten schieten van de kloppende pijn en allerlei heftige uitbeenscènes die ik maar niet uit mijn hoofd krijg, naar bezorgdheid over het algemene gevoel van fysiek verlangen dat tegenwoordig vaste prik lijkt te zijn. Tegen de tijd dat het zeven uur is en Robert zich ter voorbereiding op zijn ochtendronde gapend begint uit te rekken, zijn mijn kriebelende ogen rooddoorlopen en voelt mijn maag helemaal zuur aan van het slaapgebrek. En mijn pols doet nog steeds verrekte pijn. Ik voel me gammel en godvergeten oud als ik uit bed stap, gevolgd door een korte wandeling in de kille buitenlucht met de hond, een blikje cola light van de voorraad uit mijn koelkast en een warme douche. Ik hem me gisteravond niet meer gewassen en heb dus de hele nacht in die vleesstank gelegen. Zelf ruik ik het niet meer, zeker niet na een paar glazen wijn. Zou Eric er inmiddels ook aan gewend zijn of gewoon te beleefd zijn om er iets van te zeggen? En dan ben ik klaar om te gaan.

Eric kan nog net 'Tot vanavond, schat' uitbrengen als ik hem een afscheidszoen op zijn schouder geef.

'Wat is er met jou aan de hand?'

Mijn mes is zojuist uit mijn hand op de grond gekletterd en heeft mijn been net niet geschampt. Ik stamel wat binnensmonds terwijl ik met mijn rechterduim mijn linkerhandpalm masseer.

'Niks. Mijn hand... Mijn hand doet alleen een beetje raar. Dat gaat wel over.'

'Laat 'ns zien.'

En zo steek ik weer mijn hand uit en wordt mijn pols opnieuw heen en weer gedraaid en door turende ogen geïnspecteerd.

'*Dude*, die is naar de klote.'

'Een beetje, ja,' beken ik. 'Maar het is niets ernstigs. Ik heb er een tijdje geen last van gehad. Ik ben gewoon een beetje moe.'

'Nou, ga dan verdomme zitten en rust wat uit, slimmerik.'

'Ik ben bijna klaar hiermee...'

Jessica, die altijd alles hoort, is naar ons toe komen lopen en staat mijn pols nu ook te bekijken. 'Heb je hier al lang last van? Heb je het al met massages geprobeerd? Of acupunctuur? Dat werkt ook heel goed.'

'Ik heb helemaal niks geprobeerd. Het gaat vanzelf wel weer over.'

'Ja, maar als je ons gaat aanklagen voor arbeids...'

'Alsjeblieft zeg, alsof ik jullie zou aanklagen.'

'Nee, dat weet ik, maar je snapt best wat ik bedoel. Ga zitten. Pak wat soep. En doe daar wat ijs op.'

Josh gooit me bijna op een stoel. 'Jij steekt hier vandaag geen poot meer uit.'

'Het is niks. Kom op, het is nog niet eens twee uur en jullie kunnen niet in je eentje...'

'Denk je dat je dit van me gaat winnen?' Josh knippert een paar keer met zijn blauwe kijkers naar me. 'Wat schattig.'

Zuchtend leg ik me maar neer bij Josh' en Jessica's beweterige versie van zorgzaamheid. Ik pak een kom soep, ga aan de tafel achter zitten en probeer met mijn gedachten weer gevoel terug te brengen in mijn verlamde ledemaat. Maar ze hebben gelijk, iedereen heeft gelijk. Mijn hand heeft er de brui aan gegeven.

'Hé, je zou vandaag eigenlijk toch bij je familie moeten zijn. De boom optuigen, eggnog drinken, of wat jullie dan ook uitspoken op zo'n dag.'

Ik besef nu dat verzet geen enkele zin heeft. Bovendien heeft Josh misschien wel gelijk. Ik zou me op kerstavond niet moeten drukken.

Wacht even. Ik druk me helemaal niet. Ik ben aan het werk. *Ik zou niet moeten werken*, bedoelde ik te zeggen.

'Goed, oké dan. Prima. Komen jullie morgenavond nou nog eten?'

'We hebben toch niets beters te doen, dus ja hoor. Wat zullen we meenemen?'

'O, het vaste recept. Drank. Wat borrelhapjes.'

'Klinkt goed. En Steph en Matt komen ook mee, is dat goed?'

Stephanie en Matt zijn vrienden van hen die ze al heel lang kennen, een stel dat hier een tweede huis heeft en in de weekends hiernaartoe komt. Aangezien ik meestal doordeweeks werk zijn onze schema's dus precies tegenovergesteld en heb ik ze pas een keer of twee gezien.

'Tuurlijk. Hoe meer zielen, hoe meer vreugd. Jesse heeft al gezegd dat hij zeker komt.' Ik heb iedereen van de winkel uitgenodigd. Ik heb met een rode stift een plattegrond en routebeschrijving op een groot vel slagerspapier gekalkt en die met afplaktape aan de muur gehangen. 'En jij, Juan?' roep ik wat harder, zodat hij me in de keuken kan horen. 'Kom jij ook?'

'Hè, wat?'

'Naar mijn huis? Morgen?'

Juan veegt zijn handen af aan een witte badstof handdoek. Hij zit tot aan zijn ellebogen in de afwas. 'Ik zal het proberen.'

'Je kunt anders wel met ons meerijden,' biedt Josh aan.

'Of met mij,' voegt Jesse er vanachter de toonbank aan toe. 'Ik kom toch langs jouw huis.'

'Ja, oké, ik zal het proberen. Bedankt.'

En dus ga ik terug naar mijn appartement met het enorme in papier verpakte varkensbraadstuk en drie kilo lamsstoofvlees. Rob komt me zoals gewoonlijk boven aan de trap tegemoet, nonchalant geïnteresseerd, maar mijn 'Hallo?' blijft onbeantwoord. Eric is vast en zeker mijn ouders aan het helpen met de boodschappen, het kopen van een boom, en meer van dat soort dingen. Ik heb hem al twee sms'jes gestuurd, maar hij heeft nog niet gereageerd. Ik prop het vlees met enige moeite in de koelkast, pak een plastic zak, die ik met ijs vul, en ga even liggen. Robert de Hond weet zich moeizaam aan mijn voeteneinde te installeren, wat hij wel vaker doet als hij het koud heeft. Ik zou hem er eigenlijk af moeten duwen, maar laat hem maar.

'Julie? Ben je thuis?'

Als ik mijn ogen weer open, zie ik tot mijn schrik dat de kamer halfduister is. De zon gaat deze dagen natuurlijk veel vroeger onder, maar ik moet zeker iets van drie uur hebben liggen maffen. Het ijs is gesmolten en niet meer dan een plastic zakje met koel water. Ik kom schuldbewust overeind, net zoals op de ochtenden nadat ik de avond ervoor half bewusteloos in bed ben gevallen en niet helemaal meer weet hoe die is geëindigd, of ik misschien iets stoms heb gedaan, zoals met mijn bezopen kop mijn ex-minnaar bellen, of huilruzie maken met mijn man. 'Ja, ik ben hier.'

Eric komt met zijn jas nog aan de slaapkamer in. 'Lig je te slapen? We wisten niet waar je was.'

'Sorry. Ik had je ge-sms't.'

'Aha. Mijn accu was leeg. En bovendien heb je hier amper bereik.'

'Ja, dat dacht ik al.' Rob en ik klauteren uit bed, allebei even gammel. Mijn pols gilt het nog steeds uit.

'We hebben een boom. En de spullen voor het eten. Maar we wilden vanavond eigenlijk maar gewoon uit eten gaan.'

'Uit eten? Waar dan?'

'Ik dacht dat jij wel iets zou weten.'

'Er zit hier helemaal niks. Je kunt hier amper een pizza laten bezorgen.'

'Nou ja, dan bedenken we wel iets anders. Hoe dan ook kunnen we nu maar beter naar je ouders gaan. Om de boom op te tuigen en zo.'

'Ja, ja, ja...' Ik heb mijn plakkerige vleeskleren nog aan: een stinkend T-shirt en een spijkerbroek. 'Ik heb zeker geen tijd voor een douche? Hoe laat is het trouwens?'

'Als je wilt, kun je best even douchen. Het is halfzes. Maar we moeten nog wel iets voor het eten bedenken.' Eric zit op zijn hurken en krauwt Robert over zijn buik. Volkomen ten onrechte erger ik me soms aan alle aandacht die Eric hem geeft. Ik probeer die ergernis om te zetten in een teder soort wrevel. 'Wat verwen jij die hond toch.'

'Iedereen heeft af en toe een lekkere krabbel over z'n buik nodig, hè? Iedereen wil dat toch wel eens?' Hij heeft zijn neus tegen die van Robert aan gedrukt en gromt speels, terwijl de hond gelukzalig knort.

'Zullen we hem hier of daar voeren?'

'Ik geef hem wel wat. Ga je nu douchen?'

'Neuh. Ach ja, beter van wel. Blerk.'

Eric komt overeind en veegt het hondenhaar van zijn spijkerbroek. 'Hoe kom je daar nou weer bij – "Blerk?" Dat zeg je wel vaker. Heel raar.'

God, wat is getrouwd-zijn toch vreemd: alles duidelijk, niets gezegd.

'Weet ik niet. Ik zal het wel ergens gehoord hebben.'

Ik weet precies waarom Eric me dat vraagt. En hij weet dat ik dat weet. Dichter dan mijn ietwat opstandige toon komen we niet bij de discussie dat hij denkt dat ik het van D heb opgepikt. (Wat trouwens niet zo is, maar alle nieuwe woorden die geen deel uitmaken van het officiële huwelijksjargon zijn meteen verdacht.)

'Nou, ik geef hem even wat te eten. Misschien knap je wel op van een douche.'

'Misschien wel, ja.' Ik kleed me uit en gooi mijn vieze kleren in de richting van de plunjezak waaruit ik leef als ik niet thuis ben. Naakt door het huis lopen is voor ons niets bijzonders en we slapen ook niet in een pyjama. Lang geleden vond ik dat het bewijs dat we een sexy, volwassen stel waren. Nu denk ik eerder dat we gewoon volkomen immuun zijn geworden voor de aanblik van elkaars naakte lichaam. Eric keurt me niet eens een laatste blik waardig en loopt al naar de keuken, met Robert, die zijn oren heeft gespitst, in zijn kielzog, terwijl ik naar de badkamer loop.

Het duurt eeuwen voor het water warm is.

Het eten is uiteindelijk niet veel meer dan pasta met saus uit een potje dat we in de voorraadkast hebben gevonden. De boom is een vreemdsoortig geval met kale plekken en een kromme stam, precies zoals wij dat in onze familie leuk vinden. Mijn moeder heeft besloten dat ze niet allemaal dennennaalden op de vloerbedekking wil hebben – waarom hebben we daar eigenlijk niet eerder aan gedacht? – en dus zetten we hem maar op de veranda aan de voorkant van het huisje, hangen er lichtjes in, wat engelenhaar en de paar ballen die ik heb opgehaald in de opslagruimte in de stad waar ze het gros van het jaar liggen. Om ze erin te hangen, moeten we ons in onze dikke jassen in de smalle ruimte zien te persen die er tussen de takken en de muur van het huis nog net over is. Als we klaar zijn ziet het er eigenlijk best mooi uit, maar ook ietwat raar. Tien minuten later waait hij tijdens het eten om door een windvlaag, zodat mijn vader en broer nog een kwartier bezig zijn om hem met touw aan wat balken en de balustrade van de veranda te bevestigen.

Kerstavond speelt zich af in de keuken, zoals mijn moeder en ik dat bijna elk jaar doen. Terwijl de jongens – mijn vader, broer, Eric en Robert – in de voortuin een bal overgooien, rooster ik een *poblano*-peper boven de gasvlam van het fornuis en braad het lamsvlees aan in spekvet en olijfolie. Mijn moeder roostert pecannoten in de oven en verkruimelt het maïsbrood, dat kurkdroog moet zijn voor de vulling van de varkenskroon. Ik hou een zak ijs op mijn pols, die me vannacht weer uit mijn slaap heeft gehouden. Ik heb naar het plafond liggen staren, luisterend naar het dissonante gesnurk van Eric en Rob, terwijl er tranen die ik niet helemaal kan plaatsen in mijn oor druppelen.

Jesse is de eerste en hij arriveert veel eerder dan de rest van de gasten.

'Hé, wat een prachtige boom! Ik heb al in geen jaren meer een boom gehad.'

'Nou, we mogen blij zijn als hij niet weer omwaait. Waar is Juan?'

'Die nam niet op.'

Eerlijk gezegd had ik ook niet verwacht dat hij zou komen, maar toch ben ik teleurgesteld. Niet dat ik dat tegen iemand heb gezegd, maar ik had mijn zinnen erop gezet dat de hele Fleisher's-bende er zou zijn. 'Nou ja, kom binnen. Wil je wat drinken? We hebben wijn, eggnog, allerlei soorten drank... water?'

'Eggnog, lekker. En doe ook maar wat water.'

'Kom maar deze kant op. We staan uiteraard nog te koken.'

'Uiteraard.'

Jesse is precies zoals hij in de winkel is: een tikkeltje traag, stil en innemend. Hij biedt aan om te helpen en mijn moeder heeft hem dus al snel voor een bord boterhammen gezet die hij in reepjes moet scheuren. Ze praten ondertussen honderduit over stemfraude en de kansen van de Democraten bij de verkiezingen van 2008.

Tegen de avond heeft de rest van de groep ons dan ook eindelijk weten te vinden. Josh, Jessica en Stephanie en Matt en nog een vriend van hen, ene Jordan, hebben wel even moeten zoeken en hebben toen ze een plotselinge draai moesten maken op een weg met ijzel ook nog de voortuin van een onbekende in een omgewoelde modderboel veranderd. De lamschilistoofpot en de glühwein staan allebei op het fornuis te pruttelen en de kamer is gevuld met allerlei heerlijke geuren. Robert zit achter een bankje boven aan de keldertrap en het kleine huisje is zo vol met mensen dat hij continu wel door iemand wordt geaaid. Uiteindelijk, na genoeg drankjes en heel wat aandringen van mensen die er niet zo van doordrongen zijn als mijn familie dat de verhuurster een stringent 'huisdieren verboden'-beleid voert en die over het algemeen minder gevoelig zijn voor alle gevaarlijke manieren die er bestaan om op iemands tenen te gaan staan en van Robs gewoonte om meer dan de hem toebemeten ruimte in deze wereld op te eisen, wordt hij losgelaten en mag hij gewoon door het huis lopen.

De stoofpot is verrukkelijk en behoorlijk pittig. Mijn moeder en ik maken dit gerecht wel vaker, maar meestal alleen voor familie of expats uit Texas, aangezien de meeste vrienden uit New York niet zo goed tegen heet eten kunnen. Maar ik had van deze lui niet anders verwacht, en dat blijkt te kloppen.

'Dit is heerlijk, Kay,' zegt Jessica tegen mijn moeder en haar oordeel vindt zoveel bijval dat het voor mijn familie – toch al zuinig met complimentjes – vreemd genoeg wat onoprecht klinkt. Ik weet dat 'onoprecht' wel het laatste is wat je over deze mensen kunt zeggen, en aangezien ik uitzonderlijk gevoelig ben voor de piepkleine stemmingswisselingen en stiekeme gedachtes van elk lid van mijn familie, vooral van mijn moeder, kan ik me niet meer ontspannen zolang ik vermoed dat ze dit niet doorheeft. Mijn broer, toch al geen echte spraakwaterval, zegt bijna geen woord meer, en hoewel hij wel luistert naar het gesprek, zie ik op zijn gezicht dat minzame lachje en die omfloerste blik waarvan ik weet dat het betekent dat hij zijn lulkoekmeter heeft gepakt en nu het terrein afspeurt op het verraderlijk snellere getik. Mijn moeder heeft eenzelfde soort omfloerste blik in haar ogen – wat lijken die twee toch op elkaar –, hoewel ze geen moment haar mond houdt. Mijn moeder zou nog met een geit praten en wordt door iedereen altijd heel charmant gevonden, zelfs als ze tegelijkertijd allerlei gemene dingen denkt, wat ze zo nu en dan ook doet. Dat ze niet zoals ik meteen warm en hartelijk op Josh, Jessica, Stephanie, Matt en Jordan reageert, irriteert me mateloos.

Maar die vijf vrienden kennen elkaar dan ook al heel lang en brengen hun gezamenlijke verleden mee naar onze eettafel. En dat verleden maakt hen heel uitbundig, luidruchtig, en boordevol grapjes en verhalen die alleen ingewijden snappen, zodat ze die dan eerst weer aan ons moeten uitleggen. Het huisje voelt daardoor kleiner aan dan het is. Hoezeer ik ook naar dit etentje heb uitgekeken, om mijn bloedverwanten te laten kennismaken met mijn slagersfamilie, ik snap ook wel waarom het nu een beetje ongemakkelijk aanvoelt. Ik begrijp best waarom mijn beleefde, sardonische, gepensioneerde familieleden een beetje van hun stuk zijn door deze wandelende beestenboel. En dat op kerstavond, die toch eigenlijk 'een familieavond' hoort te zijn. Mijn moeder wordt kregelig. Ik voel het, hoewel ze dat natuurlijk nooit aan haar gasten zal laten blijken. Later, als ik haar vraag wat ze van hen vindt, zal inderdaad blijken dat ze, zoals ik al vermoedde, Jesse als enige wel aardig vond. Over Josh en Jessica zegt ze: 'Ze zijn heel aardig. En iedereen die jou zo overduidelijk mag, vind ik automatisch ook aardig. Ze zijn alleen een beetje... tja, een beetje New Yorkerig.' Ze beseft zelf niet eens wat ze met dat 'New Yorkerig' bedoelt. Ik geneer me wederom en word kwaad, begin tegen haar uit te varen en laat het uiteindelijk maar, omdat het er eigenlijk ook niet echt toe doet.

Behalve dat als mijn moeder dingen of mensen die ik leuk vind niet net zo leuk vindt, dat me meer dwarszit dan zou moeten.

Kort nadat D naar New York is terugverhuisd, voordat hij me in zijn bed heeft gelokt, maar nadat ik doorheb dat het daarop zal uit- lopen – als ik tenminste niet uitkijk – komen mijn ouders bij me op bezoek. Zoals altijd bestaat het weekend vooral uit theater, dure eten- tjes en heel veel drank. Ik heb kaartjes besteld voor een voorstelling van een heropvoering van Reckless *met Mary-Louise Parker, en heb voor daarna bij L'Impero gereserveerd. We houden uiteindelijk een kaartje over. En dus nodig ik D uit. Heel normaal, zo maak ik mezelf wijs. Officieel gesproken is hij nu namelijk gewoon een gezamenlijke vriend van Eric en mij.*

Eigenlijk laat ik hem natuurlijk keuren. En de jury is duidelijk nog niet tot een oordeel gekomen. Maar ja, ook bij mij slaat de lulkoek- meter keihard uit; hij zou net zo goed met een brok uranium in zijn jaszak kunnen rondlopen.

'Ik heb een hekel aan Scorsese.' *(Dit soort uitspraken doet mijn moeder wel vaker. Zo kan ze zich plotseling vreselijk opwinden over iemand als Nicole Kidman:* 'Ze ziet eruit als een proefratje!' *En dat dan echt jarenlang, tot die actrice opeens een heel mooie rol krijgt, of omdat ze wordt gedumpt door haar krankjorumme, cyborgachtige eerste man, en dan beweert mijn moeder glashard niet alleen het tegenovergestelde, maar ook dat ze nooit iets anders dan positieve gevoelens heeft gehad over* 'dat enige meisje'. *Het is eigenlijk best wel charmant en die hardvochtige meningen van haar zijn een soort familiegrapje geworden. Soms ís het ook om je te bescheuren, behalve als het verzandt in een soort gekibbel over Bill Murray, of als je een koekenpan naar je hoofd krijgt vanwege een of ander nietig detail uit de evolutietheorie.)*

'Dat kan niet.'

'Nou, ik vind hem echt verschrikkelijk. Taxi Driver? Die klotefilm Goodfellas? Overschatte machokul.'

'Heb je Alice Doesn't Live Here Anymore *gezien?'*

In de roos.

'O, maar die is geweldig. Kris toen hij nog jong was... Is die van Scorsese?'

Hebbes! Later zal hij me vertellen dat hij aan één blik op haar en mijn grijze, lange, zeer Texaanse vader, genoeg had om te weten dat ze een fan van Kristofferson was.

Ik zal D's naam, zo blijkt, nooit meer bij haar laten vallen; wanneer we het eenmaal met elkaar doen, durf ik dat risico niet meer aan. Maar op dat moment zie ik dat hij haar op precies dezelfde manier bespeelt als hij dat met mij doet. Mijn moeder en ik weten allebei dat hij zowel gevaarlijk als dom is, zelfingenomen en een beetje irritant, maar ook geheimzinnig en onweerstaanbaar. Stiekem ben ik daar blij om; alsof mijn moeder me haar goedkeuring geeft voor iets wat ik gaandeweg heb besloten te doen. Een jaar later zal ik datzelfde gelukzalige gevoel ervaren vlak nadat ik zijn moeder voor het eerst heb ontmoet en als hij tegen me zegt: 'Mijn moeder is helemaal weg van je. "Wat is dat een leuke meid," zei ze.' Het ergert me dat ik, een vrouw van drieëndertig, nog steeds ouderlijke toestemming nodig heb voor mijn emotionele schoolreisjes.

Eerste Kerstdag verloopt al een stuk beter, vooral omdat we onze toevlucht weer kunnen nemen tot onze gebruikelijke gewoontes: koken, in een hoekje zitten lezen, legpuzzels maken en overdag borrels achteroverslaan, omdat het immers een feestdag is. We maken alle cadeautjes 's ochtends open, nadat we de boom, die de avond ervoor wederom is omgevallen, weer overeind hebben gezet. Mijn vader en moeder hebben kerstkousen voor Eric, mijn broer en mij opgehangen, samen met de cadeautjes die 'de Kerstman heeft gekocht' – oftewel de pakjes waarvan ze geen zin hadden om die in te pakken –, zoals ze dat al zo lang ik me kan herinneren doen. Tegen het middaguur zitten we alweer aan de eggnog en buigen de heren zich over de puzzel, terwijl mijn moeder en ik het vlees kruiden en met alle bijgerechten beginnen.

'Mooi, hè? Die heb ik zelf gemaakt!' zeg ik, kijkend naar mijn prachtige kroonstuk, als een kleuter die trots haar meesterwerk van vingerverf laat zien. Ik maak meteen een grapje over mijn kinderlijke trots om mijn kinderlijke trots te verhullen.

'Hij is inderdaad prachtig, Julie. Ik sta er echt versteld van dat je dit hebt gemaakt.'

'O, zo moeilijk is het niet, hoor.' Natuurlijk ben ik stiekem erg in mijn sas.

Het enige wat ik nu nog hoef te doen is het vlees enkele uren te braden, er een paar keer in te prikken met de vleesthermometer die ik gelukkig uit de winkel heb meegenomen, en wat angstzweet wegvegen. Ik wil mijn prachtige creatie natuurlijk niet te lang in de oven zetten, maar ik ben ook bang dat hij misschien niet gaar genoeg zal zijn. Ik probeer niet bits te worden, maar maak als ik naar de wc ga de fout – de afschuwelijke, masochistische, impulsieve, gebruikelijke fout – om D te sms'en. Ik wens hem een prettige kerst en houd mijn adem in terwijl ik me laaf aan de gedachte dat hij zal antwoorden. Dat hij me bedankt voor de prachtige sjaal die hij zal omdoen, hoewel hij weet dat hij dat beter niet kan doen, omdat die zo mooi is, en zijn moeder vindt hem ook prachtig, en hij staat zo goed bij die vuurrode lievelingsmuts van hem. En dan, hoewel het varkensvlees verrukkelijk ruikt, weet ik vervolgens echt niet of het vlees nou gaar is. De botten zijn al donker en op het bakblik druipt een heleboel smeuïg vet en de temperatuur lijkt goed te zijn, maar is dat sap niet nog wel érg roze? En Eric zit me met een achterdochtige blik aan te kijken, omdat hij mijn rare bui heeft opgepikt, en ik heb het gevoel alsof mijn longen worden samengeperst; ik ben in paniek omdat ik me verantwoordelijk voel voor iedereen, omdat ik gelukkig moet zijn en blij moet zijn met dat geweldige kroonstuk dat ik heb gemaakt, en ik weet verdomme echt niet of dat ding nou gaar is of niet, straks verpest ik het, en opeens sta ik daar te snikken en verkrampt mijn pols en de vleesthermometer glijdt uit mijn hand en klettert op de vloer.

'Julie, wat heb je toch?' Mijn moeder herkent net als alle anderen deze aanvallen maar al te goed, hoewel ze geen idee heeft waardoor het komt.

'Ik... Ik weet niet wat ik... wat ik moet met... met alles aan moet. Ik ben het kerstdiner aan het verpesten. Godverdomme, ik ben een slager van drieëndertig die niet eens weet hoe ze die klotevleesthermometer moet aflezen.'

Iedereen heeft zo zijn eigen strategie om te reageren op die uit-barstingen van me.

Mijn moeder snauwt me af tot ik in plaats van boos en huilerig deemoedig word, terwijl zij mijn handen streelt en me gevoelvol in de ogen kijkt. 'Ik weet niet waarom je jezelf dit aandoet, maar zo ben je altijd al geweest.'

Eric pakt me bij de schouders, staart me aan met een soort afgrij-zen in zijn ogen en spreekt me ferm en krachtig toe: 'Julie. Kalm aan. Alsjeblieft. Kalm. Aan.'

Mijn broer kijkt naar het plafond en loopt hoofdschuddend de kamer uit.

Wat mijn vader doet vind ik nog het fijnst. Hij neemt me in de houdgreep en woelt met de knokkels van zijn grote hand – de man-nelijke versie van die van mij – door mijn haar. 'O, Jules,' zegt hij grinnikend, 'wat ben je toch een gekke meid.'

Daar word ik blij van, dat maakt alles op de een of andere ma-nier wat losser. En zo kan ik weer ademhalen zonder me zorgen te hoeven maken dat ik altijd en overal voor iedereen verantwoorde-lijk ben, voor elke stiekeme gedachte en voelbare spanning in de lucht.

Het vlees heeft te lang in de oven gestaan. Mijn familie lijkt het niet op te merken, of ze zijn althans heel scheutig met hun lof; ongetwijfeld omdat ze me gezien mijn recente instorting willen ontzien. En het is nog steeds heerlijk, ook al klopt de consistentie niet helemaal. Hoewel het varkensvlees van Fleisher's goed genoeg is om het niet al te lang te hoeven braden, kan het door de enorme hoeveelheid lekker vet ook beter tegen te lang garen dan de stan-daardsupermarktvariant. We eten veel meer dan zou moeten en mijn moeder snijdt daarna de taart aan die we toch ook nog maar hebben gemaakt. Mijn vader leunt achterover in zijn stoel en legt zijn servet op zijn hoofd, iets wat hij wel vaker doet na uitgebreid te hebben getafeld en wat wij dus amper opmerken. 'Nou, schatten van me, dat was ontzettend lekker. Ik denk dat ik nu ga overgeven.'

'Ja, liever, dat was verrukkelijk,' zegt Eric en hij knijpt even in mijn hand en buigt zich naar me toe voor een zoen. Ik glimlach en voel een steekje, denkend aan mijn BlackBerry, die de hele avond nog niet heeft getrild, en waarschijnlijk nooit meer zal trillen, niet om de reden die ik wil. Waarom lijken Erics complimenten, zijn goedkeuring en zijn liefde waarmee hij me continu overlaadt, niet zo echt als één enkel woord, enig blijk van D's kant dat hij van mijn bestaan weet? Het is oneerlijk en wreed, en ik zoen Eric tederder terug dan ik in maanden heb gedaan – mijn manier om me te verontschuldigen.

Als ik die nacht in bed lig met mijn polsen stijf tegen me aan, herinner ik me iets waar ik al jaren niet meer aan heb gedacht. Ik ben toen ik jong was zeven jaar lang naar hetzelfde zomerkamp geweest. Al die tijd was mijn moeder degene die me trouw brieven schreef, minstens twee per week, me kleine troostpakketjes stuurde, en boeken, spelletjes en cassettebandjes. Met één uitzondering. Op 8 augustus 1988 schreef mijn vader me de enige brief van die hele zeven jaar. En in die brief schreef hij dat hij niet anders kon, vanwege de datum: 8/8/88.

Dat koester ik: die toevallige, incidentele manieren waarop mijn vader zijn liefde voor mij altijd heeft betuigd. Hij zegt haast nooit dat hij van me houdt; dat is niet nodig. Want ik weet het. Hij hoeft me niet te zeggen dat hij houdt van iets in mij dat hem dierbaar is. In plaats daarvan toont hij dat ik hem dierbaar ben door af en toe iets met me te delen waar hij van geniet. Iets wat hij ergens heeft gezien, een mooi boek of een film, een vogel bij het nestkastje voor zijn raam. Dan word ik helemaal warm vanbinnen. Dat is ook genoeg. Ik zou niet weten wat ik met meer aan moest. Ik krijg mijn liefdesbetuigingen liever in afgepaste doses toegediend. Verdiend.

Ik sper mijn ogen open in de duisternis en mijn adem stokt in mijn keel. Ik draai mijn hoofd om mijn BlackBerry te kunnen zien, die als een loden last naast mijn bed ligt. Ik staar ernaar, voel het doffe geklop in mijn pols en wacht, tot ik ergens tegen de ochtend eindelijk in slaap val.

9
Te dichtbij voor troost-eten

Elk rund dat de winkel in komt, arriveert daar in acht verschillende stukken, die 'snitten' worden genoemd. Je kunt die snitten het best voor je zien door je eigen lichaam als leidraad te nemen. Ga eerst ondersteboven aan een haak hangen, verwijder je ingewanden, hak je hoofd eraf en snijd jezelf dan verticaal doormidden. Zet je mes nu op de plaats waar je schouderblad uitwaaiert; zo kun je een van je voorvoeten eruit snijden. Dat is dus je arm, schouder en de helft van je nek en je borstkas. Het volgende deel dat aan de beurt is, is de ribbenkast, alles behalve het bovenste stuk van de ribben. Snijd vervolgens je lendenen eruit, waarbij je bij je staartbeen begint. Het enige wat er nu nog hangt, zijn twee benen en je billen. Die noemen we de achtervoet, of 'stomp'. Als ik me even tot uitbenen beperk, heb ik het uitsnijden van die stomp wel min of meer onder de knie.

De voorvoet is echter een heel ander verhaal. Dat is het grootste deel van het beest en zit vol botten met allerlei rare vormen en knobbelige wervels, die, anders dan de lendenen en de ribben, eerst verwijderd moeten worden om bij het vlees te kunnen komen. En dan heb je nog het schouderblad, dat op zichzelf al een megaklus is. Misschien – hopelijk – zal ik op een dag een voorvoet in een kwartier kunnen uitbenen, en pas dan kan ik mezelf een echte slager noemen. Voorlopig kost het me – en ik hou je nu echt niet voor de gek – iets van anderhalf uur.

'Hé, Aaron, sorry hoor, maar kun je me dit nog even uitleggen? Ik weet dat ik het zou moeten weten, maar...'

'Doe jij de ene, dan doe ik de andere. En kijk maar gewoon naar mij als je het even niet meer weet.'

En dus sta ik naast hem met twee voorvoeten die gebroederlijk op de werkbank voor ons liggen en kijk even voor ik zelf begin met snijden. Aaron is net als ik linkshandig, wat het een stuk gemakkelijker maakt. Ik ben in de loop der jaren wel gewend geraakt om welke fysieke handeling dan ook die ik leer zelf in gedachten al te spiegelen, waarbij ik een beetje half scheel ga kijken in een poging voor me te zien hoe je die beweging in tegenovergestelde richting moet maken. Maar als ik naar Aaron kijk hoeft dat dus allemaal niet.

'Hoeveel mensen zijn er hier eigenlijk links?'

'Even kijken. Colin. En ik dacht Tom... Hailey?' Hij roept haar zonder op te kijken van zijn voorvoet. 'Ben jij links?'

'Nee.'

'Hè, jammer. Ik had de indruk dat je ook bij de club hoorde.'

Hailey kijkt bedenkelijk, alsof ze zich zogenaamd aan hem ergert. Althans, ik vermoed dat het zogenaamd is.

'Jules, kun jij alle zeven linkshandige Amerikaanse presidenten opnoemen?' Aaron is duidelijk in een van zijn quizbuien.

'Eh... Hmm.' Ik trek de voorvoet naar me toe, met de binnenkant van de borstholte omhoog en de bovenkant van de nek van me af. Ik begin bij het gemakkelijkste deel: het snijden van de sukade, een langgerekt stuk vlees dat tegen de ruggenwervel aan zit en door de nek omhoogloopt. Het is net als het uitsnijden van een haas, alleen dan wat minder spannend, omdat het vlees zo goed als waardeloos is en rechtstreeks de vleesmolen in gaat, of opzij wordt gelegd zodat een van de uitbeners het mee naar huis kan nemen. We zijn stuk voor stuk dol op goedkoop vlees dat ook nog eens lekker smaakt – en sukadelappen zijn uitstekend voor stoofschotels. 'Even kijken. Clinton, die weet ik. En Bush...'

'Welke Bush?'

'Senior, natuurlijk. Kom op. Alsof die idioot linkshandig zou kunnen zijn. En Reagan.'

'Dat zijn er drie.'

'Ford... Truman?' Ik heb de sukade opzijgegooid, mijn mes neergelegd en de slagerszaag gepakt. Ik snijd de ribben aan weerskanten door, beide keren heel dicht op de ruggengraat, waar de sukade net nog zat, en dan dwars door het borstbeen omhoog; dat (als je dit weer voor je wilt zien op je eigen lichaam) is de plek waar de twee zijkanten van je ribbenkast, toen je nog heel was, aan de voorkant samenkomen in een stuk kraakbeen. Aan de andere kant van dat kraakbeen zit een grote homp geel vet. Daar zouden de borsten zitten, als stieren althans net zulke borsten zouden hebben als wij. Het zagen is best ingewikkeld. Omdat de arm en de schouder er hier onder zijn geklemd, ligt het hele stuk dus niet plat op tafel, maar buigt het een beetje omhoog, waarbij het allerachterste, bovenste stuk van de ribben hoger ligt dan het onderste deel. Aangezien je niet te diep in het vlees onder de ribben wilt snijden, is die hoek verre van ideaal. Je moet dus een eindje door de knieën gaan en de ribben van onderen benaderen, zodat tegen de tijd dat je de onderste rib hebt gehad, je nog niet al te ver in de spier aan de bovenkant hebt gesneden.

'Goed zo.'

'Meer weet ik er niet.'

Aaron strekt zijn rug en met het mes nog in zijn hand steekt hij eerst zijn duim en dan zijn wijsvinger omhoog. 'Hoover, Garfield.'

'Geen al te indrukwekkend stel, eerlijk gezegd.' Ik heb het mes weer vast in de zogenoemde pistoolgreep en ben langs de bovenste rand van de bovenste ribben aan het snijden tot ik op een dikke witte laag vet stuit. Ik schraap met het mes over de plakken die ik aan weerszijden van de ribben heb gemaakt om diezelfde duidelijke laag vet daar te lokaliseren. 'Wist jij dat Barack Obama linkshandig is?'

'Wat hebben jullie toch?' begint Jesse opeens. Het is een rustige middag in februari en hij staat futloos de toonbank schoon te vegen, omdat hij dan tenminste nog iets te doen heeft. 'Alsof je trots moet zijn op een hoger aantal dodelijke verkeersongevallen en een grotere kans op zelfmoord.'

'Ho eens even,' zegt Aaron. 'Wij zijn briljant! Wij zijn creatief! We zijn gepijnigde zielen!'

Ik zeg niets, maar sta stiekem naar mijn stuk vlees te lachen.

'Hé, ik dacht dat jij linkshandig was.'

Ik zit tegenover D in een diner aan de Upper East Side. Hij heeft net met zijn rechterhand een vork met een stuk omelet in zijn mond gestoken. Maar kan dat wel? Dat moment staat me namelijk nog heel duidelijk voor de geest. Een paar weken geleden, toen het me opviel dat hij een soortgenoot was. Ik had op dat moment nogal veel omhanden en had wel andere dingen aan mijn hoofd, dus ik zei er niets over, maar ik had het wel onthouden en gearchiveerd in de categorie Leuke Weetjes om Op te Dissen.

Hij snapt meteen hoe ik daarbij kom en kijkt me aan met een van die schuine lachjes van hem. 'Nee, ik doe maar één ding met mijn linkerhand.'

En nu komt het leuke onderdeel. Dit is echt een van mijn favoriete dingen om te doen, en niet alleen in een slagerij, maar gewoon in het algemeen. Ja, oké, ik kan best nóg wel een paar leuke dingen bedenken, maar net zoals je bijvoorbeeld een trucje bij een computerspelletje kunt weten – waar het muntje voor een extra leven zit verstopt – of waar je precies met driedubbele snelheid moet springen omdat je dan de roofzuchtige je-weet-wel kunt omzeilen, bevat dit deel van de ribben een soort geheime sluipweg die aan slechts een paar mensen is voorbehouden. Neem de vleeshaak in je rechterhand (als je tenminste linkshandig bent) en steek die dwars door het vlees onder de bovenste rib, zodat de haak tussen de twee ribben door steekt. En dan gewoon trekken. Het vlies dat de ribben van het vet eronder scheidt, is dik en gezond, en als je het van elkaar haalt, maakt het een heerlijk klef smakgeluid. Je hebt er geen mes voor nodig, behalve misschien helemaal aan het eind. Leg de ribben dan even opzij. Die kun je later altijd nog met de lintzaag tot *short ribs* snijden, die van de onderkant van de ribben komen. Soms doen we dat wel, soms ook niet. We hebben meestal meer short ribs dan we kwijt kunnen en deze ribben zijn veel minder vlezig dan die meer naar onderen, in de ribbenkast zelf. Toch zal ik er denk ik een paar apart houden, zodat ik die vanavond mee naar huis kan nemen. Ik vind het fijn om vlees mee te nemen waar Josh toch niet veel aan kan verdienen.

Als je de ribben er eenmaal af hebt, kom je bij het klapstuk, dat door Texanen wordt geroemd voor op de barbecue en bij joden zeer geliefd is voor pastrami en als braadstuk met Pesach. Ook dat is niet moeilijk te verwijderen, hoewel de eerste stap, het eraf trekken van het kraakbeenachtige voorste gedeelte van de ribben, ook niet direct lachen, gieren, brullen is. Het bot loopt over in het kraakbeen, waar je zo je mes in kunt zetten. Je zou denken dat het er daardoor gemakkelijker op wordt, maar wat het in feite betekent, is dat je zó, per ongeluk (als je met je mes aan de onderkant schraapt, onder de botboog, om die los te wrikken van het vlees eronder), wat oneetbare witte stukjes in het vlees kunt krijgen, die je er dan vervolgens weer uit moet peuteren.

Vervolgens steek je je mes er vlak onder de oksel in (niet dat dat bij een stier zo heet, dat kan ik me althans niet voorstellen, maar dan zie je het misschien beter voor je), onder de klapstukspier, en trek je die horizontaal in de richting van de ruggengraat. Maak van daaruit dan nog een andere snee recht omlaag door het midden van waar de ribben net nog zaten, naar de volgende vetlaag eronder. Met een paar flinke rukken van de vleeshaak kun je het klapstuk dan eenvoudig loswrikken. Eronder ligt een vetlaag waarin nog een dunnere, lange spier zit verborgen, die door de meeste slagers wordt vergeten, maar die je er van Josh moet 'uitrollen'. Die snijdt hij later in plakken van vijf centimeter, wikkelt ze in een plakje zelfgemaakt spek en verkoopt ze dan als *faux filets* voor acht dollar per pond.

En dan nu het echte klotedeel.

Het irritante aan een voorvoet is dat na alle inspanning die het kost om hem uit te benen, en dat terwijl ik het moeilijkste deel nog niet eens heb gehad, het merendeel van het vlees, hoewel buitengewoon lekker, niet bepaald waardevol is. Sukadelappen, voorschenkel en klapstuk zijn stuk voor stuk vette, goedkope stukken, die je heel lang op een heel lage temperatuur in de oven moet braden, omdat ze dan pas mals worden en het stadium bereiken waarin ze uit elkaar vallen. De enige uitzondering, en dat is een rotuitzondering, is het bloemstuk. Dat ligt boven het schouderblad en zit heel stevig vast aan het driehoekige stuk bot dat op geen enkel ander bot in een koeienlijf lijkt: een grijs vlak dat steeds breder wordt en de vorm heeft van een spadeblad, waar het vlees zich hardnekkig aan vastklampt. Bloemstuk is behoorlijk duur, niet zozeer voor gewone mensen als wel voor de horeca. Hippe koks kopen het en snijden het tot steaks, waarna ze het in z'n geheel grillen of zelfs laten vermalen voor die chique hamburgertenten waar je minstens dertig dollar neertelt voor zo'n ding en waarvan ze tegenwoordig allemaal schijnen te denken dat het op de kaart hoort te staan. Ze willen het dus ook in één stuk: een brede driehoek van rundvlees die niet beschadigd is door verkeerde mesinkepingen. En dus is het nu echt heel lastig. Ik blijf even staan en kijk naar het stuk vlees voor me. 'Hé, Aaron? Ik denk dat ik je hulp nu wel even kan gebruiken.'

'Allereerst moet je het hele stuk omdraaien. Zodat de voorpoot naar boven wijst.' Het geval is verrekte zwaar en nogal onhandelbaar. Het duurt even voor ik dat voor elkaar heb. Als het me eindelijk gelukt is, komt Aaron naar me toe en betast het vet en het vlees met zijn duim. 'Voel hier maar,' zegt hij. En ja, inderdaad: je voelt duidelijk een dun richeltje been dwars door het vlees lopen, als een haaienvin in het water. Dat is de rand van het schouderblad, dat in een hoek van negentig graden op de platte rand van het bot staat, dat daar breder wordt en uiteindelijk overgaat in het kraakbeen van het stuk dat naar me toe wijst. De richel loopt van het hoogste deel van het blad, op het punt waar het samenkomt met de voorschenkel, bijna helemaal door tot aan de onderkant van de driehoek, waar hij in het niets verdwijnt en het bot in het kraakbeen overgaat.

'Begin hier maar, met dat stuk,' zegt Aaron. Hij gebaart met zijn mes naar een driehoekige vorm die omhoogloopt naar het gewricht en dan eroverheen en vervolgens langs het schenkelbot omlaag. 'Dat is het allerduurste stuk, dus verpest het niet.'

'Je beseft toch wel dat drie verschillende mensen me inmiddels hebben laten zien hoe ik dat bloemstuk moet uitbenen, enkele van hen diverse keren, en dat ze het elke keer – echt, ik zweer het – anders deden?'

'Dat is juist goed! Als je verschillende aanpakken leert, kun je zelf uitvogelen hoe het eigenlijk in mekaar steekt. Er zit een zekere logica achter. Als je dat eenmaal doorhebt, kun je elk beest in je eentje uitbenen. Als je die eenmaal doorhebt, kun je zelfs mensen uitbenen.'

'Dat zal best, maar ik hou meer van het ordinaire stampwerk.'

'Toe nou maar. Je herinnert je het al doende wel.'

Ik begin met het blootleggen van de bovenste rand van het schouderblad en ga zo voorzichtig te werk dat het mes niet kan uitschieten. Helemaal omhoog naar het gewricht en dan eroverheen, langs het driehoekstuk en de voorschenkel. Ik heb de buitenste randen van het bloemstuk nu blootgelegd en dat moet ik er nu dus uit trekken. Ik steek mijn mes weer in de snee aan de bovenrand en beweeg het heel langzaam langs de rechterkant omlaag. Van de onderkant van de schouderpartij naar me toe en weer omhoog naar het gewricht, en zo weet ik het vlees zorgvuldig van het bot los te wrikken.

Als ik Aaron was, zou ik nu mijn linkeronderarm onder de bovenste punt van het bloemstuk haken, het schouderblad met mijn rechterhandpalm tegen de tafel drukken en dan met een mannelijke ruk de spier lostrekken, zodat de hechte verbinding netjes zou loskomen, het schouderblad kaal zou zijn en de spier gaaf. De glanzende zilveren laag die de twee bij elkaar hield, zou samen met het vlees loslaten, waardoor de oppervlakte van het bloemstuk glad en mooi droog zou achterblijven, net alsof het met waspapier is bedekt. Dat is een van die kleine wondertjes van het slagersvak: het deskundig kunnen losscheuren van een schouderbloemstuk.

Ik ben echter geen Aaron. Ik doe een poging – een soort wrikkende rukbeweging – terwijl ik het vlees tegen mijn borst klamp, maar ik heb de kracht niet, of misschien gewoon niet de ballen. Het bloemstuk komt een paar centimeter omhoog, blijft dan haken en dreigt te scheuren. Ik blijf opwaartse druk uitoefenen, zodat ik nog steeds in de kier kan kijken waarmee ik een begin heb gemaakt, duw mijn vingers erin en maak een ruitenwisserachtige beweging aan de binnenkant, daar waar het vlees hecht aan elkaar zit. Ik zoek naar het punt waar het tegenwicht biedt en probeer het met mijn vingers tot medewerking te dwingen. Een mes zou veel sneller gaan, maar is ook veel slordiger. En ik wil het goed doen.

'Hoe gaat-ie hier?'

'Prima. Liever langzaam dan destructief, is mijn motto.'

'Alles op z'n tijd, Jules. Alles op z'n tijd.'

'Wat zen van je.'

Onvermoeibaar trek ik de flap weer omhoog, steek mijn hand erin, trek hem nog verder, steek mijn hand er dieper in en weet zo de spier stukje voor pijnlijk stukje los te wrikken. Het is een half-uur later als ik het merendeel van het stuk eindelijk los heb. Nu zit alleen de kraakbeenachtige schuine zijde van het schouderblad nog aan het vlees vast. Ik hou het bloemstuk met mijn rechterhand omhoog en wrik daar zonder te kijken met mijn linker wat rond met mijn mes; als ik er even bij zou stilstaan, zou ik beseffen dat dat heel dom is, maar ik doe dat tegenwoordig wel vaker. Als ik hem eenmaal vastheb, gebruik ik hem om die laatste verbinding te verbreken; dat kleine beetje smokkelen mag wel, vind ik. Het bot eronder is glad en grijs als een bewolkte hemel.

'Jezus,' fluister ik als ik eindelijk het bloemstuk op de werkbank kan laten vallen. Ik zweet helemaal.

'Hoe lang heb je daarover gedaan? Ik heb er hier achter nog vier liggen.'

'Ja, ja, ik kan niet heksen. Ik doe mijn best.' En dat vanuit mijn mondhoeken, op z'n Indiana Jones. Speels mopperend om te voorkomen dat ik echt ga mopperen.

Het andere vervelende aan voorvoeten is dat als je het bloemstuk er eenmaal af hebt, wat voldoening geeft maar ook uitputtend is, je nog steeds een berg werk hebt liggen, waarvan het merendeel strontvervelend is. Het nekbot, dat ingewikkeld diep in het vlees zit gebed, moet eraf om bij de dikke rib te komen. Het is onvermijdelijk dat daarbij een heleboel vlees meekomt, dat je dan later weer moet wegsnijden, flinter voor flinter, tussen al die knobbels en gaatjes van de wervels door, wat – en op die gedachte zul je jezelf betrappen – gewoon veel te veel gedoe is en van nature al lijkt op een soort postuum opgestoken middelvinger van de stier naar de slager.

Dat hele schouderstuk, met zowel de onderrib als het pianostuk (ja, zo heet het echt), eruit rollen is eigenlijk best leuk, zoals dat voor alle snitten met een goed, plakkerig, makkelijk te volgen vlies geldt, maar dan moet ik vervolgens ook nog de voorschenkel eraf halen en een héél erg lastig gewricht zien te splijten waarvan het soms lijkt alsof dat me nooit zal lukken. Maar dan lukt het uiteindelijk toch, na heel hard omlaag te hebben geduwd, waarna je dat heerlijke *plok* hoort als het gewricht openspringt, gevolgd door het obscene langzame druppen van het doorzichtige gewrichtsvocht. Als je het vlees van de poot eenmaal van het bot af hebt getrokken, zit het alleen vol dikke zenen, die je eruit moet schrapen. De rest van het vlees – en er is nog een hele hoop – gaat linea recta in de vleesmolen. Maar voordat het zover is, moet je eerst nog de resterende botten eruit halen en een dikke vetplak die tussen de spieren zit ingeklemd, en je denkt misschien dat je die gedachteloos in stukjes kunt snijden, maar die moet ook worden weggehaald, omdat die barstensvol klieren zit. Die zijn trouwens best fascinerend: glanzende, rubberen klompjes, grijs of heel donker bordeauxkleurig, soms zelfs groen. Alleen wil je dat dus liever niet in de hamburger op je bord zien.

Eindelijk, eindelijk ben ik dan klaar. Ik heb er dik een uur over gedaan. Aaron heeft er in diezelfde tijd drie gedaan. 'Goeie goden.'

'Er ligt er nog eentje achter,' zegt Aaron. Hij kreunt even terwijl hij zijn bloemstuk lostrekt. 'Zal ik die voor je halen?'

'Nee, nee, dat lukt me wel.' Ja, dat zeg ik nou wel... Voorvoeten wegen zo'n zeventig kilo en hebben een lastige vorm, zodat je er moeilijk grip op krijgt. Ik heb alleen net meer dan een uur gedaan over het uitbenen ervan en ik heb geen zin om weer een beroep te doen op een speciale behandeling. Ik loop naar de koelcel.

Soms hangen de voorvoeten aan haken aan een balk en dan kun

je ze net iets gemakkelijker vastpakken, maar dit is niet mijn dag, want deze ligt boven op een van de schappen, ongeveer op heuphoogte. Ik ga braaf door mijn knieën, schuif mijn armen aan de ene kant onder de voorschenkel en aan de andere onder de ruggengraat, en begin te tillen.

Het gaat goed. Het is me bijna gelukt om het volle gewicht van het geval precies in evenwicht te houden. Maar op het allerlaatst, net als ik mijn benen wil strekken, gaat het mis. Ik val achterover op mijn rug. Met de voorvoet is niets aan de hand, want die rust, met zijn volle gewicht, op mijn heupen en heeft de grond dus niet geraakt.

Shit.

Ik moet nu natuurlijk om hulp roepen. Alleen doe ik dat dus een hele tijd niet. Ik blijf daar, terwijl mijn botten tegen de vloer worden gedrukt, liggen nadenken over het lachwekkende lot om onder een stapel rundvlees het loodje te leggen. Het grappigste is nog wel dat dit voor mij niet eens zo'n heel onbekende positie is.

'Eh... Juan?' Tenzij ik schreeuw zal niemand me vanachter deze geïsoleerde deur horen. Juan is degene aan wie ik het het minst moeilijk vind om om hulp te vragen. Hij is volkomen gespeend van arrogantie en bovendien hebben we samen vaker dit soort koelcelongelukjes meegemaakt. Zo hielp ik hem een paar maanden geleden hier met het opbergen van een onrustbarend grote hoeveelheid vlees. Er stonden twee van die metalen stellages tegen de muur, met vier stalen roedes die op de bovenste planken rustten, en die hingen vol varkenskarkassen, rundervoorvoeten en lamsachtervoeten. Het was dus wat je een volgestouwde inloopkast vol vlees zou kunnen noemen. Juan, die sterker maar ook kleiner is dan ik, stond drie rijen diep in het spul en was bezig het vlees opzij te duwen, toen een scherp, luid gekraak ons allebei deed opkijken. We dachten al bijna dat ze het onder het gewicht zouden begeven, maar het was nog veel erger. De kast – zo'n stellage die ontworpen is om duizenden kilo's vlees aan te kunnen – boog door, zakte scheef en schommelde vervaarlijk heen en weer, alsof hij langzaam smolt. 'Eh... misschien kun je beter even...' Maar Juan rende al onder de vleesgordijnen uit, die nu ook begonnen te schuiven. Hij was er nog maar net onder vandaan of het hele zootje begaf het en al het varkens- en rundvlees viel langzaam, bijna kreunend, op de grond. Het zag er ontzagwekkend uit, alsof je naar een heel groot schip kijkt waarbij alle masten het na een desastreuze aanvaring op zee een voor een begeven en de romp versplintert.

'Wat is hier in godsnaam aan de hand?' hoorden we Jessica roepen. Maar pas toen ze de deur had opengerukt, durfden we te antwoorden. We konden alleen maar naar de ravage voor ons staren, de totale chaos, nog niet in staat om te bevatten hoe we die stukken ooit weer van de grond zouden krijgen. 'Nou, jullie zijn er in ieder geval heelhuids onder vandaan gekomen.'

'Wauw.'

'Ja.' Ik kon mijn ogen niet van de ravage losrukken. Het voelde bijna gelukzalig. En nu?

'Wauw.'

Dus ja, Juan en ik hebben al het een en ander meegemaakt en hij is dan ook degene die ik in zo'n situatie roep.

'Juan? Kun je me even helpen?'

Tegen de tijd dat Juan me vanonder de voorvoet heeft bevrijd, ligt er naast de lintzaag een grote stapel ribben. Ik ben inmiddels niet meer bang voor die zaag, geniet er zelfs een beetje van. Omdat hij zo efficiënt is, zo'n lekker geluid maakt en ik hou van de elektrische geur van verschroeid bot. Zonder dat hij het hoeft te vragen begin ik de short ribs verder in stukken van vijf centimeter te zagen, dwars op de botten.

Ik hou van ontzettend veel soorten eten. Van lever, bijvoorbeeld, maar dat heb ik volgens mij al eens verteld. En af en toe weet ik helaas ook de lokroep van skittles en cheeto's niet te weerstaan.

Maar short ribs is misschien wel mijn lievelingseten. Naast ossenstaart, denk ik. Nou heb je natuurlijk lievelings en lievelings. Een prachtig gerijpte *strip steak* bijvoorbeeld (van het voorste deel van de dunne lende), van het soort dat Josh en Jess bij Fleisher's verkopen, van een beest dat gras en goed graan heeft kunnen eten en een voor een rund zo goed mogelijk leven heeft gehad, dat drie weken heeft liggen versterven, tot het vlees boterzacht is en de vleessmaak zo geconcentreerd dat het bijna ondraaglijk is. Dat is echt een uitzonderlijk genot (en voor vijfentwintig dollar per pond mag dat ook wel). Sexy, onbegrensd genieten, alsof je in bed ligt met een man die precies weet en doet wat jij lekker vindt, zonder dat je dat hoeft te vragen.

Short ribs zijn echter op een andere manier intiem. Alsof ze stiekem te dicht op je huid zitten. En waarom is dat zo leuk? Omdat bijna niemand dat weet. Ja, oké, als je wel eens in heel goede Amerikaanse restaurants komt, weet je dat short ribs de laatste tijd erg in zijn, dus het is niet zo dat deze vette, smeuïge, geweldige blokjes bot en vet alleen aan mij zijn voorbehouden. Koks, slagers, iedereen die iets te maken heeft met het verkopen van vlees en het voeden van mensen voor geld of uit liefde, is dol op short ribs. En dat zijn we omdat ze zo goedkoop zijn en omdat de bereiding ervan, hoewel het wel een tijdsinvestering is, supereenvoudig is, waar een geweldige beloning tegenover staat. Je koopt ze voor een appel en een ei, legt ze dan gewoon een paar uur in de oven in wijn, bouillon of bier, en het resultaat is iets goddelijks. Het soort voedsel dat je niet alleen een voldaan gevoel in je maag geeft, maar ook in je hoofd. Je zult je net zo zweverig voelen als na een goed glas wijn, geen goddelijke Margaux uit '66, maar gewoon góéde wijn, het soort wijn dat je op die ene gelukkige, koude avond nodig hebt. En of je nu een kok bent die zijn gasten wil plezieren en die daarvoor een hele hoop geld vraagt tegen zo laag mogelijke kosten voor hemzelf, of een vrouw die haar familie en vrienden graag lekker eten wil voorzetten en een plezier wil doen, zodat haar gasten onder de indruk zijn terwijl zij zich niet eens heeft hoeven uitsloven – nou, dan moet je dus short ribs maken.

• • • •

EEN GOEDE, EENVOUDIGE MANIER OM SHORT RIBS TE BEREIDEN

- ❧ zo'n 2 kilo short ribs
- ❧ zout en peper naar smaak
- ❧ 2 theelepels gedroogde rozemarijn

- 3 eetlepels spekvet
- 3 gekneusde knoflooktenen
- 1 kleine ui, in halve ringen
- 2,5 deciliter droge, rode wijn
- 2,5 deciliter runderbouillon

Verwarm de oven voor op 165 graden.

Dep de ribben droog en verwijder het overtollige vet. Ik ben over het algemeen zeker geen fan van vet wegsnijden, maar ik denk dat het in dit geval wel mag en misschien zelfs wel beter is. Als je dat naar volle tevredenheid hebt gedaan, bestrooi je ze rijkelijk met zout, peper en rozemarijn.

Verwarm het spekvet in een ovenbestendige pan op niet al te hoog vuur tot het bijna rookt. Schroei de ribben in kleine porties snel aan beide zijden dicht en laat ze even rusten op een bord. Nadat alle ribben aangebraden zijn, giet je het vet op drie eetlepels na af. Voeg dan de knoflook en ui toe, en fruit die een paar minuten tot de knoflook lekker begint te ruiken en de ui glazig geworden is. Giet de wijn en de bouillon erbij, wat vreselijk zal sissen, en ook meteen aan de kook is. Doe de ribben er dan weer bij, inclusief het eventuele sap dat op het bord ligt.

Doe een deksel op de pan en zet die in de oven. Het vlees is gaar als het gemakkelijk loslaat van het bot, wat minimaal twee uur zal duren. Genoeg voor vier tot zes vrienden, met de sappen uit de pan en een flinke klodder aardappelpuree.

En ossenstaart? Ossenstaart is nog véél geheimer. Dat komt vooral doordat die naam zo'n briljante camouflage is. Bij elk runderkarkas dat Josh binnenkrijgt, zit naast alle andere stukken die hij misschien wil gebruiken ook een ossenstaart. De lever en het hart – dat trouwens ook heel lekker is en helemaal niet eng, als je jezelf althans eenmaal over de beelden die dat oproept heen hebt gezet. Een hart is tenslotte ook maar gewoon een spier, iets wat ik me vaker zou moeten herinneren. En de tong. En soms, als we geluk hebben, ook zwezeriken. (Zwezerik, nog zo'n mooi voorbeeld van een broodnodig eufemisme, zijn eigenlijk de thymusklieren en ontzettend vervelend om eruit te halen en al dat werk dus meestal ook niet waard, tenzij je een hele hoop karkassen in één keer binnenkrijgt.) En de staart dus. En die ziet er echt gewoon uit als een staart. Iets langer dan dertig centimeter, aan de bovenkant zo'n zes centimeter breed, uitlopend in een puntje. Hij zit helemaal tjokvol met de allerlaatste botjes van de ruggenwervel, die naar het puntje toe dus steeds kleiner worden.

Voor de ossenstaart in de vitrine, die klaar is om te bereiden en op te eten, moet je de gewrichten doorsnijden, wat een heel leuk klusje is, omdat het veel gemakkelijker is dan je zou denken. Op dat moment is elke wervel namelijk nog met de volgende en vorige verbonden door een soort kraakbeen, dat je, als je eenmaal het juiste plekje hebt gevonden, gemakkelijk met een uitbeenmes kunt doorklieven. En hoewel de omtrek van de botjes steeds kleiner wordt, zijn ze wel allemaal even lang, dus als je eenmaal het eerste punt hebt gevonden waar je de verdediging kunt doorbreken, is het kinderspel om te raden waar de volgende zal zitten. Ik krijg er een machtig en heel slim gevoel van, en ja, ik vind het snijden van ossenstaart ook best sexy. Als ik klaar ben heb ik zo'n tien kolommetjes vlees en bot, allemaal even lang, waarvan de dikste flinke vleesrozetten zijn met een felwit stukje in het midden. Het kleinste is niet groter dan je vingertop en bijna helemaal wit, en er zit nauwelijks vlees aan. Als je ze op een schaal legt voor in de vitrine, lijken ze als vanzelf een kronkelend bloempatroon te vormen, het mooiste dat er in de hele winkel ligt. En toch koopt niemand ze. Ze zijn mijn geheim. Ik neem ze mee naar huis en maak ze voor mezelf klaar. En voor Eric, natuurlijk.

Ik heb een hele tijd over D lopen nadenken, over hoe eenzaam en ellendig ik me zonder hem voel. Bij het wakker worden denk ik al aan hem, bij het slapengaan denk ik aan hem, en dan maar drinken en drinken in een poging hem uit mijn hoofd te zetten. Net als dit slagerswerk – goddank voor deze zalige afleiding –, omdat ik dan een mes kan pakken en aan iets nieuws kan beginnen, iets kapot kan maken om er iets heel moois van te maken, iets kan begrijpen, een lijf en de verschillende onderdelen ervan, welke logica erachter zit. Maar zelfs dat duwt de herinneringen aan mijn vroegere minnaar en het verlangen naar hem alleen maar naar de randen van mijn gedachten. Als mijn dag erop zit, als ik alles schoonmaak en terugrijd naar de stad of mijn huurflatje, is hij er nog steeds. Wanneer ik bij Fleisher's wegrijd met alleen mijn iPod als gezelschap (waarbij alle liedjes me aan hem doen denken) is het net alsof ik naar een kampvuur in het bos kijk, dat ik langzaam zie opbranden en smeulen, en alsof er iets sluimerends vanuit het duister steeds dichterbij komt en aan de rand van het licht blijft dralen.

Daar heb ik heel veel over nagedacht. Soms besef ik dan pas dat ik eigenlijk nooit aan mijn huwelijk denk, terwijl ik al tien jaar getrouwd ben. Noch aan de man die ik al sinds mijn achttiende ken en van wie ik toen al hield, terwijl ik nog een kind was, onaf. De man die mij gevormd heeft, niet zoals een beeldhouwer, niet als iemand die dat moedwillig heeft bedacht of daartoe in staat zou zijn, maar als een zijscheut die te dicht bij zijn zusje ontspruit, zodat ze samen langzaam groeien en groeien, tot je, heel veel later, bijna zou denken dat het één boom is omdat hun takken zozeer met elkaar verstrengeld zijn, hun bast elkaar overlapt en hun stammen één zijn geworden. Nu ze in feite één zijn, zou het doden van de een automatisch betekenen dat je de ander ook doodt. Daar heb ik nog niet verder over durven nadenken. Eric zou zeggen – want dat doet hij al – dat het komt doordat er in mijn benevelde, verliefde, kinderlijke brein geen ruimte meer voor hem is. Dat D me heeft veroverd, me heeft verleid, me klein heeft gemaakt, en dat ik nu alleen nog maar mijn liefde en verlangen voor hem kan voelen. Daar zit wel een kern van waarheid in. Maar er zit ook een gigantisch gat in.

D is nog steeds allesverterend. Als je eenmaal een prachtige, gerijpte steak hebt gegeten, kun je die niet meer uit je hoofd zetten, verlang je alleen maar daarnaar. En dat verlangen verdwijnt niet zomaar. Althans, tot nu toe is dat nog niet gebeurd, en het voelt ook niet alsof het ooit zal verdwijnen.

Maar dat is niet de reden dat ik niets over Eric heb geschreven. Nee, het zit namelijk zo. Hunkeren, hartstocht, lust en liefhebben – al dat soort woorden kun je zo opschrijven. Ik kan denken aan de manier waarop D met me neukte, of aan hoe zijdezacht zijn haar in mijn handen aanvoelde, of aan het moedervlekje aan de binnenkant van zijn wijsvinger, dat bobbeltje in zijn oorlelletje – en dan ben ik er al. Dan herbeleef ik het. Dan herinner ik me iets wat ik had en nu niet meer heb, en dat hoef ik me dan niet eens voor te stellen, omdat ik het immers al zonder moet zien te stellen. Naderhand kan ik dan huilen om dat verlies, maar er zit ook iets van genot bij.

Maar om nu over Eric na te denken, na al die jaren van pijn, is stilstaan bij iets wat ik niet kan bevatten. Scheiden.

Natuurlijk heb ik daarover nagedacht. Dat hebben we allebei. We hebben het zelfs gedaan. Maar dat ik die woorden heb uitgesproken, dat ik een bepaalde periode zonder hem heb geleefd, wil nog niet zeggen dat ik het ook snap. Eric heeft gelijk: ik denk inderdaad niet heel veel na over ons huwelijk, niet zoals ik nadenk over in bed liggen met D. Maar dat is om dezelfde reden als waarom ik niet nadenk over mijn bloedvaten, of over de vloer van mijn kamer: ik sta er niet bij stil omdat ik de wereld zonder dat niet eens zíé. Het is te groot of te diep begraven, met randen die in het niets uitlopen en alles met alles verbinden. Het zit ingebakken in mijn donkere, dierbare vlees.

Gwen heeft het heel aardig over 'een radicale breuk'. Ze ziet de pijn die we elkaar aandoen, en begrijpt het niet. Waarom we elkaar zo pijnigen. Waarom we ons nog steeds opstellen als twee boksers die geen mep meer kunnen uitdelen, maar ook het onoverwinnelijke voordeel hebben dat ze niet bezwijken. 'Een radicale breuk.' ('Echtscheiding', een woord dat ik niet in de mond wil nemen, niet serieus kan nemen.) Alsof we een gewricht moeten opensplijten. Alsof we, als we maar genoeg druk uitoefenen en hard genoeg duwen, los van elkaar zouden komen met zo'n lekker *smak*-geluid en dan een langzaam, schoon stroompje dat eruit druppelt. Zij, onze beste vriendin, beseft niet ten volle dat Eric en ik één zijn.

Niet die onzin van 'twee zielen smelten samen tot één', wat je bij bruiloften wel eens hoort, maar één bot. En een bot kun je niet doormidden breken met een verrukkelijk krakend geluid. Nee, je moet hakken, zagen, vernielen.

Wanneer ik de ribben in stukken snijd om mee naar huis te nemen, zodat ik ze zondagmiddag in de oven kan zetten voor een heerlijke maaltijd later op de avond, zoemt de lintzaag lekker hard en worden mijn neusgaten gevuld met de zalige geur van verschroeid bot. Het ideale ingrediënt voor een hartverwarmende stoofpot op een kille avond. Ik stop ze samen met de ossenstaarten in een zak, neem afscheid van de anderen en ga op weg naar huis. Over twee uur zal ik thuis zijn, maar ondertussen denk ik natuurlijk vooral aan D. Eventjes stel ik me voor dat ik naar zijn appartement zal gaan, daar aanbel en ervoor zorg dat hij me binnenlaat. Maar dat doe ik niet. Ik rijd naar huis, waar mijn alles wacht, om ossenstaartsoep te maken.

Dit allemaal, die short ribs, de seks, Fleisher's en D, dit zijn dingen, hoe hartverscheurend die gedachte ook is, waar ik niet meer zonder kan. Bij Eric heb ik dat niet. Wat op een rare manier dus betekent dat ik hem niet echt zie.

Maar het lukt me bijna. Of misschien is het zijn afwezigheid die steeds dichterbij komt. Nog zoiets wat zich langzaam aan me opdringt, terwijl het schijnsel van het kampvuur een steeds kleinere cirkel vormt: die mogelijkheid. En daar word ik bang van. Het klinkt afschuwelijk dat ik mijn lieve man alleen maar kan zien als ik me voorstel dat hij geen deel meer zou uitmaken van mijn wereld. Maar misschien hoef ik helemaal niet zo bang te zijn. Ergens van dromen betekent nog niet dat het ook gaat gebeuren. Ik kan me best voorstellen dat ik nooit meer short ribs zou eten, maar dat wil nog niet zeggen dat ik ook voor zo'n leven moet kiezen.

Misschien, heel misschien, als ik ons zie zoals wie we zijn, zowel samen als apart, maakt dat onze donkere werelden net een beetje minder angstaanjagend.

10

De kunst van het sterven

Alles is verzonken in een grijze, verstilde, ijzige winter. Niets beweegt meer. Ik niet, Eric niet, en dit verlammende verlangen en verdriet ook niet. Zelfs de slagerij is een kwestie van routine geworden. Best een lekkere routine, hoor, net zoals mijn huwelijk een lekkere routine is geworden – meestal tenminste – slechts af en toe besmeurd door een nachtelijke huilbui of een insinuerende opmerking.

Op een dag, volkomen onverwachts, terwijl ik bezig ben de vrieskist voor in de winkel aan te vullen met grote literbakken eendenbouillon, vleesbrokken voor de hond en yoghurt die hier in de buurt wordt gemaakt, begint er iets in mijn kontzak te zoemen.

Neuk je nog wel 'ns? Ik was gewoon nieuwsgierig.

Ik bloos en draai mijn gezicht schuldbewust naar de openstaande vriezer, terwijl ik mijn hersens pijnig en probeer te bedenken wat ik nu weer heb gedaan. Afgezien van Jessica en – vermoedelijk Josh – weet niemand hier iets van dit hele gedoe af en dat wil ik ook graag zo houden. Met mijn rug naar de toonbank tik ik een berichtje terug.

Wat?!! Nee! Hoezo?

Ik dacht gewoon... Laat maar. Doe wat je niet laten kunt.

Ik doe helemaal niets!

En dat is ook zo. Er was een tijd, niet eens zo lang geleden, dat dat wel zo was, toen ik de pijn probeerde te dempen met een paar anonieme, ruwe, onprettige ontmoetingen. En het hielp niet eens, ik raakte alleen maar gekwetst en verveeld. Als een andere man me zag zitten, vond ik dat maar stom. En dan dat gehijg, dat verschrikkelijke gevoel van verplichting dat hun verlangen in mij opriep, maar ook hun gebrek aan fantasie en intelligentie – wat zowel bleek uit de veelvuldige schrijffouten als uit de gretigheid waarmee ze met me wilden neuken. Omdat ze zo vlot aandacht aan me besteedden, waren ze die automatisch niet waard.

Dit is trouwens alleen nog maar het piepkleine topje van de fatale ijsberg van alles waar ik het onmogelijk met Eric over kan hebben, hoewel hij het wel weet, althans gedeeltelijk. De angst die ik voel bij het vooruitzicht het te moeten uitspreken, lijkt op de doodsangst die je kunt hebben voor lichamelijk letsel, hoewel mijn zachtaardige echtgenoot zich daar nooit toe zou verlagen. Ik draag het verdriet dat ik dit niet met mijn beste vriend kan bespreken met me mee, omdat dat minder pijn doet dan me voor te stellen hoe afschuwelijk het zou zijn om het hem te moeten vertellen.

Maar soms komt het even boven, heel eventjes, midden in een slapeloze nacht. Vier uur 's nachts is altijd het donkerste uur.

'Ik vind het vreselijk dat je van die klootzak houdt!'

Ik heb Jessica verteld dat we nooit ruziemaken, en dat klopt ook wel. Ik aarzel zelfs of ik deze nachtelijke tirades wel ruzies zal noemen, omdat dat een zekere wederkerigheid veronderstelt, een gezamenlijk strijdterrein. Wat het in feite is, is dat Eric alle verdedigingsmechanismen die hij in werking heeft gesteld omdat hij anders niet elke dag vreedzaam met me zou kunnen samenwonen, even van zich afwerpt. Dan schieten zijn ogen opeens open en is hij klaarwakker. Hij zucht luid, ligt te woelen en mompelt wat. Ik ben onmiddellijk net zo wakker als hij, maar hou mijn ogen expres dicht en doe mijn uiterste best om mijn ademhaling gelijkmatig en langzaam te houden. Alsof hij zijn woede niet op me zal botvieren als ik me maar overtuigend genoeg voor dood hou. Hoe meer hij woelt, hoe stiller ik lig. En soms werkt dat ook. Soms, als het nog heel vroeg is en ik geluk heb, valt hij rond halfzeven, zeven uur weer in slaap zonder veel meer te hebben uitgebracht dan een soort gebrom dat klinkt als 'O, Julie', waar ik dan zogenaamd doorheen slaap. Maar op andere avonden grijpt hij me opeens bij mijn schouders en begint me door elkaar te schudden. En dan komt hij met die ene verklaring waarover hij de afgelopen paar uur heeft liggen malen, die ene afschuwelijke, hartverscheurende, boze, gerechtvaardigde smeekbede: 'Waarom zeg je me niet gewoon dat ik wég moet?'

'Omdat ik niet... Ik weet niet... Ik...' Ik probeer iets te zeggen, maar er zijn maar een paar woorden die waar zouden zijn en tegelijk niet zo kwetsend dat we daar allebei aan kapot zouden gaan. Dus snik ik al mijn schuldgevoel, liefde, pijn en verdriet er hortend uit. 'Het spijt me zo, spijt me zo, spijt me zo...'

En dan huilen we onszelf allebei in slaap. Als we om halfnegen slaapdronken en met dikke ogen wakker worden door het gemiauw van een stel verbolgen katten – het gekrijs van een halve Siamees met een schildklierprobleem valt onmogelijk te negeren – en het wat vriendelijker, maar steeds niezeriger gesmeek van een hond die steeds hogere nood krijgt, vermijden we elke discussie angstvallig terwijl we ons halfbrak op onze ochtendroutines storten. Het voelt alsof iemand de hele nacht met zakken vol sinaasappels op ons in heeft staan beuken.

Terwijl Eric naakt in de badkamer staat te wachten tot het water in de douche warm genoeg is, zegt hij: 'We zijn hier gewoon al zo ontzettend lang mee bezig.'

Terwijl ik een blikje kattenvoer opentrek, zeg ik: 'Denk je soms dat ik dit leuk vind?'

En wanneer hij naar zijn werk gaat, blijft hij even stilstaan bij de voordeur, zijn rugzak over zijn schouder, zijn hand op de deurknop, en zegt: 'Ben je vanavond thuis?' (Vrezend dat het antwoord 'nee' zal luiden, maar ook, ergens, in een of andere duister plekje, verlangend naar die scherpe, harde steek die dat 'nee' zou betekenen.)

'Ik kan nergens anders naartoe.'

'Ik ook niet.'

'Relatietherapie misschien?' Ik probeer niet ineen te krimpen bij het idee alleen al. Ik weet niet waarom de gedachte aan therapie aanvoelt als een levenslange gevangenisstraf.

'Ik hou van je.'

'En ik van jou.'

De dag is gevuld met mailtjes en sms'jes die teder zijn en lang en, omdat ze niet gebukt gaan onder het onbehagen van een recht-streeks gesprek, directer zijn. Onze meest diepgaande gesprekken spelen zich altijd af in cyberspace. En toch gaat het er dan vooral over dat we moeten praten. Ergens rond vier uur zeg ik hem echter dat praten me nu even te veel is, niet vanavond, en dat ik in plaats daarvan wijn ga inslaan. En hij is de aardigheid zelve en zegt: 'Zorg goed voor jezelf.' Het kleed laat zich gewillig optillen om het neer-gedaalde stof eronder te kunnen vegen en zo kunnen we er weer even tegenaan.

Hoewel Eric, degene die tiert en beschuldigingen uit, niet de enige is die achterdocht koestert. Ik vermoed dat Eric niet helemaal open kaart speelt als hij zegt dat hij nergens naartoe kan. Ik weet dat die andere vrouw nog bestaat en nog steeds aan hem denkt. Ze heeft hem hartstochtelijke, smachtende mailtjes gestuurd (ook ik neus rond, ik ben echt geen braaf meisje, hoor; alleen iets minder technisch onderlegd). Ze heeft hem niet alleen in haar bed toege-laten, maar heeft nog steeds contact met hem, zelfs nu nog, na al die tijd, misschien wel uit frustratie, maar ook uit genegenheid, ge-duld en liefde. Ik ben niet boos op hem dat hij haar heeft en ik ben ook niet boos op haar. Ik kan het haar moeilijk kwalijk nemen dat zij een betere smaak qua mannen heeft. Nee, ik ben niet kwaad, hoewel ik zeker weet dat Eric dat liever zou hebben. Ik ben gewoon jaloers.

Enigszins verbitterd bedenk ik dat hij in zekere zin veel minder eenzaam is dan ik. Hij kan tenminste zo nu en dan na een feestje nog 'per ongeluk' achter in een taxi zitten te flikflooien. Hij krijgt tenminste af en te nog te horen dat hij in trek is. Ik heb niemand om het in een taxi mee te doen. Eén zoen, daar verlang ik al naar.

Maar het is ook niet waar dat ik nergens naartoe kan. Ik kan mezelf misschien niet troosten met seks, maar ik heb Fleisher's. En ik probeer daar zo vaak mogelijk naartoe te vluchten. En als smoes voor de steeds langer wordende dagen kan ik het vlees de schuld geven. Eric is daar inmiddels namelijk erg dol op. Toch gebruiken we die tripjes van mij naar het noorden allebei, afgezien van de sloten wijn waaraan we ons laven, vooral om elkaar te kunnen ontlopen.

Ik ga, ik snijd en drink zowel met mijn vrienden als – meestal – in mijn eentje. Ik lees en kijk 's avonds naar films op mijn laptop. Ik ga niet de hort op voor seks, ik probeer niet te masturberen, ik huil zelfs amper en als ik het al doe, dan is het stilletjes en rustig. Ik eet heel veel vlees. Zo nu en dan dwingt Josh me zelfs om een van zijn gerijpte steaks mee te nemen.

En die steaks zijn ongelooflijk, nadat je althans die zwarte troep eraf hebt geschraapt, het onvermijdelijke gevolg van het drogerottingsproces, iets wat daar zelfs essentieel voor is. Dat is ook een van de redenen dat droog gerijpt vlees zo duur is.

Een droog gerijpte strip steak wordt om dezelfde reden niet zo hoog aangeslagen als bijvoorbeeld hazenbiefstuk. Een haas is al duur zodra je hem van het beest af haalt. Als je eenmaal weet hoe je dat stuk moet uitbenen, is dat voor een slager zo'n beetje de gemakkelijkste manier om geld te verdienen. Het kost nog geen minuut om het ding eruit te halen, je hoeft hem niet eens te pareren en er geen vet of zilveren vliesje af te halen. Je doet hem gewoon in een vacuümzak en stuurt hem naar een chic restaurant in de stad, waar een of andere kok hem zal bereiden zonder dat hij daar veel voor hoeft te doen, met een sausje dat hij zelfs in zijn slaap nog zou kunnen maken, en voor dat malse, nietszeggende stukje vlees waar zijn klanten zo'n heisa om maken, vraagt hij vervolgens een godsvermogen. Voor een spier die het dier echt letterlijk haast nooit gebruikt en die dus nooit de uitputting en de strijd meemaakt die zowel taaiheid als smaak geeft.

Een droog gerijpte steak is echter duur vanwege wat ermee gedaan wordt. Of beter gezegd: vanwege wat ervanaf wordt gehaald. Vanaf het moment dat een ribstuk de winkel in komt en drie weken later met de lintzaag tot steaks wordt gesneden, heeft het al de helft van zijn gewicht verloren. Een deel daarvan is toe te schrijven aan vochtverlies omdat de spieren letterlijk zijn uitgedroogd. Een groter deel gaat verloren door het doodgewone, weinig verheffende rottingsproces. De buitenste randen van de ribben worden donker, zwart zelfs, en glibberig. Als de omstandigheden goed zijn – en Josh ziet er streng op toe dat daar in zijn koelcel niets op aan te merken valt – verloopt het rottingsproces – want daar hebben we het over – in een gelijkmatig, gecontroleerd tempo. Zonder schimmel, zonder enge beestjes. Maar het vlees wordt wel langzaam afgebroken, een van de onvermijdelijke zaken die onder ideale omstandigheden met dode dingen gebeuren. Terwijl de smaak van het binnenste deel van de spier sterker wordt tot het een soort apotheose van rund is, onmogelijk aanzwelt en smeltend mals wordt, drogen de beschermende buitenste randen simpelweg uit; die vergaan. En die zijn oneetbaar, die moeten weg.

Het resultaat is het geweldigste vlees dat je maar kunt krijgen. Alleen wel een hele hoop minder.

Zo ben ik dus op een avond bezig met een van de steaks die Josh me ondanks mijn tegenwerpingen in de maag heeft gesplitst. Hij heeft bijna geweld moeten gebruiken, waar ik als hij dat zou doen trouwens niet eens raar van zou opkijken.

De bereiding van deze steak is nogal een zenuwslopend karwei, omdat het zo'n duur stuk is. En hoewel hij zelfs als hij te gaar is nog steeds verrukkelijk is, lijkt het me eeuwig zonde als je jezelf die smeltende, taaie, vlezige perfectie van een precies lang genoeg gebakken medium-rare gerijpte strip steak zou ontzeggen. Ik volg Josh' instructies dus tot de letter nauwkeurig op.

• • • •

JOSH' PERFECTE STEAK

❦ 1 New York strip steak – met been, van zo'n 3 cm, dat drie weken heeft gerijpt – van een rund dat alleen maar gras heeft gekregen

- 1 theelepel koolzaadolie of saffloerolie (naar keuze) om de pan in te vetten
- grof zeezout of koosjer zout naar smaak
- grof gemalen peper naar smaak
- 1 theelepel zachte boter (volgens Josh moet die ook komen van een koe die alleen maar gras heeft gegeten)
- 2 theelepels extra vergine olijfolie

Verwarm de oven voor op 175 graden.

Haal de steak uit de koelkast en laat die twintig minuten tot een halfuur op kamertemperatuur komen voor je hem bakt. Dep de steak voorzichtig droog vanwege het eventuele vocht erin.

Zet een zware, ovenbestendige koekenpan, het liefst van roestvrij staal of gietijzer, op een heel hoog vuur. Als je geen oude pan hebt die in de loop der jaren van zichzelf al vet genoeg is geworden, giet er dan een eetlepel koolzaad- of saffloerolie in.

('Alleen ovenbestendige pannen gebruiken!!! Geen pannen met een plastic handvat!' waarschuwt Jessica haar klanten steevast, maar er is altijd wel weer een of andere idioot die woedend of berouwvol naar de winkel komt met een verhaal over een pan die hij nu net zo goed kan wegsmijten, omdat het plastic is verbrand en helemaal gesmolten, en die vreselijk giftige stank...)

Wees niet te zuinig met peper en zout vlak voor je de steak in de pan doet. Schroei één kant van het vlees dicht tot er een mooie, bruine korst op zit, wat ongeveer twee minuten duurt. Beweeg de steak niet en druk hem ook niet plat of zo. Draai de steak dan voorzichtig om met een vleestang (nooit met een vork in een steak prikken!) en schroei de andere kant dicht.

Haal de pan van het vuur, giet de boter en de olijfolie over het vlees en zet de pan in de oven. Controleer de temperatuur van het vlees na vijf minuten met een vleesthermometer. Als je het rosé wilt, haal het er dan uit als het ongeveer vijftig graden is. Omdat het vlees van koeien die hun hele leven gras hebben gegeten zo mager is, is het veel sneller gaar dan 'gewoon' rundvlees. (En dat zeg ik echt niet om je nu nog zenuwachtiger te maken.) Leg de steak op een plank of een platte schaal en laat hem vijf minuten rusten. De kerntemperatuur van het vlees zal nog oplopen. Na vijf minuten kun je het vlees in plakken snijden en op een voorverwarmd bord leggen. Een strip steak uit New York is genoeg voor twee personen, maar ik eet 'm vaak genoeg gewoon in mijn eentje op.

Ik heb niet eens de moeite gedaan om sla te maken. Deze steak is het enige wat ik nodig heb.

Ik heb de steak dus gebakken en sta daar te wachten met een glas wijn, gewoon een beetje naar het vlees te staren dat even rust, met zijn mooie bruine korst, heerlijk geurend op een bord naast het fornuis, me dromerig voor te stellen hoe hij straks in mijn mond zal smelten. Van genot leg ik mijn hoofd in mijn nek en terwijl ik zo fantaseer, krijg ik opeens een inval. Een gedachte die ik meteen herken als mijn eigen martelgang, maar die toch ook onweerstaanbaar is, als een korstje waaraan je wilt pulken.

Want wat ben ik hier in godsnaam in mijn eentje aan het doen, behalve aan het niksen, behalve mezelf droog te rijpen? En als dat inderdaad zo is, wat zal er dan af rotten en moet er straks worden weggesneden? Is het ons huwelijk dat eraan moet geloven? Of is het juist de rest waar ik best zonder kan – zijn dat de tekenen van veroudering die je kunt weghalen? De verhoudingen, de pijn, D – allemaal weggegooid om de tederheid van een nieuwer, zoeter huwelijk te herontdekken.

Of misschien ben ik het zelf wel, mijn hele ik, die ergens of van iemand af moet worden geworpen. Ik ben het deel dat weggedaan moet worden voor er iets moois kan ontstaan, waar ik dan geen deel van zal uitmaken.

Er druppen inmiddels tranen uit mijn ogen terwijl ik met de

vleestang in mijn hand naar het plasje roze sap sta te kijken dat zich onder het vlees op het bord heeft gevormd. Misschien wordt als ikzelf lang genoeg in mijn sap heb gegaard alles duidelijk. Die rotte stukken, wat het ook is, die hoef ik niet; die beschouw ik als nutteloos, ze zijn niet langer nodig. Is er afgezien van het slagersvak, afgezien van beeldspraak, ooit zoiets duidelijks?

De steak is prachtig. Ik neem er de volgende dag twee mee naar New York om met Eric te delen. Mijn gedachten houd ik voor mezelf. Hij zou het toch niet snappen. Of nee, hij zou het juist veel te goed snappen. En voorlopig is het genoeg om hem gewoon te laten genieten van deze smaak. Misschien dat ik hem iets over het rijpingsproces zal uitleggen, over het offer. Van het vocht, bedoel ik, van het vlees en het vet.

Twee dagen later loop ik over Union Square terug van mijn yogales aan de oostkant van Central Park, als ik D zie.

Niet dat het me echt verbaast. Eerder dat het nog zo lang heeft geduurd. Ik ben minstens drie, vier keer per week op Union Square; daar speelt het grootste deel van mijn activiteiten in de stad zich af. Ik vermoed dat veel New Yorkers dat hebben: perioden in je leven die bepaald worden door en die je kunt uittekenen op enkele straten of een bepaalde wijk. Hoewel Eric en ik toen we net getrouwd waren in Brooklyn woonden, speelde een groot deel van ons leven zich toen af op een paar straten in de East Village, tussen First en Avenue C, tussen 7th en 10th Street. In de periode daarvoor kwam ik bijna dagelijks in de West Village, op Bleecker, tussen 6th Avenue en 7th, Carmine en Bedford. En de laatste paar jaar is het dus Union Square. Als Gwen of een andere vriendin me vraagt hoe dat komt, leg ik uit dat mijn therapeut daar zit, mijn yogalessen, de Whole Foods, de markt en Republic, waar de barkeeper me kent en al voor ik op mijn barkruk heb plaatsgenomen een glas riesling voor me heeft neergezet. En dat is ook allemaal waar. Maar het is wel met D begonnen. Hij werkt hier namelijk in de buurt. Hier begon onze verhouding, en hier ontvouwde die zich: tijdens afspraakjes in de Barnes & Noble, heftige zoensessies bij de uitgang van de metro of zittend op het gras op het pleintje. En hij is hier ook geeindigd. En eerlijk gezegd hang ik hier sindsdien rond in de hoop een glimp van hem op te vangen. Het enige interessante eraan – en als het niet alleen aan mijn bijgelovige hersens ligt, klopt dit op een kosmisch niveau misschien dus ook wel – is dat het nu gebeurt, net als ik eindelijk, uitgeput en misschien ook wel een beetje high door anderhalf uur lang allerlei lafhartig uitgevoerde krijgershoudingen te hebben aangenomen, even niet aan hem denk.

Ik heb me wel eens afgevraagd of ik hem nog wel zou herkennen als ik hem op straat zou zien lopen, maar ik zie hem meteen, terwijl hij nog zeker een straat van me verwijderd is en er nog een heleboel mensen tussen ons lopen. Alleen het puntje van zijn vuurrode muts en een glimp van zijn loopje zijn al genoeg. Hij loopt recht op me af. Ik heb hem in geen maanden gezien, maar voel me nu opeens kortademig en mijn oren suizen.

Als hij langs me loopt staar ik verwoed naar het schermpje van mijn BlackBerry. Ik probeer zijn blik niet te vangen, en óf hij ziet me niet, óf hij doet alsof.

Hij bewoont deze wereld, dezelfde wereld waarin ik leef, alleen zit ik in een eindeloze draaikolk en is hij verder gedreven. Hij is vrij. Ik ben afgeworpen. Ik moet bijna overgeven.

Mijn broer heeft rond zijn negentiende nog een ander koelkast-gedicht gemaakt:

> Als de vloed komt
> zwem ik op een symfonie
> ga ik per boot naar een film
> en misschien dat ik je dan vergeten zal

Negentien jaar. Hoe kon hij dat weten, toen al? En hoe komt het dat ik het nu pas weet?

11

Het mes aan de wilgen hangen

'Zolang deze kaars brandt, zo lang zullen we je hier bij Fleisher's missen... Dat is dus zo'n vierentwintig à zesentwintig uur.'

'En dan nu... tromgeroffel!'

We staan in een kring midden in de winkel, een halfuur na sluitingstijd, champagne uit gebarsten keramieken mokken te drinken. De werkbank is schoongeveegd en met zout ingesmeerd, onze vuile schorten liggen in de wasmand en mijn leren hoed ligt boven op mijn ingepakte tas. Het is mijn laatste dag in de winkel. Ik had me voorgenomen om hier een halfjaar in de leer te gaan en het zit erop. Ik heb mijn onderhuur opgezegd en mijn man verwacht me thuis – voorgoed.

De kaars, een goudkleurige staaf van zo'n vijftien centimeter, is een van Aarons laatste projecten. Hij is gemaakt van rundervet dat ik hem heb helpen verzamelen en hij wordt me nu met een zwierig gebaar overhandigd. Zijn snor is inmiddels een donker Snidely Whiplash-geval, die aan de uiteindes ook echt omhoogkrult. Colin heeft flinke bakkebaarden en Josh heeft natuurlijk nog steeds zijn in pornofilms gebruikelijke gezichtsbeharing. (Een van zijn favoriete T-shirts is die met de tekst: GEWEREN DODEN GEEN MENSEN. MENSEN MET SNORREN DODEN MENSEN.) De Grotesnorrenwedstrijd nadert zijn einde. Iedereen sluit weddenschappen af en Aaron is een prijs aan het bedenken.

Ik heb vandaag nog meer cadeautjes gekregen. Van Jesse, die besloten heeft niet mee te doen aan de snorrencompetitie, krijg ik een roze-met-zwart ingelegd gemarmerd ei en een klein standaardje om het op te zetten. 'Ik dacht dat dat misschien zou helpen bij het schrijven. Een soort meditatievoorwerp, zeg maar.'

Josh geeft me een cd in een hoesje met daarop de tekst: *Een afscheidsmix voor Julie –* ♥ *Juan*. 'Hij kwam laatst langs en toen ik hem vertelde dat je zijn voorbeeld volgde en terugging naar de oude, boze wereld, kwam hij dit later nog langsbrengen.'

'Hoe gaat het met hem? Ik mis hem.'

'Ik ook, meissie. Maar het gaat goed met hem. Die nieuwe charcuteriebaan betaalt meer dan ik hem ooit zou kunnen bieden, en hij zou gek zijn als hij die kans voorbij liet gaan. Stilstand is achteruitgang, hè?'

'Ja, dat zal wel.' Ik heb afgelopen nacht gedroomd dat ik halverwege een supersteile klif hing, echt onmogelijk hoog. Voor me, of zo leek het althans, was zo'n beetje iedereen die ik ooit heb gekend: de lui van de winkel, mijn familie, Gwen, Eric, D, en zij klommen veel harder en sneller dan ik en ik raakte dan ook steeds verder achterop. Ik probeerde hen te roepen, maar merkte dat er geen geluid uit mijn keel kwam, dat de woorden er door mijn droge mond half brabbelend uit kwamen en dat ze me niet hoorden. Ik schrok doodsbang wakker, nog steeds niet in staat om te schreeuwen. Dat droom ik wel vaker.

Afgezien van de kaars heeft Aaron ook een klein, rijkelijk versierd gouden fotolijstje voor me, met daarin een foto van een koe. Erboven staat hetzelfde motto dat volgens hem in het kantoor van het slachthuis hangt waar hij de afgelopen paar maanden een opleiding heeft gevolgd: '*Als het niet de bedoeling is dat we dieren opeten, waarom zijn ze dan van vlees gemaak?*'

'Het heeft me heel wat uurtjes gekost om dat precies goed te krijgen, precies zoals in Johns kantoor. De spellingchecker bleef "gemaak" steeds in "gemaakt" veranderen. Maar ik wilde het precies zo hebben.'

'Waarom verbaast dat me nou niet? Maar het is fantastisch.

Dank je wel. Die zet ik meteen op mijn bureau.'

Op mijn bureau thuis bedoel ik dus, dat een overvol altaar is geworden voor minstens één van mijn obsessies. Er hangt een Spaanse vintage-reclameposter boven van Don Quichot op een varken, met aan zijn lans een lekkere dikke ham geregen. Het bureau zelf ligt vol slagershandboeken, kookboeken en stapels papier, met daarbovenop een vuistgrote zwarte steen die aan beide kanten concaaf is en een heel aparte ronde vorm heeft, een beetje als een ijshockeypuck. Dat is een zogenoemde '*chunkee*-steen'.

'*Kom op. Er liggen er in die kast zeker een paar duizend.*'

Eric hield stand. '*Nee, 977. En weet je hoe ik dat weet?*'

'*Ze zullen zo'n piepklein antiek kunstvoorwerp echt niet missen, hoor. Het zou ontzettend romantisch zijn...*'

'*Julie, dat kan niet.*'

'*Kan het niet of wil je het niet?*'

'*Ik kan het niet omdat ik het niet wil.*'

'*Eén vroeg-indiaanse ijshockeypuck, is dat nou echt te veel gevraagd?*'

Het was zijn eerste baantje in de stad, bij het natuurhistorisch museum. Hij ging hun Noord-Amerikaanse archeologische collectie catalogiseren. Heel veel kralen en heel veel chunkee-stenen, en dat zijn, zoals ik net al zei, dus ook echt antieke ijshockeypucks. Wat een mooie kleinoden en wat voelden ze lekker zwaar en koel aan in je hand.

Eric vroeg een stenenmaker uiteindelijk om er eentje voor me na te maken. Dat was een prachtig gebaar. Maar ergens, stiekem, had ik toch nog steeds liever dat hij er eentje voor me had gestolen.

Ik vind alle cadeaus die ik vandaag heb gekregen prachtig, maar het allermooiste heb ik al uren geleden gekregen.

Ik was de hele ochtend bezig geweest Aaron te 'helpen' met een *porchetta* te maken voor de bruiloftsreceptie van vrienden van hem. Een heel varken, zonder been, gekruid en gevuld met een overdadig, zalig mengsel: knoflook, uien, truffel en een paar gepekelde, in spek gewikkelde varkenshazen. Dan steek je vervolgens een groot spit door de bek van het beest, tot die er aan de achterkant weer uit komt. Ik had niet veel meer gedaan dan wat knoflook pellen en met grote ogen toekijken hoe hij alle botten, behalve de kop, uit het zwijn haalde terwijl het toch heel bleef. Uiteindelijk was het een soort enorme slappe sjaal van varkensvlees. Ik had de hazen wel in spek helpen wikkelen en ze over de gehele lengte van het karkas gelegd en toen het hele geval met knoflook en schijfjes truffel gevuld. Ik had ook geholpen het ding strak om het spit heen te trekken en op te binden, maar in plaats van met het gebruikelijke garen nu met stevig touw, dat we om de vijftien centimeter straktrokken. Uiteindelijk hadden we een grote zwijnenkoker van ruim anderhalve meter lang, en alleen zijn kop week af van wat verder een volkomen eenvormige, geel-roze koker van vlees met vel was. Het leek zozeer op een penis dat je daar te midden van deze lui, waar dat maar al te voor de hand liggend was, zelfs geen grapje over maakte. Het enige wat je kon doen was je wenkbrauwen optrekken naar het hele geval en dan op een hoog stemmetje, à la Josh, zeggen: 'Okéééé dan... Dusss...'

Aaron was naar de achterkant van de winkel gelopen om te kijken of er in de koelcel nog een plekje was voor dit gigantische gevaarte, maar dat zou lastig worden, omdat die sowieso al uitpuilde. Het duurde dan ook even voor hij weer tevoorschijn kwam en toen stak hij nog alleen zijn hoofd om de hoek van de stalen deur. 'Hé, Jules, kom 'ns effe. Ik kan wel wat hulp gebruiken.'

En dus liep ik naar de koelcel en trof daar Aaron, Josh en Jessica aan, die op een kluitje tussen alle zakken vol snitten en grote stapels achter- en voorvoeten stonden ingeklemd. Ze konden alle drie nauwelijks stilstaan van opwinding. 'Doe je ogen 'ns dicht.' Ik gehoorzaamde en wachtte. 'Oké, doe ze nu maar weer open.'

Toen ik dat deed, zag ik dat Josh een zwart stoffen besteketui in zijn hand had met een schouderriem, zo eentje waar elke koksleerling, net als het geruite tenue en klompen, over beschikt.

'O! Dank jullie wel!'

'Maak maar open.'

Ik trok het klittenband los en vouwde het ding open op tafel. Er zaten drie messen in. Een uitbeenmes van twaalfenhalve centimeter, een fileermes van dertig centimeter en een behoorlijk groot hakmes. 'O!' Ik was sprakeloos. 'Wat geweldig!'

Josh stond bijna op en neer te springen van blijdschap. 'Lees de inscriptie eens.'

Op het lemmet van elk mes stond in sierlijke letters een tekst gegraveerd: *Julie Powell, Loufoque.*

'Dat is louchébem. Je weet wel, waar Aaron het altijd over heeft, dat Franse slagerslatijn. Het betekent "gek wijf".'

Ik barstte in huilen uit.

'O nee. Je gaat hier nu niet als een klein kind staan janken, hè?' Josh draaide zich om en stampte ervandoor.

En dat vond Jessica op haar beurt maar niks. 'Wat een watje.'

'Jules!' Aaron trok me dicht tegen zich aan voor een knuffel. 'Nu ben je een echte slager! Je leerschool zit erop.'

'Dank jullie wel, allemaal. Echt.'

'En kijk 'ns!' Aaron haalde het hakmes eruit en wees me op de merknaam die aan de andere kant van het blad stond gegraveerd.

'Geweldig. Dat is precies wat ik wilde. Mijn eigen, grote *Dick*.'

'Tromgeroffel!'

'Ik ben er nog de hele week, hoor.'

'Was dat maar zo.'

Ik schoot bijna weer vol. 'Ja, inderdaad.'

'Oké, oké,' zei Jessica. 'Zo kan-ie wel weer. Kom op, aan het werk, jongens. Het is nog niet eens drie uur.'

En nu is het bijna acht uur en is de champagne zo goed als op. Ik werp een blik op de snel slinkende inhoud van de fles en besef dat ik het onvermijdelijke niet veel langer kan uitstellen. De afscheids-speech, de autorit naar huis, het moment dat ik moet toegeven dat ik hier aan deze werkbank niets meer te zoeken heb. Ik ben bang dat ik weer ga huilen. Ik weet eigenlijk wel zeker dat dat gaat gebeuren; ik hoop alleen dat ik het lang genoeg kan uitstellen tot ik in mijn eentje in de auto zit.

'Jules, het was echt geweldig je hier te hebben.' Het is tijd om te proosten. Jessica heft haar mok. 'Alleen al dat er hier een andere vrouw was. Mijn god, die overdosis testosteron die hier soms hangt – niet te geloven gewoon.' Ze omhelst me stevig. 'Echt. We zullen je missen.'

'Neuh, die komt echt wel terug, hoor. Ze kan toch niet zonder ons.' Josh schenkt me nog een keer bij. De champagne is goedkoop en roze, en ik wou dat ik hier de hele avond kon blijven drinken. Hoefde ik nou maar niet naar huis.

'En Jules... Wat heb je vandaag geleerd?'

'Eh... Dat Josh een mietje is en bang voor een paar tranen.'

'Ja, en wat nog meer?'

'Dat en... O ja, die porchetta. Maar ik heb niet echt geleerd hoe dat moet. Ik heb alleen gezien hoe jij het deed.'

'Ik kan je verzekeren dat je, als je ooit zelf een varken moet uitbenen en aan een spit moet rijgen, zult weten hoe dat moet.'

'Ja, vast. Jezus, ik heb hier heel wat fallische dingen gezien, maar dat was echt wel het toppunt.'

'Soms is een varkenskoker van anderhalve meter ook echt gewoon een anderhalve meter lange koker varkensvlees.'

'Ja ja. Maar soms ook niet.'

Hailey, die lieve, rossige Hailey, nipt verantwoord terughoudend aan de wijn die ze vanwege haar leeftijd officieel nog niet mag drinken. 'Dus we zien je nog wel een keer, hè?'

'Als dat van jullie mag, graag. Ik heb hier weliswaar geen slaapplaats meer, maar ik kan wel gewoon langskomen.'

Josh wuift mijn bezwaren terzijde. 'Tot je je eigen plek hebt gekocht, kun je altijd bij ons op de bank slapen.'

'Gekocht?'

'Ja, wij gaan samen op huizenjacht. De volgende keer dat je hier bent. En weet je wat nog meer, gekke slagersdame die je bent?' Josh wijst naar de roosters in het rek naast de toonbank. 'Vanaf nu zit je op de prikklok.'

'O nee, alsjeblieft.'

'Lazer op met je "alsjeblieft". Ik kan geen onbetaalde klaplopers aan mijn werkbank gebruiken. Ik zal je eens flink aan het werk zetten. Niks geen uur lang doen over het uitbenen van een voorvoet.'

'Oké, oké...' Uiteindelijk hef ik met tegenzin mijn mok. 'Jongens, heel erg bedankt dat ik hier mocht rondlopen. Ik... Dit is echt de meest geweldige... Ik...' Ik ga niet huilen, nee, echt niet. 'Ik wil helemaal niet weg.'

Josh krijgt zelf bijna tranen in zijn ogen als hij zijn mondhoeken omlaagtrekt en zijn wenkbrauwen omhoog, zodat hij er oprecht als een treurige clown uitziet, maar dan wel eentje die met me spot. 'Ooo... Als je nou weer gaat brullen sla ik je echt voor je harsens met Aarons porchetta.'

Inmiddels is het buiten aardedonker en daar sta ik dan met mijn weekendtas, mijn grote boodschappentas vol vlees, mijn kaars, mijn marmeren ei, mijn fotolijstje en mijn gegraveerde messenset. Het wordt al laat. Eric zit te wachten. Ik moet naar huis. Mijn keel knijpt zich samen.

Ik zit in de auto op de parkeerplaats om de hoek bij Fleisher's met de ene hand op het stuur terwijl ik met de andere het sleuteltje in het contact probeer te steken. Als ik de auto wil starten, zie ik alleen niets meer vanwege de tranen. Ik geef het op en laat mijn voorhoofd tegen het stuur zakken terwijl mijn schouders schokken en ik hortend naar adem hap. En ik huil en huil en huil.

Ik schrik als er iemand op het raampje aan de passagierskant klopt. Het is Jessica. Ik veeg snel mijn tranen weg en reik naar het portier om het te openen. Ze stapt in.

'Oké. Zit je hier nou echt op de parkeerplaats te huilen vanwege je laatste dag?'

'Mm-mm. Of "nee". Ik weet het niet. Ik kan... Ik kan niet eens... Ik denk dat ik... Het liefst zou ik gewoon wegvluchten van dit alles.' Ik schrik zelf van deze kinderachtige, kinderachtig wrede bekentenis.

'Doe dat dan.'

'Nee, nee, dat kan niet. Dat wil ik ook niet, niet echt. Alleen...' En weer een paar beschaamde snikken. 'Het voelt alsof ik mezelf weer in een doos wegstop, of zoiets.'

'Julie, ik weet dat we het hier niet over hebben gehad sinds... je weet wel, dat etentje, maar misschien doe je er goed aan om... Ik weet niet...'

Ik sta zelf versteld dat ik zo fel nee schud en haar niet eens laat uitpraten, omdat ik weet wat ze wil gaan zeggen. Door mijn hortende ademhaling struikel ik bijna over mijn eigen woorden. 'Nee! Ik bedoel... ja, misschien... maar... Luister. Ik wil niet... ik weet niet... iemand kwijtraken. Alleen wil ik... wil ik ook mezelf niet kwijtraken. Jezus, wat klinkt dat godvergeten goedkoop.' Mijn voorhoofd zakt weer in de richting van het stuur. Na een poosje voel ik Jessica's handpalm zachtjes op mijn rug.

'Waarom ga je niet op reis? In je eentje, bedoel ik. Wist je dat ik iets van een halfjaar lang in Japan heb gezeten? Het beste wat ik ooit heb gedaan. Je moet minstens één keer in je leven in zo'n liefdeshotel hebben geslapen. Echt, geloof me, anders kun je niet zeggen dat je geleefd hebt.'

Ik snuf. 'Een liefdeshotel?'

'Ja. Echt fantastisch. Van die hotels waar je een kamer kunt boeken voor een uur of een hele nacht. Je kiest een kamer uit op een paneel met knoppen, een soort automaat, zeg maar. En alle kamers zijn versierd, met discoballen, *anime* en meer van dat soort ongein.'

Ik probeer mijn ademhaling onder controle te krijgen. 'Weet je dat ik nog nooit in mijn eentje naar het buitenland ben geweest?'

'Zie je wel? Nou, dat lijkt me dan duidelijk. Ik weet wat jij moet doen. Jij moet een Grote Vleesrondreis gaan maken. Ga naar Japan. Om een keer paardensashimi te proeven, of om bier te voeren aan een Kobe-stier, of weet ik veel, iets anders belachelijks. En naar Vancouver. Josh kent daar iemand die een geweldige charcuterie-zaak heeft. Of nee, wacht eens! Argentinië! Een van die koks aan wie we vlees verkopen, Ignacio, ik geloof dat die vroeger in Argentinië heeft gewoond. Die kan je zo aan wat contacten daar helpen. Waar heb je altijd al naartoe willen gaan?'

'Ik weet niet. Misschien naar Oost-Europa. Afrika? Wel honderd plaatsen.'

'Nou, wat let je? Je zegt toch dat je de slagerij gaat missen? Ga dan op zoek naar nieuwe slagerijen!'

Ik haal mijn schouders op en veeg mijn gezicht af. 'Ik kan Eric toch niet alleen laten?'

'Julie? Ben je er nu dan voor hem? Denk je niet dat hij dat voelt?'

Als ik mezelf weer een beetje toonbaar heb gemaakt en we nog een keer afscheid hebben genomen, stapt Jessica uit. Eindelijk start ik dan toch de auto. De terugreis gaat snel en verloopt zonder verdere incidenten. De gebruikelijke soepele gang door het donker over de Tappan Zee, naar het neonwaas van de Bronx, over de Triborough, waar ik in plaats van naar Queens door te rijden, zoals ik zou moeten doen, rechts afsla en een omweg via Manhattan neem. Ik rijd langs D's flatgebouw en tuur even door de ramen van de hal naar binnen. Ik zet de auto aan de kant, zonder de motor uit te zetten. Ik onderwerp mezelf wel vaker aan deze troostende martelgang, half verkrampt, in de verwachting dat ik hem ook echt zal zien, dat hij mij zal zien, waarbij ik me voorstel hoe de wereld zou zijn waarin ik neem wat ik wil, waarin ik meer kan doen dan alleen maar hunkeren naar, waarin ik door die deur zou kunnen lopen, op zijn deurbel zou drukken en hem daar als een puppy met een strik om zijn nek zou aantreffen.

Na een tijdje rijd ik door en tien minuten later loop ik de trap op naar ons appartement. Mijn ogen zijn niet meer zo pafferig dat Eric het meteen zal zien. Hij roept zijn gebruikelijke begroeting: 'Mama is thuis!'

'Eindelijk.'

Robert de Hond besnuffelt me plichtmatig en gaat vanwege zijn artritis vervolgens weer moeizaam liggen. Maxine de kat zit op het aanrecht in de keuken en steekt een poot uit voor een knuffel. Eric heeft al wat te drinken: Charles de Fère, dezelfde goedkope, roze champagne die ik naar de winkel had meegenomen voor de afscheidsborrel. In onze plaatselijke slijterij noemen ze die omdat ik hem zo vaak koop zelfs 'Julie-sap'. Hij zet zijn glas neer wanneer ik binnenkom en omhelst me. Geen stevige knuffel, maar wel heel lang, terwijl hij zijn kin boven op mijn hoofd laat rusten. 'Eindelijk.' Hij zegt niets over de vleesstank en dat zal na vanavond ook wel nooit meer hoeven – althans, een heel lange tijd in ieder geval niet.

Iets wat ik de afgelopen tweeënhalf jaar heb geleerd is dat je je van doen alsof je blij bent, soms ook echt blij gaat voelen. Ik stort me dus op het grillen van de kip terwijl hij een glas voor me inschenkt. 'Ik ben blij dat je thuis bent.'

'Ja, ik ook.'

En het is echt niet dat ik lieg, en de kip ruikt echt naar 'thuis', en het gespin van de poes op het aanrecht is echt een heerlijk geluid, en de omhelzing van mijn echtgenoot voelt echt liefdevol. Dat is het niet. Alleen voelde de wereld groter aan en hier lijkt die soms zo ontzettend klein.

. . . .

'Eindelijk thuis'-kip

- 4 rode aardappelen, ongeschild en in grove stukken gesneden
- 1 middelgrote ui, in grove stukken gesneden
- extra vergine olijfolie
- zout en peper
- 1 hele kip van ruim een kilo, gewassen en droog gedept
- cayennepeper
- een halve citroen

Verwarm de oven voor op 200 graden.

Doe de aardappelstukjes en ui in een kom. Giet er een royale scheut olijfolie over, wat zout en peper, en hussel het met je handen of een lepel goed door. Plaats een rooster in een grote ovenschaal en leg de groenten eromheen en eronder.

Smeer het vel van de kip in met nog wat olijfolie en wees niet te zuinig met de kruiden (zout, peper, cayennepeper). Steek de halve citroen in zijn achterste en leg de kip op het rek. Als je wilt dat de kipfilets op de borst mals blijven, leg de kip dan met die kant op het rek. (Eric en ik houden meer van donkere kipfilet en vinden een lekker knapperend korstje uiteindelijk belangrijker, dus wij grillen hem met de borst naar boven.)

Reken een kwartier per halve kilo kip, plus nog eens iets van tien minuten om na te garen. Trek je eerste fles wijn open en ga even zappen tijdens het wachten. Maar niet iets heftigs, met allerlei moeilijke gevoelskwesties die waarschijnlijk alleen maar nare herinneringen of situaties oproepen. En ook niets uit de jaren zeventig, dus geen *Dog Day Afternoon* of *Rosemary's Baby*. Iets bekends, met scherpe dialogen, waar je man en jij allebei dol op zijn. Misschien iets met Joss Whedon, ter vertroosting van de ziel. Druk af en toe op de pauzeknop om de aardappels en de uien even door te roeren, zodat ze niet aan elkaar gaan plakken.

De kip is klaar als je de poten gemakkelijk in hun heupkommen heen en weer kunt bewegen. Snijd de poten en dijen er in één stuk af, de hele poot dus in één keer, en serveer die samen met wat aardappels, uien en een handje sla op een bord. Genoeg voor maar liefst zes mensen, maar twee hongerige echtgenoten kunnen er ook flink in huishouden.

Eet het voor de tv op, met nog wat goedkope roze en betrouwbare plonk, tot je in slaap valt. Morgen kun je altijd een nieuwe poging wagen om je leven op orde te krijgen.

DEEL II

Reisvrouw

Onze zielen, die dus één zijn, ondergaan
Hoewel ik moet vertrekken, nog niet
Een breuk, maar een verbreding,
Gelijk goud dat flinterdun is geslagen.
John Donne, 'A Valediction Forbidding Mourning'

Dit is de wereld die we gemaakt hebben. Prachtig, toch?
Anya de Wraakdemon, *Buffy the Vampire Slayer*

12
Carnicería

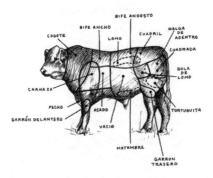

Lang voor de zon opgaat, sta ik op een verlaten straathoek in de Congreso-wijk van Buenos Aires. Het is stervenskoud, mijn adem komt in wolkjes uit mijn mond. Nooit gedacht dat het in het noorden van Argentinië zo koud kon zijn, vooral ook omdat kou praktisch niet voorkomt. Ik heb een paar lagen van de dikste kleren die ik bij me heb over elkaar heen aangetrokken: een T-shirt met lange mouwen onder een trui en daar weer een Brooklyn Industries-trui overheen, maar zelfs daarmee bibber ik nog. Ik sta op een man te wachten. Mijn hart gaat als een razende tekeer.

'Je moet het doen. Je hebt eigenlijk nog nooit in je eentje gereisd. Dat is een van die onverwachte gevolgen wanneer je bijna je hele godvergeten volwassen leven met dezelfde persoon doorbrengt.'

Afgezien van D dan, maar dat zegt hij niet. D is de uitzondering, die ene meteoor die toch door de dampkring komt en tweeduizend vierkante kilometer van de Russische taiga verwoest.

'Jij hebt wel gereisd.' Ik zit naar het scherm van mijn laptop te staren, waar een mobissimo.com-reservering voor een vlucht naar Buenos Aires op het bevestigende klikje van mijn aarzelende vinger wacht. 'Jij bent overal geweest.'

'Ja, precies. Ik heb genoeg rondgezworven. Nu is het jouw beurt. En de wijde wereld is groot en slecht, hoor.'

'Ja, dat zeggen ze.'

Ik wil wel. Ik voel het aan me trekken, voel hoe het me de ruimte in wil gooien, een wereld die nu zowel groter als enger lijkt dan hij voor D leek, voor dit hele slagersgedoe, voor 'scheiden' een woord was dat zowel dreigend als aanlokkelijk klonk. 'Maar ik heb je al zo lang aan je lot overgelaten, al die maanden...'

'En dat heb ik overleefd. Dat zal ik ook nu weer doen. Als je het echt wilt, moet je gaan.'

'Oké. Dank je wel.'

Ik klik op het knopje. Bevestigd.

Terwijl ik in de ochtendschemering sta te wachten, bestudeer ik een plattegrond van het centrum van de Argentijnse hoofdstad, die tot voor kort aan een prikbord in de hal van het appartement hing dat ik hier voor een maand heb gehuurd. De dochter van de eigenaar is zo aardig geweest om met keurige stipjes aan te geven waar de goede restaurants, cafés en tangobarretjes in de buurt zitten. Ik wist dat ik zodra ik een voet buiten de deur zette meteen al de weg kwijt zou zijn, dus ik heb de kaart losgemaakt, opgevouwen en in mijn zak gepropt. Net als de sleutel van mijn appartement, die groot en ouderwets is, alsof hij zou passen op het slot van een geheime kamer uit een boek van Harry Potter. Ik houd het puntige uiteinde van de sleutel tussen mijn wijs- en middelvinger, zoals ik een vleeshaak zou vasthouden. Het is een oude zelfverdedigingstruc die ik lang geleden uit een suf damesblad heb opgepikt en hoewel ik niet verwacht dat ik zal worden lastiggevallen, is het een soort gewoonte geworden als ik alleen ben in een onbekende omgeving. Meestal hebben we het dan echter over de East Village na middernacht, of een donker tankstation, maar nu komt het neer op een geheel nieuwe stad, in een volslagen onbekend werelddeel, waar ik me eenzamer voel dan ooit.

Ik sta aan de rand van de Plaza del Congreso, een weidse grasvlakte vol standbeelden, aan het einde van de Avenida de Mayo, met uitzicht op het congresgebouw. Toen dat werd gebouwd moest het overduidelijk grandeur uitstralen, maar in plaats daarvan is het wat scheef en schetsmatig uitgevallen. Onder een boom bij het standbeeld van deze of gene liggen een paar mannen in dikke jassen op een kluitje bij een brandend vuurtje in een olievat. Ze lijken me niet op te merken en maken op geen enkele manier een bedreigende indruk, maar Amerikaanse vrouwen in hun eentje hebben in hun DNA ingeplant dat ze een groepje mannen rond een vuurtje in een olievat beter kunnen mijden. Het plein ligt vol goed doorvoede honden met glanzende vachten; de meeste hebben de kleur van rottweilers, maar zijn kleiner en eerder terriërachtig, en zo te zien erg honkvast. Ze zoeken zich een weg over de kapotte trottoirs, de afvalbakken waar ze restjes uit halen en het verkeer – dat zelfs op dit uur van de dag behoorlijk druk is en met alle toeterende taxi's een hels kabaal maakt. Al met al doen ze dat tien keer beter dan ik het volgens mij ooit zou kunnen. Ze kijken beide kanten op voor ze oversteken, weten wanneer het voetgangerslicht op groen springt, struikelen nooit en weten altijd waarnaar ze op weg zijn.

Ondanks alle uiterlijke tekenen van verval stralen de gebouwen, de boulevards en de nonchalant elegant geklede mensen een ietwat gelaten Europese elegantie uit. Een paar straten ten zuiden van hier, als ik de plattegrond tenminste goed lees en inderdaad enig benul heb van waar ik sta, ligt de Avenida Corrientes: een lange strook cafés en intellectuele boekwinkels, waar dichters, studenten en politieke opstandelingen ooit het glas hieven, discussieerden en pamfletten schreven, voor ze door de dictators werden opgepakt, gedrogeerd en uit vliegtuigen in de brede Río de la Plata werden gedumpt. Je kunt het je nauwelijks voorstellen, in deze stad die tegenwoordig eerder aanvoelt als een soort Parijs. Maar toeristen in het Parijs van 1965 zullen waarschijnlijk hetzelfde hebben gedacht toen de bezetting nog niet tot een ver verleden behoorde en een meer ongelooflijke en afschuwelijke recente gruweldaad was.

Santiago komt achter in een taxi aan en ik stap bij hem in. Hij is een aantrekkelijke man, misschien zelfs wel heel erg knap, lang en slank, met een kaalgeschoren hoofd (met donkere stoppels), en grote bruine ogen, en hij heeft bijna altijd een wat schuchtere glimlach op zijn gezicht. Ik heb hem één keer eerder gesproken, in zijn restaurant Standard, een stijlvolle bistro in de chique wijk Palermo, en ik ben al een beetje verkikkerd op hem. Zijn Engels is gebrekkig en mijn Spaans is zo goed als niet-bestaand, maar dat doet er niet toe. De taxichauffeur geeft gas. 'Ben je er klaar voor?' vraagt Santiago terwijl hij zich naar me toe buigt om me een zoen op mijn wang te geven.

Ik sper mijn ogen open en werp hem schouderophalend een vrijpostige glimlach toe. 'Zo klaar als maar kan.'

Ik spreek met die sprankelende stem die ik mezelf sinds mijn aankomst in Argentinië heb aangemeten: de flirterige, humoristische toon van een echte Amerikaanse Dame. Tot nu toe vind ik in mijn eentje reizen wel iets weg hebben van een verkleedpartijtje voor volwassenen. Niemand hier weet iets van me en dus kan ik zijn wie ik wil. Ik heb besloten om sprankelend, vrijpostig en een en al opgetrokken wenkbrauwen te zijn, en zorgeloos te drinken in een opgeruimde 'laat maar waaien'-bui. Had ik maar zo'n elegant Katherine Hepburn-achtig broekpak met schoudervullingen, een sigarettenhouder en een hondje dat ik in mijn handtasje kon stoppen. Of misschien een ooglapje of zo.

Ik heb Santiago destijds verteld dat ik slager ben, of dat althans wil worden, en dat ik naar Argentinië wilde om daar alles over vlees te leren wat er te leren valt. En met een onverklaarbare toewijding om de bevlieging van een vriend van een vriend te helpen verwezenlijken – Ignacio, die kok in New York aan wie Jessica en Josh vlees leveren, is een vriend van hem – heeft hij besloten om me van alles te laten zien. Zo gaan we vanochtend naar de Mercado de Liniers, de grootste veemarkt in heel Argentinië, en dan hebben we het over het land waar de veemarkt zo'n beetje is uitgevonden. De Mercado de Liniers is zo beroemd dat deze wijk – een arbeidersbuurt die volkomen anders is dan de chique wijken in het centrum van Buenos Aires, en waar het wemelt van de sjofele *carnicerías* en *salumerías* – ernaar vernoemd is. De markt is beroemd zoals Wall Street beroemd is. Wat er 's ochtends op de Mercado de Liniers gebeurt, is namelijk niet alleen bepalend voor de prijs van rundvlees in elk restaurant en elke winkel in het hele land, maar ook in Europa, waar Argentijns rundvlees een begerenswaardig importproduct is. En Santiago, een bekende kok in deze stad, heeft ermee ingestemd me een rondleiding te geven.

De zon staat nog niet aan de hemel wanneer de taxi ons afzet op een klinkerstraat voor het marktterrein. Ik sta in de koele ochtend-lucht van de ene voet op de andere te wippen terwijl Santiago bij een bewakingspost met een man in een donzen jack staat te praten. Hij lijkt niet erg blij te zijn met mijn aanwezigheid, maar misschien ben ik nu gewoon paranoïde en is het gewoon verrekte vroeg. Ik weet niet precies hoe ik erbij kom dat mijn aanwezigheid hier niet op prijs wordt gesteld, of ik het me inbeeld of dat ik misschien in-derdaad een wel degelijk aanwezige aarzeling oppik, omdat ik een vrouw ben, of uit Amerika kom, of schrijver ben, of gewoon omdat ik er raar uitzie.

Maar na wat heen-en-weergepraat, terwijl Santiago eerbiedig knikt en zo nu en dan met zijn bruine ogen snel een blik op mij werpt, haalt de man zijn schouders op; hij wijst naar iets achter het hek en laat ons door het draaihekje gaan. We staan nu op een brede boulevard van aangestampte aarde, waar het niet onprettig maar wel heel sterk naar koeienmest ruikt. De weg wordt geflankeerd door ijzeren relingen met veehekken die naar een wirwar van kra-len leiden. Overal liggen honden. Geen huisdieren die ook maar de minste belangstelling tonen om even achter hun oren te wor-den gekrauwd, maar werknemers die wachten op het begin van de werkdag. Ik zie onvervalste cowboys op paarden rondhangen, maar die heten hier natuurlijk geen cowboys, maar gaucho's. Ze dragen spijkerbroeken, windjacks, gymschoenen of rubberlaarzen, en op-vallende rode of zwarte baretten.

Naast het hek staat hier en daar een prefabgebouwtje: de kanto-ren van deze of gene vleeshandelaar. Er lopen diverse trappen naar boven, die naar een dicht netwerk van looppaden leiden, en het geheel is met een eenvoudig golfplaten dak bedekt. Wanneer wij even later zo'n trap op gaan, zie ik pas hoe groot het hier werkelijk is: een immens doolhof van looppaden, afscheidingen en hokken zo ver het oog reikt. Hoewel de lucht een paarsige gloed vertoont, is het nog donker en het marktterrein wordt verlicht door grote natriumlampen. Elke centimeter van dit oord lijkt gevuld te zijn met krioelend koeienvlees, dat dicht tegen elkaar aan staat, loeit, met zijn staart zwiept, beweegt, poept en uit grote troggen met water drinkt.

Toch blijkt dat niet voor elke centimeter op te gaan. Santiago staat naast me tegen de reling geleund en neemt het uitzicht ook in zich op. 'Er kunnen wel dertigduizend beesten in de Mercado,' legt hij me uit. 'Maar vandaag? Misschien tienduizend? Het is niet echt druk.'

We wachten op een telefoontje van een vriend van Santiago, een van de leveranciers die hier werkt. Het duurt niet lang en wanneer de zon het felle licht eindelijk overbodig begint te maken, gaat het mobieltje in zijn zak over. Hij neemt op. 'Oké, we kunnen.' We dalen de trap weer af en nemen het pad dat dwars over de markt loopt naar een van die prefabgebouwtjes, waar een potige kerel in een anorak en stevige laarzen ons bij de deur staat op te wachten. Iedereen schudt elkaar de hand en kust elkaar op de wang alsof we voor een restaurant staan in plaats van midden in een grote kraal waar het naar koeienvlaaien ruikt. Hij gaat ons voor zijn kantoor in.

Ik krijg een korte uitleg over de verkoop van rundvlees zoals dat er in de Mercado de Liniers aan toe gaat. Over de verkoopformulieren die ingevuld dienen te worden, met de naam van de kraal, het aantal en het soort beesten – *norcilla*, *vacilla*, *tornero* –, waar natuurlijk verschillende prijzen voor gelden, afhankelijk van de kwaliteit, het vetgehalte en de vlezigheid. Hij vertelt over de veelzijdige geschiedenis van de markt, een soort wildwestverleden met meedogenloze tussenhandelaren en boeren die elkaar bedonderden. Hij is zelf ook zo'n tussenhandelaar, maar niet meedogenloos. Hij is juist trots op de goede naam die hij in dit vak heeft opgebouwd. Santiago slaat hem breed glimlachend op zijn rug. 'Ik koop mijn rundvlees uitsluitend van deze man, omdat hij gewoon de beste is.'

Buiten wordt een klok geluid. Dat is het teken dat we onze jassen weer moeten aantrekken en naar buiten gaan. De zon staat inmiddels een stuk hoger aan de hemel en het is een mooie herfstochtend. We nemen de trap weer naar een van de looppaden die overlangs tussen de kralen door slingeren. Er zijn nu wat meer mensen op de been – het zijn trouwens allemaal mannen, ik lijk hier de enige vrouw te zijn –, die in een rij achter een man in een Polartec-vest en baret van de Mercado de Liniers aan lopen. Onder zijn arm heeft hij een megafoon op batterijen geklemd, met aan het uiteinde een spiraalsnoer van een soort 'bakkie', waar hij continu in praat. In zijn andere hand heeft hij een metalen hamertje, waarmee iemand in een oude film noir een lastige rechercheur op zijn hoofd zou slaan. Hij wordt op de voet gevolgd door een man met een blocnote.

De man blijft voor elke kraal staan, bij een kudde van telkens weer een andere verkoper, slaat met zijn hamertje twee keer op de reling en ratelt dan een hele reeks cijfers op in het Spaans. '*Ocho cinco, ocho cinco, nueve? Nueve, nueve, cinco? Nueve cinco. Diez? Diez?*' Er wordt tegen hem gemompeld en sommige mannen steken hun hand op om zijn aandacht te trekken. En dan is het bieden afgelopen en slaat de veilingmeester weer met zijn hamertje tegen de reling terwijl hij '*Diez!*' roept. De andere man schrijft iets in zijn blocnote en dan loopt iedereen weer door naar de volgende kraal. Het hele proces duurt nog geen dertig seconden, en dat is maar goed ook, want er is nogal wat vee te verhandelen. Als het hoogste bod eenmaal is geaccepteerd, gebaart de succesvolle koper naar een van zijn gaucho's. Die doopt dan iets wat op een brandijzer lijkt in een emmer met witte verf, die aan de hekken onder ons hangen, en begint daarmee elk verkocht beest in de kraal te merken. Vervolgens worden de koeien uit de kraal naar een andere plek hier op het terrein geleid, waar ze in vrachtwagens worden geladen. Ik hoor een plotseling kabaal van hoeven op steen en schreeuwende gaucho's, wat de relatieve stilte van de daadwerkelijke veiling alleen maar benadrukt. Alles gebeurt snel, efficiënt en ernstig. Er worden geen grapjes gemaakt, er wordt niet gekletst.

De meeste kopers staan op een van de looppaden boven, maar er zijn er ook een paar die liever beneden tussen de gaucho's en de beesten blijven. Santiago wijst me op een knappe, wat oudere man op een mooi roodbruin paard. Hij draagt een baret en een wollen poncho, heeft een brilletje op zijn ronde neus geklemd en een mobieltje om zijn nek. 'Zie je die man daar?' Hij praat zachtjes, omdat hij het bieden niet wil verstoren. 'Dat is de inkoper van de oudste en grootste supermarktketen van Argentinië. Hij is hier een soort burgemeester. Als hij iets ziet wat hem aanstaat, pleegt hij een telefoontje en dan koopt zijn man hier' – en hij tikt even op de reling voor ons – 'dat voor hem.'

Aangezien ik weinig begrijp van wat er tijdens de veiling wordt gezegd, dwalen mijn gedachten af naar de dieren onder me. De koeien zijn... schattig. Echt heel schattig. Ze kijken met vochtige ogen naar ons op en knipperen met een liefdevolle stompzinnigheid. Voor de zoveelste keer in mijn leven neem ik me voor op een dag een koe te kopen, die ik dan de rest van zijn leven worteltjes voer, of wat een koe dan ook maar heel erg lekker vindt. Alleen voelt die sentimentaliteit op deze plek een beetje misplaatst.

Om tien uur is de veiling voorbij. 'Oké. De slachthuizen gaan om vier uur 's middags dicht. Dat zijn er dertig? Ja, ik denk dat er binnen een omtrek van vijftig kilometer zo'n dertig slachthuizen zitten. Alle beesten worden daar nu naartoe gebracht en om halfvijf zijn ze allemaal dood en in stukken gesneden.'

'Godverdorie.' Dat zijn tienduizend dieren, die binnen zes uur worden afgevoerd, geslacht en verwerkt. Ik zou in die tijd zelf misschien zes voorvoeten kunnen uitbenen, maar dan zou ik naderhand wel behoorlijk wat pijnstillers moeten slikken.

We verlaten de markt en lopen een stukje door de wijk. Brede, stoffige straten, fabrieken en treinsporen. En veel carnicería's met smoezelig zeil op de grond, waar het wat zurig ruikt en waar arme mensen goedkoop vlees komen kopen. Vuilniswagens vol schoongemaakte en schoongeschraapte botten denderen voorbij. Het is op straat gelukkig eindelijk wat warmer. Santiago neemt me mee naar een salumería, waar hij een afspraak voor ons heeft gemaakt.

Wat een plek. Josh zou echt door het lint gaan als hij dit zag. Zijn liefde voor zowel vlees als grote, enge machines zou hier zo'n grote hoogte bereiken dat hij misschien wel gek zou worden, alsof hij het gezicht van God zou aanschouwen. Lange gangen met eindeloos veel deuren die naar talloze andere, donkere ruimtes leiden, riekend naar rijpend vlees, met plafonds die wel zes meter hoog zijn en die volgestouwd staan met hoge stellages waar duizenden, echt duizenden worsten aan hangen te drogen. In de volgende ruimte zie ik prosciutto, met enorme hoeveelheden varkenspoten die van het plafond hangen. Ik zie mannen in witte pakken en met petjes op die als een stel Oempa Loempa's in Willie Wonka's televisiekamer varkensblazen aan het vullen zijn met fijngemalen varkensvlees uit een vleesmolen van zeker drie meter hoog, waarmee ze bologneseworst maken. De eigenaar van het bedrijf zit in een propvol kantoortje boven, van waaruit hij alles kan overzien en waar hij ons nu acht verschillende soorten worst laat proeven. Hij snijdt ze met een zakmes in stukken en legt ze op een verfrommeld papieren zakje voor ons op tafel.

Het is inmiddels lunchtijd. Santiago neemt me mee naar Parilla de los Corrales, zijn lievelingsplek in de wijk. Het is er druk. Op advies van Santiago bestellen we twee borden runderribben, gegrilde zwezerik, een salade van witte bonen, een fles wijn en twee koffie. Het kost in totaal ongeveer vijfentwintig dollar en het is heerlijk. De wijn is prima en het eten eenvoudig, maar goed. Het gesprek vlot niet erg vanwege ons taalprobleem. Ik merk dat ik mijn Amerikaanse Dame-act voortzet, maar Santiago blijkt daar helaas niet zo gevoelig voor. Nou ja, dat is misschien maar beter ook. Op een dag zal ze me nog eens duur komen te staan. Ik ben pas een kleine week in Argentinië en het is haar al bijna gelukt. Goddank kan ze zichzelf ook weer goed uit de nesten werken.

'O, shit.' De Amerikaanse Dame weet een goede imitatie van Rosalind Russell ten beste te geven.

De gezette grijze en goedbedoelende Braziliaanse heer is veel onvaster op zijn benen, want de Amerikaanse Dame kan mannen die twee keer zo groot zijn als zijzelf immers onder tafel drinken. Hij leunt tegen de deurpost van haar snoezige Argentijnse flatje. Je kunt hem bijna horen hijgen van verlangen. Hij wil net zo graag van dit jonge blaadje snoepen als een zesjarige op de kermis de grootste teddybeer wil.

De Amerikaanse Dame houdt op met aan haar sleutelbos frunni-

ken en werpt hem een bijzonder sprankelende glimlach toe. 'Ik herin-
ner me net dat ik nog sigaretten wilde kopen. Weet jij waar ik die op
dit uur van de dag nog kan krijgen? Marlboro lights?'

Ze knippert verleidelijk met haar wimpers. Het heerschap is te zeer
gecharmeerd om zich te storen aan haar onverholen verzoek. 'Ik ga
wel sigaretten voor je halen. Marlboro's.' Een brede glimlach.

'O, ik zou niet durven... Maar evengoed bedankt.' De Amerikaan-
se Dame rommelt wat in haar tasje en doet alsof ze wat peso's zoekt.
'Hoeveel krijg je van me?'

De heer steekt zijn handen omhoog. 'Alsjeblieft, beledig me niet. Ik
ga sigaretten voor je halen.'

'O, dank je!' De Amerikaanse Dame twinkelt en kust hem op zijn
stoppelige wang. 'Tot straks dan!'

Terwijl hij de trap af stommelt, maakt de Amerikaanse Dame de
voordeur open en loopt haar gezellige flatje binnen, schopt haar wie-
belhakken uit, laat zich op haar buik op een van de twee eenpersoons-
bedden ploffen en valt meteen in slaap. Heel handig, omdat, hoewel
ze het soms fijn vindt om zich aan te stellen en zich door een man
die haar vader had kunnen zijn op een drankje en een chic etentje
te laten trakteren, die haar daarna naar huis mag brengen en haar
misschien zelfs even mag betasten op de stoep voor haar flatgebouw,
ze zich niet altijd aan haar onbezonnen beloftes wil houden.

De volgende ochtend liggen er een pakje Marlboro lights en een
doosje lucifers op de vensterbank naast de voordeur. De Amerikaanse
Dame grijnst schaapachtig, maakt het pakje open, steekt er een op
en blaast de rook naar buiten, luisterend naar de kinderen die op het
schoolplein beneden vrolijk rebbelen en gillen in het Spaans.

Maar vandaag kan de Amerikaanse Dame het duidelijk wel op
haar buik schrijven. Of ze moet Santiago straks zelf tegen de muur
klemzetten en de arme man aanranden. In plaats daarvan drinken
we allebei onze koffie op en gaan dan op weg naar de laatste halte
van vandaag: naar Fura, een verwerkingsbedrijf van een grote vlees-
distributeur. Daar staan we tegen de muur van een hoge, koude
witbetegelde ruimte gedrukt te kijken naar een tiental Argentijnse

uitbeners die een eindeloze stroom runderkarkassen uitbenen.

Het lijkt alsof slagers overal ter wereld maar weinig van elkaar verschillen. Overal hangt dezelfde geur, zie je dezelfde dingen, dezelfde logica en hetzelfde soort mannen. Deze lui maken uiteraard deel uit van een commerciële onderneming, doen hun werk snel en wisselen bijna geen onderbroekenlol uit – nou ja, voor zover ik dat althans kan verstaan. Ze zijn continu in beweging. De manier waarop ze naar me glimlachen heeft iets; niet direct hartelijk, maar eerder een vrolijke aanvaarding van de overlast die ik hun met mijn aanwezigheid bezorg. Het heeft iets; zoals ze naar me kijken, of juist niet, zoals ze hun schouders bewegen terwijl ze de karkassen in kleinere stukken hakken. Het is zo typerend dat ik het van mijlenver zou herkennen.

Ik heb een runderkarkas nog nooit zo, rechtstreeks aan de vleeshaak, uitgebeend zien worden. Fleisher's krijgt zijn rundvlees binnen als het al onderverdeeld is in acht snitten. Wat deze lui doen, of sommigen van hen althans, is werk dat Josh door slachthuizen laat doen. Hij zou het geweldig vinden om het zelf te doen, zowel vanwege de opwindende machofactor als omdat het geld zou besparen, maar hij heeft er gewoon niet genoeg ruimte voor. Zijn plafond is bovendien niet hoog genoeg en zou dat gewicht niet kunnen dragen. De rij karkassen die hier hangt is minstens drie meter lang. Ze hangen aan haken die over een rails glijden die aan het plafond is bevestigd, hoog genoeg boven de grond zodat de mannen er iets mee kunnen zonder dat ze hun rug daarmee te veel belasten en zonder dat de snitten op de grond vallen als ze van het karkas zijn gesneden.

En iets wat je gemakkelijk zou vergeten, aangezien iedereen hier zo snel en nonchalant in de weer is, en omdat er gewoon zo ontzettend veel vlees is, is dat die dingen echt verrotte zwaar zijn. En dan bedoel ik dus echt zwaar. Elk karkas weegt zo'n 180 kilo en er hangen er op dit moment minstens tien. Dat is bijna twee ton rundvlees. Zelfs als mijn Subaru Outback van vlees gemaakt was, zou je nog behoorlijk wat kilo's overhouden. Als het plafond het zou begeven, zou je bedolven worden onder een dodelijke vleeslawine.

De slagers die de grote stukken van het karkas moeten halen, zijn jonger dan de mannen aan tafel – ergens begin twintig, schat ik – en naar ik aanneem zowel sterker als minder ervaren. Maar ze doen hun werk heel snel. Ik ben blij te zien dat ik bijna alles wat ze doen herken, of althans dat ik het resultaat van hun snelle snijbewegingen herken. Ze doen echter één ding wat ik niet snap. 'Santiago?' Ik buig me naar hem toe zodat hij me kan verstaan in de kille ruimte, waar het een oorverdovend lawaai is vanwege de haken die over de rails glijden en het vlees dat op de werkbank wordt gesmakt. 'Welk stuk vlees is hij daar nu aan het snijden? Daar aan de buitenkant, vlak bij de achterpoot?'

'De *matambre*. Die is heel populair in Argentinië. En heel erg lekker.'

'Echt waar?' De matambre is een vettig, gerafeld stuk vlees dat er nogal cru uitziet. Ik zie meteen uit welk deel van het dier het komt, zeg maar aan de onderkant van de vang, vlak onder de huid, links naast de longhaas, wat een vettig en taai stuk is. Tja, een Amerikaanse slager zou dat gewoon 'troep' noemen. 'Wij vermalen dat tot hamburgers.'

'Nee! Echt waar?'

'Yep.'

'Wat erg. Dan moet je echt een keer matambre proeven. In La Brigada, de beste *parrilla* van heel Buenos Aires. Ben je al in San Telmo geweest?'

'Nog niet.' San Telmo schijnt een van de meest pittoreske wijken van de stad te zijn, excentrieker en havelozer dan Palermo, de buurt waar hippe, jonge, rijke mensen naartoe gaan om zich te vermaken, maar dan met een kunstzinnig, Rive Gauche-achtig sfeertje, met antiekmarktjes, tangobarretjes en een heleboel kronkelige straatjes.

'Ik zal je het adres zo wel geven.' Ik voel een steekje van teleurstelling als ik besef dat hij niet voorstelt om er samen naartoe te gaan.

Inmiddels sta ik echter te kijken naar de oudere slagers bij de werkbank. Dat zijn de slagers zoals je je die uit de Oude Wereld voorstelt, met enorme bovenarmen, haken en messen, die ze als een soort verlengde van hun vingers hanteren, wat het in zekere zin natuurlijk ook gewoon zijn. Deze mannen kunnen iets waar ik een kwartier voor nodig heb, zoals het nekbot uit de schouder halen, in vijftien seconden! Echt waar. Ik kan mijn ogen bijna niet geloven.

Elke week dat ik niet uitbeen, verlies ik meer van mijn vaardigheden. De schaafplekken en littekens op mijn handen en armen zijn al bijna vervaagd. Soms kijk ik ernaar in de spiegel en dan word ik door eenzelfde verdrietig gevoel bevangen als toen ik de blauwe plekken van D destijds zag verbleken. Voor ik hiernaartoe kwam, had ik een droombeeld dat ik bij zo'n carnicería zou aankomen met mijn messen in de aanslag, me dan bij mijn vakbroeders zou voegen en dat we ondanks de taal-, cultuur- en seksekloof door ons gezamenlijke stiel verenigd zouden zijn. Maar het enige wat ik nu kan doen is vooral niet in de weg staan.

Santiago en ik staan met onze armen over elkaar geslagen te kijken en proberen onszelf zo klein mogelijk te maken. We blijven tot ik het koud krijg, zelfs met het windjack dat de manager me heeft geleend, met het Fura-logo op de rug: een zijden doorzichtige inzet van een naakte vrouw in een broeierige pose, blijkbaar een of andere actrice die hier bekendstaat als 'de Brigitte Bardot van Argentinië'. We lopen terug naar het kantoortje en drinken nog een kop Nescafé (Argentijnen zijn echt dol op die troep), terwijl Santiago in het Spaans met de man over zijn vak praat. Het is een vriendelijke blonde man, die af en toe iets in het Engels tegen mij probeert te zeggen. Ik probeer op mijn beurt de draad van hun gesprek te volgen, maar de paar lessen Spaans van zo'n bandje maken nog niet dat je fatsoenlijk Spaans kunt spreken, en het zelfs niet eens kunt verstaan. Tenminste, niet als ik die luisteraar ben. Ik ben hopeloos met taal, altijd al geweest. Dus zit ik daar aan mijn koffie te nippen en probeer te kijken alsof ik het volg, en uiteindelijk biedt de manager, wiens naam ik niet heb verstaan en die ik nu niet meer durf te vragen, aan ons naar het centrum te brengen, waar we graag op ingaan.

Santiago wordt als eerste afgezet. Het is bijna vier uur en hij moet zich nodig omkleden voor het restaurant. De rest van de rit verloopt in stilte, domweg vanwege de taalbarrière, hoewel de man me af en toe wijst op interessante plaatsen waar we langskomen: een restaurant waar hij aan levert, een mooi park, de renbaan, bijzondere winkels en belangrijke gebouwen. Hij zet me voor mijn flatgebouw af met een vrolijke 'Ciao!' en een zoen op mijn wang, en als ik eenmaal de hal in ben gelopen, onder het mompelen van 'Buenos días' de portier gedag heb geknikt, en in de krakende lift ben gestapt, ben ik na een hele dag onder de mensen eindelijk weer alleen. Voor het eerst in tijden stink ik weer naar vlees, en ik merk dat de geur nog iets extra's heeft: een soort groenig aroma van stof en koeienstront.

Nu volgt het eindeloze wachten tot het Argentijnse avondeten. Ze eten hier pas omstreeks tien uur, halfelf. Als je om negen uur naar een restaurant gaat, vooral in je eentje, als vrouw, is dat vragen om een ongepaste hoeveelheid bezorgde aandacht van alle obers en van de enige andere gast die daar op dat tijdstip zit te eten.

Sinds ik in Buenos Aires ben en mijn intrek in dit comfortabele appartementje heb genomen, heb ik een zekere routine ontwikkeld. Ik neem de gebruikelijke douche, met een gebruikelijke, maar niet erg lekkere lauwwarme straal, en doe daarna mijn gebruikelijke tukje. Als ik wakker word, trek ik de gebruikelijke fles wijn open, drink mijn gebruikelijke twee glazen en ga dan zoals gebruikelijk op de sprei van mijn eenpersoonsbed liggen om te proberen mezelf op de gebruikelijke manier af te leiden. Ik poog de fysieke gewaarwording van wakker worden in D's armen op te roepen, met zijn wang tegen mijn schouder, en zijn erectie die dan altijd tegen mijn dijbeen drukt...

Willow, een van de personages in *Buffy*, is toevallig een heks en als haar hart is gebroken omdat het uit is met haar vriendin, heeft ze een toverspreuk waarmee ze een achtergelaten kledingstuk van die persoon kan opvullen, alsof het gedragen wordt door een onzichtbaar geliefd lichaam, zodat ze dat dan dicht tegen zich aan kan drukken. Zoiets doe ik ook, maar dan zonder de toverkracht, en het eindigt altijd met het onvermijdelijke resultaat: ik kan geen kant op door dit hopeloze dilemma, door deze behoefte van me die zo nauw verweven is met dit verlangen en die gekoppeld is aan deze ene persoon in het bijzonder. Het lukt me uiteindelijk niet eens om daar te komen waar ik wil zijn, en als het al lukt, merk ik alleen dat de spasmes en de siddering geen enkele opluchting brengen, maar niets dan tranen en een verbitterd gevoel van zinloosheid.

Ik kan me niet voorstellen dat D ooit dat probleem heeft, dat hij überhaupt ooit een probleem heeft met seks. Hoewel de manier waarop hij van mijn planeet af is gezweefd, zo geruisloos en definitief als de ivoorsnavelspecht waar vogelaars hun hele eenzame leven naar blijven zoeken, misschien een symptoom van zijn eigen ziekte is. Dat maak ik mezelf althans graag wijs.

Ik plens wat water in mijn gezicht en staar lusteloos naar het televisiescherm, terwijl ik met de geharde efficiency van een goede slager de rest van de fles achteroversla. Maar uiteindelijk is het dan toch echt halftien. Ik trek iets moois aan, ga naar beneden, stap in een taxi en weet de chauffeur nog net duidelijk te maken dat ik naar het adres wil dat Santiago eerder voor me heeft opgeschreven.

Het is druk en rumoerig in het restaurant. De wanden zijn bedekt met voetbalvlaggetjes en foto's en shirts van verschillende teams. Ik ben de enige die alleen is, en zowel de obers als de andere gasten doen heel erg hun best me niet aan te staren, alsof ik een exotisch, verdoemd beest ben, een dodo of zo. Natuurlijk bestel ik de matambre als voorgerecht. Die krijg ik ongeveer zo opgediend, en ik heb dit recept weliswaar zelf verzonnen, maar volgens mij komt het aardig in de buurt:

· · · ·

MATAMBRE À LA PIZZA

- ❧ 1 matambre van bijna 2,5 kilo (ik vermoed dat je hier niet aan zult kunnen komen. Bel Josh maar, net zoals ik, of gebruik vinkenlap. Wat natuurlijk helemaal niet hetzelfde is.)
- ❧ 2 liter melk
- ❧ 2 liter water

- zout en peper
- 375 milliliter tomatensaus
- 125 gram mozzarella
- pizzabeleg naar eigen smaak

Leg de matambre op een snijplank met de vette kant naar boven. Snijd een deel van het overtollige vet weg, maar zeker niet alles.

Breng de melk en het water aan de kook in een pan die groot genoeg is voor het vlees. Als het kookt, doe je het vlees erbij en draai je het vuur lager. Laat het een halfuur sudderen.

Maak ondertussen een houtskoolvuurtje, dat echt goed heet moet zijn.

Na een halfuur haal je de matambre uit de pan en dep je hem droog. Strooi er wat zout en peper over. Leg hem zo'n tien minuten op de barbecue met de vetkant naar onder en grill hem tot het vet goudbruin is. Draai het vlees om en rooster het nog eens tien minuten aan de andere kant.

Terwijl die tweede kant erop ligt, bedek je de vette kant met tomatensaus, mozzarella en wat je verder ook maar lekker vindt: pepers, uien – voor mijn part doe je er salami op. Als je het goed hebt klaargemaakt, zul je opeens tot de slotsom komen dat God wel degelijk bestaat en dat hij een Italië-junk is. Genoeg voor dezelfde hoeveelheid mensen als met wie je normaal gesproken een grote pizza zou delen.

Er staat nog meer waanzinnig eten op het menu, vooral steaks. Je kunt iets van zes tot acht verschillende stukken kiezen, wat in de meeste, traditionele parilla's heel gebruikelijk is. Ik heb me ingelezen dus ik weet wat ik moet kiezen: *bife de chorizo*, de klassieke, Argentijnse entrecote. Toeristen, zo weet ik inmiddels, gaan meestal voor de duurdere *lomo*, de ossenhaas, maar ik blijf trouw aan mijn arrogante slagersminachting voor dat soort laffe lapjes.

Mijn ober is een jongeman met een dun snorretje, die me in

gebroken Engels vraagt waar ik vandaan kom en of ik wel net zo dol op Buenos Aires ben als de stad verdient. Hij volhardt in die bezitterige aandacht waarvan ik inmiddels weet dat die er in dit land bij hoort als je als vrouw in je eentje gaat eten. Het is raar om opeens aan de andere kant van het spectrum te zitten, want de manier waarop hij me behandelt doet me denken aan hoe D met knappe serveersters in chique restaurants omging: nonchalant, zelfverzekerd flirtend, wat bij mij dan weer een steekje van jaloezie, maar ook een raar soort trots opriep. (Dat is trouwens het enige wat werkt als ik in bed lig: dat soort herinneringen oproepen. Ik verdien de pijn die daarop volgt, die roep ik over mezelf af, maar verdorie, waarom pijnigen mijn hersens me met die herinneringen midden in een heerlijke maaltijd, terwijl een bijzonder aantrekkelijke ober me het hof maakt?) Als ik om de steak *jugosa* vraag, kijkt hij me even bedenkelijk aan, net zoals hij eerder keek toen ik een hele fles wijn bestelde. Ik ben daar inmiddels wel aan gewend. Toen ik hier net was, bestelde ik altijd vlees *a punto*, (*à point*, zouden de Fransen zeggen, rosé dus), maar om de een of andere reden, omdat ik een toerist of een vrouw ben, vinden obers het maar moeilijk te geloven dat ik mijn vlees echt niet als een totaal doorbakken schoenzool wil. Raar, want ze vertrekken geen spier als ik *criadillas* bestel, wat gewone zielen zoals jij en ik lamstestikels zouden noemen.

Ik herhaal mijn verzoek. '*Sí, jugosa, por favor.*' Mijn ober haalt zijn schouders op, noteert iets in zijn opschrijfboekje, vult mijn glas bij met wat malbec en loopt weg om mijn bestelling door te geven.

Als de steak even later voor me staat, is die inderdaad goddelijk. Rijk van smaak, net een beetje taai, met een knisperend laagje goudbruin vet aan één kant, waar ik nadat ik het vlees tot op het laatste snippertje heb opgegeten, verheerlijkt op sabbel.

Tegen de tijd dat ik de laatste slok wijn en een dubbele espresso op heb en klaar ben om naar huis te gaan, is het al wat rustiger in het restaurant. Eindelijk heb ik dan toch de juiste Argentijnse timing te pakken. Met één verschil, dat al deze bloedmooie Argentijnen, nadat ze zich vol gigahoeveelheden eiwitten hebben gepropt, aftaaien naar een dansclub, een tangocafé of een van de house-feesten die mensen hier in Buenos Aires tot zonsopgang op straat houden. Terwijl ik straks een tikkeltje aangeschoten naar bed zal gaan (hoewel minder ver heen dan je zou verwachten na twee flessen wijn op één avond: hoera voor mijn Ierse bloed en aanleg voor alcoholisme), uitgeput na mijn dag vol vleestoeristische uitstapjes. Mijn ober, die, zo weet ik inmiddels, Marco heet, blijft in de buurt van mijn tafeltje dralen.

Hij vertelt me dat hij in La Boca woont, een arbeiderswijk in het zuiden van de stad, het centrum van de fanatieke *futbol*-cultuur. Daar staat het beroemde stadion ook, en het is traditie om je huis te schilderen in de kleuren van je lievelingsteam. Ik heb voor ik hierheen ging te horen gekregen dat ik zeker naar een voetbalwedstrijd moet gaan, maar ik betwijfel of het daar gezien mijn sportfobie van gaat komen. Toch knik ik enthousiast bij zijn halfcoherente gebabbel over allerlei teams en spelers, verzeker hem dat ik, als ik de kans krijg, echt naar een wedstrijd zal gaan, en weifel niet al te lang als hij voorstelt me 'alle leuke plekjes in zijn wijk' te laten zien. Hij overhandigt me naast de rekening een visitekaartje van La Brigada met zijn naam erop, en op de achterkant heeft hij 'tango' geschreven. En een telefoonnummer.

'Ik geef ook les. Ken je de tango?'

De Amerikaanse Dame schenkt hem een half glimlachje. 'Die ken ik van horen zeggen. Kunnen, nee.'

'Ik zal hem je leren. Bel me, oké, Julie?' Ik stop het kaartje glimlachend in mijn zak en zeg ja. Hoewel ik weet dat ik het niet zal doen.

De taxirit naar huis duurt lang en de chauffeur is een stil oud opaatje met een gaucho-baret. We zeggen niets tegen elkaar. Ik staar uit het raampje terwijl we over de brede Avenida 9 de Julio rijden en geef me over aan het dromerige waas dat het gevolg is van de deining van de hekgolfjes die de maaltijd heeft veroorzaakt. Ik merk dat mijn gedachten afdwalen op een zoete wolk van zelfmedelijden en melancholie, wat niet geheel onprettig is. Met een teder, liefdevol schuldgevoel vanwege het feit dat ik niet eens zou willen dat Eric hier nu naast me zat, vermengd met een heimelijk genot dat ik alleen ben, zelfs eenzaam. Niet dat ik hem niet mis, want dat doe ik wel. Maar ik merk dat ik dat eigenlijk wel een lekker schrijnend gevoel vind. Ik voel me net een heks die haar boezemvriend op pad heeft gestuurd om haar zaakjes op te knappen, maar nog wel precies weet waar die uithangt. Nogal pijnlijk, maar tegelijkertijd ook een opluchting.

Zeker, tijd doorbrengen met een andere man, wie dan ook – meestal D, maar niet altijd, als uitzondering op de regel – herinnert me eraan dat ik verdomd veel van mijn man hou. ('Van mijn oogbollen tot mijn ingewanden, schat,' zou Spike zeggen, en Spike mag dan een vampier met een fout peroxidekapsel in een cult-televisieserie zijn geweest, hij had wel verstand van de liefde.) Achteraf, of destijds al, zie ik gezette Brazilianen en gekke tangodansende obers, zelfs Santiago, als het bewijs dat Eric niet zomaar iemand is, maar een buitengewoon manspersoon.

En dat woord gebruik ik niet lichtvaardig. Ik bedoel niet gewoon 'bijzonder' in de zin van dat je altijd denkt dat degene van wie jij houdt bijzonder is. Ik vind Eric bijzonder omdat hij altijd van die waanzinnige ideeën heeft voor allerlei nieuwe projecten waaraan hij wil beginnen, die volkomen bezopen klinken tot je er tien minuten over hebt nagedacht en opeens beseft dat het fokking briljant is. Ik vind hem bijzonder omdat hij een hekel heeft aan zijn wenkbrauwen, hoewel die prachtig zijn, omdat hij geen idee heeft hoe knap hij wel niet is en omdat zijn obsessies variëren van de nationale Amerikaanse schat in de persoon van Fran Drescher tot complottheorieën over nepkunstwerken in musea. En ik vind D ook bijzonder, omdat hij me zo keihard neemt, omdat hij zich met zijn linkerhand aftrekt en met zijn rechter eet, omdat ik dol ben op zijn akelige, stiekeme gevoel voor humor en dat steelse, meesmuilende lachje, op de manier waarop hij je aan het lachen kan maken terwijl je je tegelijkertijd kapot verveelt vanwege zijn ellenlange verhaal over een of andere onbekende filmmaker, een of ander televisieprogramma, of een of andere metalband uit de jaren tachtig, en omdat hij altijd dezelfde twee truien draagt en op een soort glijdende, ongehaaste manier loopt, alsof hij zich net als een trein op rails voortbeweegt.

Maar dat is niet wat ik bedoel. Ik heb het over de objectieve erkenning dat iemand echt bijzonder is, het soort persoon van wie iedereen met een goed stel hersens en hart begrijpt dat je wel in je handjes mag knijpen als je zo iemand kent. Niet omdat die ander slimmer, puurder, aardiger of liever is dan wie ook – hoewel Eric natuurlijk vaak al die dingen is –, maar omdat hij... straalt. Ik ben niet iemand die het snel over zielen en dat soort onzin heeft, maar Eric straalt echt iets uit. Op de een of andere manier leeft hij zijn leven zo dicht bij de oppervlakte van zijn huid – niet als een durfal, meer als de scheut van een plant, doorzichtig en fragiel. Nee, dat klopt ook niet helemaal. Hij is niet kwetsbaar, niet iemand om te vertroetelen, hoewel hij in mij zo'n heftige beschermingsdrang oproept, dat dat waarschijnlijk voor ons allebei niet goed is. Jezus, hoe zeg ik dat nou? Hij is éérlijk. Niet op die stompzinnige manier van nooit liegen of mensen nooit belazeren, maar hij is gewoon straight. Hij heeft net als iedereen zo zijn eigen complexen, waanideeën en onzekerheden, maar hij heeft iets puurs waar ik heel trots op ben. Trots alsof het mijn eigen puurheid is. Alsof hij mijn surrogaatziel is.

Maar nee, dat klopt ook weer niet. Als ik al een ziel heb, dan zou dat lijkt me toch mijn eigen ziel moeten zijn, om trots op te zijn of me voor te schamen. Het is alleen stukken makkelijker om met die van hem mee te liften.

Misschien is dat het wel. Wil ik daarom niet dat Eric hier zou zijn. Misschien wil ik me juist wel even zielloos voelen. Of misschien niet helemaal zielloos, maar met mijn ziel op een afstandje, ver weg van mijn dolende lichaam en geest. Misschien wil ik gewoon even ontlast worden.

Het is bijna twaalf uur en de taxichauffeur luistert naar een voetbalwedstrijd op de radio. Net als de omroeper wat op stoom begint te komen, passeren we een felverlicht café waaruit opeens keihard mannengebrul opstijgt en ik zie een zee van op en neer springende mannenlijven. 'Wat is er in...?'

De chauffeur kijkt me in de achteruitkijkspiegel glimlachend aan. 'Goal.'

Armando, met wie ik de volgende ochtend een afspraak heb, komt al bellend de sportschool uit en houdt amper in om me gedag te wuiven en een luchtzoen op mijn wang te planten. Ondertussen gebaart hij dat ik hem naar zijn auto moet volgen, die net door een jongen van de parkeerplaats verderop is gehaald. Hij is gedrongen en energiek, het tegenovergestelde van Santiago's lange, slanke postuur en licht melancholische ondertoon. Hij heeft een breed, gebruind gezicht met een laag voorhoofd, een spleetje tussen zijn voortanden en een kortgeknipt nonchalant slordig borstelkapsel. Armando is een vriend van Santiago. Hij fokt waterbuffels en zal me vandaag meenemen naar een van zijn kuddes.

Terwijl we in zuidwestelijke richting rijden legt hij me zijn werk uit, als hij tenminste niet zit te telefoneren, wat de helft van de tijd het geval is. Over zijn plannen om de binnenlandse vraag naar waterbuffelvlees te vergroten, wat niet gemakkelijk is, omdat anders dan in Europa, waar gezond eten en dat soort dingen hartstikke in zijn en waar het magere, schone vlees van waterbuffels dus erg op prijs wordt gesteld, Argentijnen van lekker vlezig en vooral véél rundvlees houden.

Eenmaal buiten de stad verandert het landschap al snel. Het is hier leeg en weids, met velden vol koeien, doorsneden door zandweggetjes met hier en daar wat wormstekige boompjes. Dit moet dan wel de 'pampa' zijn. Het lijkt op het zuiden van Texas, het landschap van mijn ouders: bleek, stoffig en plat. Veelandschap.

Armando vraagt me wat ik vandaag wil zien. 'Je zegt het maar, ik vind alles goed,' luidt mijn antwoord. Hij legt me uit dat we naar een omheinde stalplaats voor vee gaan, waar een van zijn kuddes tijdelijk is ondergebracht. Het blijkt een heel natte zomer en herfst te zijn geweest. Zijn land is drassiger dan het meeste land, wat ook een van de redenen is dat hij überhaupt ooit met waterbuffels is begonnen. Hij zegt dat hij de eerste in heel Argentinië is die deze stap heeft aangedurfd. Alleen is dit jaar zelfs voor zijn modderminnende dieren veel te nat geweest, dus hij heeft ze naar weidegrond laten overbrengen om ze op gewicht en een beetje gezond te houden. Het probleem is alleen dat als een dier eenmaal ook maar één dag op die weidegrond heeft gestaan, hij volgens de Europese importregelingen daar niet meer mag worden verkocht. Dus nu zit Armando met de lastige vraag of hij zijn vlees in zijn eigen land aan de man kan brengen, wat alleen minder winstgevend is, en ook onzekerder. Hij blijft echter positief denken en erin geloven, ervan overtuigd dat hij hiermee zijn slag kan slaan, omdat Argentijnen zich ook een andere levensstijl aanmeten en meer oog hebben voor hun gezondheid en de herkomst van hun eten. Hij doet me denken aan Josh, die altijd wel te porren is voor een Grandioos Idee en zelf altijd overloopt van de ideeën die vreselijk hoogdravend klinken, maar die hij meestal ook nog weet uit te voeren.

'Heb je al in La Brigada gegeten?'

'Ja. Geweldig!'

'Zij hebben mijn *búfala*-vlees op de kaart staan.'

'O ja? Dan kan ik het 'ns proeven.' (Terwijl ik eigenlijk al weet dat ik de volgende keer toch weer zal bezwijken voor de verleiding van die grote, lekkere matambre.)

'En Santiago's andere restaurant, ben je daar al geweest?'

Santiago heeft namelijk ook een Aziatisch restaurant, een soort noedelbar, schuin tegenover Standard. 'Nee, nog niet.'

'Daar staat mijn buffelvlees ook op de kaart. Het is echt heel lekker.'

Na ruim een uur arriveren we bij de stalplaats. Armando stapt uit om het hek open te maken, en we rijden een hobbelig pad op. Aan weerszijden zie ik niets dan omgeploegde modderige velden en kippen die in de mest naar vertrapt hooi lopen te pikken. We parkeren voor een stel schuren met wat kralen ernaast en een laag betonnen gebouwtje waarvan ik aanneem dat het het kantoor is. Bij het uitstappen belanden we allebei met onze schoenen in de blubber. Terwijl ik de honden begroet die meteen komen aanrennen, schudt Armando een paar mannen in rubberlaarzen en windjacks de hand. Sommigen van hen werken op deze stalplaats, anderen zijn verkopers die Armando lekker probeert te maken. Hij heeft een drukke dag voor de boeg, dus nadat hij me puur uit beleefdheid aan iedereen heeft voorgesteld, houd ik me op de achtergrond. Ik volg de groep op een afstandje terwijl we door een aantal hekken naar een kraal lopen waar Armando's waterbuffels op een kluitje staan. Het is één grote, glanzende massa van zwarte vachten, donkere, stralende ogen en blikkerende, witte hoorns die over hun hele kop omlaagkrullen, die eruitzien alsof iemand met brillantine een scheiding in hun haar heeft gemaakt, zodat ze wel iets weg hebben van een stel dandy's uit de jaren twintig.

Een paar mannen beginnen de kudde naar een versmalling aan één kant van de kraal te leiden. De dieren maken een vreselijk nerveuze indruk, maar zijn tegelijkertijd vreselijk gehoorzaam. De buffels lijken vooral bang om alleen achter te blijven. Als de mannen de eerste paar beesten eenmaal door het looppad hebben geleid, lijken de andere het allang prima te vinden om erachteraan te lopen, dicht op elkaar, neus aan staart, zonder enig protest, niets behalve wat sullige, smekende blikken over het houten hek heen. Armando zegt me dat ik iets verder naar achteren moet, op een veilige afstand, en hoewel ik niet direct zie waarom een van deze beesten een gevaar zou kunnen vormen, doe ik toch maar braaf wat hij zegt.

In een kraal even verderop heeft een koe net een kalfje gekregen. En dan bedoel ik écht net. Het kalfje, een prachtig wit diertje met twee parallelle zwarte vlekken op zijn wang, als het geheelde litteken na een ontmoeting met een poema, is nog vochtig, kan nog niet staan, en ligt opgekruld te slapen, terwijl zijn koeienmoeder nog bezig is de placenta uit te werpen. Zoals Aaron zou zeggen: een dag niet geleerd is een dag niet geleefd, want nu weet ik dus wat koeien met die placenta doen. Getver. Ze zal wel fan zijn van Tom Cruise. Een van de honden, een zwart mormel, weet een deel ervan te pakken te krijgen, of althans een deel van het bloed op te likken. En weer: getver. Maar het is een lieve hond en als ze even later achter me komt staan na haar slag te hebben geslagen, kan ik haar ondanks de dikke vuurrode spetters rond haar bek niet weerstaan.

Ondertussen duwt Armando samen met twee assistenten de buffels aan het einde van het looppad stuk voor stuk op een weegschaal, die niets meer is dan een verhoogde afscheiding ter grootte van een koe, met aan beide kanten deuren die omhoog kunnen, zoals bij een guillotine. Daar worden de buffels een voor een op de weegschaal gezet. Vaak probeert een tweede beest mee te liften met zijn voorganger. Claustrofobie is voor een buffel blijkbaar minder eng dan alleen te worden gelaten. De mannen van de stalplaats drijven ze met zwepen en kreten achteruit en sluiten de deur na het eerste beest meteen af. De wijzer van de weegschaal zwiept heen en weer, en blijft bij een bepaald gewicht hangen. Als het cijfer hoog genoeg is, als de buffel dus zwaar genoeg is, brengt Armando een witte veeg verf op hem aan, door een kwast die aan een meter lange klinkbout vastzit door een kier tussen de planken door te steken. Dan wordt de deur aan de andere kant van het hok omhooggetrokken en draaft het dier snel over de helling omlaag, terwijl zijn hoeven luid op het beton klakken en hij linea recta doorrent naar de achterste hoek van de volgende kraal. Een voor een klossen de búfala's zo door het looppad, om even later half in paniek weer naar buiten te komen. Sommige dieren glijden akelig uit en belanden op hun knieën of soms zelfs op hun zij, waarna ze doodsbang meteen weer overeind krabbelen en naar voren rennen om zich tussen hun soortgenoten te verschuilen. Eenmaal daar staren ze ons aan alsof ze donders goed weten dat we zo een van hen eruit kunnen pikken en onderuit kunnen halen, zoals een leeuw dat bij een wildebeest zou doen. In de afgelopen paar duizend jaar hebben ze gezamenlijk leren aanvoelen dat ze hoogstwaarschijnlijk op die manier aan hun eind zullen komen, alleen helpt dat ze nu helaas geen zier. Ik vraag me af welke evolutionaire sprong ervoor nodig zou zijn om deze kudde te bevrijden, om deze beesten te leren hoe ze zichzelf hieraan kunnen ontworstelen. In mijn ogen zien ze er afgezien van die glanzende witte vegen allemaal hetzelfde uit. Ditmaal zijn het de Fnuiken met een ster op hun buik, of in dit geval dus op hun flank, die er het eerst aan zullen moeten geloven. Maar nu nog niet.

Het duurt ongeveer drie kwartier voor Armando zijn kudde heeft gewogen en heeft geselecteerd welke beesten naar het slachthuis kunnen. Mijn voet rust op een van de spijlen van het hek terwijl ik af en toe een blik werp op het pasgeboren kalfje, dat felwit is, met stakerige pootjes en een soort spuuglok omdat zijn haartjes in de krul zitten, maar ook omdat zijn moeder hem schoonlikt, terwijl hij wankel op zijn pootjes probeert te staan. En soms kijk ik naar de oplettende, glanzend zwarte, zenuwachtig bewegende kudde buffels, met hun hoeven die hard op het beton tikken, hun adem die stoomwolkjes maakt en hun staarten die korzelig heen en weer zwiepen. Als de familie – voorlopig althans – weer compleet is, worden de hekken geopend en sjokken ze allemaal de heuvel op naar een schuur zo'n twintig meter verderop, aan het eind van een karrenspoor. Ze worden gevolgd door een hond en een man met laarzen, maar de kudde weet de weg en heeft geen aanmoediging nodig. En even later rijden wij weer naar de stad en keer ik terug naar mijn flatje terwijl ik – weer – naar koeien ruik.

Wonder boven wonder is die avond mijn favoriete aflevering aller tijden van *Buffy* op tv, 'De wens'. Hij is nagesynchroniseerd in het Spaans, maar dat maakt niet uit; ik heb deze aflevering zo vaak gezien dat ik hem bijna uit mijn hoofd ken. Het verhaaltje gaat zo: Cordelia Chase, de 'bijenkoningin' van de school, is een tijdje geleden voor een nerd gevallen, maar die relatie is uit omdat hij op iemand anders verliefd werd, en ze is ook nog eens al haar vrienden kwijt. Ze besluit dat Buffy Summers, de vampierdoder, de oorzaak van al haar problemen is. Want tot Buffy op het toneel verscheen, liep Cordy's leven namelijk op rolletjes. Helaas wenst ze ten overstaan van een wraakdemon dat Buffy nooit naar Sunnydale zou zijn gekomen, en die willigt haar wens ogenblikkelijk in. Aanvankelijk lijkt dat geslaagd, want haar plaats in de pikorde is in ere hersteld en ze wordt weer mee uit gevraagd door jongens, in plaats van als een afgelikte boterham te worden behandeld. Toch blijkt een wereld zonder Buffy uiteindelijk helemaal niet zo leuk te zijn.

Dat vraag ik me nu ook af: is het wel leuk in deze nieuwe wereld? Soms lijkt dat wel zo. Bijvoorbeeld wanneer ik in dit prachtige buitenland omringd ben door vee en een lieve hond aai die half onder de nageboorte zit. Maar er zijn ook andere momenten, na mijn dutje bijvoorbeeld, en voor het avondeten. Wat zou ik hier eigenlijk met mijn tijd moeten doen?

De volgende ochtend, 9 juli, Día de la Independencia, sneeuwt het in Buenos Aires. Voor het eerst in honderd jaar.

Het stelt niet veel voor. Aan het eind van de middag is het al niet veel meer dan natte sneeuw. Maar die hele ochtend blijft hij vallen: sprookjesachtige vlokken zoals in een sneeuwbol, wat een magisch effect op iedereen heeft. Na eerst een tijdje vanachter mijn raam te hebben toegekeken, ga ik naar buiten en merk dat de hele stad tot stilstand is gekomen. De winkels en de cafés zijn leeg. Er denderen opeens geen zwarte taxi's meer over straat. Iedereen staat op de stoep naar boven te staren met een stralende glimlach om zijn lippen. Zowel kinderen als volwassenen draaien hun gezicht naar de hemel en steken hun tong uit. Ze lachen ongelovig; ze zoenen, maken foto's. De sneeuw blijft niet liggen en het is veel te weinig om sneeuwballen van te maken, maar toch is iedereen met een denkbeeldig sneeuwballengevecht bezig. Ze gedragen zich alsof er een sprankelend sneeuwtapijt van zeker anderhalve meter op de grond ligt en er thuis iemand op hen wacht, een geliefde of een moeder met, afhankelijk van zijn of haar leeftijd en situatie, een fles wijn of warme chocolademelk bij een knapperend haardvuur, klaar om dat fijne moment te delen.

Ik heb momenteel niemand om een haardvuur mee te delen. Maar volgens mij vind ik dat wel prima. Want hoeveel meisjes ken jij die kunnen zeggen dat ze sneeuw in Buenos Aires hebben meegemaakt, en dat in een wereld die ze voor zichzelf hebben weten open te peuteren, als een botzaag die het merg erin openlegt?

13
Nog steeds te rauw

Het zou kunnen dat ik hier niet goed over heb nagedacht.

Ik bedoel, Argentinië klonk wel logisch. Het is tenslotte een soort traditie – althans, bij Fleisher's – dat je nadat je het slagersvak hebt geleerd op reis gaat naar een van vleeshoofdsteden van de wereld. Aaron is naar Spanje geweest, Josh naar Vancouver en Colin gaat binnenkort naar Italië. Maar nu lig ik hier languit op vier stoelen in het middenpad aan boord van non-stop Aerosvit vlucht W-132 naar Kiev. Op mijn schoot ligt een grote stapel korte verhalen van Isaac Babel. Ik heb net een slaappil ingenomen met zo'n beetje de smerigste wijn die ik ooit heb geproefd. Het cyrillische schrift op de fles had me natuurlijk al moeten waarschuwen; misschien dat dat ook inderdaad het geval was geweest als ik ook maar een woord cyrillisch kon lezen.

Nee, streep dat maar door. Ik heb hier absoluut, zeker weten, niet goed over nagedacht.

Serieus: waarom ben ik in godsnaam op weg naar het westen van Oekraïne? Als je het me zou vragen, zou ik je geen antwoord kunnen geven. Het is niet bepaald een wereldbefaamd culinair mekka, niet qua vlees, maar anderszins ook niet. Alleen heb ik altijd al naar de Karpaten gewild, dus het is niet helemaal uit de lucht gegrepen. Die schijnen echt prachtig te zijn. Toch is dat niet de reden dat het land me intrigeert. Misschien is het een overblijfsel van *Buffy*, maar ik denk eigenlijk dat het eerder te maken heeft met een dieper, vroeger verlangen om de plaats te zien waar al die duistere verhalen vandaan komen, zoals Vlad de spietser en holocausten en dictators die de beledigde bijnaam 'de Slager' dragen en donkere, Transsylvanische kastelen tijdens onstuimige nachten. (Teri Garr in een dirndl-jurkje die in de achterbak van een boerenkar op en neer wiegt en 'Rollen, rollen, rollen in ze hooi!' kirt, heeft er waarschijnlijk ook iets mee te maken.)

Maar dat verklaart nog niet waarom ik weer de halve wereld over vlieg, verklaart niet waarom ik bijna zodra ik voet in New York had gezet weer een nieuw ticket kocht. Ik vermoed dat de reden eigenlijk ligt in het feit dat ik toen ik weer thuiskwam wist, zeker wist, dat ik daar nog niet klaar voor was. Het kwam niet door Eric, door D, door Robert de Hond of door de stad zelf. Het kwam door mij. Ik voelde me nog te rauw, nog te vloeibaar in mijn binnenste. Ik bleef een paar maanden thuis, laverend tussen een gevoel van gekooide frustratie en woeste zelfverachting. Ik wist dat ik weer weg moest. De angst in Erics ogen toen ik hem dat probeerde uit te leggen, deed me bijna van gedachten veranderen, maar ditmaal was er een dieper gelegen paniek dan de angst bij de gedachte dat ik hem zou kwetsen. Om je de waarheid te zeggen maakte het niet eens uit waar ik naartoe zou gaan, niet echt. Ik verzon het smoesje dat ik nog niet klaar was met mijn slagersleerlingreis, maar ik had net zo goed een dartpijltje naar de kaart aan de muur kunnen werpen. Ik ga naar de plaatsen waar ik op het moment dat ik het ticket kocht naartoe wilde: Oekraïne, Tanzania en een korte stop in Japan. Het zijn niet meer dan namen op een ticket, die min of meer lukraak zijn gekozen.

Een vriend van mijn broer heeft een tijdje in Oekraïne gewerkt, als adviseur voor politici die echt maar dan ook bijna niets te maken hebben met de mysterieuze onthoofding van een politieke rivaal. Hij heeft me in contact gebracht met een jonge vrouw, Oksana, die in Amerika heeft gestudeerd, vloeiend Engels spreekt en volgens zeggen helemaal fantastisch is, en die heeft ingestemd om me wegwijs te maken. Ik zal haar een dag na aankomst in Kiev ontmoeten, als we met de trein naar Kolomyia gaan, een stad in het westen van het land, waar zij geboren is. Het enige wat ik hoef te doen, is van het vliegveld naar het Tourist Hotel gaan, vlak bij het Livoberezhna-metrostation op de linkeroever van de stad, vervolgens iets te eten regelen en dan een dag en een nacht in Kiev doorbrengen zonder te worden bestolen, door een auto te worden aangereden of in een mangat te vallen.

De slaappil lijkt niet echt te werken. Je zou denken dat die in combinatie met een toren van Babel het klusje wel zou klaren, maar ik blijf wakker en rusteloos. Ik betast de telefoon in mijn zak; de achterstand aan berichtjes neemt toe en ik zie geen kans om die druk op korte termijn te verminderen. Had mijn arts me maar iets sterkers voorgeschreven. Iets als... ik weet niet, morfine of zo. Helaas weet hij genoeg van mijn diverse verslavingen om te weten dat hij beter niet met zwaar geschut kan aankomen, qua medicijnen dan. Ik haal een van de schriften tevoorschijn die ik heb meegenomen. Ik heb besloten er een lowtech-reis van te maken. Ik heb mijn laptop niet bij me en hoewel ik mijn BlackBerry voor eventuele noodgevallen heb, ga ik mijn uiterste best doen om die niet te gebruiken. Omdat die telefoon zo gevaarlijk voor me is geworden, een valse reddingsboei die in plaats van me ervan te weerhouden om te stranden me juist de zee in trekt, maar ook omdat ik liever niet wil denken aan hoe hoog mijn telefoonrekening zal zijn. En dus neem ik mijn toevlucht tot ouderwets brieven schrijven.

Lieve Eric,

Nou, ik zit inmiddels in de lucht, met mijn Babel en een paar slaappillen die niet werken. Zit te denken aan hoe jammer het was dat die rit naar het vliegveld zo hectisch was dat we niet fatsoenlijk afscheid hebben kunnen nemen. Ik bedoel maar, je twéé uur vergissen in de tijd van je vlucht? Dat is de zelfdestructieve Julie: niet als een nachtkaars, maar als een klap op de vuurpijl.

Na een tijdje krijg ik kramp in mijn hand omdat ik niet gewend ben aan deze manier van schrijven en leun achterover in mijn stoel. Slapen doe ik niet. Tien uur na als een gek door de slurf op JFK te zijn gerend, slof ik half versuft op Boryspil International Airport door een andere. Het ziet er hier een beetje afgeleefd uit en ik vind het lastig om erachter te komen hoe ik moet lopen, maar misschien komt dat gewoon door de vermoeidheid en het cyrillisch. Het lukt me wel om een taxi te vinden, uit te leggen waar ik naartoe wil en in mijn hotelkamer te belanden. Na me te hebben geïnstalleerd, besluit ik de buurt te gaan verkennen. Ik bekijk de mensen op straat, snuif de sfeer van de stad op, maar doordat ik het alfabet niet ken, is er een totaal nieuwe laag van onbegrip. Ik kan de adressen uit mijn reisgids niet eens koppelen aan de straatbordjes. Dat vergaande, basale niveau van onwetendheid doet rare dingen met mijn hersens en zorgt voor een wat duizelig gevoel, alsof ik aangeschoten ben, paranoïde. Ik stap in de metro nadat het me gelukt is om een kaartje te kopen en door het draaihekje te komen, maar zit in de trein die de verkeerde kant op gaat, verder de buitenwijken in, zodat ik weer moet uitstappen en de metro aan de overkant neem, die me over de rivier naar het centrum brengt. De gebouwen hier zijn oud en de metrostations liggen diep onder de grond en zijn prachtig: smetteloos wit, met een aangename belichting en een roltraprit omhoog die maar liefst vijf minuten duurt. Mensen gaan zelfs op de treden zitten wachten en puberstelletjes staan te flikflooien. Dat wordt me echt even te veel – beelden van Union Square doemen in mijn hoofd op, op de achterbank van een taxi... Ik wend snel mijn blik af.

Tegen de avond is het me in ieder geval gelukt om de weg terug te vinden naar mijn aftandse Sovjethotel, met een fles water (kennelijk kun je wat er hier uit de kraan komt beter niet drinken), een stuk gedroogde worst dat ik van een baboesjka op het treinstation heb gekocht en een homp brood. Ik trek me terug op mijn kamer met mijn pen en schriftje, en schrijf verder aan mijn brief aan Eric. Ik vertel hem tot ik mijn ogen echt niet meer open kan houden over hoe grauw de stad is en over de stilettohaklaarzen en de uitzinnige bontjassen van de nors kijkende vrouwen.

Gelukkig kom ik er de volgende dag achter dat Oksana niet zo'n vrouw is. Ze is tweeëntwintig, heel klein, duidelijk nogal briljant, en bovendien heeft ze zich de Amerikaanse manier van kleden eigen gemaakt en draagt dus een spijkerbroek en degelijke schoenen. Ze vertrouwt me die ochtend bijna meteen toe: 'Ik kan me echt niet meer voorstellen dat ik me ooit als een Oekraïense vrouw zou kleden. Die hakken alleen al!' Maar ze is een op en top Oekraïense tweeëntwintigjarige, waarmee ik bedoel dat ze over het algemeen een stuk volwassener is en haar zaakjes beter op orde heeft dan ik.

We zien die dag een ontstellend aantal kerken: de St.-Sophia, de St.-Andrej, de St.-Michaël, die allemaal in gouden, witte en hemelsblauwe tinten zijn geschilderd en waarvan de oudste uit de elfde eeuw dateert. Voor elke kerk staan een tiental trouwgezelschappen met opbollende witte jurken, bruidsmeisjes in verschillende kleurschakeringen, smokings, bloemen, limousines en fotografen. Het blijkt dat het de laatste voorspoedige dag van het seizoen is, de dag van Sint-nog-wat, en dus willen alle stelletjes nog even snel voor de winter trouwen.

Achter de St.-Michaël bevindt zich een fonteintje onder een koepel, waar een heleboel mensen omheen staan. Er zit een legende achter die fontein, die later die avond in de trein te verleidelijk zal blijken om niet aan mijn schriftje toe te vertrouwen:

In het midden van die fontein staat een soort marmeren pilaar en het verhaal gaat dat als het je lukt om een muntje tegen de zijkant van die pilaar te gooien zonder dat dat meteen valt, je wens zal uitkomen. En het lukte me, de eerste keer meteen al. Als ik zou denken dat je dit ooit zult lezen, heb je geen drie wensen nodig om te raden wat ik heb gewenst...

We kwamen ook langs een beroemd huis, 'Het huis der demonen'. Het is een barokke fantasie, met geen enkele rechte hoek, en is helemaal bedekt met kikkers, neushoorns, feeën, zeemonsters en olifanten van steen. Oksana vertelde dat er een triest liefdesverhaal bij hoort over de architect die het

heeft gebouwd. Dat geloof ik graag. Het ziet eruit als het
werk van een persoon die iemand heeft verloren.

Ik weet niet of het door het geschommel en het lawaai van de trein
komt, dat een soort sussende, seksuele beweging is, alsof je in een
wieg ligt of in de armen van een geliefde. Het regelmatige gekletter
van de rails werkt daardoor kalmerend, maar doet je tegelijkertijd
aan andere ritmes denken. Of misschien komt het gewoon door
mijn groeiende overtuiging dat D buiten mijn bereik ligt, dat hij
me uit zijn mailbox weert, dat hij mijn sms'jes wist. Toch sta ik
mezelf in de brief die ik nu aan hem begin dit soort sentimentele
overdenkingen en hartverscheurende kreten toe:

> *Ik heb nog nooit de hele nacht in een trein gezeten. We heb-*
> *ben een zogenoemde couchette voor vier personen en ik ben*
> *de enige die nog wakker is. Ik kan niet slapen, maar vind dat*
> *niet erg. Ik vind deze trein eigenlijk wel lekker. Ik krijg zin om*
> *te neuken. Met jou.*

Mijn verslag aan Eric is gemoedelijker van toon en gaat meer over
alle treffende details. Aan D schrijf ik overtuigende opstellen, aan
Eric schrijf ik zoals ik in mijn dagboek zou schrijven, zoals ik voor
mezelf zou schrijven:

> *Oksana heeft het bovenste bed, ik het onderste, een vrouw*
> *van middelbare leeftijd heeft het andere naast mij en een*
> *donkere man het bed boven haar. We hebben geen woord*
> *met deze mensen gewisseld; Oekraïners zijn een nogal nuk-*
> *kig volkje... In de gangpaden van de trein ligt vloerbedekking*
> *en voor de ramen hangen van die ouderwetse, smoezelige*
> *gordijntjes. Als je door de trein van het ene naar het andere*
> *rijtuig loopt, van het ene opengeschoven deurtje naar het*
> *volgende, is dat een merkwaardige gewaarwording, alsof je*
> *telkens weer in een andere kijkdoos kijkt. Oude mannetjes*
> *die zitten te kaarten, een coupé vol druk pratende puberjon-*

gens in blauw-wit voetbaltenue, een stil, wat ouder echtpaar
dat naar een jonge vrouw staart die thee zit te drinken. Bo-
vendien is van rijtuig naar rijtuig gaan nogal een beproe-
ving: achter het schuifdeurtje kom je terecht in een pikdonke-
re, kleine, oorverdovende ruimte van ongeveer één vierkante
meter, zonder dat je je ergens aan kunt vasthouden, terwijl
de vloer deint, er koude lucht tegen je aan blaast en je onder
je voeten de rails keihard voorbij ziet schieten... En dat alle-
maal voor een lauw biertje van de bar en het kortstondige ge-
lukzalige gevoel als de vrouw achter de kassa tegen me glim-
lacht vanwege mijn verhaspelde 'Dyakooya' (Oekraïens voor
'Bedankt' – Oksana heeft me verteld dat je dat beter kunt
zeggen dan 'Spasibo'. Russen zijn in het westen van dit land
blijkbaar niet al te populair.) Ze glimlachte naar me alsof ik
een bassetpuppy was die op zijn eigen oren ging staan.

De trein is om zeven uur 's avonds uit Kiev vertrokken, we zullen
om zeven uur 's ochtends in Kolomyia arriveren. In het schijnsel
van het eenzame lichtje boven mijn bed ben ik het grootste deel
van de reis bezig met brieven schrijven, tot mijn hand pijn doet en
blauw is van de inkt.

> *... een vent met te witte tanden, minstens zeventig jaar oud,*
> *kneep me op de terugweg van de bar onbeschaamd in mijn*
> *kont. Echt, Eric, dat was raar.*

> *... maar ik denk dat mijn verlangen naar jou eindelijk in een*
> *ander soort licht is komen te staan. Het is draaglijker gewor-*
> *den, liever, bijna aangenaam. Misschien dat ik een soort*
> *vrede krijg met mijn gevoel van wanhoop.*

De volgende ochtend stappen we een tikkeltje duf vlak voor de zon
opgaat in het halfduister uit en nemen eerst een bus en vervolgens
nog een trein naar 'Het huis op de hoek'. Dat is een aangename bed
and breakfast die gerund wordt door Vitaly, een voortvarende blon-

de man die uitstekend Engels spreekt, westerse gebruiken snapt en zeer ambitieus is. Hij wordt bijgestaan door zijn moeder Ira, een klein vrouwtje met kort haar en pretogen met kraaienpootjes, die geen woord Engels spreekt en me zodra ik over de drempel stap op een verrukkelijke omelet trakteert.

Het is hier ruim, schoon en modern. En Vitaly's moeder kan superlekker koken. De badkamer heb ik voorlopig voor mezelf, aangezien ze momenteel geen andere gasten hebben, en die is ingericht volgens westerse maatstaven, met witte tegels, moderne kranen en kokendheet water. Eric, die tien jaar geleden in deze contreien is geweest, had me gewaarschuwd dat ik te maken zou krijgen met Turkse toiletten en vrij beroerde standaarden voor persoonlijke hygiëne, maar tot nu toe heb ik daar nog helemaal geen last van gehad. Ik ben bijna teleurgesteld. Moet dit nou uitdagend zijn?

Vandaag zal ik uitrusten en schrijven, en als ik naar het dorp loop voor een kop koffie word ik misschien wel versierd door een wat oudere Oekraïense man. Ja, dat gaat vast gebeuren.

Mijn stille lieveling, één ding dat me hier en in Argentinië is opgevallen, is dat als je een vrouw van onder de vijftig bent, er niet bijzonder goed uitziet en alleen reist, je herhaaldelijk en uitsluitend zult worden lastiggevallen door mannen van vijfenvijftig. En hun aanpak is altijd hetzelfde:

1. Ze vragen me wat mijn geloof is. Alsof dat heel belangrijk is voor wat ze van me willen. Ik heb inmiddels geleerd dat ik dan het best het volgende kan zeggen: 'Ik ben van huis uit anglicaan, dat lijkt een beetje op katholiek', zodat ik geen bekeringspraatjes hoef aan te horen, maar ook niemand beledig als ik zou zeggen wat ik werkelijk denk: 'Ik ben een atheïst en als ik jou was zou ik daar maar blij mee zijn, want ik heb gehoord dat katholieke meisjes soms wat minder happig zijn om direct met de eerste de beste oude kerel die ze in een café tegenkomen in bed te duiken.'

2. Ze maken een opmerking over hoe jong ik eruitzie. Meestal zeggen ze dan 'vijfentwintig', wat echt volkomen

belachelijk is. Als ze mijn ware leeftijd eenmaal hebben ach-
terhaald, vragen ze me hoeveel kinderen ik heb, en als ik dan
zeg 'Nog niet' (ik ben een snelle leerling: 'nog' is het sleutel-
woord), zullen ze op ernstige toon doorvragen naar de reden
daarvan, om me vervolgens op het hart te drukken dat ik er
een paar moet nemen, en wel meteen. Meestal insinueren
ze dan ook dat ik duidelijk nog nooit een échte man heb ont-
moet, een Argentijn, een Oekraïner, wat voor man dan ook,
die me wel eventjes zal bezwangeren.

En ik lach als een vis die zichzelf beleefd van het haakje af wrie-
melt, en zeg: 'Ontzettend bedankt. Maar als er één ding is waar ik
in mijn leven geen tekort aan heb, dan zijn dat helaas mannen. Ik
denk dat ik het ook maar bij die paar hou.'

En morgen ga ik eens wat worst bekijken.

Toen ik Oksana voor het eerst over deze reis vertelde, zei ik haar
dat ik vlees wilde zien, voor zover er hier althans vlees te zien viel.
Ze vertrok geen spier – wat ik eerlijk gezegd nogal raar vond – en
begon direct naar de juiste plaatsen te zoeken, vooral plekken waar
ik zou kunnen zien hoe ze worst maken. In het westen van dit land
zijn ze namelijk erg trots op hun worsten. We gaan vanochtend
dus een fabriek bezoeken die een eindje buiten de stad ligt, in een
dorpje aan het eind van een bochtige plattelandsweg vol kuilen,
midden tussen de koeien en de schapenboerderijen. De eigenaren,
Katerina en Myroslav, begroeten ons voor hun bescheiden voordeur. '*Vitayu, vitayu – budlaska!*' Welkom! Ze zijn allebei knap
en rond de vijftig, schat ik, en ze ontvangen ons met brede, gast-
vrije glimlachen. Na ons de hand te hebben geschud, gaan ze ons
enthousiast voor. Oksana en ik zetten net als zij een witpapieren
hoedje op en schieten net zo'n slagersjas aan, en dan kan de grote
rondleiding beginnen. De fabriek is veel kleiner dan die welke ik
in Argentinië heb gezien – eerder zo groot als Fleisher's, maar afgezien van die afmetingen lijkt dit erg veel op de andere vleesverwerkingsfabrieken die ik heb bezocht – met hetzelfde gezouten vlees
in plastic tonnen, dezelfde witte tegelwanden en schoongeboende

vloeren, dezelfde ietwat eigenaardige rijpingslucht vermengd met een vleugje chloor. Maar ook bijvoorbeeld dezelfde bakken voor het vlees, vleesmolens en rookapparaten. Bij de werkbank staan uitbeners runderkarkassen te versnijden en vlees in kleinere brokken voor de vleesmolen te verdelen. Er is echter één belangrijk verschil: de meeste slagers hier zijn jonge blonde vrouwen. Dit is afgezien van Fleisher's bijna de eerste keer dat ik überhaupt een vrouwelijke slager zie. En zelfs daar was ik eigenlijk de enige vrouw die daadwerkelijk uitbeende. Hier lijkt het slagersvak echter niet aan mannen te zijn voorbehouden. Dat zal wel iets te maken hebben met de vruchten van het communisme. Ze glimlachen naar Oksana en mij als we naar de tafel lopen om te zien wat ze aan het doen zijn, maar houden geen moment op met werken.

Als we na de rondleiding in het kantoortje staan, trekt Myroslav een fles cognac open, terwijl Katerina een enorme berg eten op tafel uitstalt: roggebrood, kaas, olijven en minstens tien soorten worst, en dat is nog maar een kwart van wat ze hier maken. Ze hebben ook hoofdkaas, die in Oekraïne heel populair is, vooral omdat hij zo goedkoop is. En cervelaatworst, een magere worst die bijna uitsluitend van goede kwaliteit rundvlees wordt gemaakt, met slechts een klein beetje varkensvet; dat is de lievelingsworst van Myroslav. *Tsyhanska*, oftewel 'zigeunerworst', is wat vetter en wordt gemaakt van zeventig procent rundvlees en dertig procent varkensvet. (Katerina ratelt de verhoudingen uit haar hoofd op en dat vertaalt Oksana dan weer voor mij.) *Drohobytska* is een worst die traditioneel van varkensvlees wordt gemaakt, maar waar tegenwoordig ook vaak wat kalfsvlees door zit. Myroslav legt uit dat hun drohobytska zelfs bijna helemaal uit rundvlees bestaat, omdat varkensvlees in Oekraïne het allerduurste vlees is.

'Er bestaat een spreekwoord over Hutsuls,' vertaalt Oksana terwijl Katerina doorbrabbelt. Katerina spreekt nota bene zelf een mondje Engels omdat een van haar dochters en kleinkinderen in New Jersey wonen en ze de taal dus probeert te leren. Ze vindt het echter prettiger als Oksana als tussenpersoon fungeert.

'Wat zijn dat, Hutsuls?'

'Dat zijn wij. Mensen uit de bergen van hier, in het westen van het land. Echte Oekraïners. Mensen uit het oostelijke deel van het land zijn Russen, geen Oekraïners.'

'Oké. En hoe luidt dat spreekwoord?'

Katerina zit me verwachtingsvol aan te staren. Onder haar rossige haardos verschijnt er al een grijns op haar gezicht. Ik zou het liefst rechtstreeks met haar kunnen praten. Hoe vaardig, snel en genuanceerd Oksana als tolk ook is, ik merk dat ik liever zonder filter met deze mensen zou praten. Dat heeft vast iets te maken met de internationale broederschap van slagers. We zijn van hetzelfde laken een pak, dat merk ik meteen.

'Hutsuls hebben liever een goede worst en geen brood. Oekraïners uit het oosten willen brood, en het maakt ze niet uit of de worst ook goed is.'

'Dan ben ik wat dat betreft een echte Hutsul.'

Myroslav en Katerina barsten allebei in lachen uit en knikken al voor Oksana het heeft vertaald. Het is ook grappig – zodra we over eten praten, lijken we elkaars taal beter te verstaan.

Domashnia wordt gemaakt van rund-, varkens- en kalfsvlees. 'Artsenworst', *likarska*, is varkensvlees met melk, eieren en kruiden. 'Kinderworst' wordt heel fijn gemalen, zodat het heel zacht is, en er gaan ook geen conserveermiddelen door. *Krovianka* is bloedworst, van runderbloed, dat Myroslav en Katerina net als het vlees rechtstreeks van het slachthuis krijgen. Ik begin inmiddels gevaarlijk vol te raken en de fles cognac is ook bijna leeg, vooral dankzij Myroslav, Katerina en mij, omdat Oksana zo goed als geheelonthouder is, voor zover dat in dit land kan. We hebben allemaal op elkaar geproost, op de internationale broederschap van worstmakers en op onze twee landen. Ik ben aangenaam aangeschoten en word sentimenteel, waar Oekraïners ook een handje van hebben, of Ieren, kies zelf maar.

'Jullie moeten me echt in Amerika komen opzoeken. Ik wil jullie zo graag mijn slagerij laten zien! Dat zullen jullie helemaal geweldig vinden. En zij zouden jullie geweldig vinden!'

'De volgende keer dat ik ga, zal ik jou ook zien!' Katerina's Engels lijkt naarmate ze meer cognac op heeft steeds beter te worden. Ze pakt een foto die ze uit een tijdschrift heeft geknipt en die in een fotolijstje op haar bureau staat. 'Mijn kleindochter.' Op de foto staat een prachtig tienermodel met lang, blond haar en felroze lippenstift. 'Van het tijdschrift *Seventeen*!'

'Wat een mooi meisje!'

'Ja, hè? Dank je wel!'

'Bel me alsjeblieft als jullie in Amerika zijn. Dan zal ik jullie mijn slagerij laten zien.' Ik schrijf mijn naam, telefoonnummer en e-mailadres op. Het lijkt allemaal sterk op een reünie van de universiteit, als je iemand ontmoet die je totaal was vergeten maar van wie je, onder invloed van de hapjes en de rijkelijk vloeiende drank, nu pas inziet dat het je zielsverwant is. Dan wissel je dus telefoonnummers uit, met brede glimlachen vanwege die wederzijdse herkenning, en dan omhelzen jullie elkaar in tranen en nemen even later vrolijk lachend weer afscheid. Wat er dan meestal gebeurt, is dat je dat nummer kwijtraakt en dat jullie zielen elkaar nooit meer treffen. Soms loopt het echter ook anders.

Ook hier is het tijd om afscheid te nemen. We omhelzen en zoenen elkaar op de wang op het parkeerterreintje voor de deur van hun kantoor.

'Dank je wel! En kom nog eens langs!'

'*Dyakuyu!* Doe ik!' Katerina geeft ons een enorme tas met worst mee.

We rijden langzaam vanwege de enorme kuilen in de weg, die vol water staan en waarin de gele bladeren van de herfstbomen schitterend weerspiegeld worden door het zonlicht van mijn eerste mooie middag in Oekraïne. Het is prachtig, maar dat komt misschien ook door de cognac en al het sentimentele gedoe.

Als we terug zijn, treffen we Vitaly met een jonge Amerikaanse vrouw, Andrea, in de keuken aan. Zodra we onze grote tas vol vleescadeautjes tonen, hoor ik haar kreunen: 'O, wat is dat fout, zeg.' Wat natuurlijk geen goed begin is, want ik kan niets ergers bedenken dan een vegetariër in Oekraïne. Ze blijkt een vrijwilliger van het Peace Corps te zijn, dus ach, dat verklaart die paar misplaatste linkse karaktertrekken ook wel weer. Ik overhandig de tas aan Ira, die daarmee meer dan gepast blij is. Ze pakt er wat cervelaat uit, snijdt hem in dunne plakjes en stalt die samen met wat brood uit op tafel. Oksana en ik gaan zitten, en hoewel we al veel te veel worst hebben gehad, peuzelen we nog even door.

En voor ik het weet zitten Oksana, Vitaly, Andrea en ik daar een paar uur te kletsen, terwijl Ira door de keuken scharrelt. Gisteravond heeft ze speciaal voor mij gevulde koolrolletjes met rundvlees gemaakt, waarvan ik had verwacht dat ze voedzaam en Sovjetachtig zouden smaken, maar die ontzettend lekker waren, juist licht en vol van smaak. Dat was ook precies wat ik nodig had, omdat ik mezelf steeds meer op een soort Miss Havisham in haar vergane bruidsjurk vind lijken, terwijl ik daar in mijn eentje aan tafel zit te eten, terwijl dat eten wordt opgediend door iemand met wie ik niet kan praten, en ik bewust kleine hapjes neem, om het moment dat ik klaar ben en de rest van de avond niets meer te doen heb zo lang mogelijk uit te stellen. En vanochtend kreeg ik acht luchtige, krokante pannenkoekjes met jam. Ira is nu aan het schoonmaken, hoewel de keuken volgens mij al smetteloos is, maar ze is zo'n vrouw die niet stil kan zitten voor ze alles binnen handbereik heeft afgestoft en haar gasten alle mogelijke heerlijkheden heeft voorgezet.

Andrea, zo blijkt nu, komt hier wel vaker, maar haar verblijf van twee jaar in Kolomyia zit er bijna op. Ze werkt op dezelfde school als Oksana's vriendje en ze heeft het helemaal gehad. Ze vindt Oekraïne maar niks. Ze vindt de mensen maar niks. 'De vrouwen zijn allemaal ordinair en de mannen zijn morsige vrouwenhaters – met uitzondering van jullie natuurlijk!' Ze vindt het eten ook maar niks. 'Alles is zo machtig en echt overal zit vlees in. Het enige wat ik lekker vind, is de aardappel-*varenyky* van Ira. Daar leef ik van.'

Oksana wisselt achter Andrea's hoofd een blik met Ira, wat alleen ik opmerk, en Ira zegt in het Oekraïens iets tegen haar. Terwijl Oksana een grimmig gebaar met haar hoofd maakt, zegt ze met een wat cryptische grimas tegen mij: 'Ira zal je later wel laten zien hoe je varenyky maakt. Het is inderdaad heel lekker.'

De volgende dag lopen Oksana en ik alle musea en winkels van Kolomyia af. 's Middags eten we op het terras van een café dat zelfs in dit klamme weer heel aangenaam is. Volgens Oksana is het hier 'in de zomer een gekkenhuis'. Ik neem borsjtsj, terwijl zij iets bestelt wat *banosh* blijkt te heten: een traditioneel streekgerecht dat een beetje lijkt op kaasgrutten met knoflook, een van die troostgerechten uit mijn jeugd, dat ik denk ik al in geen tien jaar meer heb gehad. Als Oksana me een hapje laat proeven, wil ik ter plekke per se weten hoe je het klaarmaakt.

En dat is me uiteindelijk ook gelukt. Komt-ie!

· · · ·

Oekraïense banosh

- ❧ 450 gram zure room
- ❧ 115 gram geel of wit maïsmeel
- ❧ 2 eetlepels boter
- ❧ zout naar smaak
- ❧ een handjevol geitenfetakruimels (naar keuze)

Doe de zure room in een kleine pan op een niet al te hoog vuur en roer continu tot hij warm is, maar niet kookt.

Voeg dan beetje bij beetje het maïsmeel toe, blijf roeren, en zorg dat het mengsel niet gaat koken. Laat het ongeveer een kwartier pruttelen. Het moet een beetje vloeibaar blijven. Als het te dik wordt, voeg dan nog wat zure room toe, een paar eetlepels per keer.

Als je denkt dat het zo ongeveer klaar is, roer je de boter en het zout erdoor en haal je het van het vuur. Laat het met het deksel erop nog vijf minuten staan.

Serveer het in vier kommetjes met wat geraspte kaas erover, als je dat tenminste lekker vindt. Dit gerecht is de Oekraïense versie van je lievelingstroosteten als kind. Het is een goede manier om weer eens te beseffen dat we eigenlijk meer gemeen hebben dan we van elkaar verschillen.

Terwijl we nagenieten van de maaltijd word ik loslippig op zo'n manier dat ik daar achteraf altijd enorme spijt van heb. Wat ik die avond in mijn bed opschrijf:

> *Waarom doe ik dat toch? Waarom stort ik mijn hart meteen uit tegenover willekeurige mensen waar dan ook ter wereld? Zwelgend in die schunnige, hartverscheurende herinneringen aan zowel Eric als jou? De grootte en naar links of rechts neigend, de ruzies en de lieve dingetjes die ik onder het nuttigen van slechte drank allemaal tot op het bot analyseer. Volgens mij ligt het niet alleen aan de ongerepte olievelden van medeleven. Nee, ik ben niet op zoek naar troost. Het is net als een korstje dat je er te vroeg af peutert, of een wondje waar je op drukt om er nog een paar extra druppels bloed uit te persen. Misschien komt het ook doordat het de afstand die er nu noodgedwongen tussen ons is niet zozeer zielig als wel romantisch maakt. Ik zie mezelf liever als het onderwerp van een tragische negentiende-eeuwse roman dan als een B-film van Adrian Lyne over een man die door een vrouw wordt gestalkt.*

'Ik denk dat dat in Amerika eerder een probleem is,' zegt Oksana beslist. Ze eet haar banosh heel voorzichtig op, veel langzamer dan ik mijn pittige borsjtsj naar binnen heb gewerkt.

'Wat? Obsessieve liefdesverhoudingen?'

'Ontrouw. En die verwarring. Hier trouwen mensen en blijven dan ook getrouwd. Misschien verwachten we er minder van. Of we zijn gelukkiger doordat we weten wat we willen.'

'Dat zou best kunnen, ja.' Ik neem een slok van mijn tweede, Tsjechische biertje. Ik vraag me af of dat inderdaad waar is. Of is Oksana gewoon nog jong, met al het jeugdige zelfvertrouwen dat daarbij hoort? Of zou je landen inderdaad als geheel zo kunnen kenmerken? Kun je zeggen dat de geschiedenis, tradities, religie en vervolgingen op de een of andere manier een bevolking voortbrengen die over het algemeen genomen meer aanleg heeft voor geluk?

Het lijkt me sterk, maar wie weet. Het is net zo'n valide verklaring voor de wispelturige verdeling van geluk als alle andere.

> *Ik vraag me af hoe het met jou, Robert en de katten gaat. 'En? Nog nieuws van de Rialto?', waarbij ik Buffy parafraseer die de Koopman van Venetië citeert. En om dan nu weer verder te gaan met dit boekwerk – jezus, deze brief is echt gigantisch lang aan het worden –, Oksana neemt me na de lunch mee naar het Paaseimuseum, en dat gebouw ziet er echt uit als een gigantisch paasei. Binnen staan wel tienduizend of meer prachtig versierde eierschalen. Dat noemen ze hier psyanka's, je weet vast nog wel hoe die eruitzien, toch? Met een heleboel strepen, krullen en kruispatronen, in geel, rood en zwart. Ze hebben eieren uit het hele land en elke regio heeft weer zijn eigen stijl. Ze hebben een ei dat beschilderd is door Raisa Gorbatsjov en eentje van Julia Timosjenko. We zijn ook naar het Hutsul-museum geweest, wat eigenlijk een standaard etnografisch museum is dat jij geweldig zou hebben gevonden, maar waar ik een beetje museummoe van werd. En toen zijn we nog naar Oksana's ouders geweest, waar haar vriendje Nathan ook was, die ook als vrijwilliger voor het Peace Corps werkt.*

Oksana heeft een Japanse spaniël, Onka, wat 'wijsneus' schijnt te betekenen, die bij haar ouders woont. Het is een schattig beest, dat graag wil apporteren met een knuffelbeest dat bijna even groot is als zijzelf. Oksana's moeder is ook een donkerharige schat, even vrolijk en net zo klein als haar dochter. Zodra ze thuiskomt van haar werk begint ze meteen met eten voor ons klaar te maken, allerlei restjes en wat spullen die ze net heeft gekocht: gebakken kippenboutjes, aardappels, tomaten-paprikasalade, champignon-dip, kaas, augurken. Het is een schijnbaar oneindig buffet van lekkere hapjes, die we wegspoelen met de champagne die Oksana en ik hebben meegenomen.

Daarna spelen we een kwartiertje met Onka, tot de deurbel gaat en Oksana Nathan in de armen vliegt. Ook zijn uitzending zit er bijna op. Oksana en hij zijn nogal een lachwekkend stel, maar ook een beetje verdrietig. Ze pest hem voortdurend, en glimlacht soms een tikkeltje geprikkeld, maar ze is ook lief en af en toe wat gereserveerd. Na anderhalf glas champagne is ze bovendien een beetje aangeschoten. 'Morgen krijgt Nathan een... hoe noem je dat kapsel?'

Nathan zit te grijnzen. Hij heeft zijn arm om haar heen geslagen. 'Een hanenkam.'

'Een hanenkam.' Ze wendt zich tot haar moeder en zegt iets in het Oekraïens terwijl ze ter illustratie met haar hand over haar hoofd strijkt. 'Ik heb hem gezegd dat ik blij ben dat hij weggaat, omdat ik hem dan niet met dat stomme haar hoef te zien.'

Zijn grijns wordt nog breder en hij probeert haar te zoenen, maar ze duwt hem lachend weg. Misschien doet ze altijd zo, maar ik heb haar sinds ik haar ken nog nooit zo lichtgeraakt gezien en ik vraag me af of dat komt doordat Nathan binnenkort weggaat. Ik heb met hem te doen. Ik ken dat gevoel dat je losgepeuterd wordt, hoe blijmoedig dat ook gebeurt, en ik kan je vertellen dat daar echt helemaal niets leuks aan is.

De volgende dag neemt Oksana me mee naar Sheshory, een vakantieoord in de bergen. 'Dat is een van mijn lievelingsplekken,' zegt ze terwijl we in de bus stappen die ons ernaartoe zal brengen. 'Het is een heel traditioneel Hutsul-dorp. 's Zomers is er een groot muziekfestival en daar gaat echt iedereen naartoe. Oude mensen, kinderen, mensen met lange haren, je weet wel, hippies. Iedereen kampeert daar dan of huurt een huisje, en dan zwemmen we in de rivier de Pystynka en blijven de hele nacht op.'

Het is druk in de bus en hij rijdt langzaam, wat waarschijnlijk helemaal niet zo raar is en voor alle openbare bussen ter wereld geldt. De rit duurt langer dan een uur. We rijden vanuit de vallei waar Kolomyia ligt door weilanden en dorpjes over de kronkelende, steile weg in de richting van de Karpaten. Het is hier weelderiger, en kouder. Niet echt koud, maar frisjes, van die berglucht die niet zozeer vochtig is als gewoon een beetje klam – groen, zeg maar. We stappen uit bij een smal weggetje naast een restaurant en de paar winkels die 'het centrum' vormen. Achter het restaurant, na een voetgangersbrug, voert een zandpad naar een stel houten huisjes op een heuvel, die allemaal wit of in een andere felle zomerkleur zijn geschilderd. De dakranden zijn versierd met fijn afgewerkt koperwerk. Er loopt nog een pad langs de rivier.

En zo brengen we de hele middag aan de rivier door, met onze voeten bungelend in het water en ons voorzichtig een weg zoekend over de stenen van kleine stroomversnellingen. Ik probeer me voor te stellen hoe het hier in het drukke toeristenseizoen moet zijn; het dorp lijkt nu namelijk totaal verlaten. We eten bij het enige restaurant van het dorp een rijk gevulde stoofschotel van gegrild varkensvlees en tegen de tijd dat we klaar zijn, begint de hemel al te verkleuren.

'Ik denk dat we maar beter terug kunnen gaan. Ik heb vanavond ook nog een afspraak gemaakt in de sauna van een vriendin. En we moeten daar niet te laat aankomen.'

We lopen naar de weg, die net zo verlaten lijkt als de rest van het dorp. 'Het kan wel even duren voor de bus komt. Die rijdt niet erg regelmatig. Laten we maar vast een stuk gaan lopen en als hij langskomt, vragen we wel of hij wil stoppen. Of misschien krijgen we wel een lift van iemand.'

'Klinkt goed.'

'Die sauna zul je helemaal geweldig vinden. En het is heel gezond. Het voorkomt dat je ziek wordt. Maar we gebruiken wel *veniki*, hoor.'

'Veniki?'

'Mm-mm.' Ze kijkt me grijnzend aan van opzij en maakt een zwiepend gebaar met haar arm. 'Met drie takken. Van berkenbast? Daarmee hoor je tegen je rug te slaan.'

'Oké. En waarom dan precies?'

'Dat is gezond. Daar word je sterk van. Maar maak je geen zorgen; dat zullen we nu niet doen.'

'Nee, dat lijkt me beter van niet.'

We lopen bijna een halfuur, maar zonder dat de bus ons inhaalt, en er komen amper auto's voorbij. Oksana probeert een paar daarvan wel om een lift te vragen, maar dat lukt niet meteen. Uiteindelijk, net als we een beetje bang beginnen te worden dat we nooit op tijd in Kolomyia zullen zijn, remt er naast ons een blauwe Mercedes af. Het raampje wordt opengedraaid door een wat oudere man met een dikke pens, met een zo te zien duur leren jack en een grijs bloempotkapsel. Oksana steekt haar hoofd door het raampje met een glimlach die elke jonge Amerikaanse lifter gevaarlijk flirterig zou noemen, maar hier ziet ze er gewoon uit als een vrouw die iets gedaan probeert te krijgen. Ze praat even met hem en kijkt dan achterom naar mij. 'Stap maar in. We kunnen meerijden.'

De man buigt zich voorover, kijkt over Oksana's schouder heen naar mij en gebaart met zijn hand: 'Ja, ja. Stap maar in!'

Ik open het achterportier en stap in.

De man heet Misja. Oksana en hij babbelen nog een paar minuten vrolijk verder in het Oekraïens. Stom genoeg zit ik met grote ogen naar hen te luisteren, alsof ik er ook maar een woord van versta. Dan houdt Oksana opeens haar adem in en begint te lachen. Ze draait zich naar me om. 'Misja fokt varkens! Nee... niet varkens. Eh...' Ze vraagt iets aan de man.

'Zwijnen,' zegt hij tegen mij in het Engels. 'Die in het bos, weet je wel?'

'Echt waar? Voor het vlees?'

'Nee, nee, nee... als huisdieren.'

'Maar wacht, wacht.' Oksana kijkt opgewonden. 'Hij maakt ook worst. Hij heeft een worstfabriek!'

'Echt?!'

Ik heb nog nooit eerder gelift, tenzij je die keer meetelt dat ik negen was en mijn broertje zes, en ik hem en ons schattige buurmeisje Misty McNair, dat altijd van die prachtige strikken in haar lange blonde haren had, in de tuin voor ons huis heb gezet en hun leerde dat ze hun duim moesten opsteken naar passerende auto's, waarna ik even naar de keuken liep om iets te eten te halen. En nu, de eerste keer dat ik zelf lift, even buiten een vakantiedorp in het westen van Oekraïne, tweeduizend kilometer van de plek waar mijn eigen leven zich afspeelt, en van Fleisher's, dan is het nota bene een worstmaker, godbetert.

We spreken af dat we de volgende ochtend zijn fabriek zullen bezichtigen.

We komen net op tijd aan bij de sauna, die niet veel meer is dan een houten hutje in de achtertuin van Oksana's vriendin. Ik had denk ik een groot, betegeld badhuis verwacht, vol middelbare naakte vrouwen en slechte Sovjetbelichting, maar het zijn niet meer dan een paar kamertjes, die Oksana en ik voor onszelf hebben. Er is een doucheruimte, met kastjes voor onze spullen, waar een stapel handdoeken en wat plastic slippers liggen, een ontspanningsruimte met flesjes water, een koelkastje en een tafel met vier stoelen, en de sauna zelf natuurlijk. Die is denk ik even groot als een flinke inloopkast in New York, helemaal betimmerd met hout, met twee bankjes en een oventje in de hoek. Ik ben in mijn hele leven nog nooit op zo'n hete plek geweest. Het is echt niet te geloven: als een vuist die je borstkas omklemt. En zo zitten en soms liggen we, gewikkeld in onze handdoeken op een bankje, leunend tegen de muur terwijl we proberen te praten, wat niet echt lukt. Er staat een emmer water met een grote lepel erin, zodat we dat op de bovenkant van de hete oven kunnen gieten, maar als we dat een keer doen, krijgen we meteen het gevoel dat de stoom ons nu echt fataal zal worden, dus daarna blijven we maar gewoon rustig zitten zweten.

De thermostaat geeft 110 graden aan... Celsius. Gezond? Dit? Dat kan niet. Maar mijn neiging om me niet te willen laten kennen wordt geactiveerd, want zolang Oksana blijft zitten ga ik hier ook niet weg. We blijven denk ik iets van vijfendertig minuten binnen. De eerste keer. Als ze zegt: 'Ik neem even een pauze', spring ik zowat op en weet niet hoe snel ik de sauna uit moet komen. Alleen al opstaan maakt me duizelig en ik voel me niet echt lekker. We trekken ons terug in de andere kamer, waar we vijf minuten blijven, om wat water te drinken en al het zweet af te vegen. Als ik weer kan praten, vraag ik wat we nu gaan doen.

'Weer terug naar binnen. Je hoort terug te gaan tot je niet meer zweet. Dan weet je dat al het gif uit je lichaam is gespoeld.'

'Aha. Oké, nou, ik ben benieuwd. Ik moet je alleen wel even waarschuwen: als dat het doel is, zitten we hier misschien wel de rest van de nacht. Ik hou namelijk nooit op met zweten. Misschien omdat er te veel gif zit om weg te kunnen spoelen.'

En zo gaan we erin en eruit, elke keer iets korter dan de vorige keer, en dat bijna twee uur lang. Op het laatst voelen mijn benen zo slap als een vaatdoek en heb ik het gevoel dat ik een paar dagen aan één stuk zou kunnen slapen. Maar het klopt wel: ik zweet amper nog. We spoelen ons af onder de douche, trekken onze kleren weer aan en stappen in de taxi die Oksana's vriendin voor ons heeft geregeld.

Terug in de keuken van de bed and breakfast willen Oksana en ik met een zwaai en een 'Welterusten!' langs de keuken lopen, maar Ira en Vitaly zitten er en Ira begint te stralen als ze ons ziet.

'Mijn moeder wil je nu graag uitleggen hoe je varenyky maakt,' zegt Vitaly. 'Die lijken op... je weet wel...' Hij steekt zijn duim en wijsvinger omhoog en maakt een knijpend gebaar. 'Kleine aardappelknödels.'

Ik denk echt dat ik ter plekke staand in slaap zou kunnen vallen. Mijn huid voelt raar aan onder mijn kleding: het lijkt wel alsof die gonst. Maar mijn verblijf in Kolomyia zit er bijna op... *Leavin' on a jet plane, don't know when I'll be back again.* 'O! Wat leuk, bedankt!'

Oksana, die zelf ook volkomen uitgeput moet zijn, blijft om te tolken en Ira toont me vervolgens op een efficiënte, fijngevoelige en volkomen vertrouwde manier, zoals ik dat nog nooit bij een thuiskok heb gezien, stapje voor stapje hoe het moet.

· · · ·

AARDAPPEL-VARENYKY

- ❧ 2 middelgrote roodbruine aardappels
- ❧ 20 gram varkensspek, afgespoeld en in kleine blokjes gesneden
- ❧ 75 gram fijngesnipperde ui

- 200 gram bloem (of meer indien nodig)
- 2 grote eieren
- een snufje zout

Schil de aardappels, snijd ze in vier stukken en kook ze in water met wat zout in ongeveer een halfuur zacht. Verhit ondertussen het spek in een koekenpan en als het krokant gebakken is en al het vet eruit, haal je de goudbruine, knisperende stukjes er met een schuimspaan uit. Zet ze even apart. Fruit de ui kort in hetzelfde vet, tot die mooi glazig en goudkleurig is. Zet ook die apart.

Giet de aardappels af en pureer ze. Voeg op het laatst de uien toe.

(Op dat moment heft Oksana haar kin, trekt haar wenkbrauwen naar me op en zegt iets in het Oekraïens tegen Ira. Die moet heel hard lachen. 'Ik zei net dat ze Andrea al twee jaar voor de gek houdt. "Daar leef ik van?" Lieve schat, weet je waarom Ira's varenyky zo lekker smaakt? Nou, in ieder geval niet vanwege de aardappels.')

Zet dit mengsel even opzij tot je klaar bent om de bolletjes te vullen.

Kneed op een met bloem bestoven blad met je handen een soepel deeg van bloem, eieren, een snufje zout en ongeveer een kopje water. Als het deeg te plakkerig is, voeg er dan nog wat bloem aan toe. Verdeel het deeg in twee bollen.

Rol de helft van het deeg uit op het met bloem bestoven blad tot het behoorlijk dun is – een halve centimeter ongeveer –, maar niet zo dun dat het scheurt. Snijd er rondjes van ongeveer vijf centimeter doorsnede van. Als je geen koekjessteker bij de hand hebt, kun je er ook gewoon vierkantjes van maken.

Nu moet je de bolletjes vullen: schep twee of drie theelepels van het aardappelmengsel op elk rondje deeg en plet het met de achterkant van een lepel tot bijna het hele rondje bedekt is, maar houd de randen vrij. Vouw het rondje tot een halfmaantje en knijp de zijkanten stevig op elkaar.

Laat de bolletjes dan in een grote pan met zacht kokend water en wat zout glijden. Ze zullen eerst naar de bodem zakken, maar na drie tot vijf minuten komen ze vanzelf weer bovendrijven. Als (bijna) alle bolletjes boven zijn komen drijven, zijn ze gaar. Laat ze uitlekken en spoel ze even onder de hete kraan af.

Leg de knödels voorzichtig in de schaal met spek en het eventuele vet dat er nog vanaf is gekomen. Genoeg voor vier personen. Serveer ze met een bolletje zure room of wat crème fraîche erbovenop.

Het duurt eeuwen voor ik deze varenyky zelf weet klaar te maken, maar ja, ik ben dan ook geen Ira. Haar behendige vingers vullen, vouwen en knijpen razendsnel in het deeg. Oksana is heel rap met haar vertaling, maar naarmate Ira meer op dreef raakt en het me voordoet, kan ze het niet meer bijhouden en beantwoordt Ira mijn vragen dus gewoon maar rechtstreeks. Niet dat we echt met woorden communiceren, maar met een enkel gebaar, door een bepaalde knijpende beweging na te doen, of te wijzen of mijn wenkbrauwen op te trekken, snapt ze wat ik bedoel en knikt dan verwoed of schudt van nee. Ik ben lang niet zo'n goede kok als Ira, maar ik ben wel een kok. Hoewel ik geen woord versta van wat ze zegt, delen we net als bij de slagers die ik heb ontmoet toch een bepaalde taal. Om tien uur zitten we met z'n allen rond de keukentafel te genieten van de aardappelknödels met spekjes en zure room. En ze zijn inderdaad goddelijk.

Boven op mijn kamer maak ik me klaar om te gaan slapen. Op het nachtkastje liggen mijn pen en schriftje al klaar en hoewel mijn oogleden heel zwaar aanvoelen, neem ik toch nog even de tijd om Eric welterusten te wensen:

Na de sauna zie ik dat mijn armen en schouders al snel helemaal bedekt zijn met een zorgwekkende uitslag, een raster van rode strepen, alsof mijn bloed naar de oppervlakte is gekookt. Oksana zegt dat dat komt doordat de sauna 'het gif uit je lichaam spoelt', maar dat kan toch niet goed zijn? Misschien kun je dat gif maar beter laten zitten waar het zit. Nou ja, als ik nu in mijn slaap sterf, weet ik in ieder geval waardoor het komt.

'Kom binnen! Kom binnen!' gebaart Misja ons terwijl we in het prille ochtendlicht de betonnen trap op lopen in een trappenhuis waar het heel sterk naar rijpe appels ruikt. Hij zoent ons allebei twee keer op de wang en leidt ons verder omhoog. 'Klaar voor het ontbijt?'

'O, ik heb al... Nee, ik bedoel, ja, graag. Bedankt.' Ira heeft me vanochtend al een omelet met worst voorgezet, maar als een Oekraïner je eten aanbiedt, zie dat dan maar eens af te slaan.

Terwijl Misja in zijn keukentje rondscharrelt, bekijken wij de andere kamer van zijn huis. Het staat er tjokvol met allerlei snuiste-rijen, vooral met opgezette dieren en parafernalia van Julia Timos-jenko. Op een plank dicht tegen het plafond aan staat een opgezet-te wilde kat in aanvalshouding. In een hoek van een van de kasten is een poster van Timosjenko gepropt, met daarop een afbeelding van de Oekraïense politica met die kenmerkende blonde vlechten. 'Hoe zit het trouwens met dat kapsel van haar?'

'Zo droeg ze het vroeger niet. Dat is een traditionele, Oekraïense stijl, om aan te tonen dat ze heel erg Oekraïens is.'

'En die witte jurken dan, en die twee mannen met zwaarden?'

'Ach, je weet wel... voor jonge mannen, denk ik.' Oksana haalt haar schouders op en werpt me een veelbetekenende blik toe. 'Poli-tiek, hè?'

'Aha.' Ach, als ik een beeldschone blondine was die me verkies-baar stelde voor het presidentschap van een Oostblokland zou ik me waarschijnlijk ook richten op *Dungeons & Dragon*-lui. Toch blijft het een beetje lachwekkend, en griezelig.

Er staan nog allerlei soorten opgezette vogels, knaagdieren en slangen. Een van de opgezette konijnen heeft een fotootje van Julia in zijn bek.

Het ontbijt is... mijn god. Eerst zet hij ons zes aardappelpannen-koekjes voor met zelfgemaakte ingelegde champignons van eigen land. We krijgen allebei een theekopje met kefir en daarna splitst hij ons nog een 'leversalade' in de maag, wat neerkomt op een grote berg leverpaté, met daartussen een heleboel laagjes paprika, uien, champignons en andere onduidelijke zaken. Heerlijk, en wederom zelfgemaakt, maar in je buik lijkt het eerder op een brok plutoni-um. Het ontbijt wordt afgesloten met appelcake en thee. Beginnen alle Oekraïners elke dag op deze manier?

Vervolgens gaat hij ons voor naar beneden, waar we de schoe-nen die we daar net hebben uitgetrokken weer aandoen en via een paadje vol kuilen naar zijn fabriek lopen.

Zo te zien stamt die uit de tijd van de Sovjets en heeft hij hem zelf later gerenoveerd. Het is een gammel gebouw, met oude, zwar-te rookovens en dikke ijsplakkaten op de wanden van de koelcel. Misja heeft grootse plannen. Hij wil nieuwe vrieskisten kopen en schaft allerhande nieuwe apparatuur aan, zoals vleesmolens, worst-machines en lintzagen. Maar zijn ambities beperken zich niet al-leen tot vlees. Misja wil ook nog een openbare sauna laten bouwen, met een skihelling erboven. Hij gaat ervan uit dat hij de Sheshory-toeristendollars kan gaan binnenharken, dus misschien dan ook maar meteen een hotel erbij? Oksana en ik knikken terwijl hij ons uitlegt waar alles zal komen en dat dit het grootste, nieuwe complex van het dorp zal worden.

Het eerste wat we horen als we de modderige binnenplaats van de fabriek op lopen, is een hees, jankend, blaffend koor uit een kennel in de hoek. 'Mijn waakhonden. En tevens jachthonden.' Hij heeft een sint-bernard in het ene hok, een Duitse herder in het andere, en ook nog twee foxterriërs, die wild omhoogspringen. Hij spreekt ze allemaal even toe, maar heeft liever niet dat ik te dicht bij ze in de buurt kom. 'Ze zijn getraind om onbekenden te wantrou-wen. Alleen voor mij zijn het een stel lieverds.'

In een ander groot hok zie ik een onrustig bewegende massa modder, wortels en twee enorme wilde zwijnen, die meteen bij het hek komen snuffelen als we naar ze toe lopen en hun snuiten tegen het vierkante gaas aan duwen. 'Ik heb ze hier in de bergen gevonden, als babyzwijntjes,' vertelt Misja terwijl hij zijn handpalm tegen het hek drukt, waar ze meteen op beginnen te sabbelen. 'Hun moeder was dood.' Een van Misja's werknemers gaat heel omzichtig het hok binnen en gooit een grote emmer vol vleesafval, appels en groente in de trog. Ze vallen meteen aan – op de maaltijd bedoel ik, niet op die man.

In weer een ander hok, een soort konijnenhok maar dan een eindje boven de grond, zitten twee vossen. 'Die heb ik ook gered toen het nog welpjes waren. Ik heb ze een tijdje in huis gehad, maar ze scheten de hele boel onder.' De ren ruikt inderdaad huiveringwekkend goor. 'Ik heb ze geprobeerd uit te zetten, maar ze komen telkens terug. Dus nu wonen ze hier.'

De twee vossen rennen rusteloos rondjes in hun hok, met grote, opengesperde ogen, terwijl ze hun koppen geen moment stilhouden en alles tegelijkertijd in zich op proberen te nemen. Ze zijn duidelijk doorgedraaid. Ik heb medelijden met ze.

Aan het eind van de rondleiding, die denk ik wel een uur heeft geduurd, lopen we terug naar zijn huis, ditmaal om wat van zijn 'vleesbrood' te proeven, een compact gehaktbrood, bijna een soort paté. Hij schenkt er cognac bij (waar Oksana slechts uit beleefdheid een slokje van neemt, terwijl Misja en ik allebei een paar glaasjes nemen). Hij laat ons zijn fotoalbums zien, met een heleboel vakantiekiekjes van mooie meren en alle honden die hij door de jaren heen heeft gehad. En dan brengt hij ons terug naar de stad.

'O ja, ik wil jullie onderweg nog even iets leuks laten zien!'

En dus stoppen we onderweg bij een complex dat eruitziet als een oud lunapark. Hij wisselt een paar woorden met een man in een wachthokje, die het hek vervolgens voor ons openzwaait, zodat we de auto op een grote binnenplaats kunnen zetten die omringd is met talloze kraampjes en hokjes. Die zijn leeg en het terrein is verlaten, maar midden op het gras staat een kooi ter grootte van een paardentrailer en het gras is daar verdord en helemaal vertrapt. Als we een stapje dichterbij komen, zie ik twee enorme bruine beren. Ook zij lopen te ijsberen en snuiven met hun zwarte, glanzende

neuzen onze geur op. Hun vacht zit onder de schurft en losse plukken haar. Hun ogen staan verdrietig en ook een beetje bezeten.

'Die zijn ook als welpen gered. Hun moeder is doodgeschoten.'
Misja trekt een verdrietig gezicht, dat ik wel geloof, maar er zit ook
iets van fascinatie in terwijl hij naar de heen en weer lopende beren
kijkt en tegen ze mompelt. Ik begin dit hele gereddevondelingenge-
doe door te krijgen, maar heb desalniettemin toch ook wel medelijden met Misja. Ik weet hoe iemand doodknuffelen kan aanvoelen:
alsof je geen keus hebt. Je moet dat wat jij bent kwijtgeraakt redden.
Je moet wel voor ze zorgen. Ook al gaan ze daardoor volkomen
door het lint. Ik heb die irrationele drang ook wel eens gevoeld die
sommige mensen ertoe brengt in een gorillahok te klimmen, of
tegen grote beesten in de wildernis van Alaska te gaan praten, om
vriendjes te worden met die dieren en ze te willen troosten, terwijl
zij jou voor hetzelfde geld in stukken scheuren, wat ze soms dus
ook doen. Ik zou mijn handen het liefst diep in dat berenvel willen
steken en bedenken hoe ik ze beter kan maken. Het gevoel van
voldoening als je een half varken hebt uitgebeend lijkt er eigenlijk
wel een beetje op. Het heeft te maken met het onder ogen zien van
je eigen wandaden, een poging om dingen recht te zetten. En natuurlijk als extraatje die lekkere, dikke varkenskarbonades die het
resultaat van al dat werk zijn.

Oké, ik heb vandaag genoeg zielige zoogdieren gezien. We gaan
terug naar Vitaly. Misja loopt even met ons mee en blijkt Ira nog
van vroeger te kennen. We persen ons allemaal in de keuken om
thee te leuten, terwijl ik er niet helemaal bij ben en in een soort
schemertoestand verkeer. Dat komt vast doordat ik al dat eten nog
moet verteren. Ik laat Misja en Ira er vrolijk op los babbelen. Na
een tijdje ga ik samen met Oksana naar het postkantoor en koop
nog wat souvenirs. Een paar houten eieren, beschilderd op z'n psy-
anka's, want de echte eieren zijn veel te duur, en belangrijker nog:
zouden ongetwijfeld de reis van Kolomyia naar Kiev, Tanzania,
Sapporo en thuis niet overleven. Ik koop ook een doorschijnende
zwarte boerenkiel met gouden en zilveren borduurstiksels, die ik
ofwel zelf hou, ofwel aan mijn moeder zal geven. En dan gaan we
op zoek naar *salo*.

Toen Eric een jaar nadat hij was afgestudeerd naar Oekraïne ging, hield hij toen hij terug was maar niet op over die 'salo': een of ander gekruid, gepekeld varkensvlees, dat je met brood schijnt te eten. 'Je ziet het echt overal,' zei hij. 'Het is de nationale snack van Oekraïne.' Ik heb sinds ik hier ben al een paar mailtjes van hem gehad, de paar keer dat ik even naar een internetcafé kon, en hij vraagt steevast of ik het al geproefd heb.

Het lastige is dat er hier met geen mogelijkheid salo te vinden is. En ik let er echt op, echt waar. Ik heb bij de delicatessenafdeling van supermarkten gekeken, op menu's in restaurants en Oksana ernaar gevraagd, maar die stelt me steevast gerust dat we het heus ergens in Kolomyia een keer zullen vinden. Maar tot nu toe nakkes. We doen vandaag weer een gezamenlijke poging, de laatste in het westen van het land. We gaan naar supermarkten, markten, en een halfopen slagerij, die niet meer is dan een grote kamer met openslaande deuren naar de straatkant, vol mannen en vrouwen in schorten die achter een stel houten tafels met hompen vlees staan. Onder de tafels drentelt een witte hond heen en weer, die min of meer zijn gang kan gaan en alle stukjes die op de grond vallen verorbert. Oksana legt een van de vrouwen uit wat we precies zoeken.

'Salo?' Ze kijkt enigszins verbijsterd, maar snijdt vervolgens met haar mes een groot stuk spierwit vlees uit de varkensmaag die voor haar ligt. Het ziet er niet gepekeld uit, maar ik stop het toch maar in mijn mond.

Nu blijkt dat salo niet alleen een gekruide Oekraïense delicatesse is. Nee, het betekent ook gewoon... tja, varkensvet dus.

'Ik vermoed dat mensen toeristen niet meer dat soort dingen willen voorzetten, zulk eenvoudig boerenvoedsel,' legt Oksana me uit terwijl ik het laagje vet van mijn lippen en tong probeer te likken.

Het is me niet gelukt, lieverd. Ik heb het geprobeerd, maar er valt gewoon nergens salo te krijgen. Ik denk dat het land sinds jij hier was behoorlijk is veranderd. Het voelt alsof ik je heb teleurgesteld. Maar misschien vind je het wel prettig om te horen dat je vrouw rauw varkensvet heeft opgegeten ten

overstaan van een Oekraïense slagersvrouw die haar ogen
amper kon geloven. Maar goed.

Ik zit nu in de trein terug naar Kiev. Volgende halte: Tan-
zania. Ik mis je.

Oksana en ik brengen in Kiev samen nog een dag door, voorname-
lijk met winkelen. Oekraïners zijn dol op winkelen en er valt ook
veel te halen. De kleren zijn modieus, alleen niet altijd even goed
gemaakt. Van het schattige jurkje dat ik er koop, vallen al meteen
twee knopen af. En het is minder goedkoop dan je zou verwachten.
Maar op aandringen van Oksana koop ik wel iets waar ik erg mee
in mijn sas ben: een zwarte plooirok van heel dunne corduroy, die
veel korter is dan welke rok ook die ik de afgelopen tien jaar heb
gedragen. Zeg maar de sexy schoolmeisjeslook. Als ik hem aantrek,
lijken mijn benen opeens ellenlang, en volgens mij ligt dat niet alleen aan de spiegels in de winkel. Die avond pak ik hem in terwijl
er allerlei beelden door mijn hoofd dansen van uitdagende hakken,
kniekousen en staartjes.

De volgende dag stap ik in Kiev in het vliegtuig naar Dubai.
We vliegen over de Perzische Golf, en afgezien van de lichte sche-
mering van een sikkelmaantje op de golven en een enkel groen
knipperlicht van een baken is het pikkedonker. Ik heb twee stapels
papieren op schoot:

Nou, Oekraïne was inderdaad fascinerend, zoals jij al zei.
Maar ik vermoed wel dat het een heel ander land is dan toen
jij er was. Ik zou je graag een keer mee terug nemen. Het zou
geweldig zijn als je Ira en Katerina en Myroslav en Misja
zou kunnen ontmoeten, en vooral Oksana natuurlijk. En
wacht maar tot je het rokje ziet dat ik er voor twintig dollar
heb gekocht!

Waar ik Eric niet over schrijf, is het vage angstgevoel dat me heeft
bevangen sinds ik in het vliegtuig ben gestapt. Ik ben niet alleen
bang omdat ik nog nooit in mijn eentje in Afrika ben geweest, en

het heeft ook niets met vliegangst te maken. Het is een ander soort vrees, dat ik niet helemaal kan plaatsen. Maar ik wil Eric liever niet met dit soort dingen lastigvallen. Bij D heb ik geen last van dat soort scrupules, aangezien een brief aan hem schrijven voelt als het schrijven van een gebed dat je vervolgens in brand steekt.

Tijdens het opstijgen van het vliegtuig hou ik me stevig vast aan de armleuningen en smeek dat ik niet zal sterven. Ik die zit te bidden, hoe hypocriet kun je zijn? Ik ben tegenwoordig veel banger om te vliegen, hoe zou dat toch komen? Gister-avond, mijn laatste in Kiev, heb ik gedroomd dat Eric en ik in een vliegtuig zaten dat neerstortte. Vlak voor het toestel met zijn neus in een moeras zou crashen, werd de tijd stilge-zet en kregen we van een alwetende stem uit de toekomst te horen dat we precies negentien minuten hadden om al onze zaakjes op orde te brengen. Eén misselijkmakend moment lang zat ik naakt en trillend in mijn eentje op de wc in het vliegtuig terwijl ik jouw nummer op mijn mobiel intoetste, maar ik durfde niet op de beltoets te drukken. Maar je kwam alsnog. Opeens was het toilet verdwenen, had ik weer kleren aan en stonden we samen aan de oever van een rivier. We trokken allebei onze schoenen uit en drukten onze tenen ste-vig in het zand.

Het was een heel beeldende droom, die me nog helder voor de geest stond, zowel die doodsangst als het feit dat D uiteindelijk was opgedoken, wat me als heel echt voorkwam, geen aanwezigheid die er als D uitzag, maar écht D zelf. Als een soort verschijning. Al die vocale nuances en de schittering in zijn ogen, zijn houding, dat meesmuilende lachje, het patroon van moedervlekken op zijn huid. Ik werd helemaal blij wakker, maar de pijn kwam al snel in alle hevigheid weer opzetten, net als een bepaalde herinnering die ik vergeten was.

Ik denk er nu weer aan terug, met mijn voorhoofd tegen het kunststof raampje naast me gedrukt, starend in de vloeibare duisternis. Het gebeurde aan het einde, na een ruzie die we hadden gehad, waarvan ik niet meer weet waarover die eigenlijk ging – vast en zeker over een of ander kwaad gesteld ultimatum of eis van mijn kant. We namen afscheid terwijl we elkaar allebei ergens de schuld van gaven en een paar uur later stuurde hij me een sms'je. Hij schreef: 'Ik hou van je en ik weet niet wat ik daarmee aan moet.' Op dat moment koesterde ik die woorden, vond ik ze geruststellend, als een broodkruimelspoor naar een toekomstige zekerheid.

Maar weet iemand het ooit echt? Eric misschien? Oksana, Gwen? Ik heb jaren in de waan verkeerd dat het heel eenvoudig was. Ik leefde in zo'n uitklapboek, een plek vol deuren, beloningen en duidelijkheid. Nu lijk ik in een geheel andere wereld terecht te zijn gekomen, die vreemd en niet te doorgronden is. Ik dacht dat het zou helpen als ik die zou verkennen. Maar tot nu toe, nu ik zo ver van huis ben, weet ik nog steeds niet wat ik er mee aan moet.

Boven de Perzische Golf, met het glinsterende maanlicht op het water, is het licht van een bootje het enige wat er af en toe te zien valt. Maar dan opeens – *kdeng*! Felle lichtsporen, bizarre gebouwen, rare omheiningen, pretparken. Zomaar opeens, uit het niets. En dan ben ik godbetert op het Arabisch schiereiland beland.

Ik richt al mijn hoop op Afrika.

14
's Lands wijs, 's lands eer

Het is halfzes 's middags en ik zit uit te rusten in een tentje dat speciaal voor mij is opgezet naast een gebarsten moddermuur van een van de huizen in de *boma* van de zus van Kesuma's vader. Twee meisjes van ik schat zo'n tien jaar – elegant, slank, met een fijne botstructuur, gekleed in rood-met-paarse jurkjes, hun halzen en armen zwaar beladen met witte kralensieraden – staan om de hoek van het muurtje naar me te kijken. Ze proberen hun gezicht met hun handen te bedekken om de stralende glimlachen en giechel-buien te verbergen waar ze in uitbarsten elke keer dat ik opkijk van de brief die ik aan het schrijven ben en naar ze glimlach. Af en toe zwaaien ze even en als ik dan terugzwaai, zijn ze helemaal ver-baasd en vinden ze dat reuze grappig, alsof ze een hond net een heel ingewikkeld kunstje hebben geleerd.

Het is een lange en wonderlijke dag geweest, en hij is nog lang niet voorbij. We zijn vanochtend om acht uur vertrokken uit Ke-suma's huis in Arusha. 'Wij' zijn Kesuma, Leyan, Elly, Obed en ik. Kesuma is een knappe, kleine man die bijna altijd een brede glim-lach op zijn gezicht heeft en traditionele Masaï-kleding draagt, bestaande uit een rode geruite doek, schoenen die gemaakt zijn van autobanden, een hele verzameling kralenkettingen, armban-den en enkelbandjes, een groot mes in een rode leren schede om zijn middel draagt en vaak een met kralen versierde *chief*-speer in zijn hand heeft. En dan maakt het niet uit of hij op zijn brommer door de stad rijdt, geiten aan het hoeden is in een van de dorpen van zijn familie, of in Berkeley een toespraak voor honderden mensen houdt voor zijn non-profitorganisatie Kitumusote. Kitumusote richt zich op educatieve en milieuprojecten voor het Masaï-volk, dat trots vasthoudt aan zijn traditionele leefwijze en veehouderij, iets wat in het huidige Afrika steeds moeilijker wordt. Om geld in te zamelen organiseert Kesuma 'culturele safari's' als deze. Dat is een wat lastige term, omdat het suggereert dat ik met een Land Rover, een tropenhelm en een thermoskan vol gin-tonic op pad ga, in de hoop op een humanere versie van de Slag bij Kruger te worden getrakteerd. Wat we in werkelijkheid doen is veel rustiger en persoonlijker: we gaan op bezoek bij Kesuma's familie. Toen we in het dorp aankwamen, zaten de vrouwen onder de enige wat schaduw gevende boom, waar ze Swahili- en rekenles krijgen. Alleen waren ze op dat moment niet met een les bezig, want ze zaten te zingen. Kesuma's tante, een knappe, wat oudere vrouw, wilde per se dat ik zou meedansen. Ze maakte een gul gebaar met haar arm en bleef me vriendelijk toelachen, ook toen het door mijn spastische, ongemakkelijke bewegingen inmiddels overduidelijk was dat ik totaal niet kan dansen.

Nu, na mijn middagdutje, is het blijkbaar tijd voor het vragenuurtje.

'Ben je uitgehuwelijkt of heeft je man jou gekozen?'

'Eh... ik heb hem uitgekozen.' Het klinkt zo wel raar; het hele concept van 'keuze' lijkt op de een of andere manier niet te kloppen, omdat het te onbeduidend is, en dat 'willen' wordt zo ook wel erg benadrukt. Maar ach, bij benadering klopt het wel zo ongeveer.

Als Kesuma het voor ze heeft vertaald, barsten de vrouwen in een geschrokken gegiechel uit, kijken me perplex aan en beginnen tegen elkaar te fluisteren. Mijn god, ze moesten eens weten.

'Heb je kinderen?'

'Nog niet.' Ze knikken ernstig, met meelevende, enigszins geschrokken blikken op hun gezicht, om aan te geven dat ze aanvoelen hoe tragisch mijn kinderloosheid is.

'Ons leven draait om de kudde, om onze familie en onze kinderen. Waar draait jouw leven om?'

Jeetje. Wat moet ik daar in godsnaam op zeggen? Mijn man? Mijn minnaar? Seks? Geld? Mijn hond? Ai, ai, ai. Ik kan moeilijk zeggen dat dat eigenlijk de reden is dat ik nu hier in dit afgelegen dorp op een droge Tanzaniaanse heuvel zit. Eigenlijk *hoopte ik dat jullie me dat zouden kunnen vertellen.*

'Wat is jouw taak bij jullie thuis?'

'Nou, in theorie zouden man en vrouw evenveel moeten doen qua werken, schoonmaken en koken. Maar uiteindelijk komt het erop neer dat ik toch wel het meeste doe.' Als ik tenminste niet maandenlang in mijn eentje naar een of ander buitenland afreis.

De vrouwen vinden dat erg grappig, maar houden al snel weer op met giechelen. Een van de oudere vrouwen, die er moe uitziet, en minder vitaal en gelukkig dan Kesuma's tante, neemt het woord. De andere vrouwen knikken terwijl Kesuma het voor me vertaalt:

'Wat heb je veel vrijheid.'

Wat een opvallende opmerking. Ik zat net te denken dat ik jaloers was op deze vrouwen, op hun schoonheid, hun gezang en hun blote voeten in de mulle rode aarde. Op de romantische eenvoud van hun levens. Wat ben ik dom, zeg.

'Wij moeten al het werk doen. De mannen doen niets behalve er met de kudde op uitgaan. En als we iets niet goed doen, slaan onze mannen ons soms.'

Ik bedenk nu pas dat ik geen idee heb hoe oud deze vrouwen zijn. Een paar lijken net kind-af te zijn, hooguit iets van zestien. Andere lijken stokoud. De meeste behoren echter tot het schemergebied ergens in het midden. Zo zou Kesuma's tante veertig, maar evengoed zeventig kunnen zijn. Ik besluit het Kesuma gewoon te vragen.

'Ik weet het niet. Ze weet het zelf niet eens.'

'Ze weet het niet?'

'Masaï hebben meestal geen geboorteaktes. Dat was nog een

heel probleem toen ik voor het eerst naar Amerika ging!' Hij lacht terwijl hij zijn hoofd in zijn nek legt en zijn schouders naar voren buigt, een gebaar waarvan ik al weet dat het typerend voor hem is. 'Ik heb de vrouw in het kantoortje gezegd dat ik zevenentwintig was, maar ik weet het niet. Vind jij dat ik er als een zevenentwintig-jarige uitzie?'

'Ja, ik denk het wel.' Eerlijk gezegd zou Kesuma zowel eenen-twintig als vijfendertig kunnen zijn. Zijn ogenschijnlijke fysieke jeugdigheid wordt getemperd door iets plechtstatigs, om nog maar te zwijgen over het lijstje indrukwekkende prestaties dat hij op zijn naam heeft staan. Hij is in een afgelegen dorp op de grens van Kenia en Tanzania geboren, is naar school geweest, spreekt vloei-end Engels en Swahili, en kon genoeg geld sparen om opleidingen op universitair niveau te volgen op het gebied van film, computer-kunde en de gevolgen van globalisering. Hij heeft een internatio-nale non-profitorganisatie opgericht, is naar Amerika geweest om daar geld voor in te zamelen met het geven van voordrachten en heeft overal ter wereld vrienden bij wie hij zo, op korte termijn of helemaal zonder enige aankondiging, kan logeren.

'Wij hebben geen verjaardagen, zoals jullie. Ik ben gewoon even oud als alle anderen in mijn groep krijgers. We zijn... Ik weet het woord, wacht... niet gesneden, maar... besneden! Dat gebeurde te-gelijk en toen waren we dus krijgers. En dat blijven we tot de koning van de Masaï besluit dat het tijd wordt dat we ouderen worden. En dan mag ik bier drinken!' Hij begint weer te lachen. De vrouwen kijken hem allemaal glimlachend en vol verwachting aan. Ze gie-chelen als hij het voor hen vertaalt en vinden het fascinerend dat ik zo'n basaal grondbeginsel als het bepalen van tijd en iemands leeftijd niet helemaal snap. Een van de jongere vrouwen zegt iets. 'Hebben jullie dan geen leeftijdsgroepen? Geen krijgers of oude-ren?'

'Nee, niet op die manier. Wij hebben iets wat we "generaties" noemen, maar dat is meer... ik weet niet... wat algemener. Dat geldt voor iedereen, man of vrouw, die binnen een tijdspanne van zo'n dertig jaar is geboren.'

Kesuma vertaalt mijn uitleg en de vrouwen denken even na over mijn antwoord. Dan vraagt een andere vrouw: 'Maar als jullie geen leeftijdsgroepen hebben, hoe weet je dan hoe je iemand het juiste respect moet betuigen?'

'Eh... respect? Ik weet het niet. Ik denk dat wij minder belang hechten aan respect. Het is in elk geval niet hetzelfde. Ik heb respect voor iemand om wat hij heeft gedaan, of om wie hij als persoon is, niet vanwege zijn leeftijd.'

De vrouwen kijken me diep geschokt aan. 'Maar respect... Respect is bepalend voor een mens. Dat is wat families bij elkaar houdt. Respect is het allerbelangrijkste!'

'Voor mij is respect fijn, maar ik heb liever, tja... liefde, denk ik.'

En zo proberen we een paar minuten lang die verschrikkelijke kloof tussen ons te dichten. Zij zijn te beleefd om te bekennen dat ze mij een enorm aanstootgevende heiden vinden, en ik ben te beleefd om te zeggen dat ik vind dat zij het slachtoffer zijn van een achterlijk patriarchaat. Maar dan krijg ik opeens een soort openbaring. Het is eerder een instinctief gevoel dan een weloverwogen verklaring: 'Jullie zeggen dat respect mensen verbindt. Ik denk dat dat liefde is. Ik denk... Ik weet niet hoe ik dit moet uitleggen. Ik denk dat als ik van iemand hou, écht van iemand hou... niet, eh...' Ik wend me tot Kesuma. 'Niet, zeg maar seksuele liefde of een verliefdheid, zoiets?' Hij vertaalt het en de vrouwen giechelen weer. 'Maar als ik echt van iemand hou, dan is dat omdát ik hem respecteer. Of omdat mijn respect voor hem voortkomt uit mijn liefde. Ik denk dat het eigenlijk op hetzelfde neerkomt.'

Ik weet niet of dit ook maar ergens op slaat, maar het lijkt goed te worden ontvangen, want iedereen knikt en glimlacht naar me.

Na ons gesprek besluit ik een wandelingetje te maken door de boma, en misschien dat ik meteen ook ergens een rustig plekje kan vinden om te plassen. Kesuma heeft me uitgelegd dat elke boma – een verzameling lemen hutjes met rieten daken, met een kraal voor de koeien en een andere voor de geiten, dat als geheel is omheind, wat overigens niet veel meer is dan een wirwar van doornstruiken – een familie vertegenwoordigt. Dat wil zeggen, een oudere man, zijn vrouwen, ongetrouwde kinderen en de vrouwen van zijn zoons. Zo telt een dorp meerdere boma's, die een behoorlijk eind van elkaar staan. Terwijl ik door de boma loop waar ik die avond zal slapen, zie ik in de verte een paar andere liggen. Het 'dorp' is dus eigenlijk best groot en uitgestrekt, zonder echt centrum, maar eerder een enorme verzameling huisjes op een heuvel. Ook wel een beetje raar om zo te wonen: eenzaam, maar aan de andere kant zijn er ook weer iets te veel schoonmoeders.

Het blijkt nogal lastig te zijn om een plekje te vinden om te plassen. Ik ben het inmiddels gewend om tijdens mijn reinigingsritueel te worden gadegeslagen door een paar onverschillige geitenbokjes, maar ik heb liever niet dat een van de kinderen of iemand uit een van de boma's me ziet op het moment dat ik mijn broek laat zakken en er dan een in hun ogen ongetwijfeld afgrijselijk grote, bleke kont tevoorschijn komt. De paar bomen en struiken die hier staan zijn zowel gevaarlijk stekelig als nogal kaal, dus het duurt wel even voor ik een geschikt plekje heb gevonden. Maar uiteindelijk lukt het dan toch.

Terwijl ik terugwandel naar de boma, word ik opeens belaagd door een groepje kinderen, die giechelend naar me zwaaien, maar geen poging doen om een gesprekje aan te knopen. Ze noemen me niet eens *mzungu*, wat Swahili is voor 'vreemdeling', zoals de kinderen in Arusha dat wel deden toen ik daar over straat liep. Dat komt doordat ze hier geen Swahili spreken. Maar toch weet dit groepje – drie meisjes van ik schat tussen de negen en de twaalf en een paar kleinere jochies – wel hoe ze dit moeten aanpakken. Terwijl een van de meisjes mijn kralenketting en oorbellen van dichtbij komt bewonderen, die ik hier bij aankomst van Kesuma's tante en de andere vrouwen heb gekregen, doorzoeken de anderen mijn zakken. Mijn camera en Blackberry blijken leuk speelgoed te zijn en de Amy Winehouse-ringtone 'You Know that I'm no Good' leidt tot een hoop fietsenrekglimlachen en spontane danspasjes. De camera moet natuurlijk worden doorgegeven, iedereen in de steeds groter wordende groep moet een foto maken, en daarna wil iedereen die natuurlijk ook zien en degene die op de foto staat wordt, afhankelijk van het resultaat, vervolgens gefeliciteerd of uitgelachen.

En dan staat Kesuma's tante opeens naast ons, neemt mijn arm stevig in de hare en roept boos dat de kinderen me met rust moeten laten, waarbij ze vooral een klein jochie met een windjack tot op zijn enkels streng toespreekt, dat dan ook meteen jengelend weg-rent naar een andere boma even verderop. Ze trekt me terug de boma in en loopt naar het tentje dat Obed en Leyan voor me heb-ben opgezet en waar ik vanavond zal slapen. (Kesuma heeft me op het hart gedrukt dat ik me beter tot die tent kan beperken en niet moet proberen om in een van de hutten te gaan slapen. 'Dat is heel, heel donker en rokerig. Als mzungu moet je daar echt even aan wennen.' Waardoor ik me vervolgens een dom watje voelde, maar ik ben maar niet met hem in discussie gegaan.)

'Lala, lala...' herhaalt Kesuma's tante almaar, en ze maakt het universele gebaar door haar hoofd opzij te buigen en haar handpal-men tegen haar wang te drukken. Ze wil dat ik even ga rusten. Het is erg warm, en ofwel ik zie er afgepeigerd uit, ofwel de Masaï den-ken gewoon dat alle blanken tere poppetjes zijn. Ik knik, glimlach en kruip in mijn tent. Ik schop mijn schoenen uit, ga op mijn zij lig-gen, maar ben vergeten om mijn Blackberry uit mijn zak te halen. Ik rol even op mijn andere zij en werp een blik op het schermpje. Ongelooflijk genoeg zie ik vier bereikbalkjes. En nog ongelooflij-ker: ik kan zelfs internet op. Voor ik het weet heb ik ingelogd op Facebook, waar ik de verleiding niet kan weerstaan om mijn status bij te werken: 'En dan nu, geloof het of niet, godvergeten live van-uit een Masaï-dorp.' Ik kan evenmin de verleiding weerstaan om even naar D's pagina te scrollen, waar ik de enige foto van hem kan zien die niet op een met een wachtwoord beveiligde pagina staat. (En neem maar van mij aan dat ik genoeg ervaring heb met internetstalken om dat echt zeker te weten.) Op de foto lacht hij op een manier die heel kenmerkend is en hij draagt een duur Ben Sherman-overhemd, dat hij van mij heeft gekregen. Alleen al het feit dat ik hem hier nu zo zie doet me van mezelf walgen. Ik zet de telefoon uit en stop hem in mijn rugzak. En al doende stuit ik op de chunkee-steen die Eric speciaal voor mij heeft laten maken.

Hij is zwaar en donker, met een volmaakt concave vorm, als de binnenkant van een bol-en-komgewricht. Ik weet niet helemaal waarom ik die in mijn tas heb gestopt, omdat ik nu alleen maar het risico loop dat ik hem zal kwijtraken, maar ik vind het prettig om hem vast te houden, mijn vingers over de randen te laten glijden en mijn voorhoofd heel even tegen het koele steen te drukken. Onder de chunkee liggen twee dikke stapels papier, mijn twee inmiddels epische brieven. Ik haal ze tevoorschijn.

Uiteindelijk schrijf ik aan geen van beide verder, maar lig een tijdje naar het wapperend tentdoek en de vlekjes die de zon erop maakt te staren. Door het gaasraampje zie ik de heuvels, die door de namiddagzon prachtig goud verlicht zijn. Twee meisjes kruipen telkens naar de opengeritste voorkant van mijn tent en graaien grijnzend mijn camera weg omdat ze de foto's per se nog een paar keer willen bekijken. Even later rennen ze weg, ofwel uit verlegenheid, ofwel omdat ze – en dat zal het eerder zijn – bang zijn om een standje van Kesuma's tante te krijgen.

En dan opeens, alsof ik me er nog niet ten volle bewust van was hoe bizar deze hele situatie is, klinkt er een keihard geblaat. De volwassen geiten keren terug van het grazen en als de moeders hun nachtkraal in gaan, roepen ze naar hun kinderen, die de hele dag alleen in het dorp zijn achtergebleven. Hun roepen klinkt verdrietig, bijna wanhopig, en het houdt pas op als moeder en kind weer verenigd zijn. Het is raar genoeg ook een troostend geluid: die blèrende paniek die geleidelijk overgaat in een gelukzalige, sabbelende stilte. Een geluid dat aangeeft dat iedereen weer veilig thuis is.

Die avond nuttig ik even na zonsondergang een maaltijd van geitenribben en aardappels, dat door Obed en Elly voor me wordt klaargemaakt, waarna ze het vuurtje ook meteen uitmaken. Ik had me voorgesteld dat een Afrikaans dorp verlicht zou zijn met een heleboel fakkels, kampvuurtjes of gaslampjes, maar dat is dus helemaal niet zo. Als het donker is, is het ook echt donker. Het enige kunstlicht dat ik in de boma ontwaar, en daarbuiten trouwens ook, is dat van mijn zaklamp en ergens ver weg op een heuvel een rood knipperlicht op een elektriciteitspaal, waarvan Kesuma me heeft verteld dat het de Keniaanse grens is. Ik kijk bij het licht van mijn zaklamp naar het dansen van de mannen. Obed en Elly, de enige andere twee die westerse kleding dragen, kijken mee, terwijl Kesuma zich bij de dansers voegt. Een van de liedjes blijkt een soort wedstrijd te zijn. Het gaat over bekwame krijgers die rechtstandig omhoog in een boom kunnen springen om aan de aanval van een leeuw te ontsnappen, en dat doen ze dus ook, de een na de ander, op de muziek: ze springen recht omhoog, waarbij ze hun knieën heel snel omhoogtrekken en hoger proberen te springen dan degene voor hen. Iedereen doet mee, de ouderen, de krijgers en de jongens. (Het voelt wat raar om die woorden 'ouderen' en 'krijgers' te gebruiken, maar zo spreken ze ook over zichzelf, dus dan kan ik maar beter hun voorbeeld volgen.) De sfeer wordt steeds uitbundiger, bijna iets té. De universele symptomen van testosteronvergiftiging. Elly, een mooie, jonge vent, die waarschijnlijk wel minstens negentien is, schudt lachend zijn hoofd en buigt zich naar me toe. 'Die Masaï zijn echt gek.'

Uiteindelijk wens ik iedereen welterusten en ga terug naar mijn tent. Ik zou moeten opblijven, want het is nog helemaal niet laat en ik ben niet eens echt moe. Maar ik voel opeens sterk de behoefte om even alleen te zijn. Dus ik ga liggen en staar in het bijna stikdonker naar het wapperend nylon dat ik nog net kan ontwaren. Nu hoor ik de vrouwen ergens zingen, en verderweg, misschien wel helemaal bij de 'lesboom'. Ze overstemmen de mannen, misschien is het een wedstrijdje, of vullen ze hen juist aan. Het is ontstellend mooi en ongelooflijk vrolijk, en toch roept het ook iets van verlangen op. En zo zingen ze urenlang. Ik denk aan de telefoon die ik heb weggestopt; de stilte ervan maakt bijna deel uit van de muziek. En daar lig ik dan te luisteren, zonder dat ik in slaap val, en ik merk dat ik me al jaren niet meer zo vredig heb gevoeld, misschien wel nooit.

Eric en ik hebben bijna exact dezelfde muzieksmaak en worden vaak met hetzelfde liedje in ons hoofd wakker. Zo weten we bij een gebrekkig geneuried deuntje of een paar losse woorden uit een songtekst onmiddellijk waar de ander aan denkt. D en ik zongen daarentegen haast nooit samen. Hij zou het wel hebben gewild, maar ik schaamde me voor mijn stem, aangezien D een mooie, zelfverzekerde stem had en ook nooit vals zong. Daarnaast kenden we nooit de teksten van dezelfde nummers. Ik kan me de huiveringwekkende melodie van een liedje nog herinneren dat hij een keer op een parkeerplaats in Florida voor me heeft gezongen. Ik heb later de tekst moeten opzoeken. Het bleek een liedje van Beck te zijn. Ik ken de tekst nog steeds niet, hoewel ik het melodietje nog wel kan neuriën, dat zich nu met alle andere muziek van binnen en buiten vermengt. Iets over een *vreemde uitnodiging*...

Ik overweeg even om de boma te verlaten om te plassen, want ik moet eigenlijk best nodig, maar op dat moment hoor ik een geluid dat het gezang overstemt: een raar soort gilletje, vlakbij, als een vrouw die iets roept. Ik weet bijna zeker dat het een hyena is.

Ik denk dat ik het maar ophoud tot morgenochtend.

Elly blijkt als gids op de Kilimanjaro te hebben gewerkt. Dat vertelt hij me de volgende dag als hij ons naar de volgende bestemming brengt: een ander dorp, een andere boma, ditmaal van Kesuma's vader. Elly babbelt er vrolijk op los tijdens de lange rit, heel informatief en misschien zelfs een beetje flirterig. Hij wijst me op bezienswaardigheden die we passeren: apenbroodbomen, kleine antilopen die nog geen dertig centimeter hoog zijn, die dik-diks heten, en vogels. Ze hebben hier namelijk een bepaald soort vogels, en die zie je hier echt heel veel: een soort spreeuwen, maar dan met felgekleurde saffierblauwe en feloranje veren op hun borst. Even later steekt een schijnbaar suïcidale elandantilope vlak voor ons de weg over en de bus die van de tegenovergestelde richting komt, weet hem maar net te ontwijken. We vragen ons hardop af waarvan dat beest zo geschrokken kan zijn en ik verwacht al half dat hij gevolgd zal worden door een leeuwin of een cheeta. Of misschien doen elandantilopen dat gewoon wel voor de lol.

We bereiken de boma op de heuvel via een vervaarlijk pad dat eigenlijk helemaal geen pad is. Ik vond het dorp gisteren al prachtig, maar dit is echt adembenemend. Een weids uitzicht over een vallei, met in de verte, aan de andere kant van de grens in Kenia, een grote bergketen. Een van de bergen is een vulkaan, met echte rookpluimpjes. Het licht is roze en goudkleurig, want tegen de tijd dat we aankomen gaat de zon al bijna onder. We worden begroet door zwaaiende jochies en blatende geitjes die naar hun moeder roepen om eten.

Dat ziet er soms trouwens nogal gewelddadig uit, als die kleintjes door hun voorpootjes zakken en dan hard tegen de onderbuik van hun mama rammen. Ook best pijnlijk. Een van de moeders heeft besloten dat het zo wel welletjes is en probeert weg te rennen van haar jong. Kesuma vraagt of ik hem even wil helpen en haar bij de hoorns wil vatten, zodat het bokje ongestoord verder kan drinken.

Een andere geit gedraagt zich als een soort stoute hond en probeert telkens uit mijn bakje te eten. Kesuma vertelt me dat de thee die Kesuma's vrouw voor me heeft gezet is gemaakt van de bast van een boom die hier in de buurt groeit. De thee heeft een lichte modderkleur, maar smaakt naar chocola en kaneel. De geit probeert ondertussen ook stiekem een van de hutjes in te gaan en moet telkens worden weggejaagd. Er is zelfs een hond, een aardig beest, dat volgens Kesuma van hem is. De Masaï lijken over het algemeen niet echt dol te zijn op honden. Kesuma en ik zijn de enigen die hem aaien en iedereen kijkt ons aan alsof we niet goed bij ons hoofd zijn.

Kesuma draagt altijd en overal zijn traditionele kledij en autobandschoenen, maar hij heeft ook een filmopleiding gevolgd en is geïnteresseerd in vrouwenemancipatie. Hij is in San Francisco geweest, in New York en in Europa. Toch lijkt hij net zozeer op zijn gemak tussen de geiten en de boma's in het dorp van zijn vader, waar hij op de grond neerhurkt met een mok thee die gebracht wordt door zijn jonge vrouw, die daarna meteen teruggaat naar de andere vrouwen en haar huishoudelijke taken. En hij beschouwt een hond als een huisdier, waarvan hij zelf zegt dat hij dat in Amerika heeft overgenomen van vrienden bij wie hij logeerde. Ik bedenk dat Kesuma een vreemd, prachtig, geweldig en gevaarlijk leven moet hebben. Maar ja, geldt dat niet voor iedereen? Als we onszelf tenminste zouden toestaan daarbij stil te staan.

En dan is het tijd om de koeien te halen. Masaï-vee lijkt totaal niet op de prozaïsche roodbonte runderen thuis. Dit zijn echt ontzagwekkende, enorme beesten, rode, zwarte en grijze, met joekels van hoorns, glanzende vachten en grote halskwabben. Ze hebben iets waardigs over zich, iets elegants, zelfs. Ze komen rustig de heuvel op lopen en loeien amper. Het enige wat je hoort, is af en toe het geklingel van een bel.

Die avond, nadat ik heb gegeten (een soort spaghetti met gehaktballetjes, bereid door Obed) en de zon is ondergegaan, installeren we ons rond het kampvuur. Het is koud aan deze kant van de bergen en het waait hard. Ik geef Kesuma's vader twee blikjes bier, die ik eerder in een stad aan de voet van de bergen heb gekocht. Kesuma heeft me verteld dat hij, nu hij een oudere is en geen krijger meer, het wel lekker vindt om af en toe een pilsje te drinken. Alle anderen krijgen cola. En zo zitten we daar te luisteren naar de verhalen die een paar van de mannen ons vertellen en die Kesuma voor me vertaalt. De verhalen zijn lang en wijdlopig, en ik kan het niet altijd even goed volgen. Ze gaan vaak over demonen en mensen die behekst zijn, over vrouwen die hun kinderen proberen te redden van vaders die hen willen vermoorden – de geijkte thema's uit mythen en sagen. Iedereen is toch immers bang om door zijn vader te worden opgegeten? En dan vragen ze mij om een verhaal te vertellen over Amerika, en ik weet me natuurlijk geen houding te geven, maar bedenk dan opeens de ideale oplossing: 'Elke generatie kent een uitverkorene. Slechts één meisje heeft de kracht en de kunde om demonen te bestrijden...'

En zo vertel ik hun het verhaal van Buffy. Over vampiers, en gevechten en wensen die heel verkeerd uitpakken. En ik ben blij – nee, verbaasd zelfs – dat terwijl we daar zo rond het kampvuur zitten, en ik praat en Kesuma tolkt, de vrouwen, jongens, meisjes en mannen zich naar voren buigen om het goed te kunnen horen. Hun gezichten beginnen te stralen. Ze houden af en toe hun adem in, of lachen en schudden hun hoofd. Ook mijn verhaal dwaalt tegen het einde een beetje af en zal wel moeilijk te volgen zijn –

zoals ik eerder al zei, zijn de verhaallijnen van *Buffy* verrekte lastig samen te vatten –, maar het is overduidelijk dat ze de strekking begrijpen. En ik eindig net zoals de Masaï deden, met een moraal: 'Kijk uit met wat je wenst. Iedereen moet leven in de wereld die hij zelf geschapen heeft.'

Ik slaap die nacht niet goed, niet omdat ik niet moe ben, of omdat ik lig te mokken, me zorgen maak of lig te malen – nee, opvallend genoeg doe ik niets van dat al. Ik lig wel een tijdje te fantaseren over hoe het zou zijn als Eric hier nu was, maar daar word ik juist blij van. En ik ben tegelijkertijd opgelucht dat ik helemaal niet denk aan hoe het zou zijn als D dit allemaal zou meemaken. Ik weet namelijk al dat hij het oersaai zou vinden. Nee, de reden dat ik niet slaap is dat mijn tentje door een orkaanwind door elkaar wordt geschud. Het geluid van klapperend nylon houdt me uit mijn slaap, als de zeilen van een boot in een storm. Straks stort het hele ding nog in. Het houdt uren aan, tot Elly en Obed na een hele tijd uit hun tent kruipen en komen kijken of de mijne nog wel stevig vaststaat. Ik zie hun zaklantaarns mijn kant op komen en hoor hen roepen dat ik binnen moet blijven, dat de zijkant van de tent is losgewaaid. Het lukt hun om alles weer in de grond te krijgen en ervoor te zorgen dat ik niet de heuvel op zal worden geblazen. Eindelijk, tegen zonsopgang, gaat de wind wat liggen en kan ik nog een paar uurtjes slapen.

Kesuma begroet me bij de opening van mijn tent als ik die ochtend naar buiten kruip. 'We hebben een zware dag voor de boeg. Obed heeft al ontbijt voor je.'

Nadat ik een cakeje uit een pakje, een boterham met pindakaas, wat ananassap en een stuk mango heb gegeten, neemt Kesuma me mee naar de veekraal, zodat ik kan zien hoe ze een koe bloed aftappen.

Eindelijk is het dan zover: de reden dat ik überhaupt naar Tanzania ben gekomen. 'Ik wil naar een Masaï-dorp en runderbloed drinken!' had ik tegen Eric gezegd toen ik hem probeerde uit te leggen waarom ik me weer van hem moest losrukken, en alweer zo snel. Het had niets te maken met mijn onvrede of zijn tekortkomingen. Nee, ik was op zoek naar nieuwe ervaringen, naar iets exotisch. Als het maar iets heel buitenlands was. Niet dat ik hem had weten te overtuigen, maar het klonk wel goed.

En nu moet ik bekennen dat deze ervaring het inderdaad waard was om de halve wereld voor over te vliegen, want bloed aftappen van een rund is een verre van teleurstellende gebeurtenis. Als we met z'n allen de veekraal binnengaan, kruipen de dieren meteen op een kluitje aan de andere kant van de omheining om zo veel mogelijk afstand tussen ons te scheppen. De mannen bespreken welke stier ze zullen nemen, want het moet per se een stier zijn (om de een of andere reden wordt het alleen bij mannetjes gedaan), een jonge die gezond genoeg is om de ingreep te overleven en snel weer boven jan te zijn. Als ze eenmaal hebben besloten welke het wordt – een middelgroot, rood beest –, gooien twee mannen een touw om zijn nek en trekken hem naar voren. Ze houden zijn kop stevig vast, iemand legt zijn arm over de nek en de hoorns van het dier, in een soort houdgreep, en trekt het touw aan zodat de halsslagader opzwelt. Een paar andere krijgers leunen ondertussen stevig tegen de zijkant van de stier aan om te voorkomen dat hij ervandoor gaat. Kesuma heeft een pijl-en-boog bij zich, waarvan de boog zo'n halve meter groot is; de pijl is gewoon een boomtak die met een stukje twijngaren aan het hout van de boog is bevestigd. Hij buigt voorover om goed te kunnen mikken en schiet dan van heel dichtbij de pijl in de hals van het rund. Wanneer hij de ader doorboort, probeert de stier zich natuurlijk los te rukken – er gutst immers bloed uit zijn hals –, maar aan de andere kant lijkt hij zich er ook al bij te hebben neergelegd, alsof het een akelig tandartsbezoekje is. Het bloed wordt opgevangen in een grote kalebas, die schat ik groot genoeg is voor een liter. De mannen vullen hem helemaal tot aan de rand en dan bukt Kesuma zich, pakt een grote kledder modder en stront van de grond en drukt die tegen de wond. Ze laten de stier los, die op een drafje naar de rest van de kudde terugrent. Misschien dat hij een beetje pissig is, maar hij lijkt ogenschijnlijk niets te mankeren.

Een van de mannen pakt een lange stok, die voor de veiligheid in het hek van doornstruiken zat gestoken, en roert daarmee een paar minuten verwoed door het bloed in de kalebas. Als hij de stok eruit haalt, is die bedekt met een draderige rode troep, een soort vleessuikerspin, ik neem aan door alle vaste stoffen die in bloed zitten. Hij geeft hem aan een klein jochie, die het spul meteen met smaak van de stok begint te likken.

'Soms vinden kinderen het bloed niet lekker, dus dan geven we ze dit alvast om aan de smaak te wennen. Dit lijkt namelijk meer op vlees.'

'Mm-mm. Oké.' Tja, wat had ik ook alweer gezegd over universele dingen en Buffy? Ik denk dat je dit namelijk wel een onoverbrugbare culturele kloof mag noemen. Dit is namelijk gewoonweg onbeschrijflijk goor.

Kesuma heeft blikken mokken voor alle volwassenen gehaald, die ongeveer halfvol geschonken worden. En dan drinken we. Het is echt bloed. Een beetje zout, maar raar genoeg smaakt het best bekend, zoals wanneer je op de binnenkant van je wang hebt gebeten of als je tand net is getrokken.

Naderhand brengt Kesuma's vrouw ons nog een pot met van die kaneelthee. Ik sta even naar een jongetje van een jaar of vier, vijf te kijken. Hij heeft een van de blikken mokken gepakt (die waar we net het bloed uit hebben gedronken) en begint die zorgvuldig schoon te maken. Dat doet hij door midden in de kraal op de grond neer te hurken en er wat zand en stront in te doen, die hij goed in de mok laat walsen, waarna hij hem leeggooit, om er dan pas wat thee in te doen. Ach ja. Ook daar zul je wel aan moeten wennen. Ik neem nog een slok van mijn thee.

En dan pakken we wat spullen in en lopen langs de heuvel naar beneden. 'Wij' zijn in dit geval Kesuma, Elly, Obed, Leyan, ik en nog wat andere jongemannen uit de boma. We gaan naar een plek die Kesuma als de *orpul* aanduidt, maar ik heb eigenlijk geen idee wat hij daarmee bedoelt. Ik weet alleen dat ze als we daar zijn een geit voor me gaan slachten. Het is warm en de afdaling naar de vallei is steil en het pad ligt vol stenen. Ik glijd een paar keer uit en val bijna, terwijl Kesuma en de andere Masaï als een stel bontgekleurde steenbokken voor me de heuvel af trippelen. Ik hou me vast aan stekelige doornstruiken, probeer niet al te hard te hijgen en weet hen maar net bij te houden. Nou ja, min of meer. De afdaling duurt ongeveer een halfuur en eindigt in een schaduwrijk ravijn, een soort kreekbedding, maar die is nu, aan het eind van het droge seizoen, niet meer dan een miezerig stroompje. Een andere jonge man uit het dorp is er al en heeft ook de geit meegenomen die we vanavond gaan eten. Het is een wit, rustig beest, dat het ogenschijnlijk helemaal niet erg vindt om opeens op deze rotsige, smalle strook te staan, omringd door mannen met grote messen aan hun middel.

De bok staat een tijdje tevreden te kauwen bij een petieterig boompje dat uit een spleet in de rotsen groeit. Een paar jonge mannen stoken ondertussen een vuurtje en Obed en Elly pakken de aanzienlijke hoeveelheid spullen uit die ze helemaal van de heuvel naar beneden hebben gesjouwd zodat ze de mzungu-vrouw nog van enig comfort kunnen voorzien: westers eten in Tupperware-bakjes, een slaapzak, kookgereedschap en talloze flessen water, waarvan Obed me er nu eentje onder mijn neus duwt. Afgezien van frisdrank en bier heb ik nog geen enkel Afrikaans drankje gezien. Ondanks het briesje en de wormstekige takken van de boompjes die een deel van de zonnestralen tegenhouden, brandt de zon hier fel en het was een moeizame afdaling, dus ik neem dan ook gretige teugen van het water.

Tegen de tijd dat het vuur op een kleine richel aan de andere kant van de rivierbedding brandt, dus niet op het platgestampte deel waar wij omringd door doornstruiken zitten, dat uiteindelijk ook als onze slaapplaats zal fungeren, heeft een van de jongens stroomafwaarts een grote bos takken met bladeren verzameld. Die leggen ze vlak bij de geit, die zich onmiddellijk omdraait en op een paar van de verse blaadjes begint te knabbelen. Ik kan hem niet betrappen op enig besef dat de dood nadert als twee Masaï hem al snel daarna vastgrijpen. De ene man houdt beide voorpoten in één hand, de andere de twee achterste, en zo werken ze hem tegen de grond. Het dier begint natuurlijk meteen te krijsen door die ruwe behandeling, maar de mannen hebben hem stevig vast en hebben zo te zien weinig moeite om hem in bedwang te houden. Ze hebben hun vuurrode-met-paarse gewaden over hun schouders geslagen, zodat ze daar geen last van hebben, en ik zie hun lange spierbundels. Kesuma gaat op zijn hurken zitten, pakt de kop van de bok en klemt tegelijkertijd zijn bek en neusvleugels dicht.

De bok blijft zich een paar minuten lang verzetten. En ondanks Kesuma's hand om zijn snuit probeert hij nog steeds kermend en piepend duidelijk te maken dat hij het hier helemaal niet mee eens is. De drie Masaï kletsen lachend met elkaar terwijl het dier blijft tegenstribbelen.

De geiten hebben het hier goed, hou ik mezelf ondertussen voor, want ze zijn dik, hun vacht glanst, ze kunnen gaan en staan waar ze willen, en zijn niet bang voor mensen. Dat betekent alleen nog niet dat de dood niet pijnlijk en afschuwelijk is. Het beest wil wanhopig graag blijven leven en weigert heel lang zijn greep op het leven te laten verslappen. Ik vraag me af waarom de mannen lachen. Ik denk dat dat komt doordat, hoe vaak je dit ritueel ook hebt meegemaakt, hoe immuun je er ook voor wordt om eigenhandig dieren om zeep te brengen, je je als fatsoenlijk mens toch enigszins ongemakkelijk en een beetje beschaamd voelt bij het toebrengen van zo veel leed. Ik had niet gedacht dat ik zo aangedaan zou zijn.

'Waarom kunnen jullie hem niet... je weet wel, met een zware steen op zijn kop slaan, of zo? Of zijn keel doorsnijden?'

'Voordat we hem opensnijden moet zijn hart zijn gestopt met kloppen, want anders kunnen we het bloed niet opvangen. En het bloed is het allerbelangrijkste.'

Langzaam maar zeker houdt het dier dan toch eindelijk op met kermen en woest met zijn kop heen en weer schudden. Zodra dat gebeurt, houden de mannen ook op met lachen en worden ze op-eens geconcentreerd en oplettend. Ze buigen zich over het beest heen en leggen af en toe een hand op zijn vel en schudden hem zacht, bijna teder bij zijn schouder, alsof ze hem wakker willen maken. Ik denk dat ze proberen te voelen hoe het vlees onder hun handen beweegt, een teken van totale overgave. Eindelijk, na wat gemompel en nog een korte stilte, laat Kesuma de kop van het dier los. Het lichaam hangt slap en zijn nek lijkt geen botten meer te bevatten. Ze tillen hem op de baar van groene takken, maar laten hem op zijn rug liggen, zodat zijn kop opzijhangt, als een zwaan die zijn kop onder zijn vleugel steekt. En dan halen ze de messen uit hun schedes.

Een van de jonge mannen slaat de bok een paar keer heel hard tegen zijn buik en voert na elke stoot een soort korte massage uit met zijn knokkels. Kesuma kijkt op om het me uit te leggen, omdat hij wellicht beseft dat dat gestomp in mijn ogen onnodig wreed is. 'We willen dat al het bloed naar zijn maag gaat.' Een dode geit afranselen om te zorgen dat al het bloed naar zijn maag gaat, lijkt me niet direct een degelijke, wetenschappelijke aanpak, maar ja, wat weet ik daar nou van? Zij hebben een hoop meer geiten geslacht dan ik. En dan beginnen de drie mannen om de beurt de geit te villen.

Ik heb nog nooit een heel dier gevild, maar ik heb wel eenden en kalkoenen uitgebeend en dit lijkt daar best een beetje op. Kesuma steekt de punt van zijn mes er vlak boven het borstbeen in, haalt de bok in één ruk tot aan zijn geslachtsdelen open en snijdt die eraf. De andere mannen stropen aan weerszijden van die snee met hun messen en hun handen het vel van het vet en de spieren af. Er komt maar heel weinig bloed aan te pas: slechts af en toe een stroompje van een ader die ze per ongeluk raken. En zo wordt het vel er van zijn nek tot zijn staart af gestroopt, helemaal omlaag tot aan de gewrichten van zijn poten. Ze maken aan de binnenkant van beide poten een rechte snee dwars door het vel, helemaal tot aan zijn hoeven. Die snijden ze er net zo af als Josh dat bij een varken doet. Kesuma overhandigt ze een voor een aan weer een andere jongen, die ze op het vuur legt om te roosteren. De andere mannen gaan door met het vel van de vier heupbotten af stropen, tot het stuk huid bij zijn ruggengraat en de achterkant van zijn nek als enige nog aan het dier vastzit. Zijn kop zit er ook nog aan en hij lijkt dus nog steeds sterk op een bok – en ook een beetje op een plaatje van een bijzonder gruwelijke Duitse hertaling van Roodkapje, met zijn verminkte lijfje dat op de zachte roze mantel die ooit zijn vel vormde, ligt uitgespreid.

Dan volgen de gewrichten van zijn poten. Vervolgens splijt een van de mannen de maagholte open door het puntje van zijn lange mes tegen het borstbeen aan te zetten en met zijn handpalm op de achterkant van de greep te slaan tot het bot breekt. Ze halen de darmen eruit, die bleek en stil in het dunne blauwe omhulsel omlaagbungelen. Ze verwijderen de lever en geven die door, zodat iedereen er een hapje van kan nemen. Kesuma snijdt een stuk af voor mij, en ik eet het ook op. Het smaakt eigenlijk zoals ik had verwacht: nog warm, met een smeuïge, milde smaak, een soort kwarktaart met bloed. De smaak is alleen niet helemaal hetzelfde als de lever die ik in het verleden heb gegeten, maar ik kan niet precies uitleggen waarom. De rest van het orgaan gaat naar de jongen bij het vuur.

Vervolgens geeft hij me een stuk nier, wat... prima smaakt. Een beetje urineachtig, maar prima. En dan een of ander groengrijzig klierachtig iets – zal ik het er maar op wagen en zeggen dat het de alvleesklier is? Ook rauw. En rubberachtig. Maar ik slik alle stukken die me worden aangeboden zonder commentaar door. Ze hebben een blikken mok gepakt en scheppen daarmee de ene kop na de andere vol bloed uit de maagholte, waarmee we onze hapjes orgaanvlees doorslikken. En nu weet ik pas waardoor de lever net anders smaakte. Geitenbloed smaakt namelijk anders dan runderbloed, of dan mijn eigen bloed. Het is bijna... tja, het is...

'Het is zoet!'

Kesuma knikt wanneer ik hem de mok teruggeef. Hij neemt een flinke slok en geeft hem door. 'Klopt. Zoet, ja! Geef me je hand nu eens even.' De andere jonge mannen gaan door met de geit in stukken snijden: de heupbotten en de ribben, die geroosterd worden of worden opgeborgen om morgen mee terug te nemen naar hun familie boven op de heuvel. Kesuma houdt echter even op om iets voor mij te doen. Hij snijdt eerst een reep vel van de loshangende maagwand, zo'n dertien centimeter lang en anderhalve centimeter breed. Hij houdt hem tegen de achterkant van mijn hand, waarbij de slijmerige, nog natte binnenkant dus mijn hand raakt terwijl het spierwitte haar aan de buitenkant zit. Hij lijkt iets met zijn vingers op te meten, haalt de reep dan weg en legt die op een platte steen. Hij maakt er twee verticale inkepingen in, aan de ene kant nog geen tweeënhalve centimeter en aan de andere kant iets langer. Hij gebaart dat ik mijn rechterhand weer moet uitsteken, en zodra ik dat doe, laat hij het grotere gat eromheen glijden, duwt de huid over mijn pols omlaag en steekt mijn middelvinger door de kleine inkeping.

'Dit is een orpul-traditie. De jonge krijgers komen hier als ze besneden zijn. Ze leren dan welke kruiden en bast je als medicijn kunt gebruiken en hoe ze een koe moeten slachten. Andere keren komen er zieke mannen mee, om te genezen. En dit,' – hij tikt tegen mijn hand, waar nu een bandje geitenhuid omheen zit dat in een soort omgekeerde Y-vorm van mijn pols naar mijn middelvinger loopt – 'dit is een soort... een soort geluksarmband. Als je dit bij een orpul krijgt en omhoudt tot je terugkomt, of tot het eraf valt, brengt dat geluk.'

Ik klop op het zachte haar op het bandje, dat van mijn pols naar mijn middelvinger loopt. Het vel is aan de onderkant nog steeds nat.

Tijdens de warmste uren van de dag voeren we niet veel uit. Kesuma en de anderen maken nieuwe geitenvelarmbanden voor zichzelf, slijpen loom hun messen aan een van de stenen uit de rivier en controleren het vlees dat op het vuur ligt voor onze avondmaaltijd (ik krijg nog wat lever, ditmaal gekookt). Alles wat ze vanavond niet klaarmaken, wordt in bladeren verpakt en op een stapel andere bladeren gelegd in een soort afgesloten bak die ze van doornstruiken hebben gemaakt. Die staat midden in onze slaapkraal, of hoe je het ook moet noemen. In de bak liggen een paar ronde, vettige brokken zo groot als golfballen. 'Vanavond,' legt Kesuma uit, 'blijven we op om het vlees te beschermen tegen eventuele leeuwen.' Ik weet bijna zeker dat hij een grapje maakt, of op z'n minst overdrijft, maar ik denk dat ik vanavond toch maar voor zonsondergang ga plassen.

Later die middag lopen Kesuma, Leyan en ik naar de rand van het ravijn, op zoek naar allerlei wortels, bladeren en bast die Kesuma me wil laten zien. Hij is een strenge, snelle leraar, die verwacht dat ik hem bijhoud, maar ondertussen ook aantekeningen maak in het blauwe schoolschrift dat hij me heeft gegeven toen ik net in Tanzania was gearriveerd. *Lokunonoi* is een bast die helpt tegen buikpijn. Van de wortels van de *orukiloriti*-boom maken krijgers thee die hen 'bloeddorstig' maakt. De doornige takken van dezelfde boom worden gebruikt voor de omheiningen voor het vee en de buitenmuur van de boma. *Ogaki* is een zogenoemde 'vergiffenisboom'. Als je spijt hebt van iets wat je je buurman hebt aangedaan, neem je daar dus een tak van mee. Op de takken van de *orkinyeye*-boom kun je kauwen; daar worden je tanden schoon van. Het smaakt ook fris, bijna muntachtig. Ik kan de meeste van de planten amper uit elkaar houden. En ze hebben ook bijna allemaal doorns.

En zo klauteren we over de stenen in het ravijn. Ik maak braaf aantekeningen van wat Kesuma me allemaal uitlegt, terwijl Leyan en hij wortels, bast en takken verzamelen. Het is warm en droog werk. Tegen de tijd dat we terugkomen bij de orpul, sjouwt Leyan zich een ongeluk, maar ben ik degene die druipt van het zweet.

De zon gaat snel onder. Mijn avondmaaltijd bestaat uit geroosterde geitenribben en van die gekmakende thee, die, omdat ik geen Masaï ben of omdat ik al gek ben, geen enkel effect lijkt te hebben. Een paar van Kesuma's vrienden sprokkelen nog wat van de groene takken waarop ze de bok hebben gedood bij elkaar. Die ligt nu trouwens veilig verpakt in zijn vleeshut. Alle huid, het vet, het bereide vlees, maar ook het rauwe dat de hele dag in de zon heeft gelegen, hebben ze gewoon bij elkaar gelegd, wat niemand behalve ik verontrustend lijkt te vinden. Van die takken maken ze vervolgens een soort afdak voor mij. We gaan allemaal in het donker liggen, ik in mijn slaapzak, alle anderen gewoon op hun rug op de grond. Ze wisselen nog een tijdje verhalen en raadsels uit, waarvan Kesuma er een paar voor me vertaalt:

Je bent alleen en moet in je eentje een geit slachten. Wie is de eerste die het vlees mag proeven?

Je mes.

Misschien heeft die gekmakende thee toch wel enig effect, want zodra ik wegzink op de niet al te comfortabele takken, word ik meegevoerd naar een Europese stad waar ik nog nooit ben geweest, maar die meteen als thuis aanvoelt. Eric en ik struinen samen door de boomrijke lanen en bespreken of we nu naar een kunstexpositie zullen gaan of wat gaan eten. En dan ben ik weer wakker. Het moet iets van drie, vier uur 's nachts zijn, en de mannen lachen allemaal en hebben duidelijk ergens lol om. Ik doe mijn ogen weer dicht en sta opeens in een boekwinkel het achterplat van een boek te lezen over de teloorgang van de liefde tussen D en mij. Hij is er zelf ook, en hij vraagt me hoe het kan dat ik dat niet heb zien aankomen. En dan is het halfzes, zonsopgang, en nu sta ik echt op, klaar om die kloteheuvel weer te beklimmen. En als dat niet mijn dood wordt, zal ik teruggaan naar Arusha, waar ik in Kesuma's huis eindelijk die douche kan nemen die o zo nodig is.

De tocht omhoog is net zo zwaar als ik had verwacht. Na vijf minuten geklauter over het rotspad ben ik al buiten adem, zweet ik als een otter, moet Kesuma een wandelstok voor me zoeken en neemt Elly de rugzak van me over, zodat hij er nu dus twee moet dragen. Ik schaam me diep, maar Elly is zo aardig om tegen me te babbelen en met me te flirten – ja, hij flirt echt, nu weet ik het zeker – en het gesprek op gang te houden als ik te zeer buiten adem ben om er nog aan te kunnen bijdragen. Hij vertelt me over zijn werk als safarigids en chauffeur. Hij zal Kesuma en mij over een paar dagen op een safari van een dag en een nacht meenemen naar de Ngorongoro-krater. Hij heeft trouwens ook een tijdje als monteur gewerkt.

En dat, zo blijkt al snel, zal nog goed van pas komen. Want na een uur op de weg terug, even na Monduli, hebben we geen benzine meer.

Het busje komt ratelend tot stilstand op een stoffige weg, die omzoomd wordt door acacia's. Ten noorden van ons rijst een bergwand op. Er lijkt in de verste verte geen teken van menselijk leven, maar er komen af en toe wel auto's voorbij. Terwijl Kesuma een lift naar het dichtstbijzijnde benzinestation regelt, probeert Elly de auto weer aan de praat te krijgen. Dat doet hij door allereerst een liter benzine met zijn mond over te hevelen. (De tank blijkt bij nader inzien namelijk niet leeg te zijn, maar de leiding loopt gewoon niet helemaal door tot op de bodem.) Hij doet de benzine in een jerrycan, die hij op de voorkap van de auto bevestigt en laat de leiding vandaar rechtstreeks naar de motor lopen. Als hij indruk op me probeert te maken met zijn waaghalzerij, dan lukt hem dat. En als hij me erg bang probeert te maken voor de gevaren van autorijden in Afrika – nou, dan is hem dat gelukt. Ik geef hem mijn laatste fles water en beloof dat ik hem in Arusha op een biertje zal trakteren.

'Dat is wel het minste wat ik kan doen,' zeg ik terwijl hij zijn mond spoelt en een paar happen water op het asfalt spuugt.

'Klinkt goed.' Hij houdt lang genoeg op met kokhalzen om glimlachend naar me te knipogen.

En die avond gaan we ook echt een biertje drinken. Kesuma wil per se mee naar de biljarthal even verderop in de straat op weg naar het centrum, waarschijnlijk om mij te beschermen tegen eventuele onfatsoenlijke avances. Hij draagt westerse kleding, de enige keer tijdens mijn hele reis dat hij dat doet. Met een eenvoudig wit overhemd, een zwarte spijkerbroek en witte kralensieraden die scherp afsteken tegen zijn donkere huid, ziet hij er ontzettend hip uit. We hebben allemaal een leuke, volkomen onschuldige avond, maar ik voel Elly af en toe wel naar me kijken. Wat ik trouwens helemaal niet erg vind.

Vanavond ben ik zeker weten de hipste blanke vrouw op de rand van de Ngorongoro-krater. Ik zou nog hipper zijn als ik me niet zo heerlijk bewust was van mijn hipheid, maar dat doet er nu even niet toe.

De zon gaat al bijna onder tegen de tijd dat we op de camping aankomen, waar Kesuma, Elly, Leyan en ik onze tenten opzetten. Het is er ook erg druk. Er zijn een heleboel westerlingen op doorreis, inclusief hun Tanzaniaanse koks en gidsen, en af en toe zelfs een zebra. We hebben een vermoeiende dag achter de rug, nadat we om acht uur vanochtend uit Kesuma's huis zijn vertrokken. We zijn eerst naar Lake Manyara gereden, een klein park in de Rift-vallei, een uur rijden vanaf Arusha. Dit is mijn eerste safari ooit, en hoewel ik geen geweldige Slag bij Kruger-achtige moordtafe-relen heb gezien, zoals het filmpje op YouTube – wat maar goed ook is, want waarschijnlijk was ik dan als een klein meisje alleen maar keihard gaan gillen –, was het geweldig om te zien. Olifanten die bomen omvertrokken, de familie wrattenzwijn die lekker in de modder stond te wroeten, de nijlpaarden die in het water spetter-den en niet te vergeten de vechtende giraffes. Dat laatste is een beeld dat, om nog maar weer eens een *Buffy*-personage te citeren, 'niemand de angst om het hart doet slaan'. Elly bestuurt de Land Rover die hij voor dit tripje heeft gehuurd, terwijl Leyan, Kesuma en ik op de achterbank staan, met onze hoofden en schouders door het open dak gestoken.

Ik had me een safari voorgesteld zoals je die wel eens ziet in reis-bladen of op Discovery, met een Afrikaanse gids met een tropen-helm op, die met een microfoontje een hele horde toeristen in een busje toespreekt. 'En dan ziet u nu de Afrikaanse bosolifant. Zijn slagtanden zijn langer dan die van de Aziatische olifant en wijzen omlaag...' Maar dit was totaal anders. Dit was alsof je met goede vrienden naar een van de bijzonderste dierentuinen van de wereld ging. We wezen en fluisterden opgewonden over de olifanten die door het struikgewas sjokten, staarden vol ongeloof naar een enorme slang van minstens tweeënhalve meter lang die we bij de picknick-tafels zagen waar we onze lunch opaten. Later lachten en kirden we om de bavianenjonkies in de armen van hun moeder. En daarna reden we door naar Ngorongoro. We stopten onderweg bij een bar-retje langs de kant van de weg voor wat bier voor Elly en mij en cola voor Kesuma en Leyan. Er zat zelfs een slagerijtje bij, zomaar in de buitenlucht, met gevilde geitenkarkassen die daar als jassen aan een kledingrek hingen. Hoewel Kesuma niet mag drinken, nam ik een foto van hem met een bierflesje in zijn hand, waar iedereen vreselijk om moest lachen. En verder – dat herinner ik me nog heel goed – hebben we het ook nog over blauwe vinvissen gehad.

'Heb je mooie foto's van de olifanten gemaakt?' Kesuma stak de metalen dop van het colaflesje in zijn mond en maakte hem met zijn tanden open.

Ik gilde het uit. 'Wil je dat alsjeblieft niet doen? Daar krijg ik kippenvel van.' Ik haalde mijn goedkope digitale camera tevoorschijn, bekeek een paar foto's en gaf hem toen door aan Kesuma. 'Prachtig, hè?'

'Ja, inderdaad.'

'Dat zijn toch de grootste dieren die er bestaan?'

Elly nam een slok van zijn tweede biertje voor hij antwoordde. 'Nee, dat zijn het niet. Walvissen zijn groter. Blauwe vinvissen.' Ik knikte instemmend.

'Walvissen?'

'Yep. In de oceaan. Een soort gigantische vissen, maar dat zijn het niet, want het zijn zoogdieren.'

'Groter dan olifanten? Nee, dat kan niet!' Kesuma trok een overdreven verbaasd gezicht. Hij is zo welbespraakt, intelligent en goedopgeleid dat het heel raar is, en dat gebeurt dus af en toe, om dan te merken dat hij zoiets niet weet. Ik dacht aanvankelijk dat hij me voor de gek hield.

'Als je een keer naar New York komt zal ik je meenemen naar het Natuurhistorisch Museum. Daar hebben ze een levensgroot model van zo'n beest. Echt enorm! Wel dertig meter lang of zo.'

'Echt waar?'

Toen Elly en ik onze biertjes op hadden, stapten we weer in de auto en daarna had ik bijna drie kwartier liggen slapen op weg naar de camping aan de rand van de krater. En nu zijn we er dus. Elly en Leyan zetten mijn tent op, een eenvoudig maar groot eenpersoonsgeval. Die van hen, voor drie man, is maar half zo groot. Ik vraag of we niet kunnen ruilen, maar Kesuma wil daar niets van horen. Elly gaat ons avondeten klaarmaken: een vis voor mij en hem, kip met rijst voor Leyan en Kesuma. (Ik weet inmiddels dat Masaï geen vis eten.)

Terwijl we wachten tot het eten klaar is, zitten we aan lange betonnen tafels in de omheinde eetzaal, die meer een soort hut zonder muren is met een dak erop. Ik schat dat er ongeveer acht andere groepjes op de camping zijn. Kesuma en Leyan zijn de enige Masaï. De andere tafels zijn gedekt met prachtig serviesgoed en tafelkleedjes. Het zou me niets verbazen als er zo ook nog kaarsen worden neergezet. De andere toeristen worden bediend door een paar koks, die de borden naar de tafel brengen en vervolgens in de kookruimte ernaast verdwijnen. Pasta, steak en gegrilde kipfilet.

Elly, Leyan, Kesuma en ik zitten voor onze plastic bordjes en wat Tupperware-bakjes. We eten met onze vingers, trekken stukken vis van de graat af, plukken kleine graatjes tussen onze tanden vandaan en vegen onze vette handen af aan onze broek. Elly en ik drinken de twee biertjes op die we van de bar hebben meegenomen. Naderhand dragen we de spullen naar de kookruimte, waar Elly de boel afwast, en terwijl alle anderen richting hun tenten en bedden afdruipen, gaan Kesuma, Leyan en ik aan onze picknicktafel zitten kaarten met het 'I ❤ NY'-spel dat ik bij me heb.

Eerst leren Kesuma en Leyan mij – nou ja, dat proberen ze althans – een spel dat 'laatstie kaart' heet. (Om de een of andere reden hebben mensen hier de neiging een ie-klank toe te voegen aan woorden. *Laatstie* in plaats van 'laatste', *borstie* in plaats van 'borst' en *restie* in plaats van 'rest'. Ik vind het maar raar en ook nogal lelijk klinken.) Ik krijg laatstie kaart nooit helemaal onder de knie, maar ik weet hen wel te imponeren met mijn schudtechnieken. Eric heeft me van tevoren al gezegd dat dat waarschijnlijk zou gebeuren. Blijkbaar kan niemand een pak kaarten schudden zoals Amerikanen dat doen, met zo'n boogje waarbij je alle kaarten in elkaar laat vallen. Ik ben er niet eens heel goed in, hoewel ik het op de schoot van mijn oma heb geleerd. (Hoe erg de artritis in haar handen ook was, ze kon verrekte goed schudden en in mijn tienjarige ogen was ze ook een kei in patience.) Hoewel ik het dus niet goed kan, kijken ze allemaal met grote ogen grijnzend toe.

Vervolgens probeer ik hun poker te leren, maar net zoals ik niet zo goed kan schudden, kan ik ook niet heel goed uitleggen. Elly, die inmiddels ook is aangeschoven, is de enige die het een beetje snapt.

We zijn de laatsten in het eetgedeelte. We spelen denk ik drie, vier potjes voor Leyan en Kesuma aftaaien.

'Wil je nog even doorspelen?' vraagt Elly. Ik denk dat ik wel weet wat hij wil, maar doe net alsof ik niks doorheb.

'Prima. Denk je dat je nog ergens een biertje kunt regelen? Eentje om te delen, bedoel ik. En misschien een sigaret?' Dit is de Julie die roekeloosheid dempt met voorzichtigheid. Eén biertje. Eén peuk. Een paar vriendelijke potjes met vijf kaarten. En misschien, als ik me echt wild voel, durf ik straks nog een potje studpoker aan.

Elly weet inderdaad een biertje te versieren, want even later komt er een potige kerel van middelbare leeftijd naar me toe, met een enigszins sluwe blik waar ik me eigenlijk wel een beetje ongemakkelijk bij zou moeten voelen, als ik er destijds acht op had geslagen, wat ik echter niet doe. Hij stelt me de gebruikelijke vragen: hoe ik heet, waar ik vandaan kom, hoe oud ik ben, en vervolgens kletst hij met Elly wat in het Swahili voor hij ons een biertje overhandigt, een sigaret uit een verkreukeld pakje aanbiedt en een aansteker die we even mogen lenen. En dan vertrekt hij, ook richting tent, of daar ga ik althans van uit. Er zijn nog maar een paar tenten waar het flikkerende licht van een zaklamp in te zien is en afgezien van een paar kale peertjes boven de deur van het toilettenblok even verderop brandt er alleen hier in de eetruimte nog kunstlicht. We trekken het biertje open en geven het om de beurt aan elkaar door, net als de sigaret, terwijl we doorgaan met pokeren zonder inzet. We zeggen bijna niets, behalve als ik aan het eind van een potje uitleg wie er gewonnen heeft. En het zou kunnen dat onze knieën elkaar af en toe raken. We spelen tot het elf uur is en dan gaat de generator uit en zitten we plotseling in het aardedonker. Nu pas zie ik het felle schijnsel van de maan, en de sterrenhemel is echt ongelooflijk.

'Dat is denk ik het teken dat wij ook maar moeten aftaaien,' zeg ik terwijl ik de kaarten in het plastic doosje terugstop. Elly blijft echter gewoon zitten, met zijn benen schrijlings over de bank, zijn ellebogen op zijn knieën en zijn handen losjes ineengeslagen. Hij staart me ongemakkelijk glimlachend aan, wat ik een tijdje probeer te negeren, maar waar ik niet in slaag. Misschien wil ik het ook wel helemaal niet negeren.

'Wat is er?'

Elly lacht even en schudt zijn hoofd. 'Ik zat te denken of ik je zou vragen of ik je mag zoenen.'

Ik probeer te bedenken of iemand me dat ooit wel eens zo gevraagd heeft. Dat is eerder iets uit de film. In het echte leven komen zoenen altijd nadat ik iets heb gezegd in de trant van: 'Nou, oké, ik ga maar 'ns naar huis denk ik', of: 'Ik moet morgen naar de tandarts', of: 'Ik denk dat ik te veel heb gedronken.' Er is altijd sprake van een zekere slordige sfeer van onvermijdelijkheid, hypnotiserend maar onbeheersbaar. Volgens mij vind ik dit voor de verandering eigenlijk best leuk.

'Ik heb nog nooit een mzungu gezoend.' Hij beantwoordt mijn spottende glimlach en zegt dan: 'Mag het?'

Ik wacht even en doe net alsof ik erover nadenk, hoewel ik natuurlijk allang een besluit heb genomen. 'Ja, hoor.'

En dat doet hij. Hij kust me, en zijn lippen zijn zacht en hij smaakt lekker. Aangezien we allebei van hetzelfde bier en dezelfde sigaret hebben gedronken en gerookt, proef ik die geen van beide, alleen een schoon soort soepelheid en misschien een vleugje munt. Ik heb al zo lang niet meer gezoend, of half zitten vrijen, want dat is wat we al snel aan het doen zijn, met mijn knieën tussen de zijne, mijn handen die langs zijn bovenbenen strijken, onze tongen die zich met elkaar verstrengelen en zijn vingers die door mijn vieze, stoffige haar woelen. Ik was vergeten hoe lekker dit is.

Na een tijdje stoppen we. Ik weet niet zeker wie er het eerst ophoudt, ik weet dat ik zat te denken dat ik moest stoppen, maar volgens mij trekt Elly zich net voor mij terug. 'Oef.'

'Dat was fijn. Dank je.'

'Nee, jij bedankt!'

'Ik moet de lunch voor morgen nog klaarmaken. Ik breng je wel even naar je tent.'

'Oké.' We staan op en lopen het maanlicht in.

Elly praat opeens een stuk zachter als hij zegt: 'Je vertelt het toch niet aan Kesuma, hè? Ik denk niet dat hij daar blij mee zou zijn.'

'Ik dacht net hetzelfde.'

'Mooi.' We staan inmiddels voor mijn tent, die ik openrits terwijl Elly me gedag zwaait en wegloopt. 'Slaap lekker. Tot morgenochtend.'

'Ja. Slaap lekker.'

Ik moet bekennen dat ik apetrots op mezelf ben wanneer ik me klaarmaak voor bed, mijn kakibroek en bh uittrek en het smoezelige T-shirt met lange mouwen verruil voor een schoon shirtje en een zachte katoenen pyjamabroek. Ik ben er trots op dat ik gezoend ben door een ontzettende knappe jongen die zeker tien jaar jonger is dan ik. Ik ben trots dat ik ja durfde te zeggen, maar even later ook sterk genoeg was om er een eind aan te maken, of in ieder geval heb meegeholpen om dat te doen. Ik ben trots dat ik in mijn eentje in een tentje in de Ngorongoro-krater lig, ver van alles wat ik ken, en dat ik dat fijn vind. Ik zou bijna een vrolijk deuntje gaan fluiten.

Ik ben net klaar met mijn contactlenzen uitdoen, heb een paar keer met de tandenborstel over mijn tanden gestreken en ben bezig de wekker op mijn mobieltje in te stellen – ik heb hier geen bereik, maar gebruik het als klok – als ik iemand bij de tentopening hoor fluisteren. 'Ik ben het.'

Dat zal Elly zijn, terug om me nog een keer welterusten te wensen, of om me nog iets voor morgen te vertellen, of – wat veel waarschijnlijker is – om te bedelen om een kusje of nog wat meer. Ik ben zenuwachtig, vind het aan de andere kant ook wel weer grappig, maar voel ook ergernis als ik naar de voorkant schuifel om de tent open te ritsen.

Maar het is Elly niet. Zodra ik de rits heb geopend, wurmt een grote vent zich naar binnen en blokkeert daarmee de uitgang. Het is bijna pikkedonker in de tent, maar met een misselijkmakend gevoel in mijn maag weet ik meteen wie het is. Ik heb geen zaklamp en probeer mijn telefoon te pakken, terwijl de man die ons het biertje en de sigaretten heeft verkocht me ruw bij mijn armen grijpt en met zijn handen langs mijn lichaam begint te wrijven, terwijl hij op een absurde, kinderachtig hartstochtelijke manier tegen me zegt, of eerder smeekt: 'Wat ben je mooi. Ik heb grote pik voor je. Ik heb wat je nodig hebt, ik zal goed voor je zijn, ja, laat me je neuken...'

Ik druk op de BlackBerry om het schermpje te laten oplichten en krijg een glimp van zijn gezicht te zien. Hij trekt me naar zich toe; zijn tong is op zoek naar mijn mond, terwijl een van zijn handen mijn arm loslaat om mijn borst te betasten. Ik klem mijn armen stevig voor mijn borsten terwijl ik ondertussen blijf proberen om de tent een beetje te verlichten met mijn mobieltje en hem zachtjes – waarom zachtjes? – van me af te duwen.

'Waarom doe je die nou aan? Doe dat licht uit. Het is goed. Rustig maar.' Ik ben naar de hoek van de tent gekropen, maar kan met geen mogelijkheid aan zijn grijpgrage handen ontsnappen.

'Hé, luister. Luister. Het spijt me als ik...' – als ik wát? – '... je de verkeerde indruk heb gegeven.' *Omdat ik een blanke vrouw ben en na het eten laat ben opgebleven en met andere zwarte mannen heb zitten kaarten.* 'Het spijt me als je dacht dat...' *Ik ben een lellebel omdat je me met Elly bezig hebt gezien.* 'Hé. Dank je wel.' *Dank je wel???!!* 'Ik waardeer het... Eh... Nou ja. Ik denk dat je beter weg kunt gaan.'

'Nee, ik blijf. We gaan neuken. Het wordt heel fijn, dat beloof ik. Ik ben een goede man, grote pik...'

'Nee.' Ik heb mijn ene arm nog steeds voor mijn borst geslagen en duw met mijn andere – iets harder – tegen zijn bovenarm. Mijn telefoon, waarvan het schermpje nog steeds is opgelicht, belicht de bovenkant van zijn mouw. Hij draagt een rood shirt. 'Je moet gaan. Alsjeblieft.'

'Maar...'

'Nee, echt, ga nou alsjeblieft weg.'

'Oké.' Hij laat me los en is al halverwege de tentopening naar buiten.

Ik richt het lichtje van mijn telefoon op zijn gezicht alsof ik hem aan het ondervragen ben.

'Het is goed. Rustig maar.'

'Ik ben ook rustig. Echt waar. Alleen... Dank je, maar ga nou maar. Echt.'

En dat doet hij.

Ik rits de tent weer dicht, en nu meteen ook alle raampjes, die ik net had opengedaan voor wat frisse lucht. Ik krul me op in mijn slaapzak en rits ook die, hoewel het verre van koud is, helemaal dicht. Alle geluiden van buiten lijken nog harder dan anders. Op een zeker moment meen ik iets te horen – een zebra, vermoed ik – die met zijn tanden het gras losscheurt, en het lijkt echt alsof hij aan de andere kant van het tentdoek vlak naast mijn hoofd staat. Ik klamp mijn BlackBerry als een wapen tegen mijn borst.

Het is geen moment in me opgekomen om te gaan schreeuwen.

Op de een of andere manier val ik uiteindelijk toch in slaap. Als ik wakker word is het nog steeds pikkedonker en ik hoor geen geluiden die het ochtendkrieken aankondigen. Het enige wat ik, meteen en afschuwelijk genoeg merk, is de geur van het warme lichaam dat zich tegen mijn rug aan duwt.

Een paar ongelooflijke seconden lang – de ene seconde na de andere – doe ik net alsof ik nog slaap en blijf opgekruld als een buidelrat expres heel langzaam en diep liggen ademhalen, in een poging me niet te laten kennen tegenover de man die, terwijl ik sliep, mijn tent weer in is gekropen en als een minnaar over me heen hangt. Alsof ik hem door net te doen alsof hij er niet is kan laten verdwijnen. Ik moet plotseling denken aan die afschuwelijke nachten, de allerergste, waarin Erics woede stilletjes tussen ons in ligt te borrelen en ik mijn ogen heel stevig dichtknijp. Ik denk aan dromen waarin ik niet kan schreeuwen.

Hij probeert zijn handen nu in mijn slaapzak te wurmen en ligt luid in mijn oor te hijgen. Hij mompelt iets binnensmonds en dan – nee, hè – klimt hij boven op me en probeert de slaapzak omlaag te duwen. Ik voel zijn erectie dwars door de verschillende lagen polyester, fleece en spijkerstof heen. En nu begin ik eindelijk dan toch tegen te stribbelen.

Eerst zijn het een paar halfslachtige duwen tegen zijn schouder, wat gedraai en een paar drenzende bezwaren op fluistertoon, die ongetwijfeld precies het tegenovergestelde effect hebben van het beoogde. Maar langzaam maar zeker word ik steeds gewelddadiger, en uiteindelijk ook echt boos. Ik sla hem herhaaldelijk boven op zijn kale kop en fluister hem woedend toe: 'Je hebt hier niets te zoeken? Ga weg!'

Hij duikt in elkaar als ik hem raak en vouwt zijn handen over zijn hoofd om mijn slagen af te weren, maar ik heb het op dat moment te druk met op de grond rondtasten naar mijn mobieltje.

'Wat doe je? Wat zoek je?'

'Ik zoek die klotemobiel van me, zodat ik je gezicht kan zien als ik je straks zeg dat je moet oprotten!'

'Hou maar op met zoeken. Die vind je morgen wel.'

Ik voel hem inderdaad nergens. Ik klop in, boven en onder op mijn slaapzak en doorzoek de hoek van de tent, waar mijn kleren, rugzak en schoenen op een stapeltje liggen.

'Ik blijf.'

'O nee. Echt niet, echt niet.' Ik besluit mijn mobieltje maar even te vergeten en begin weer flinke druk uit te oefenen op zijn armen, zodat ik hem langzaam richting tentopening kan duwen.

'Ik zal niks doen. We gaan gewoon naast elkaar liggen.'

'Wat denk je wel niet? Wegwezen!'

Nu begint hij zich opeens te verzetten, wat me geen goed teken lijkt, maar ik ben inmiddels te kwaad om er acht op te slaan. 'Je wilt niet dat ik blijf?' vraagt hij.

Mijn ogen puilen zowat uit mijn hoofd en ik begin zelfs te lachen. 'Je maakt zeker een grapje? Want ik weet niet hoeveel duidelijker ik het nog moet zeggen.'

'Maar ik zou...'

'Hé. Wil je dat ik mijn gids roep? Hij ligt in de tent hiernaast. En die zal hier niet blij mee zijn.' Alsof ik de meester ga vertellen dat hij me op het speelplein op de grond heeft geduwd.

Toch lijkt het te werken, want hij kruipt nu met zijn kont naar achteren de tent uit, mokkend, alsof ik hem enorm heb gekrenkt. 'Prima. Als je wilt dat ik ga, dan ga ik.'

'Dank je wel. Jezus!' Ik rits de tent met een woedend gebaar achter hem dicht en vervolg de zoektocht naar mijn mobieltje. Het ligt echt nergens. Ik weet zeker dat die kerel het heeft gepakt. Ik moet plassen, maar durf niet meer naar buiten.

Op de een of andere manier lukt het me nog een beetje te soezen voor het licht wordt, nadat ik mijn chunkee-steen tevoorschijn heb gehaald en tegen mijn borst heb geklemd. Als hij nog een keer durft terug te komen, kan ik me hiermee het best verdedigen. Maar hij komt niet en al snel hoor ik buiten de geruststellende geluiden van andere mensen. Niet die zachte, griezelige geluiden van zebra's die gras staan los te rukken, of van stiekeme voetstappen, maar krakende autoportiers die vervolgens weer worden dichtgeslagen, tenten die worden opengeritst, zachte gesprekken van de koks van diverse gezelschappen die bezig zijn met het ontbijt. Toch durf ik mijn tent nog steeds niet uit – of misschien is 'durven' niet helemaal het juiste woord. Ik kleed me aan en ga op mijn hurken bij het raampje zitten dat op de keukenruimte uitkijkt, wetend dat Elly vroeg of laat die kant op zal gaan. Ik wil het hem eerst vertellen. Ik wil niet degene zijn die het aan Kesuma moet zeggen.

Het lijkt uren te duren – vooral omdat mijn blaas nu echt op springen staat –, maar waarschijnlijk zit ik nog geen tien minuten uit het raampje te staren voor ik hem van zijn tent naar ons busje zie lopen. 'Elly. Elly!' roep ik op luide fluistertoon. Hij kijkt op en om zich heen en ziet dan waar het geluid vandaan komt. Met een nogal beschaamde grimas op mijn gezicht gebaar ik hem door het raampje heen dat hij naar me toe moet komen. 'Ik heb een probleempje.'

Ik vertel hem de korte versie, iets in de trant van: 'Die vent van wie we gisteravond dat bier hebben gekocht is naar mijn tent gekomen. Hij...' Ik kan niet zo snel op het juiste woord komen. Elly spert geschrokken zijn ogen open, maar ik wil het niet erger maken dan het is. 'Hij... Nou ja, ik geloof dat hij met me wilde slapen.'

'Is hij in je tent gekropen? Gaat het met je?'

'Ja, ja, prima. Alleen heeft hij mijn mobieltje gestolen. Ik wil er niet te veel heisa van maken, maar...'

'Wacht hier maar even.'

Nog geen paar minuten later staan Kesuma, Leyan en Elly gedrieën voor mijn tent, hun gezichten strak van de spanning, terwijl

ik nog een keer het hele verhaal vertel. Kesuma bijt op zijn duim-
nagel, zoals hij altijd doet wanneer hij diep nadenkt of bezorgd is.

'Dus je hebt een biertje van hem gekocht?'

'Ja. Nou ja, eerder Elly, eigenlijk.'

'En daarna is hij naar je tent gekomen?'

'Ja. Twee keer.'

'Heb je iets tegen hem gezegd waardoor hij het idee zou kunnen
hebben dat...'

'Ik heb sowieso amper iets tegen hem gezegd.'

'Dat is waar. Hij was er maar heel even,' beaamt Elly. Hij staat
met gebogen hoofd te luisteren naar alles wat ik zeg, maar ook – dat
voel ik gewoon aan hem – omdat hij zich schaamt en zich verantwoordelijk voelt.

'Elly, heb jij enig idee waar we die man kunnen vinden?'

'Ja, hij werkt voor een van de groepen. Een van de koks. Ik ga
hem wel even zoeken.' Hij beent weg in de richting van de kookruimte.

Kesuma slaat zijn armen over elkaar en kijkt om zich heen terwijl hij de hele camping in zich opneemt. De zon schijnt al en ik
zie een gestage rij toeristen van het eetgedeelte naar de toiletten en
vervolgens naar de busjes trippelen. Hier en daar worden tenten
afgebroken. Iedereen wil zodra het park opengaat voor de poort
staan. Stom genoeg voel ik me schuldig vanwege dit oponthoud,
alsof ik van een mug een olifant maak en voor niets een scène trap.

'Zeg, hij heeft me niet pijn gedaan, hoor. Zo erg is het nu ook
weer niet. Ik wilde alleen... Ik wil mijn telefoon graag terug.'

Elly heeft de vent al snel gevonden. Het is een grote kerel die
een beschaamde indruk maakt, maar het ook niet helemaal lijkt
te snappen. Elly loopt druk tegen hem te praten terwijl ze naar ons
toe komen, en ik zie dat de man zijn hoofd overdreven onschuldig
schudt. Nu ik hem weer zie, ga ik bijna weer over de rooie. Kesuma
gaat wat rechter staan wanneer de twee bijna bij ons zijn.

'Julie zegt dat je gisteravond twee keer haar tent in bent gekropen. Dat je haar hebt lastiggevallen.'

'Nee, nee, ik zweer...' Zijn hoofd deint van links naar rechts en op en neer, alsof hij niet zeker weet of hij nou moet knikken of nee schudden. 'Oké, ja. Ik ben naar haar tent gegaan. Ik wilde bij haar zijn, en ze is heel mooi...' Kesuma onderbreekt hem met een spervuur in het Swahili, waarop de man braaf antwoordt, en hoewel ik er natuurlijk niets van versta, is het overduidelijk dat Kesuma hem de wind van voren geeft. Andere mensen beginnen ons nu aan te staren. De man schakelt over op het Engels en zegt tegen mij: 'Het spijt me heel, heel erg. Het was verkeerd van me om naar jouw tent te komen. Maar ik ben toch weggegaan toen je me dat vroeg?'

'Nou, ja, maar...'

'Ik zweer echt voor de volle honderd procent dat ik niet nog een keer bij haar ben geweest. Misschien was dat een andere man, een slechte man, niet ik...'

'Luister. Ik wil niet dat je hierdoor problemen krijgt. Ik wil alleen mijn telefoon terug.'

'Daar weet ik niks... Ik heb je...'

En ik denk: wat ben ik een ongelooflijk kutwijf. Ik ben zijn hele leven aan het vergallen. Moet je zien: hij staat echt peentjes te zweten. Ik zou het liefst weglopen – *laat maar*. Maar Kesuma en Elly zijn dicht bij hem gaan staan en bijten hem om de beurt in rap tempo in het Swahili dingen toe, waarbij ze net doen alsof de ene de goeierik is en de andere de slechterik. Elly probeert hem duidelijk tot inkeer te brengen terwijl Kesuma zich nog net kan bedwingen om niet te gaan schreeuwen. Op een zeker moment blaft hij iets in het Maa tegen Leyan, die een dreigende blik op de man werpt en dan naar de hut van de parkranger beent.

De man loopt een paar passen van ons weg en laat zich even verderop op een doos kampeerspullen zakken. Kesuma schudt geergerd zijn hoofd. 'Hij houdt vol dat hij je telefoon niet heeft. Hij denkt dat we stom zijn omdat we Masaï zijn. Maar hij is hier de idioot. Waarom heb je niet gewoon om hulp geroepen? Dan hadden we hem meteen kunnen aanpakken.'

'Sorry, sorry. Ik weet het. Ik dacht dat ik het zelf wel kon afhandelen.'

'Daarom zijn we hier: om te zorgen dat jou niets gebeurt. Oké?'

'Ja. Oké.'

Leyan komt terug met een man in een rangeruniform, een boom van een vent met wangen die onder de rituele littekens zitten, hoge jukbeenderen en donkere, onpeilbare ogen. Zelfs in prettiger omstandigheden zou hij een intimiderende verschijning zijn. En weer wordt het hele relaas opgedist, ditmaal bijna helemaal in het Maa, terwijl de ranger de twee hoofdpersonages in deze absurde soap duidelijk steeds kwader gadeslaat. Net als de man die gisteravond tot twee keer toe mijn tent in is gekropen, begin ik me steeds ongemakkelijker te voelen. De camping is bijna helemaal verlaten en de zon staat al hoog aan de hemel.

Er komt een auto aanrijden en de ranger beveelt de man met een paar grommen achterin te gaan zitten. Zijn collega-ranger rijdt weg en dan stappen Elly, Kesuma, hij en ik in onze eigen bus, terwijl Leyan achterblijft om de hele boel in te pakken, omdat we daar door al dit gedoe nog niet aan toe zijn gekomen. Elly rijdt, terwijl Kesuma met de ranger blijft praten, die, terwijl wij de andere bus naar het politiebureau volgen, zo te zien steeds kwader wordt. Ze beginnen steeds harder te praten. Elly probeert er ook een woord tussen te krijgen, terwijl de ranger zo nu en dan kwaad in mijn richting gebaart. Ik vang een paar keer het woord 'mzungu' op, een woord waaraan ik me nooit eerder heb gestoord, maar dat nu opeens heel gemeen klinkt. Wacht eens even, is hij boos op mij? Ik voel mijn wangen gloeien en tranen in mijn ogen prikken. Wat zeggen ze nou toch over me? Dat ik stennis heb getrapt? Verdomme, van mij had dit allemaal niet gehoeven. Ik ben niet degene die iets fouts heeft gedaan! En mocht dat wel zo zijn, dan weten zij dat toch niet. Tenzij Elly hun dat heeft verteld. Het enige wat voorkomt dat ik in tranen uitbarst, is mijn woede over hoe oneerlijk dit allemaal is. Ik staar als een standbeeld uit het raampje tot we voor een laag betonnen gebouwtje met een zinken dak parkeren. In het bureau van de rangers zitten zo'n zeven, acht man in een kamertje, inclusief de kerel van de tent. Er wordt nog een tijdje over en weer gepraat.

Soms vraagt iemand me iets in het Engels. 'Wat zei hij de tweede keer tegen je, toen je wakker werd en hem in je tent aantrof?'

Ik probeer openhartig te zijn. *We leven niet meer in 1953, sufkop. Waar zou jij je in godsnaam voor moeten schamen?* 'Hij ging boven op me liggen. Hij zei dat hij seks met me wilde.'

Elly dringt aan. 'Heeft hij geprobeerd je te verkrachten?'

'Dat woord zou ik zelf niet gebruiken.'

En dan nog meer gepraat, het gaat maar door. Ze leggen de man het vuur na aan de schenen, het is duidelijk een verhoor geworden. De man zit onzeker te zweten en uiteindelijk zegt hij toch iets, een soort tegenwerping zo te zien, waarop iedereen in de kamer heel heftig reageert. Ze doen allemaal precies hetzelfde: ze gooien hun handen in de lucht terwijl ze kreunend hun hoofd heen en weer schudden. Eerst ben ik doodsbang – *wat heeft hij over me gezegd?* –, maar Elly weet een stiekeme grijns mijn kant op te werpen en even later wendt Kesuma zich naar me toe. 'We krijgen je telefoon terug. Hij heeft 'm. Hij blijft liegen, maar we weten nu zeker dat hij 'm heeft.'

'Hoe dan? Wat zei hij net?'

'Hij praatte zijn mond voorbij. Maak je geen zorgen.' Hij zegt nog een paar woorden tegen de intimiderende ranger, die gebaart dat we weg kunnen gaan. 'We gaan nu naar het park. Als we alle beesten hebben bekeken, hebben zij de telefoon voor ons.'

En dat doen we dus. We gaan terug naar de camping, pikken Leyan en alle spullen op en rijden dan via een kronkelige steile weg de krater in. Het zal vast en zeker al iets van halfelf zijn, maar ik weet het niet precies omdat ik mijn mobieltje niet meer heb.

Het is een opluchting om me na die bewogen ochtend eindelijk op iets anders te kunnen richten, en Ngorongoro is daar de uitgelezen plaats voor. Het is een enorme caldera, waar heel lang geleden een catastrofale vulkanische uitbarsting heeft plaatsgevonden. Het resultaat daarvan lijkt op een enorm grote schaal die in de aarde is gezonken, geflankeerd door zachtgroen en geel, met schaduw-vlekken van wolkenplukjes die aan de hoge klifwanden eromheen blijven hangen en zich pas na een tijdje los weten te wrikken en wegdrijven. Doordat het heiig is, kunnen we de achterste wand niet goed zien. In het midden van de krater schittert het lichtblauw van een alkalisch meer. Zelfs vanaf de rand boven zie je al dat het een grote beestenboel is: vooral waterbuffels en wildebeesten, hoefdieren in allerlei soorten en maten, die allemaal dezelfde kant op lopen, naar het meer in het midden, alsof ze meedoen aan een spectaculaire Disney-musicalvertoning. We zien wrattenzwijnfamilies, volwassen stelletjes met een kleintje of twee in hun kielzog, belachelijke beesten die als ze door hun voorpoten gaan en op hun knieën in het gras wroeten, er op de een of andere manier toch in slagen er elegant en zelfs gracieus uit te zien. Er zijn kuddes zebra's, gazellen, grote vogels met prachtige, vreemde oranje toefjes op hun hoofd, en struisvogels en hyena's. Ik laat mezelf wegvoeren in een soort gelukzalige staat van niets-zijn.

Dat geldt helaas niet voor iedereen. 'Ik snap echt niet waarom hij dacht dat hij zich zomaar toegang tot de tent van een vrouw kon verschaffen. Weet je zeker dat je niets tegen hem hebt gezegd?' vraagt Kesuma voor de zoveelste keer.

Ik probeer mijn ergernis te verbergen en gelukkig komt Elly tussenbeide, die ik wat dit betreft als mijn advocaat ben gaan beschouwen. 'Ze hebben amper een woord met elkaar gewisseld. Hij is gewoon gek.'

'Ik word daar zo kwaad van, hè. Omdat we Masaï zijn, gaat hij ervan uit dat we laagopgeleid en dom zijn. Misschien kiest hij daarom jou wel uit om lastig te vallen.' Hij draait zich om in zijn stoel om me goed aan te kunnen kijken. 'Afrikaanse mannen zijn anders dan Amerikaanse. Ze hebben andere opvattingen over vrouwen. Je moet uitkijken dat je ze niet de verkeerde indruk geeft.'

Elly werpt me in de achteruitkijkspiegel een vriendelijke blik toe, half geamuseerd en quasiverontschuldigend.

'Ik vind het heel vervelend dat dit nu net jou moest overkomen.' We naderen een waterpoel die gedeeld wordt door een zwerm flamingo's en een donkere kudde poedelende nijlpaarden. We remmen af om ze beter te kunnen zien.

'Laat nou maar, Kesuma. Ik wil nu gewoon van de dieren genieten, oké?'

En dat deden we dus. We reden kriskras langs de rand van de caldera. Het hoogtepunt bestond uit vier prachtige jonge mannetjesleeuwen die loom als een straatbende naar onze auto toe kwamen kuieren. Ik sta rechtop met mijn hoofd en schouders door het open dak terwijl een van die prachtbeesten op nog geen halve meter van ons achterwiel even stilhoudt terwijl wij daar zo staan. Hij kijkt naar me op met die geweldige goudkleurige ogen van hem – en ik denk echt dat hij naar míj kijkt – tot ik mijn blik afwend omdat ik een beetje bang ben dat hij zal besluiten om omhoog te klimmen om mijn arm eraf te rukken, omdat ik het lef heb gehad terug te staren. Nadat ze een tijdje rond onze auto hebben geslenterd, en in de schaduw ervan hebben gelegen terwijl ze hun poten likken, die lijken op die van een gewone kat, maar dan wel zo groot als een pizzabord, keren ze ons de rug toe en lopen met z'n allen rustig weer door.

Tegen de middag hebben we inmiddels de andere kant van de krater bereikt, waar aan de oever van weer een ander groot meer een paar picknicktafels en een toiletgebouwtje staan. Ook daar ligt een knorrende nijlpaardfamilie in het water en op een open plek in een bosje verderop struinen een paar olifanten. Elly begint ons middagmaal uit te stallen, terwijl ik even naar de wc ga.

Als ik terugkom en mijn natte handen bij gebrek aan papieren handdoekjes afveeg aan mijn vieze kakibroek, zie ik dat er een stel mannen om ons busje heen staat. Er staat een glanzend nieuw busje naast het onze geparkeerd, met een heel stel Masaï in traditionele kledij en wat andere mensen in rangeruniform. Ze kijken me even aan als ik langs hen loop, op weg naar een steen aan de rand van het water, waar ik de kortste weg naartoe neem, omdat ik weinig zin heb om me in het gesprek te mengen. Ik wil het niet weten, echt niet. Terwijl ik langs hen loop en op de steen ga zitten wachten, vang ik wel de woorden 'mzungu' en 'Blackberry' op, en ik geloof iets wat klinkt als 'seksueel'. Mijn oren tuiten terwijl ik over het water uitkijk.

Na een paar minuten komt Elly me mijn lunchpakket brengen. Hij heeft een brede glimlach op zijn gezicht. 'Ze hebben je telefoon!'

'Echt?' Dat deel had ik wel zo ongeveer begrepen. 'Hoe dan?'

'Hij heeft uiteindelijk opgebiecht dat hij hem had en bij de toiletten had verstopt.'

'En waarom besloot hij dat dan opeens te vertellen?'

Elly lacht. 'Je kunt Masaï beter niet tegen je in het harnas jagen. Die zijn gek.'

'Wacht even, bedoel je...'

'Ja. Ze hebben hem geslagen tot hij van gedachten veranderde. En toen heeft hij ze er zelf mee naartoe genomen.'

'O, jeetje.' Ik krimp ineen. Ik zou liegen als ik niet zou bekennen dat de steek van schuldgevoel enigszins overstemd wordt door een ander, warmer gevoel. Door een zelfvoldaan stemmetje dat 'Mooi zo' fluistert.

'Hé, dat is zijn eigen schuld. We hebben het eerst op de aardige manier geprobeerd.'

'Ik wil wedden dat hij zich nu voor z'n kop slaat dat hij die telefoon niet meteen heeft teruggegeven.'

'Ja, dan zou hij nu geen hoofdpijn hebben. En dan had hij zijn baan nog. Hij kan het wel vergeten om hier ooit nog aan de bak te komen.'

De andere mannen vertrekken en na een lichte maaltijd doen wij hetzelfde. Tijdens het vervolg van onze rondrit door de krater zien we nog meer wroetende wrattenzwijnen en een kleine kudde elegante, donkere olifanten die staat te grazen te midden van een aantal bomen die zo precies, zo mooi en ver van elkaar staan dat je het geen bos meer kunt noemen. We stoppen onderweg even bij het rangerkantoor om mijn telefoon op te halen, die nog geen krasje vertoont en prima werkt, en die ons met welbespraakte en uitgebreide spijtbetuigingen wordt overhandigd.

Die avond, als we weer terug zijn in Arusha, na een uiterst noodzakelijke warme douche, lig ik op mijn bed te luisteren naar de insecten voor mijn raampje en naar Leyan, die met een paar andere jonge krijgers die een zakcentje bijverdienen met het bewaken van de poort van Kesuma's huis, op de rode stoffige inrit worstelwedstrijdjes houdt. In de keuken is Suzie, het zestienjarige buurmeisje dat af en toe wat klusjes voor Kesuma doet, *ugali* voor ons aan het klaarmaken. Dat is een gerecht van maïsmeel en groenten dat hier veel en vaak wordt gegeten en in elk restaurant op de kaart staat. Suzie heeft de brede glimlach van een kind, maar de directe zelfverzekerdheid van een vrouw die dubbel zo oud is (heel wat meer dan enkele andere namen die ik nu zou kunnen noemen). We hebben afgesproken dat ik na het eten Engels met haar ga oefenen.

Morgen vlieg ik naar Japan, om een paar dagen lekker te relaxen in een hotel met uitstekende roomservice en technologisch geavanceerde toiletten, waar slippers voor je klaarstaan en de lakens van zeer hoge kwaliteit zijn. En van daar terug naar New York. Ik heb de twee stapels papier die ik heb volgeschreven tevoorschijn gehaald, eentje voor Eric, eentje voor D, mijn tweelingdagboeken van deze reis, en blader ze nu door voor ik ze morgen op de post ga doen. Het kriebelige handschrift is onregelmatig, nu eens groot, dan weer heel dicht op elkaar en priegelig, en soms onleesbaar door de vermoeidheid of de emoties. Om de een of andere reden heb ik in Tanzania veel minder geschreven. Ik weet niet precies waarom, maar dat lijkt me wel een goed teken. Dit verre land heeft iets. Het voelt alsof ik een ballon ben in een carnavalsoptocht, hoog in de lucht zwevend, op en neer deinend, terwijl ik het draadje van degene die me vasthoudt langzaam maar zeker losser probeer te trekken. Maar in de nasleep van het – tja, hoe zal ik dat noemen? – 'incident' van gisteravond, merk ik dat ik behoefte heb om te praten, om het van me af te schrijven om te snappen wat er nou precies gebeurd is. En dan wend ik me dus tot deze brieven die ik verwaarloosd heb.

Toen ik met de twee brieven begon, waren ze allebei totaal anders van toon. De ene zat vol verlangen en was op een halfgare manier babbelziek; de andere was bevlogen en geëxalteerd. Ik schreef de twee mannen volkomen verschillende verslagen van dezelfde ervaringen en plaatsen, versies die aan hun gevoeligheden moesten appelleren. Ik legde de nadruk op wat een bepaald verhaal te maken had met wat ik wel of niet van hen wilde. De twee versies lijken nu echter steeds meer samen te vallen. Als ik ze nu zo naast elkaar lees, is het net alsof je al trillend een verrekijker probeert af te stellen. Uiteindelijk vertel ik hun in bijna precies dezelfde bewoordingen wat er op de rand van de Ngorongoro-krater is gebeurd.

En toen werd ik een paar uur later wakker terwijl die vent al praktisch boven op me lag. Het duurde eeuwen voor ik eindelijk in actie kwam en ik vertrok eerst geen spier. En weet je waarom? Volgens mij omdat ik ergens vond dat ik dit verdiende. Vanwege alles wat ik de afgelopen paar jaar heb gedaan of gevoeld. Mijn halfslapende dierlijke brein vond dat ik dit over mezelf had afgeroepen. Zelfs toen ik eindelijk, eindelijk dan toch het lef had om hem te slaan, bleef ik fluisteren. Zelfs toen ik hem mijn tent uit had weten te werken, zelfs toen ik het aan de anderen vertelde, zelfs toen ik daar in het kantoor van de rangers stond en die vent ondervraagd werd, dacht het kleine meisje in me ergens dat dit allemaal mijn fout was.

Maar nu denk ik daar heel anders over. Ik ben er niet trots op dat het hielp te horen dat die kerel in elkaar is geslagen om wat hij heeft gedaan. Alsof iemand anders eindelijk zag dat ik niet degene was die straf verdiende. Nu was ik dat eens niet.

Prijs jezelf maar gelukkig als je Masaï-krijgers tot je vrienden kunt rekenen.

Ik vouw Erics bladzijden driedubbel op, wat verre van gemakkelijk gaat. Ik krijg ze amper in de luchtpostenvelop die ik speciaal hiervoor ergens in de stad heb gekocht. Ik schrijf ons adres op de voorkant, lik hem dicht en leg hem weg om hem morgen te posten. En dan begin ik hetzelfde te doen met die voor D. 'Julie?' Suzie staat in de deuropening en gebaart me dat ik moet komen. 'De ugali is klaar.'

'Super. Ik kom eraan.'

Ik plak de brief dicht. Het is tijd om naar huis te gaan.

SUZIES TANZANIAANSE UGALI

- 🌿 1 klein bosje *michicha* (ik heb eerlijk gezegd geen flauw idee wat dat is, maar je kunt het vervangen door snijbiet)
- 🌿 1 klein bosje *saro* (idem dito, gebruik rucola, of een ander groen iets wat een beetje bitter smaakt)
- 🌿 1 kleine rode ui
- 🌿 2 roma-tomaten
- 🌿 50 milliliter zonnebloemolie
- 🌿 zout naar smaak
- 🌿 circa 1,2 liter water
- 🌿 350 gram ugali-meel (of wit maïsmeel)

Snijd de kruiden en groenten fijn, en was ze goed in een zeef. Schud het overtollige water eraf en zet ze even apart.

Snijd de ui in dunne ringen en de tomaten in blokjes.

Steek een primus aan, of gewoon een van de pitten op je fornuis, en zet een behoorlijk grote steelpan op een hoog vuur. Doe er een flinke scheut olie in en voeg de uien toe. Ik heb in de lijst ingrediënten net 50 ml gezegd, maar dat moet je zelf maar bekijken. Fruit de uien op hoog vuur terwijl je voortdurend blijft roeren, tot ze mooi goudbruin van kleur zijn en op het randje van aangebakken. Voeg de tomaat toe en laat het mengsel op een hoog vuur slinken tot een saus. Voeg zout toe naar smaak.

Doe de groente en kruiden erbij en blijf zo'n tien minuten roeren tot ze zacht zijn. Schep het mengsel in een schaal en zet het apart terwijl je het ugali-papje afmaakt. Spoel de steelpan om, doe er ruim een liter water in en zet hem terug op het vuur.

Als het water tegen de kook aan zit, roer je er beetje bij beetje ongeveer 175 gram meel bij. Breng het aan de kook en blijf roeren, zodat het niet aan de pan vastplakt. Na zo'n zeven minuten zou het een behoorlijk dikke brij moeten zijn. Voeg de rest van het meel toe en kook het nog eens zeven minuten. Tegen die tijd zou de ugali er bijna als een soort deeg uit moeten zien, dus eerder vast dan vloeibaar. Tijdens het roeren zal het vanzelf loslaten van de randen van de pan en zich tot een bal vormen. Leg die bal op een bord. Wentel hem voorzichtig een paar keer rond door het bord zachtjes heen en weer te draaien, zodat hij de langgerekte vorm van een brood aanneemt.

Genoeg voor vier personen. Snijd dikke plakken van de ugali en leg die op vier borden. Serveer de groenten ernaast. Je kunt het gewoon met je handen opeten. Trek met je vingers een beetje ugali los, maak daar een balletje van en druk aan beide kanten het deeg enigszins in, zodat je daar de groente in kunt stoppen. En dan in je mond steken. Zo kun je jezelf hapje voor hapje voeren.

DEEL III

Meester?

Heb in elk soort bak gereden die ooit is gemaakt
over achterafweggetjes zodat ik niet werd gewogen.
En als je me wiet, wit en wijn geeft en me een seintje geeft,
ben ik bereid, om te bewegen.
Little Feat, 'Willin'

Veranderingen hebben de neiging me te overvallen en me
op mijn bek te slaan.
Veronica Mars

15
Een slager keert terug

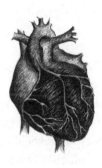

De eerste volle dag dat ik terug ben in New York, is een frisse novemberdag. Toen ik landde was het zwaarbewolkt en Eric omhelsde me lang en gaf me een snelle kus in de grijze motregen voor de terminal van John F. Kennedy, terwijl verkeersagenten ons plichtmatig toeriepen dat we ons boeltje moesten pakken en doorrijden. Maar 's nachts wordt dat allemaal weggeblazen en de volgende ochtend zorgt de zon ervoor dat het Chrysler-gebouw aan de overkant van de rivier blikkert als mica terwijl ik voor het eerst in eeuwen Robert weer eens uitlaat.

'Hoe was het?' vraagt Eric als we weer thuis zijn. Hij gebruikt mijn terugkomst om heel erg niet op tijd op zijn werk te komen, terwijl hij zich onder het genot van wat eieren over het cryptogram in de krant buigt. Ik had van tevoren geen idee gehad hoe alles tussen ons zou zijn als ik weer terug was, en hij evenmin, wat ik wist zodra ik zijn gezicht zag. Maar meteen daarna voelde alles al een stuk gemakkelijker en we hebben verrassend snel – bijna onrustbarend – ons normale leventje weer opgepikt. Onder de oppervlakte speelt er iets heel anders, met meubilair dat verplaatst wordt en misschien ook wel lucht die naar binnen sijpelt. Maar we passen met het bijbehorende klikje van twee puzzelstukjes die in elkaar vallen nog steeds feilloos in elkaar.

'Best wel fantastisch, eigenlijk.'

'Fantastisch?'

'Ja. Ik denk dat ik misschien een soort New York-renaissance doormaak.'

'Ga je heel veel Joseph Mitchell lezen en de hele dag met de metro reizen?'

'Zou kunnen, wie weet.'

Nadat Eric zich heeft geschoren, zich heeft aangekleed en naar zijn werk is gegaan, neem ik een douche. Mijn god, Tanzania heeft die extra pondjes uit Oekraïne en zelfs nog wat meer zomaar laten verdwijnen. Ik ben vijf kilo lichter dan toen ik vertrok! Ik trek het rokje dat ik in Oekraïne heb gekocht aan onder een klein zwart truitje, een zwarte panty en mijn zwarte hoge laarzen met hun geheime rode voering. (Als je met een New York-renaissance bezig bent moet je helemaal in het zwart gekleed zijn; dat hoort er nu eenmaal bij.) Ik sla een geraffineerde groene sjaal om (sjaals zijn de uitzondering op de zwartekledingregel, sjaals en hoeden). Ik doe wat lippenstift op, een vuurrode kleur die net een tikkeltje donkerder is dan wat ik normaal draag, en als ik in de badkamerspiegel naar mezelf kijk, verbeeld ik me dat de armband die Kesuma me heeft gegeven – de witte haren erop zijn nog steeds heel goed te zien, hoewel ze er hier en daar al af zijn gesleten – er nogal mysterieus en zwierig uitziet. Ik stap de straat op en loop in de richting van metrolijn 7.

Ik ben amper een straat verder of ik word al door de eerste man staande gehouden. 'Jij bent de mooiste vrouw die ik ooit heb gezien.'

Hij is net wat ouder dan ik en draagt een keurig tweedkostuum, maar dan wel op die goede, Giles-achtige manier. Ik merk dat ik hem een brede glimlach toewerp. 'Dank je wel!' En ik loop door.

En zo gaat het de hele dag. In de metro, in boekwinkels, in restaurants, op straat. Er wordt naar me gefloten, ik word openlijk aangestaard, krijg buitensporige complimenten. Van jonge en oude mannen, rijken en armen, ongeacht welke huidskleur. *Jezus... wat een figuur... Wat heb jij een prachtig gezicht...* In de bar van de Republic, waar ik naartoe ben gegaan om mijn favoriete barkeeper Marcel even gedag te zeggen, proberen een paar mannen me te versieren. De man die met een grote waterkoeler geld inzamelt voor daklozen, draait niet eens zijn standaardriedel van 'Eén cent! Eén cent!' tegen me af en zegt alleen: 'Wat heb jij een prachtbenen.' Een zwoele, donkerharige jongeman bij een van de groentekramen werpt me een slaapkamergrijns toe vanachter zijn krat appels. Ik heb nog nooit zo in het middelpunt van de belangstelling gestaan. En ik zou er best aan kunnen wennen.

Maar het allerbeste, waardoor ik het gevoel krijg dat er iets vreemds aan de hand is, is mijn eigen reactie. Ik bloos niet, zweet niet en wend me niet af, en ik voel evenmin een onverzadigbaar verlangen naar meer, meer, meer. Ik knik elke man vriendelijk gedag terwijl ik zonder te stoppen doorloop, alsof ik hoffelijk in ontvangst neem waar ik recht op heb. *Ja, ik bén mooi. Ja, dat klopt, dank je wel, dat is heel aardig van je.* Het voelt volkomen vreemd aan, maar aan de andere kant ook weer even natuurlijk als zonneschijn.

Die avond, weer thuis, is de betovering verbroken. Ik loop nog wel te tollen en te ijlen in de nasleep ervan, iets waar ik toen het gebeurde overigens geen last van had. 'Ik zweer het, er was iets bovennatuurlijks aan de hand.'

'O, kom op, zeg. Je bént toch ook een stuk?'

'Niet waar. En geloof me nou als ik zeg dat het echt raar was. Wat zou het zijn geweest?'

'Misschien gewoon omdat je een stuk bent?' Eric is een stoofpot aan het maken en tuurt nu in de grote pan, waar onderin grote stukken rundvlees die ik die middag op de markt heb gekocht in spekvet liggen te sissen. Een maaltijd voor een novemberavond, een maaltijd om lekker thuis op te eten, en ik sterf van de honger.

'Nee, dat is het niet. Ik ben wat afgevallen, dat zou een deel kunnen verklaren, maar dat kan nooit het enige zijn. Misschien die lippenstift? Nee...'

'Je luistert niet, hè. Au!' Hij trekt zijn hand terug als er een vetspetter op terechtkomt. 'Denk je dat deze bruin genoeg zijn?'

'Ziet er goed uit.' Ik zit op een kruk aan het kookeiland en kan het maar niet van me af zetten. 'Nou ja, duh! Het is dit rokje natuur-lijk!'

Eric haalt zijn schouders op. Hij haalt het stoofvlees er in porties uit, terwijl hij ze eerst nog even aan alle kanten goed dichtschroeit. 'Het is inderdaad een leuk rokje.'

'Het is een magische rok. Mijn Oekraïense magische, mystieke rok, die je een instant, onweerstaanbaar sexappeal geeft.'

Nu het vlees is aangebraden, veegt Eric een stapel gesneden groente en kruiden van de snijplank in de pan. Het sist luid terwijl hij het doorroert. 'Mooi.'

'Ik vind van wel, ja. Het ruikt heerlijk.'

'We eten misschien wel een beetje laat.'

'Dat is prima.' Mijn maag knort.

Als Eric de stoofpot eenmaal klaar heeft en die in de oven staat, trekken we ons op de bank terug met een fles wijn (nou ja, de twee-de al, als je het restje meetelt van de fles die hij had opengetrokken voor de stoofpot en dat nu dus ook op is) om te wachten tot hij klaar is.

Ik had gedacht dat ik na een maand geheelonthouding en na thuis te zijn gekomen in dit nieuwe, best aangename gevoel, dit gebrek aan vrees, minder zou drinken, en we hebben ons vanavond ook ingehouden met slechts anderhalve fles, de helft van wat we normaal drinken. Ik had alleen geen rekening gehouden met mijn verminderde weerstand en het feit dat ik afgezien van die twee glazen wijn alleen maar twee groenteflapjes op heb, die Marcel me vanmiddag heeft gegeven tijdens mijn glamourmoment in de Republic. De volgende ochtend kan ik me dan ook niet veel her-inneren van de dvd's die we hebben gekeken. Ik weet nog dat we begonnen met een aflevering van Joss Whedons sciencefictionach-tige westernserie, maar in de dvd-speler zit nu *The Third Man*. De stoofpot staat me ook niet echt helder voor de geest, maar ik weet wel dat we hem voor hij één grote zwarte korst was geworden uit de oven hebben gehaald. Het blijkt vanochtend voor ons allebei een bizar, maar ook heerlijk ontbijt te zijn. Dit is Erics recept trou-wens:

ERICS RUNDERSTOOFPOT

❧ bijna anderhalve kilo stoofvlees, in stukken van 5 cm

❧ 50 gram bloem, in een ondiepe schaal of bakblik

❧ 3 eetlepels extra vergine olijfolie, en nog wat extra

❧ 1 ui, in dunne halvemaantjes gesneden

❧ 5 geperste tenen knoflook

❧ 3 wortels, geraspt en in stukjes van ruim 1 cm gesneden

❧ 3 stengels selderij, in kleine stukjes gesneden

❧ 1 1/2 eetlepel verse tijm

❧ 0,4 liter rode wijn

❧ 2,5 deciliter runderbouillon

❧ 1 eetlepel tomatenpuree

❧ zout en peper naar smaak

Verwarm de oven voor op 150 graden. Dep het stoofvlees droog met keukenrol en haal de stukjes door de bloem. Braad het vlees in een zware braadpan op hoog vuur in porties aan in olijfolie.

Leg het vlees als het goed is aangebraden apart op een bord. Zet het vuur iets lager en schenk nog wat olie in de pan. Voeg de groente en de tijm toe, en kook die in circa tien minuten gaar en zacht.

Doe het vlees weer terug in de pan, voeg de wijn, runderbouillon en tomatenpuree toe. Roer er wat peper en zout door. Wees niet te zuinig, vooral niet met de peper, die bij voorkeur ook vers gemalen is.

Dek de pan af en zet hem in de oven. Het gerecht is klaar als het vlees mals en zacht is, na ongeveer drie uur, of als je wakker wordt op de bank, met de vrouw van wie je nog steeds houdt alsof het je eigen vlees en bloed is, snurkend naast je, met haar voeten op jouw schoot en een wijnglas dat uit haar handen dreigt te glijden. Masseer haar voeten en breng het wijnglas in veiligheid voor je haar wakker genoeg maakt dat je onder haar voeten vandaan kunt glippen om het eten te pakken. Je kunt hier met z'n tweeën minstens drie keer van eten. Tast meteen half beneveld toe en laat het dan goed afkoelen op het fornuis; de hele nacht is prima. 's Ochtends smaakt het namelijk een stuk lekkerder.

Thanksgiving valt dit jaar vroeg – slechts drie dagen nadat ik thuis ben gekomen – dus we besluiten het rustig aan te doen, zonder familie, gewoon met z'n tweetjes en Gwen (haar vriend is op zaken-reis) en een kalkoen en wat groente. Eindelijk hebben we dan toch zoveel afleveringen van *Buffy* gezien als we gezamenlijk aankun-nen. Het is tijd om verder te gaan, dus onze postmaaltijdtelevisie bestaat uit vier of vijf afleveringen van onze spiksplinternieuwe obsessie: *Veronica Mars*. We blijven drinken en knabbelen, tot we uiteindelijk allemaal op de bank in slaap vallen. Het is gemoedelijk, gezellig en een tikkeltje gemelijk.

De manier waarop we Thanksgiving benaderen blijkt ook de manier te zijn waarop Eric en ik de andere aspecten van ons leven weer met elkaar verweven. We maken niet meer midden in de nacht ruzie, ik word 's ochtends niet meer wakker door de gloeiende hitte van Erics woede die van hem af straalt. En ik heb evenmin dat gevangen, claustrofobische gevoel dat me vroeger 's avonds altijd bij de keel greep. Maar dat wil niet zeggen dat alles goed is. Eerder dat het de stilte voor de eventuele storm is.

'Ik denk dat we in relatietherapie moeten, Julie. Misschien met-een na de feestdagen al.'

We hebben het hier natuurlijk al eerder over gehad. Voor het eerst schiet ik niet meteen in paniek bij het idee alleen al. Toch weet ik het nog niet helemaal. 'Oké. Ik weet alleen niet of dat de oplossing is.'

'Je bedoelt dat je niet weet of je de boel wilt oplossen.'

'Nee! Ik hou van je, ik wil je in... Ik weet alleen niet of ik nog...'

'Getrouwd wilt zijn.'

Ik schrik en pers mijn lippen strak op elkaar, zonder iets te zeg-gen.

Aangezien we Thanksgiving niet met familie hebben gevierd, besluiten we dat we met kerst naar mijn ouders zullen gaan, net als vorig jaar, maar dan in Santa Fe. Zoals gewoonlijk wordt er veel gegeten en gepuzzeld. Ik heb een voorzichtig, onromantisch cadeau voor Eric: een Bose-dockingstation voor zijn iPod.

Hij geeft mij een mes.

Nou ja, het is een kettinkje. Een delicaat zilveren hangertje aan een ketting, een soort bedeltje in de vorm van een mes. Het heft is bedekt met kleine diamantjes en de punt is net scherp genoeg om pijn te doen als ik hem vlak onder mijn borstbeen in mijn huid steek.

'O mijn god.'

'Ik weet dat het niet het juiste mes is. Ik wilde een hakmes of een...'

'Het is perfect.' Ik krijg tranen in mijn ogen, en mijn ouders en broer vinden het een beetje overdreven dat ik zo sentimenteel word van een zorgvuldig uitgekiend cadeau, maar Eric en ik weten allebei dat het door iets anders komt. Ik lees het kaartje dat hij in het doosje heeft gestopt niet hardop voor.

Voor mijn slagersvrouw. Doe ermee wat je wilt.

Op oudejaarsdag word ik heel vroeg wakker door een droom. In die droom sta ik in een donker hoekje van een bibliotheek of een boekwinkel en een supersterke man wiens gezicht ik niet kan zien, heeft zich aan me vergrepen en duwt me tegen de muur aan terwijl hij me ruw betast. Ik probeer te schreeuwen, want er zijn mensen in de buurt die me te hulp kunnen komen, maar mijn stem sterft weg in mijn keel. Het is het meest hulpeloze gevoel ter wereld en tegelijk heel bekend, en op de een of andere manier ook mijn eigen schuld. Maar ik blijf moeite doen om te schreeuwen, en probeer nog een keer wanhopig geluid uit mijn... 'Hou op!'

Eric schrikt wakker. 'Wat is er? Wat is er? Gaat het?'

Ik heb nu al, vlak na de nachtmerrie, een glimlach op mijn gezicht. 'Ja, eigenlijk wel. Sorry.'

'Een nare droom?'

'Ja. Maar het gaat alweer. Ik kon schreeuwen.'

'Je meent het.'

Het voelt alsof ik net ontwaak uit een droom vol lekkere wijn en zwoele zomeravonden.

Eric laat zijn hoofd weer op het kussen zakken. Het is bijna ochtend en het licht buiten is omfloerst, maar wordt steeds krachtiger. We hebben voor vanavond een etentje georganiseerd. Er komen acht mensen naar ons oudjaar-cajunfeest, dat inmiddels een soort traditie is geworden. We moeten nog schoonmaken, boodschappen doen en koken, en met alle drukte van Kerstmis en al mijn gereis ben ik daar nog nauwelijks aan toegekomen.

Voor ik uit bed stap haal ik mijn BlackBerry uit het stopcontact en scroll ik, leunend tegen Erics naakte rug, door mijn mailtjes, iets wat ik wel vaker doe. In de afgelopen maand, sinds ik thuis ben, ben ik weer gewend geraakt aan het gevoel van Erics huid tegen de mijne. Ik ben niet meer bang voor hem, of voor wat hij van me verwacht. Het helpt ook dat hij niets meer opeist. Misschien voelt hij dat ik langzaam bij hem aan het terugkomen ben, of me juist terugtrek, of wat er ook met me aan de hand is. Misschien ben ik wel allebei tegelijkertijd aan het doen. Maar voor het eerst in lange tijd zijn we relatief content.

In mijn postvak zit een berichtje van iTunes. Vast een bevestiging van een recente aankoop, een televisieserie of een cd. Maar nee. Het is iets anders.

'Iemand heeft je een iTune gestuurd.'

Ik klik om het te openen. En moet vervolgens ontzettend mijn best doen om niet te verstijven als ik het berichtje lees:

> Julie
> *Ik zou je niet moeten schrijven, maar ik heb de afgelopen week 230 keer naar dit liedje geluisterd en om de een of andere reden doet het me aan jou denken.*
> *Gelukkig nieuwjaar.*
> Damian

Ja, dus. Dit programma wordt u aangeboden door de letter D. Maar uiteraard heeft hij een naam. Een naam die me vaak als een bliksemschicht heeft getroffen, maar sinds een jaar geleden, en misschien nog wel langer, is hij in mijn mobiel, in mijn radeloze mails, in mijn dagboek en mijn brieven en in mijn hart gereduceerd tot D. Een verkleining die de macht die hij over me had pervers genoeg alleen maar totaler leek te maken – symbolisch, abstract. Misschien zelfs wel goddelijk, terwijl die gelijkenis niet in het minst wordt benadrukt door zijn volstrekte afwezigheid en doordat ik er de afgelopen paar maanden eindelijk een begin mee lijk te hebben gemaakt mijn ex-minnaar toe te voegen aan het lijstje van dingen waarin ik niet langer geloof.

Om zijn naam daar nu dus zo zonder iets maar wel in zijn geheel onder aan een e-mail te zien staan, is als een plotselinge schok van herkenning: dit is een man. Niet een of andere duistere macht, onweerstaanbaar en fataal. Ik heb een keer opgezocht wat zijn naam betekende. Die komt uit het Grieks en staat voor 'temmen'. Dat heb ik goed in mijn oren geknoopt. Maar het blijft gewoon een man. Een man die soms ook zwak is, een man die net heeft gezegd dat hij iets niet zou moeten doen, maar het toch gewoon doet.

Ik word er een beetje duizelig van. Ik weet niet zeker of ik hysterisch ben of doodsbang of gewoon ronduit pissig.

Ja, ik weet het wel. Ik ben al die dingen.

Het liedje is 'Willin', van Little Feat.

Allereerst: what the fuck?! Ten tweede: What. The. Fuck? 'Willin'? Dat nummer ken ik. Het gaat over opgefokte truckers. Wat bedoelt hij daar in godsnaam mee?

Ja, en? *What the fuck!!!*

Ik sta op en terwijl Eric nog in bed ligt, download ik het liedje en luister er een paar keer naar met mijn koptelefoon op. Nu eens lach ik, dan weer schud ik mijn hoofd en kijk ik vertwijfeld, of krijg ik tranen in mijn ogen en probeer ik mijn hart niet zo hysterisch te laten bonken.

Het is een geweldig nummer en ik ken het heel goed. Maar verdomme, dat liedje gaat over een trucker. Een trucker die in elke koplamp zijn Alice ziet. Een trucker die van Tucson naar Tucumari is gereden. Een trucker die wel wil. Wel wil bewegen. Wat heeft dat in godsnaam te betekenen?

Dus ja, ik probeer het liedje tot op het bot te analyseren. Het rare is alleen dat tegen de tijd dat Eric opstaat en we onze plannen voor de dag doorspreken – ik ga boodschappen doen, hij gaat nog even werken en joggen – je me al bijna weer kalm zou kunnen noemen. Ik wacht een paar uur voor ik deze vreemde boodschap beantwoord (wat op zichzelf al een ongehoorde prestatie is). Vlak voor ik de stad in ga, stuur ik hem een korte reactie terug:

> *Damian*
> *Ik ga er maar van uit dat dat liedje dat je me gestuurd hebt gewoon een aan oudjaar gerelateerd moment van zwakheid dan wel zakkenwasseritis was. Maar als dat niet zo is en je wilt praten, ben ik om één uur op de markt op Union Square.*
> *Julie*

Ik verwacht niet dat hij komt opdagen. Ik durf er ook niet echt op te hopen, en weet niet eens zeker of ik het eigenlijk wel wil. Ik herinner me de inzinking na de vorige keer dat ik hem hier zag nog maar al te goed. En ik heb vandaag te veel aan mijn hoofd voor dat soort aanstellerij.

In de zomer is de markt een explosie van kleur, lawaai en mensen. Een stad vol lekkerbekken die als een sprinkhanenplaag neerdalen op de schitterende stapels boontjes, bakken vol maïskolven en van die prachtige knoestige tomaten. In de winter is het echter een kleine, stille, grauwe bedoening. Ik hoef bij de bakker niet in de rij te staan voor een paar stokbroden, en evenmin bij het kraampje van de Koreaanse mevrouw, tegen wie ik altijd alleen maar glimlach als ik zelfgemaakte kimchee en minislakroppen bij haar koop.

Ik zie hem als ik de groente aan het inpakken ben. Ik heb geprobeerd niet om me heen te kijken, maar als ik even opkijk van mijn koeltas vol kropjes sla, staat hij daar opeens nog geen zes meter van me vandaan op de hoek van 17th en Union Square West. Hij staat daar in diezelfde oude jas, met diezelfde oude muts op, oordopjes in zijn oren, met zijn hoofd op diezelfde manier diep in zijn kraag gestoken. Ik weet dat hij absoluut wil dat ik hem als eerste zie, dat ik naar hem toe moet komen.

Mijn hart bonkt in mijn oren en ik weet dat ik bloos, maar ik betaal netjes voor mijn aankopen en dwing mezelf langzaam te blijven bewegen, te blijven ademen, het exacte wisselgeld uit te tellen en de vrouw achter de plastic inklaptafel een gelukkig nieuwjaar te wensen. Ik dwing mezelf langzaam door te lopen, hoewel ik me eigenlijk ofwel in zijn armen zou willen storten, ofwel keihard zou willen wegrennen. Ik voel dat ik een meesmuilend lachje om mijn mond heb, dat speciale lachje dat we altijd voor elkaar bewaarden. Ik blijf vlak voor hem stilstaan, misschien zo'n halve meter van hem vandaan. Hij kijkt op, zijn hals nog steeds diep in zijn kraag. Die ogen.

Je kunt een hele hoop zeggen over wat er tussen Damian en mij is gebeurd, maar die blik die we op dat moment wisselen is een blik die barst van de verhalen, van tegenstrijdige gevoelens, kennis en spijt, en ja, zelfs humor en zelfs – zou dat echt kunnen? – een verstild soort blijdschap. En die blik, wat die ook te betekenen heeft – en hij betekent voor mij op dat moment te veel tegelijk – kan niet nep zijn. Waarom zouden we?

Hij doet zijn oordopjes uit, laat zijn iPhone uit zijn jaszak glijden (natúúrlijk heeft hij een iPhone: als er één ding is waar ik mijn leven om zou durven te verwedden, dan is het dat Damian natuurlijk metéén een iPhone heeft gekocht), wikkelt het witte koordje werktuiglijk om het glanzende speeltje en laat hem weer in zijn zak verdwijnen. Zijn hoofd is nog steeds gebogen als hij weer opkijkt met een blik die ik niet meteen kan duiden: op de een of andere manier naakt, vragend, sardonisch en behoedzaam, en dat allemaal tegelijk. Ik weet dat ik net zo kijk. 'Heb je al geluncht?'

'Nee.'

'Mooi. Kom mee.'

Om halfvijf ben ik weer thuis. Gehaast, te laat voor alles wat ik nog aan het eten moet doen, mijn handen vol tassen en helemaal rood aangelopen. Ik begroet Eric, die aan zijn bureau over zijn laptop zit gebogen, met een zoen op zijn voorhoofd voor ik de boodschappentassen begin uit te laden. 'Als we die gumbo klaar willen hebben voor Paul en Amanda komen, moet ik echt mijn handen uit de mouwen steken.'

'Ik help je wel.'

Ik haal de selderij, paprika, uien en mijn uitbeenmes tevoorschijn (dat laatste gebruik ik tegenwoordig echt overal voor, wat ik waarschijnlijk niet zou moeten doen, maar het ligt zo lekker in de hand, en op de een of andere manier is het een geruststellend ding) en haal een plank onder het aanrecht vandaan. Ondertussen neurie ik zachtjes.

> 'Driven every kind of rig that's ever been made,
> Driven the back roads so I wouldn't get weighed.'

'Kun je daar alsjeblieft mee ophouden?'

'Met wat?'

Eric is naar het aanrecht gekomen voor een andere plank en een mes. Terwijl ik een ui naar hem toe rol, kijk ik op en weet meteen dat hij weet, of althans denkt te weten, wat er net gebeurd is.

Nou. Mooi.

'Dat liedje. Ik weet dat je dat van hem hebt. Ik hoefde er niet eens naar te zoeken. Het staat gewoon in ons iTunes-bestand.'

Ik leg mijn mes neer en laat mijn knokkels op het aanrecht rusten. Ik dwing mezelf hem in zijn ogen te kijken. Hij doet hetzelfde. Voor de tweede keer die dag weer zo'n ingewikkelde, prachtige uitwisseling van blikken. 'Dat klopt.'

Ik schrik er zelf van dat ik niet begin te huilen, niet verkramp, en dat terwijl ik in de ogen van mijn man woede en gekwetstheid zie. Het enige wat ik doe, is diep inademen en mijn adem door getuite lippen langzaam weer uitblazen.

'Ik heb vandaag met hem geluncht. Dat moest.'

Ik merk nu opeens dat ik blij ben. Dat klinkt verschrikkelijk, maar het is echt zo. Ik ben om een heleboel dingen blij. Blij dat die lunch onverwacht beleefd en kalm is verlopen, nota bene in hetzelfde Indiase restaurant waar Damian me lang, lang geleden heeft verleid. Het was geen gemakkelijk gesprek. Hij had een waslijst van al mijn kwetsende en onaanvaardbare gedrag van het afgelopen jaar en langer geleden, van alle manieren waarop ik stoom had afgeblazen, had gesmeekt, onderhandeld en eerlijk gezegd ook gewoon had gelogen. Al die manieren waarop je tegen een god spreekt van wie je denkt dat hij je niet kan horen, maar van wie je niettemin hoopt dat die je versteld zal doen staan. Wat ik niet had beseft, omdat ik hem niet zoiets menselijks als gekrenktheid, zwakte of medeleven had toegedicht, was de tol die dat voortdurende getrek van hem had geëist, hoe wanhopig hij had moeten vechten tegen die zuigende behoeften van mij, hoe terecht bang hij was geweest, hoe terecht kwaad dat ik hem steeds naar me toe probeerde te trekken. Maar zelfs terwijl ik ineenkromp bij de opsomming van al mijn tirannieke, manipulatieve sms'jes en mailtjes en telefoontjes midden in de nacht, voelde ik merkwaardig genoeg ook dat er een zeker evenwicht terugkwam. Ik had een kracht misbruikt waarvan ik niet eens wist dat ik daarover beschikte.

Door dat besef merk ik dat ik bijna blij word van de fysieke aantrekkingskracht die er nog steeds van hem uitgaat, en van het opmerkelijke vermogen van mijn kant om die te weerstaan, van die omhelzing en kus op mijn wang toen we elkaar gedag zeiden en het ongelooflijke feit dat ik niet instortte toen hij wegliep.

Ik ben blij dat ik nu op het punt sta mijn mond open te doen en volkomen oprecht tegen mijn man te zijn, voor wie ik me zo vaak heb proberen te drukken.

Maar misschien ben ik wel het meest blij omdat ik dit opeens besef. Ik kan iets met deze mannen hebben, met deze lieve mannen met al hun gebreken, mijn partners, minnaars en vrienden. En zij kunnen iets met mij hebben. En daar gaan we geen van allen aan kapot.

Ik heb me schrap gezet voor Erics reactie, voor zijn woede, schuldgevoel of tranen. Maar hij doet iets wat ik niet had verwacht. Hij knikt. 'Oké.' Hij wendt zijn blik niet af en stelt geen indringende

vragen. Ik ga hem echter iets anders geven. Nee, geen helse, ver-
scheurende schuldbekentenissen. Allereerst omdat ik die niet voel
– mijn god, echt, ik voel me niet schuldig. Het is alsof je voor het
eerst een therapeutische massage krijgt en naderhand opstaat en
merkt dat er al je hele leven iets in je rug of je nek heeft vastgezeten.
En alsof je je nu gewoon weer mens kunt voelen, rond kunt lopen,
en dat opeens totaal anders aanvoelt. Alleen gaat die vergelijking
niet helemaal op, want laten we wel wezen: Damian is niet degene
die me heel heeft gemaakt en heeft genezen door vanaf Jupiter
omlaag te duiken en als een prachtige buitenaardse masseur weer
in mijn leven te verschijnen. Nee. Het enige wat het weerzien me
heeft opgeleverd, is dat ik nu besef dat ik mezelf op de een of andere
manier heb geheeld. Dus een schuldgevoel? Nee. Alleen wat hij,
Eric, mijn man, verdient.

'Het was fijn om hem te zien. We hadden een hoop te bespreken.
De manier waarop we het hebben uitgemaakt, zit hem niet lekker.
En mij natuurlijk ook niet.'

'Ik hoef dit echt niet te weten.'

'Oké.' Ik heb niet gezegd dat het gemakkelijk zou zijn. 'Ik kan
hem niet zomaar wegsnijden. Dat wil ik ook niet. Ik bedoel niet dat
hij... of dat ik... Ik moet er alleen vrede mee zien te krijgen. Hij zit
er. Diep ingenesteld. Hij maakt deel uit van mijn... van mijn ervaring, denk ik. Als een tatoeage. Een litteken.'

Eric knikt weer. 'Weet ik.'

'En je weet dat dat ook voor jou geldt. Dat jij ook diep ingenesteld zit, bedoel ik.'

'Ja.' Zijn onderlip begint te krullen en in de zestien jaar dat ik
hem nu ken weet ik dat dat betekent dat hij elk moment kan gaan
huilen. Zijn ogen zijn felblauw als hij huilt. Dat is moeilijk om aan
te zien en ik heb het altijd het liefst willen vermijden, maar nu wend
ik mijn blik eens niet af. 'Ik hou van je, Julie. Ontzettend veel.'

En dan krijg ik ook tranen in mijn ogen. 'Weet ik.' En ik ben blij.
Ik ben echt dolblij, helemaal vol liefde. Niet liefde als drugs, of een
ziekte, of een afschuwelijk stiekem iets of een pijnlijk veraf iets. Liefde als lucht. Als een droom waarin je het zand tussen je tenen voelt.

'Ik denk dat ik nog wel eens met hem zal afspreken. Ik weet dat ik dat ga doen. We zijn hier nog niet klaar mee. Maar ik zal niet meer met hem naar bed gaan.'

'Je hoeft niet te beloven dat...'

'Nee, dat doe ik niet voor jou. Ik ga het niet doen omdat ik niet eens weet of hij dat wel wil, of ik, en omdat het dan een rotzooitje zou worden en...'

Als Eric me in zijn armen neemt, voelt dat vol en diep, en zowel bekend als vreemd. Ik leg mijn hoofd op zijn schouder. Ik voel zijn tranen op mijn wang druppen, maar hij staat niet te snikken en hij trekt me niet zo dicht tegen zich aan dat het voelt alsof hij me in zijn huid wil opnemen. 'Weet je? Ik ben zo verrekte moe van altijd maar bang zijn,' zegt hij.

'Ik wil je helemaal niet bang maken, ik moet alleen...'

'Dat bedoel ik niet.' Hij pakt me voorzichtig bij mijn schouders en leunt achterover, zodat hij me kan aankijken. Onze gezichten zijn nat, maar we doen geen poging elkaar droog te deppen. 'Het leven ís ook een rotzooitje. Maar ik ben het zat om daar bang voor te zijn. We komen er wel uit. Er zullen dingen gebeuren, of niet gebeuren, en het leven zal hoe dan ook veranderen, maar ik ben zo moe van die doodsangsten uitstaan en kwaad zijn dat ik niet alles bij het oude kan houden, zoals het was. Snap je dat? Ik wíl niet eens dat alles zo is als het was. Dus we gaan het als volgt doen: we zien wel. Dat is onzeker en waarschijnlijk zal het ook pijnlijk zijn, en we weten het gewoon niet, maar weet je? Dat vind ik prima. Want ik hou van je.'

'En ik van jou.'

'En de rest? Het komt wel goed. Het gaat geweldig worden. We zien wel.'

'Ja.'

We zoenen, eigenlijk voor het eerst in maanden. En dan maken we gumbo. Eric hakt, ik maak de garnalen schoon en hij kijkt zoals altijd glunderend over mijn schouder mee hoe ik roux maak op de manier van Paul Prudhomme, met heel veel hitte, rook en raffinement. In de keuken weten we hoe we samen moeten bewegen. Dat doen we immers al ons hele leven.

Epiloog

....

13 FEBRUARI 2008

Oké, en dan nu mijn theorie over Jack the Ripper. Ik denk dat toen die arme, krankzinnige klootzak zag wat voor vernielingen hij had aangericht, wat hij die vrouwen had aangedaan, die hij waarschijnlijk alleen maar haatte of vreesde omdat ze een baarmoeder hadden, dat dat flintertje menselijkheid waarover hij nog beschikte hem de das om deed. Misschien sneed hij hen open, haalde hij hun ingewanden eruit en onderzocht hij hen vervolgens geduldig, niet als een verlengstuk van zijn eerdere wreedheid, maar als een soort reinigingsritueel. Misschien probeerde hij de walging over zijn eigen daad te verlichten door orde aan te brengen in de chaos die hij had geschapen, door de onderdelen te rangschikken, de manier waarop de stukken in elkaar pasten te bestuderen. Hij kon de uiteengereten, bloederige bewijsstukken van zijn eigen waanzin en verwerpelijkheid tot iets ánders omvormen, ze veranderen in iets herkenbaars, iets weldenkends. Keurige plakken vlees die je zo bij de slager kon uitstallen. Wie die vent ook was, of hij nu slager van beroep was of niet, hij was veel te ver heen om zichzelf nog uit het moeras te kunnen trekken. Maar wat hij met zijn mes met die vrouwenlichamen deed, was zijn poging daartoe. Zijn slachting was zijn laatste kans op redding. Dat snap ik wel.

Maar misschien heb ik het wel helemaal mis. Misschien was hij helemaal geen slager, en als hij dat wel was geweest, zouden die vrouwen ongeschonden hebben kunnen blijven, zou hij tevreden in zijn winkel hebben gestaan en mensen van vlees hebben voorzien, iets nieuws hebben gemaakt uit iets anders, en had hij zichzelf uit het moeras getrokken.

Als ik mijn koffie op heb, zet ik de mok in de gootsteen, was mijn handen heel grondig, ook onder mijn nagels en onder mijn leren Masaï-armband. Vervolgens haal ik een grote doorzichtige vacuumzak uit de stapel op een rek tegen de muur en loop terug naar de werkbank.

Een lever lijkt op geen enkel ander orgaan. Hij is bijvoorbeeld niet zo gespierd en duidelijk als een hart, met zijn hartkamers en aorta, waardoor je meteen al weet waartoe dat ding dient. Net zomin als spijsverteringsorganen, met die buisjes en klieren die als doorvoerkanaal fungeren, gericht op het hele proces van voeden en uitwerpen. Een lever is een raadsel, een filter. Hij legt ervaringen vast, van de keren dat je je hebt laten gaan en de foute beslissingen die je hebt genomen. Hij is als een troonrede die continu wordt bijgewerkt en aangescherpt. Maar hij houdt zijn kennis vóór zich. Gecodeerd. Hij ruimt ook zelf alle troep op en schoont na verloop van tijd bestanden op, waarbij de nutteloze informatie, dat wat tot het verleden behoort, wordt geloosd en dat wat nog wel van nut is wordt bewaard. Er bestaan zelfs enkele optimistische, misschien misleide zielen die in de waan verkeren dat met wat tijd en genegenheid een cirrotische lever zichzelf kan genezen.

Ik schud de zak open met mijn rechterhand, terwijl ik de lever met mijn linker pak en het slappe stuk met mijn hele onderarm ondersteun. Terwijl de buitenkant aan de rand van de zak blijft kleven, til ik hem met beide handen op en schud hem een paar keer heen en weer, zodat hij naar onderen zakt, ver weg van de opening. Ik loop ermee naar de grote vacumeermachine die tegen de muur aan staat, leg de zak erin, zorg dat de opening tegen de metalen verzegelrand van het apparaat ligt en sluit het deksel. Door het ruitje aan de bovenkant zie ik dat de zak langzaam opzwelt, een beetje krimpt en zich vervolgens met een geluid als het span van een klipper in zwaar weer straktrekt rond het orgaan. De deur van het apparaat gaat sissend en griezelig langzaam als in een horrorfilm vanzelf open. Ik haal de lever eruit, die nu vacuüm verpakt is, weeg die, plak de sticker die aan de onderkant van de weegschaal eruit floept met daarop het gewicht en de datum van vandaag – '5,08 kg, 13/2/08' – op de koele buitenkant van de zak, schrijf er met de viltstift die in mijn kontzak zit 'runderlever' op en sjok dan met het hele geval naar de koelcel. Ik trek het hengsel omhoog, duw de deur met mijn schouder open en buig net ver genoeg naar binnen om het pakket in een bak te leggen die op de metalen vloer staat, naast een paar andere bordeauxkleurige zakken die er precies zo uitzien, maar dan stijf bevroren en onder de rijp.

Ik heb de werkbank net schoongemaakt met een doekje dat gedrenkt is in een chlooroplossing, als Josh naar me toe komt en er een half varken op legt. 'Hé, is die tatoeage van je al geheeld?'

'Ja. Kijk maar.' Ik til mijn haar in mijn nek op om Josh het woordje te laten zien dat daar in zwarte inkt staat: LOUFOQUE.

'Mooi, zeg!' Hij slaat op de heup van het zwijn terwijl ik mijn haar weer laat zakken. 'En slimmerik, ben je alles wat je ooit over vlees hebt geweten allemaal weer vergeten?'

'Ik geloof het wel.'

'Laat maar zien dan.'

Ik staar even naar het varkenskarkas en probeer te bedenken waar ik zal beginnen. Vandaag is pas de tweede keer na een hele tijd dat ik weer bij Fleisher's ben. Het is woensdagochtend en het rustige midweekse tempo van het openen van de winkel voelt als ik binnenkom meteen al aan als een warm bad. Aaron staat in een grote pan op het vuur te kijken. Jessica en Hailey staan recepten te bespreken bij de kaasafdeling. Jessica weet sinds kort dat ze zwanger is – er zijn al heel wat grapjes gemaakt over de peuter die straks met een klein hakmes door de winkel zal rennen – en is Hailey aan het inwerken, zodat zij straks de winkel deels kan overnemen. Jesse staat de vitrine bij te vullen.

De vorige keer dat ik hier was, was op een zaterdag en dat was nogal een ramp. De winkel wordt in het weekend vaak onder de voet gelopen door zogenoemde Weekend Warriors, oude vrienden en collega's van Josh en Jessica, uitsluitend mannen die vanuit de stad hiernaartoe komen en willen oefenen met vlees snijden, omdat ze denken dat dat heel mannelijk is. Op die dagen wordt de stroom testosteron een ware vloedgolf die de hele werkbank dreigt weg te spoelen. Op een gemiddelde woensdag kabbelt het gesprek rustig voort, laait even op, maar soms is het ook gewoon stil, maar op een zaterdag is het een onafgebroken woordenbrij. Over politiek of film wordt niet gepraat. Geen gebruikelijke zelfbewuste kwinkslagen over de homo-erotische aspecten van het slagersvak en mannelijke rivaliteit. Op dat soort dagen wordt het jezelf op de borst kloppen bijna iets letterlijks. Dan voeren de gesprekken over geweren en jagen de boventoon, en de fietsverhalen verdwijnen naar de achtergrond, tenzij er sprake is van ingewanden.

Aaron heeft er zo eentje. Hij vertelt een verhaal altijd met zijn hele lichaam en neemt dan de houding aan van een fietser die over zijn stuur hangt. Hij doet net alsof hij dat vastheeft, spert zijn ogen wijd open, om ze vervolgens stijf dicht te drukken, trekt zijn kin in en vertelt dat hij stopt om te kijken naar een stel prachtige herten dat de straat oversteekt. Nog geen seconde later is hij getuige van hun explosieve dood door een botsing op hoge snelheid, en zit hij van top tot teen onder de restanten van de terugslag.

(Ja, oké, ook ik moest lachen.)

Op die dagen is het opeens heel duidelijk dat ik een vrouw ben, terwijl dat de rest van de week er helemaal niet toe doet. Niet dat ze echt met me flirten. Nee, het is eerder alsof ze gewoon al opgewonden raken van de aanwezigheid van oestrogeen. Ze zijn geen van allen op een seksuele manier in me geïnteresseerd. Nee, ik denk eerder dat hun dierlijke breinen het roer gewoon overnemen, en op de een of andere manier, hoe klein en stil ik mezelf ook maak, word ik het middelpunt van een vreemd, mannelijk ritueel, van bokken die met hun hoorns tegen elkaar rammen en apen die zich met hun grote, gelooide handpalmen op de borst slaan. Ik word opeens 'lieverd' genoemd, een koosnaampje waar een amateurslager geen recht op heeft. Iemand anders stopt ijsblokjes in de kraag van mijn shirt. Goddank dat ik geen staartjes heb en dat er nergens inktpotten staan. Colin is de enige die er niet aan meedoet. Hij doet me denken aan Robert de Hond, als hij een renwedstrijd met kleine keffertjes houdt. Colin is een figuur van een geheel andere orde, onverschillig dan wel geamuseerd. Hij en ik wisselen stiekem vermoeide blikken van verstandhouding.

Dat voelt raar. Natuurlijk ken ik dit gedrag. Dat geldt voor elke vrouw die wel eens als dertienjarige op een schoolplein heeft gestaan. En elke vrouw kan je vertellen dat het best opwindend kan zijn. In de afgelopen paar jaar heb ik het vaak heerlijk gevonden om in het middelpunt van al die aandacht te staan, te merken dat ik gewoon een doorvoerkanaal ben voor heel nadrukkelijk heteroseksuele macho's die elkaar opnaaien. Ik wilde dat ook. Op de een of andere manier voelde ik me dan gewaardeerd.

Maar hier niet. Fleisher's is voor mij al van meet af aan een toevluchtsoord geweest, waar ik mijn vrouw-zijn even kon afleggen, of althans kon schuilen voor mijn frustraties om me op en top vrouw te voelen, verleidelijk – en misbruikt. Misbruikt door mannen – welke man dan ook – om hun behoeften te bevredigen. Dat wil ik niet meer. Hier in de winkel wil ik gewaardeerd worden omdat ik weet hoe je een mes moet hanteren en hoe je een schunnige grap vertelt. Gewaardeerd worden om wie ik ben. Ik hou dus wel van woensdagen.

Ik rek en strek mijn handen even en kijk op de klok voor ik begin.

'Heb je weer last van je hand?'

'O nee, niet echt. Hij doet alleen een beetje pijn. Een kwestie van er weer in komen, hè.'

'Mens, je bent nu een slager. Die pijn zul je de rest van je leven bij je dragen. En wat is dat trouwens voor kloteding om je pols?'

'Dit? O, een Masaï-armband. Ik heb de geit waar dit vel van was zelf opgegeten. Zie je die paar haren die er nog aan kleven? Als ik hem draag tot hij er vanzelf af valt, brengt dat geluk.'

Josh knikt goedkeurend. 'Wat ontzettend goor.'

Ik haal de nier en het bijbehorende vet eruit en stort me na nog een blik op de klok op de haas. Zeker na mijn sabbatical ben ik er verre van klaar voor om het Grote Karkas Uitbeenrecord te verbreken, dat momenteel met vijfenveertig seconden op naam van Aaron staat. (Op de bovenste plank staat een blikje Colt 45 met een stopwatch eroverheen gedrapeerd die aan dat grootse moment herinnert. Aaron heeft de '5' afgeplakt en er staat nu 'colt 44', met daaronder een handgeschreven etiket: DIT VERFRISSENDE VARKENSLEKKERS WORDT U AANGEBODEN DOOR AARON.) Maar dat wil niet zeggen dat ik geen aspiraties koester. Ik trek de haas er snel uit en werp hem op tafel. Ik tel vijf ribben vanaf de schouder omlaag, steek de punt van mijn mes tussen de dicht op elkaar zittende wervels en dan, eenmaal daardoorheen, trek ik mijn mes zo soepel mogelijk door naar het tafelblad en haal de hele schouder eraf.

'O, maar zo te zien ben je het niet helemaal verleerd.' Josh kijkt even over mijn schouder.

Ik haal mijn schouders op.

'En hoe zit het nou met die man van je?'

'Probeer je me soms af te leiden?' Nadat ik met het mes langs de ribben naar beneden heb geschraapt, stop ik het terug in de schede rond mijn middel en pak de slagerszaag om de ribben door te zagen en de maag van de lende te scheiden.

'Ik kan me echt niet voorstellen dat die lieve Eric zoiets zou doen.'

Na zo lange tijd al dit gedoe voor me te hebben gehouden, heb ik Josh de afgelopen maand vrij veel verteld over wat er allemaal gaande is. Niet zo'n wanhopige, zelfmedelijdende stortvloed waar ik vroeger zo goed in was, maar gewoon als vrienden onder elkaar. De zaken liggen nu anders. Er zijn geen namen meer waarbij ik instort als ik ze alleen al in de mond neem.

'Wat? Bedoel je dat hij die vriendin van hem weer ziet? O, maar dat is een aardig meisje, hoor. En ze houdt van hem. Dat moet ik haar nageven. Ik denk dat ze het niet goed hebben kunnen afsluiten en er nu uit proberen te komen.'

'Mijn god, mens. Je moet hem gewoon zijn Wii afpakken tot hij zichzelf bij de kladden heeft gegrepen.'

'Haha.' Ik ben door de ribben heen en leg dus mijn zaag weg en pak het mes weer om daarmee af te sluiten, waarbij ik langs de onderkant van de ribbenkast snijd en de maag eraf haal. Die gooi ik eveneens op de werkbank.

'Maar ondertussen, als hij van bil gaat...'

'Ik weet niet of hij van bil gaat.'

'Nou ja, maar dan heb jij daar ook recht op. Blijf hier maar een paar dagen logeren. Ik weet nog wel iemand. En dan kunnen we meteen op huizenjacht gaan.'

'Dank je wel, maar ik red het voorlopig wel. Hoewel die huizenjacht wel aantrekkelijk klinkt.' Ik heb hier de afgelopen tijd wat rondgekeken. Het idee om een plekje te hebben tussen deze glooiende bergen, echt een eigen plek, maakt elk toekomstvooruitzicht, of het nu samen of met z'n tweeën is, op de een of andere manier minder eng. Ik ruk het laatste stuk los en laat de poot over de rand van de tafel bungelen.

'En die andere klootzak?'

Ik schud mijn hoofd. 'Die heeft weer de benen genomen.' Na een maand of wat van praten, gesprekken die uitermate helend, afgemeten en Volwassen leken, is D – sorry, Damian, er weer vandoor gegaan. Zomaar, zonder enige verklaring. 'Dat doet hij nou eenmaal. Hij is er en dan is hij opeens verdwenen. Hij kan niet anders. En ik weet inmiddels ook dat ik er klaar mee ben.' Ik leun met mijn elleboog op de lende, grijp de poot van het beest in mijn andere hand en zet me schrap om het gewricht te splijten.

'Onzin.'

Ik kreun, terwijl ik heel hard op de poot leun. Het gewricht wiebelt en piept, maar splijt niet open. 'Nou ja, niet met hém. Met het. Hij is wie hij is...'

'Ja, een eikel.'

Ik haal mijn schouders weer op, duw nog een keer, maar er gebeurt niets. 'Hij is gewoon de man die hij is, en doet waartoe hij in staat is. Net zoals hij zal doen wat hem te doen staat. Net als ik, net als Eric. En dan zien we wel.'

'Kolere. Nu klink je echt als een zenmeester.'

Na de derde poging hoor ik een luid *krak*. Met één enkele, diepe snee tot op het tafelblad is de poot los van de lende. Ik heb hem stevig in mijn hand en kijk naar het gewrichtsvocht dat eruit drupt.

'Neuh,' zeg ik grijnzend. Ik gooi de poot met een smak terug op de werkbank.

Aaron roept me vanuit de keuken. 'Hoe lang heb je erover gedaan, Jules?' Josh kijkt me veelbetekenend aan.

'O, iets van anderhalve minuut.' Dat is niet waar. Nee, want het is één minuut en vijfentwintig seconden. Exact.

'Halverwege. Hij gaat goed, Jules.'

Ik adem diep in en snuif de geur van vlees op, terwijl ik mijn vinger even langs die superzachte witte gewrichtskom laat glijden, dat oude privégenot van me. 'Ja. Misschien wel.'

Dankwoord

Er zijn zoveel mensen die me tijdens het schrijven van dit boek hebben gesteund, geholpen, me dingen hebben geleerd en me gewoonweg hebben geduld, dat ik ongetwijfeld een paar namen zal vergeten, dus ik wil me nu al meteen daarvoor verontschuldigen.

Dank aan het hele team van Fleisher's: Josh en Jessica Applestone, Aaron Lenz, Jesse, Colin, Hailey, Juan en alle anderen die me een halfjaar in de winkel hebben laten rondstruinen, in de weg hebben laten lopen en me heel veel gratis vlees hebben gegeven dat ik niet verdiende. Dank aan alle gidsen en hulpvaardige mensen tijdens mijn reizen: Santiago, Armando, Diego, Oksana, Kesuma, Leyan, Elly en de rangers van het Ngorongoro-park in Tanzania, die erin zijn geslaagd een reizigster die van toeten noch blazen wist heelhuids thuis te krijgen. Dank aan mijn familie: Kay, John en Jordan Foster, Mary Jo en Jo Ann Powell, Carol Sander, en Ethan en Elizabeth Powell – van wie de meesten dit boek liever niet wilden lezen, maar dat op een vrolijke, heel erg lieve manier zeiden. Dank aan Emily Alexander-Wilmeth, Emily Farris, Eric Steel en Amy Robinson, die zich door kladversies hebben heen geworsteld, zeer goede opmerkingen hebben gemaakt en, over het algemeen, geen hekel aan me kregen. Dank aan mijn 'blezers', jullie weten wel wie ik bedoel. Dank aan Robert, zo'n beetje de beste hond van de hele wereld, en Maxine, Lumi en Cooper, die, in willekeurige volgorde, de geweldigste katten ter wereld zijn. Dank aan mijn redacteur Judy Clain en haar assistent Nathan Rostron, die uiterst vakkundig redigeren en me er af en toe aan herinnerden dat er niet zoiets als 'te veel informatie' bestaat. Dank aan Michelle Aielli, mijn 'publicist' bij Little, Brown. Die aanhalingstekens zijn niet bedoeld om af te doen aan haar superieure pr-vaardigheden, maar eerder vanwege mijn ongemak om zo'n gesmaad woord te verbinden aan een vriendin die er op zo'n geweldige manier voor zorgt dat ik niet helemaal doordraai. Dank aan therapeute Anna en barkeeper Marcel, die ook overuren draaien omwille van mijn geestesgesteldheid.

Maar bovenal dank aan Eric en D. Je eigen verhaal schrijven is één ding, maar dat door een ander te laten doen is wel even wat anders. Ik ben jullie tot in mijn tenen dankbaar voor de genereuze en galante manier waarop jullie omgaan met deze netelige situatie waar jullie niet zelf voor hebben gekozen.

Register van recepten

Bij de productie van dit boek is gebruik gemaakt van papier dat het keur-merk Forest Stewardship Council (FSC) draagt. Bij dit papier is het zeker dat de productie niet tot bosvernietiging heeft geleid. Ook is het papier 100% chloor- en zwavelvrij gebleekt.